本書由"饒宗頤學術館之友"資助出版

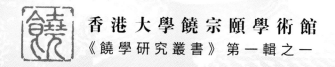

香港大學饒宗頤學術館
《饒學研究叢書》第一輯之一

潮州《西湖山志》校箋

A Critical and Annotative
Study of *Xihushanzhi* in Chaozhou

閔定慶　方冰瑤　編著

中國社會科學出版社

圖書在版編目（CIP）數據

潮州《西湖山志》校箋／閔定慶，方冰瑤編著. —北京：中國社會科學
出版社，2020.9
（香港大學饒宗頤學術館《饒學研究叢書》）
ISBN 978 - 7 - 5203 - 6844 - 5

Ⅰ. ①潮…　Ⅱ. ①閔…②方…　Ⅲ. ①山—地方志—湖州　Ⅳ. ①K928.3

中國版本圖書館 CIP 數據核字（2020）第 133599 號

出 版 人　趙劍英
責任編輯　宋燕鵬
責任校對　石建國
責任印製　李寡寡

出　　　版　中国社会科学出版社
社　　　址　北京鼓樓西大街甲 158 號
郵　　　編　100720
網　　　址　http://www.csspw.cn
發 行 部　010 - 84083685
門 市 部　010 - 84029450
經　　　銷　新華書店及其他書店

印刷裝訂　北京君昇印刷有限公司
版　　　次　2020 年 9 月第 1 版
印　　　次　2020 年 9 月第 1 次印刷

開　　　本　710 × 1000　1/16
印　　　張　23.5
插　　　頁　2
字　　　數　359 千字
定　　　價　128.00 元

《饒學研究叢書》總序

香港大學饒宗頤學術舘之《饒學研究叢書》第一輯出版在即，有幾句話必須借此機會清楚地說一下的：

一、什麼是饒學？饒學就是對饒師宗頤先生方方面面的開放式研究。本質上它屬於學人研究的範疇，一如研究王國維、陳寅恪、錢鍾書等等前輩大先生一樣。其中對錢鍾書先生的研究，也有"錢學"之名。饒師宗頤先生除了學術之外，還是個文學家，他在詩詞駢散文賦等等各種舊文體方面俱有所創作，充份體現了至為珍貴的民族文化傳統的內涵、形式和精神面貌，他的文學放在二十世紀的中華文化漢語文學史裏，也是應該深入研究的。此外，他又是一位開宗立派的書畫家，他學養豐厚、各體書畫俱佳，尤其是饒隸書法和西北宗山水畫，皆無愧於藝術創新的高要求。研究這樣一位文、藝、學三絕的文化史人物，難道就不能稱之為學？一直有些追求網紅效果和流量的學者和文人，批判說提倡饒學或創辦饒宗頤學術舘等等都是噱頭，是好名，是在攬個人崇拜等等。其實這種扣帽子的說法，只反映出持這種觀點的人內心並不干淨，沒有一絲對學術與文化的真正尊重和愛護而已。不過，我們尊重他們發表意見的權利。

二、要向一直支持我們饒學工作的各方朋友致敬、致謝。沒有你們，我們的路肯定更艱難。尤其要向饒宗頤學術舘之友、饒學研究基金和饒宗頤基金的長期支持致謝。饒學同仁莫不銘感五中。

三、叢書第一輯開始刊行，意味着第二輯也在路上了。饒學方興未艾，歡迎更多的同道參與進來，共同努力，使饒學成為深入認識中華傳統文化的一個合適的切入點。讓我們共勉之。

四、林子大了，什麽鳥都有。在饒學圈子裏，也的確已出現了極少數眼中只有錢的唯利是圖之輩。這種人的著作，當然就不會列入我主編的系列叢書内了，因為我知道饒師宗頤先生不喜歡這些。

鄭煒明　博士
香港大學饒宗頤學術舘
高級研究員、副館長（學術）

2020 年 9 月 9 日
於澳門氹仔，新冠防疫隔離中

目 錄

整理前言

一

饒鍔（1891—1932），名寶璇，又名鍔，字純鈎，自號鈍庵，又號尊園居士。清光緒十七年（1891），饒鍔出生於潮州一個富商之家，少時就讀於汕頭嶺東同文學堂，列溫丹銘夫子門下。溫肄業於廣州學海堂，重文獻、重考據的治學態度及豐厚的著述，對年少的饒鍔產生了深遠的影響。稍長，他遊學四方，加入南社，受到西方先進文化的薰陶。民國三年（1914）畢業於上海民國法律學校，獲法學士，後兩任省立第二師範學校國文教員。又曾與潮汕文人一起創立“瀛社”，組建國學會，創辦《國故》月刊，擔任《粵南報》主編。他喜藏書，建有粵東最富盛名的“天嘯樓”藏書樓，藏書數以十萬計。他喜著書，刊行的書籍有《慈禧宮詞》一卷、潮州《西湖山志》十卷、《饒氏家譜》八卷，未刊者有《王右軍年譜》一卷、《〈法顯佛國記〉疏證》十卷。未完而由其子饒宗頤續編而成的《潮州藝文志》，則是近世極具代表性的目錄學著作。鄭國藩《饒鍔墓志銘》曾高度評價饒鍔其人其學：“生富家，無紈綺習性，獨好古，於書無所不窺，尤致力考據之學。”[1] 饒先生一生致力於鄉邦文獻的保存、考據與整理，潮州《西湖山志》（下稱《饒志》）一書是迄今為止唯一的一部對潮州西湖山進行全方位記錄的志書，一直被視為饒鍔“致力考據”

① 鄭國藩《饒鍔墓志銘》，饒鍔：《饒鍔文集》，香港天馬出版有限公司2010年版，第153頁。

的代表作。

關於《饒志》的撰作，王弘願《序》言：“近日洪師長兆麟規吾潮公園，選勝得湖，於是而墓者、平臺者、突梁者、橫艇者、泳古文銘字之埋沒於蔓草蕪墟間者出。饒君純鉤爲之鉤稽疏證，而《西湖志》以成。”饒鍔《自序》更言：“迨今副總指揮湘南洪公鎮潮之明年，政舉人和，慨然懷古，始爬梳而掃除之，榛莽去而竹樹列，丘隴平而亭臺起。一泓之水，橫之以橋；半畝之田，闢而爲圃。於是昔之爲狐魅貙貙窟宅、人跡罕至之地，今則氓嬉士逸，往來絡繹而足不停履矣”，“潮州西湖，僻處海隅，形勝雖遠不及杭、惠，顧自洪公重闢之後，煥然一新，已迥非曩日之舊。以公之武烈，固足爲兹山增重，而深崖窮谷之境，必有俟於幽潛之士而後彰者，庸詎知彼之能爲其山水增重之人，不因是接踵而至也哉？余故爲《志》以待之。”這表明，《饒志》的撰作是與當時盤踞潮州的軍閥洪兆麟有一定關係的。

據饒宗頤《潮州志》、廣東省政協《廣東文史資料》第 43 輯“廣東軍閥史大事記”等可知，洪兆麟（1876—1925），字湘臣，一字湘丞，湖南寧鄉人。早年在家鄉經營包子鋪，後投入粵軍，編廣東防軍永字營，由於作戰勇猛，很快從士兵升任管帶。辛亥革命爆發，他率部反正，任廣東陸軍混成協團長。1917 年，任援閩粵軍第五統統領，隨陳炯明入閩，任汀漳鎮守使，不久升任第四支隊司令。1920年，陳炯明分兵三路進擊桂軍，第一路總司令爲洪兆麟。洪兆麟佔領潮汕，兼任潮梅善後處處長。（饒宗頤《潮州志》“大事記·民國”：“九年庚申八月，陳炯明帥兵自閩回粵，九月略定潮汕，裁鎮守使，以洪兆麟爲潮梅善後處長。”）不久，升任粵軍第二軍軍長。1921 年 6月，陳炯明在廣州發動武裝叛亂，洪兆麟率部圍困孫中山總統府所在地觀音山。1923 年，隨陳炯明敗守東江，任潮梅軍副總指揮兼第二軍軍長。同年，北京政府頒授捷威將軍。1924 年 5 月，陳炯明任命洪兆麟爲潮梅護軍使。1925 年 3 月，陳軍被國民黨東征軍徹底擊潰，9 月，洪兆麟隻身逃亡香港。12 月，乘船赴上海，在途中爲水手韋德槍殺。

洪兆麟鎮守潮汕期間可謂是劣跡斑斑，但也曾試圖對潮州進行現代化改建，將西湖山闢為公園，即為其中一項工程。《饒志》"凡例"言："石刻錄至有明而止，清朝人題名不錄，以年代太近，不足資考證也。惟洪兆麟《重闢西湖碑記》以有關全山歷史，故坿入。"卷七"石刻"門最後附錄洪兆麟《重闢西湖山記》：

> 民國九年，兆麟在閩漳率軍返旆，師次潮州，領畧湖山之勝。父老來言："西湖自宋人林嶧重闢後，閱今數百年，傾圮湮沒久，已無人過問矣。"越年，兆麟奉命來長潮梅善後處，政事餘閒，不忍大好湖山終歸淪沒，迺偕潮安縣長龍溪陳友雲倡，同地方風雅之士結社，以復山上之亭閣，並於湖中增設水榭橋艇，由本處參謀潮安張緯辰、本處副官張煜臣董其事。五閱月而告竣，從此勝跡重新，山容依舊。特念再經剝復迭乘之理，後之繼兆麟而起者，又不知其將屬諸誰人也，因搦筆記其事。陸軍中將、福建汀漳鎮守使、廣東陸軍第二師師長兼潮梅善後處長湖南甯鄉洪兆麟湘臣氏撰，上莆沈爾謀書。

顯而易見，《饒志》就是在這一背景下進行撰作的，故其中不乏關於洪兆麟的記述。例如，卷三"園亭"之"洪園"條："初名'依綠園'，民國十二年，郡人醵資置。尋由洪處長贖回為別墅，始改今名。園在湖濱，廣數畝，極亭院竹石之勝，中有百花臺，廣植異卉，四時縱士女游觀。"又"涵碧樓"條："在湖濱帶湖軒上，亦民國十一年建。老樹參天，軒窗開豁，流水奇石，錯落其間，爲潮人遊湖燕集之所。民國偉人往來潮汕，多於此稅駕焉。樓中楹聯頗夥，惟洪兆麟所撰二聯允稱傑搆，其一云：'愛他綠水青山跡，寄鴻泥到此惜非；蘇學士屏却金戈鐵馬聞，消驢背登臨猶憶韓蘄王。'其二云：'今夕只可談風月，舊鄉無此好湖山。'"又，"洪處長石像"條："在湖山北、芙蓉池左，周環以池，中央小阜蓬起，若島嶼然。平臺累石級數層，周以鐵欄，立像高峙其上，崇範巍峨，規模極偉。民國十三年建。"

從更深的層次看，《饒志》的撰作實是饒鍔深厚的鄉邦之情、徵文考獻的治學取向，在這一時間節點上的集中爆發，是為家鄉的湖光山色再添一份異彩的具體舉措。西湖山乃潮州一隅名山，風景優美，古跡名勝眾多，時有騷人墨客留題。對此，《海陽縣志》、《潮州府志》、《廣東通志·潮州部》、《永樂大典·潮州府》、《古今圖書集成·潮州府部匯考》、《潮陽縣志》、《饒平縣志》、《澄海縣志》等志書皆有一定篇幅的著錄。如《古今圖書集成》卷一千三百三十三《潮州府部·星野考》：“湖山，在府治西，上有寺觀錯立，前連鱷溪，後接鳳山，為一郡觀覽之勝，宋林嶧詩‘溪流橫過一灣碧，山色平分兩岸青。’”① 但因潮汕幅員遼闊、山川數量極多，志書著錄時難免有所抉擇，難以極盡所有，因此，關於西湖山的描述往往是一筆帶過，無法探知其詳。另外，各書編纂體例各異，在志書大框架下依條著錄的西湖山資料顯得異常零散，基本上無規律可循，這對梳理、總結及保存西湖山文史材料極為不利。在潮州《西湖山志》編撰之前，有關西湖山的專著，當推清人林大川《西湖記》一書。此書共三卷，卷一計 42 則、卷二計 42 則、補遺計 22 則。林大川盡己所能廣收與潮州西湖相關的事物掌故、詩話，內容涉及湖山勝景、文人墨客之遊詠、山川古跡之演變、古今奇聞軼事等。雖是林大川個人筆記，因其編撰的特殊性，確實為我們保留了難得的地方史料，可並非地方志書的形態。上述文獻畢竟形成了一個層層累積的“富礦”，構成了饒鍔潮州《西湖山志》“集大成”著述的堅實基礎。

饒鍔“憾無好事者為之徵文考獻，以誌其盛衰興廢”，在這個特殊的歷史機緣下，利用五個月的時間，“紬集見聞，參稽志乘，旁蒐遠討，訂為補遺，而時輒附以己意”，潮州《西湖山志》最終順利完稿。書前有樊增祥、于右任二人的題嵩，樊氏題：“潮州西湖山誌。甲子六月六日樊增祥題。”于氏題：“潮州西湖山誌。于右任題。”并于名字下鈐“于”印。扉頁背面鈐“天嘯樓藏書”一印。卷首刊目錄、序言（四則）、凡例、“潮州西湖山全圖”照片、“鈍盦編輯本志攝影”及《編輯潮州〈西湖山志〉竟漫題絕句四首》。正文共計十卷、一百零三頁。內文頁框高十七厘米，寬二十一厘米，每頁十三

---

① （清）陳夢雷：《欽定古今圖書集成》，上海中華書局影印本，1934 年，第一六六冊，第 2 頁。

行，每行三十六字。每頁版心細魚口印有卷數、類別、頁碼等信息，魚口上印有"西湖山志"四字，魚口下印有"潮安梁永昌印刷所承印"。書後有《蔡跋》一則。版權頁鈐"純鉤"印，著錄基本信息如下："《潮州西湖山志》；民國十三年十月初版；定價：實銀一元二角；編著者：饒鍔；發刊者：瀛社；承印者：梁永昌印刷所（潮州永興街）；總發行所：青年書店（潮州西府巷）。"

《饒志》的版本，就目前所見，非常簡單。除初印本外，沈雲龍教授曾編入《中國名山勝蹟志叢刊》第三輯，由台灣文海出版社1971年影印出版，充分保留了原有面貌；2010年，香港天馬出版有限公司出版了陳賢武、黃繼澍整理，曾楚楠校閱的《饒鍔文集》，潮州《西湖山志》影印本附於《饒鍔文集》之後，而刪去了"潮州西湖山全圖"、"鈍盦編輯本志攝影"及《編輯潮州〈西湖山志〉竟漫題絕句四首》，三則序言、一則自序、凡例、正文及《蔡跋》都完整保留下來了。也就是說，《饒志》僅此三版，並無整理本。

二

地方志（簡稱"方志"），是根據一定的體例，對一個地域作全方位觀照的文獻記載，涉及疆域、沿革、古跡、山川、人物、碑刻等，因為所囊括材料直接、廣泛而全面，一直被視為本區域歷史沿革考究的重要文獻。方志大致可以分為三類：第一類是以朝代為對象記載全國範圍的總志，如《大元一統志》、《大明一統志》、《大清一統志》等；第二類是以行政區域為對象編修的地區志，有各類省志，如《廣東通志》、《浙江通志》等，各類州府縣志，如《海陽縣志》、《潮州府志》、《澄海縣志》等；第三類是專門記述特定事物的專志，如山志、水志、藝文志、金石志、湖志、風俗志、物產志等。

饒鍔的潮州《西湖山志》，屬於嚴格意義上的"山志"，即以潮州西湖山為具體記載對象，而山志的編撰體例主要有綱目體、平目體、章節體、紀傳體等。《饒志》在體例上嚴格遵循"平目體"，以卷設志，分類著錄。《饒志》凡例即明言："本志體裁畧做顧湄《虎丘山志》而參酌變通之。如顧《志》題詠一門祇載詩歌，本志則更名藝文兼錄序記，至石刻則有顧《志》所無，本志所獨有也。"① 亦即全書移植顧《志》而有所增損，分十卷，設十八門，首列"總志"，以下各門順序依次是峯巖、泉石、祠廟、寺墓、古蹟、人物、仙釋、園亭、石刻、記、祭文、募疏、銘、賦、古詩、詞、雜志。各類並行排列，互不統轄。鑒於若干文物具有形體、石刻、詩文題刻等多項功能，《饒志》以詳略參見的方式呈現，如"石刻"門"《放生池記》"條僅著該石刻的基本情況，而記文則標註見"藝文"門。這一處理方式，避免了對同一記文作重複記載，充分展現了"平目體"簡潔明了的特征。

為了更好理解和把握《饒志》的宏觀架構，特將饒鍔潮州《西湖山志》、顧湄《虎丘山志》比對如下：

《饒志》與顧《志》卷目對比

《饒志》門類	卷次	顧《志》門類	卷次
總志	卷一	本志	卷一
峰巖	卷二		
泉石（橋樑附）		泉石（橋樑附）	卷二
祠廟	卷三	祠廟	卷五
寺墓		寺宇	卷三
園亭（遊舫附）			
古跡	卷四	古蹟名跡（物產附）	卷四
人物 仙釋	卷五	人物（高僧上）	卷六
		高僧下 仙鬼	卷七
石刻上	卷六		
石刻下	卷七		
藝文上（記、祭文、募疏、銘、賦）	卷八	題詠上	卷八
藝文下（詩、詩餘）	卷九	題詠下（詩餘附）	卷九
雜志	卷十	雜志	卷十

通過比較，我們發現，《饒志》仿顧《志》體例，而有所創新。

---

① 饒鍔：《饒鍔文集》，香港天馬出版有限公司 2010 年版，第 217 頁。

具體說來，總志、泉石、祠廟、寺墓、古跡、人物、雜志門皆依顧
《志》，僅僅是詳略有異而已。但是，《饒志》獨創"石刻"一門，按
照朝代先後對西湖山石刻作科學的輯錄，則是對《顧志》的改進與
超越。通過"石刻"門的著錄內容，讀者可以更清晰地了解西湖山
人文景觀的變遷。"藝文"門則在顧《志》"題詠"門專錄詩歌的基
礎上，作了進一步的擴展，廣收與西湖山相關的遊記、銘賦等作品，
從而最大限度保留了鄉邑文獻，彰顯了方志所特具的史料性與科
學性。

　　眾所周知，就以往的方志撰作經驗而言，方志材料的來源不外以
下三類：一曰實地調查，二曰檔案整理，三曰羣書採錄。潮州《西湖
山志·凡例》言："志中事蹟皆從各書編纂而成，間有增刪貫穿，然
皆不失事實，故每條之下必註明輯自某書，以明非出杜撰。"① 經過
清點與統計，《饒志》廣泛引用了方志、史輯、筆記、文集等六十多
種，其中，清乾隆《潮州府志》、清雍正《海陽縣志》、清光緒《海
陽縣志》、清陳珏《古瀛詩苑》、林大川《西湖記》、鄭昌時《韓江聞
見錄》六書引用頻率最高。故其《編輯〈西湖山志〉竟漫題》發出
了這樣的感慨："禿筆能耕硯作田，蠹魚生活總堪憐。未應堆案三千
卷，果敵買山四萬錢。"②

　　而通過實地考察，與文獻記載相對照，是《饒志》撰作的一大
"亮點"。其《編輯〈西湖山誌〉竟漫題》有言："日日振衣湖上來，
芒鞵踏遍石間苔。夕陽城外煙波暝，尤未尋碑不忍回。"③ 即可佐證
一二。湖山石刻、古跡、園亭等客觀遺存，都是珍貴的第一手材料。
這些客觀遺存集中體現在卷二"峯巖"、"泉石"，卷三"祠廟"、
"寺墓"、"園亭"，卷四"古蹟"，卷六、卷七"石刻"等內容上。
尤其是"石刻"門中每一條之後，都詳細註明存佚情況及其在湖山
的具體位置。而卷五"人物"門凡註明輯自"湖山石刻"者即為饒
鍔實地考察後整理而成的資料。這些都體現了饒鍔治學之嚴謹、本志

① 饒鍔：《饒鍔文集》，香港天馬出版有限公司 2010 年版，第 217 頁。
② 同上書，第 150 頁。
③ 同上。

編輯之專業性，是考據學家"實事求是"實證精神的自然流露。

在編撰過程中，饒鍔又針對具體對象的不同，分別採用了匯輯型、纂輯型這兩種編寫方式。所謂匯輯型，即是將資料原貌呈現，不作文字改動，并在文后註明出處。此編撰方式保持了文字的原始性，也體現了編撰過程的嚴謹性。如卷二《峯巖》"關雲洞"條："《縣志》云：'關雲洞，在湖山壽安岩上，懸厓絕壁，巨石夾峙，洞近荒穢，人無知者，近得逸史石刻乃始知之。'"① 查清光緒《海陽縣志》一書，卷二十六《古蹟略一》"關雲洞"條記："關雲洞，在湖山壽安巖上，懸厓絕壁，巨石夾峙，洞近荒穢，人無知者，近得逸史石刻乃始知之。"② 可見，"關雲洞"條全文依光緒《海陽縣志》轉錄，未作修改。而纂輯型則是通過對資料進行有選擇性的採用，採用組合、刪減、壓縮等方式借用文字，最終呈現出來的材料既能夠保存原始材料的部分面貌又避免材料的重複、累贅，具有簡潔性特徵。志書中峯巖、泉石、祠廟、寺墓、古蹟、人物、仙釋、園亭、雜志門多採用此方式，而以"人物"門體現得最為明顯。例如，卷十《雜志》："韓愈初至潮陽，詢民疾苦，皆曰：'郡西湫水有鱷魚，食民畜將盡。'愈令判官炮一豚一羊，投之湫水，咒之，夕有暴風雷起於湫中。數日，湫水盡涸，徙於舊湫西六十里，自是潮人無鱷患。（《舊唐書·韓愈傳》）"③ 對比《舊唐書》列傳一百一十《韓愈傳》原文："初，愈至潮陽，既視事，詢吏民疾苦，皆曰：'郡西湫水有鱷魚，卵而化，長數丈，食民畜產將盡，以是民貧。'居數日，愈往視之，令判官秦濟炮一豚一羊，投之湫水，呪之曰：'前代德薄之君，棄楚、越之地，則鱷魚涵泳於此可也……與鱷魚從事矣！'呪之夕，有暴風雷起於湫中。數日，湫水盡涸，徙於舊湫西六十里。自是潮人無鱷患。"④ 可見饒鍔對《舊唐書·韓愈傳》稍作刪改，卻不離原意，體現了嚴謹的治學態度。

至於各門的具體編撰情況，現分述如下：

---

① 饒鍔：《饒鍔文集》，香港天馬出版有限公司 2010 年版，第 227 頁。
② （清）吳道鎔：《海陽縣志》，台灣成文出版社 1967 年版，第 273 頁。
③ 饒鍔：《饒鍔文集》，香港天馬出版有限公司 2010 年版，第 416 頁。
④ （後晉）劉昫：《舊唐書》，中華書局 1975 年版，第 4203 頁。

一、總志門。列歷代各書與湖山相關材料，秉承呈現原始文獻宗旨，意在存史。

二、峯巖、泉石、祠廟、寺墓、園亭、古蹟各門。主要輯自林大川《西湖記》、鄭昌時《韓江聞見錄》和清光緒《海陽縣志》三書，加之饒鍔個人陳述而成。

三、人物門。收人物八十二人，分卜築、遊覽、仙釋三類，各類依朝代排列人物。先述人物字號、官蹟，間有事跡，末皆錄與西湖山相關詩文，顯示了饒鍔編撰時對體式處理的靈活性。

四、石刻門。多採自清光緒《海陽縣志》"金石略"門，并於條目之下註明存佚情況。《縣志》未載者，依湖山石刻補錄。如卷六《石刻上》"李夢呂等題名"條載："存，正書，在湖上上彭西川墓旁，以下四刻，《縣志》皆失載。"[1] 而存疑者則稽查文獻以按語形式呈現，極力將石刻源流梳理清晰，如卷六《石刻上》"景祐題字"條："雁塔。景祐四年書。鍔按：'雁塔'二字，不知何人所書，只有景祐年號可考。或謂宋時州學在湖山，登科者多題名其上，故有雁塔之建。考州學於元祐四年遷湖山，實在雁塔題字之後，似塔之建不必盡為登科……並非登科者專有。故實今湖山石上題字殘泐，不可考者尚多，疑皆唐宋人舊刻，此雁塔或因此而建，未可知也。"[2] 饒鍔所作按語體現了一個文獻學家善於"稽考源流"的獨特手眼。

五、藝文門。"藝文"一門分記、祭文、募疏、銘、賦、古詩、絕句、補遺、詞九類，依類錄詩文，考其詩文來源，一為爬疏《縣志》、《府志》、《通志》而得；二為翻揀《古瀛詩苑》、《西湖記》等邑人文集；三為直錄湖山石刻原文，就收錄時限而言，以清初為界，此前詳錄，此後從嚴，見錄甚少。

六、雜志門。《凡例》對其編寫作了清晰說明："稗官野史有足增湖山見聞者，俱分別採錄彙為《雜志》，以附篇末。"[3] 這類奇聞異事的記載，無疑豐富了湖山文獻構成的維度。

---

[1] 饒鍔：《饒鍔文集》，香港天馬出版有限公司 2010 年版，第 299 頁。

[2] 同上書，第 280 頁。

[3] 同上書，第 217 頁。

在部分條目下，饒鍔還加了長短不一的"按語"："考證出於一得之見者，以'鍔按'二字別之，類附各條之後。"① 此類按語，有的是在梳理各志引文基礎上所作概括性文字，如卷一《總志》"《海陽縣志》"條跋語："各書所紀湖山形勝互有詳略，而無大差異，惟山之山名西湖記湖之肇浚不知始自何代……"② 既簡潔扼要地梳理了各志引文情況，又將各志引文區別亮出，體現饒氏按語的學術性。有的則是對引文所作的補充性文字，豐盈相關文獻記載，如卷七《石刻下》"萬曆壬午題名記"條按語："石刻字多損泐，據《周志·選舉表》，是科潮州中式十一人，此刻末三名已磨滅者即程應龍、許時謙、姚淑明也。"③ 這些都體現了饒鍔深厚扎實的文獻功底和求是求真的治學取向。

三

引書，指古籍中引用的文獻。通過引書的覆核，可以探尋該書的資料來源及成書規律，進而更好地把握編者的編撰理念與治學方法。《饒志》作為一部私人編修的山志，保存了與潮州西湖山相關的大量文獻資料，全書僅十卷，引書達六十種之多，約三百例，大致可將引書分為史書類、方志類、金石類、小說類、別集類等五類。通過梳理、比勘原文，以下幾點需加留意：

（一）《饒志》引書喜歡採取直接引用文字內容且標註書名形式，而多以"某某云""某某言""某某謂"等為標識語，引書內容一目了然。如卷三"彭西川墓"條："《縣志》云：'明處士彭西川墓，在西湖山。'《韓江聞見錄》云：'湖山東北界，山頂有彭處士墓，巨石環之，處士自卜之窀穸也。因自題句鐫於壁山，以密邇於城，成雜葬，而幽人之貞，猶幸介石自完。'"④ 而在標註書名時，首次出現使用全稱，引用次數在兩次以上者，再次出現時多使用簡稱。另外，同

---

① 饒鍔：《饒鍔文集》，香港天馬出版有限公司2010年版，第217頁。
② 同上書，第218頁。
③ 同上書，第315頁。
④ 同上書，第257頁。

一書名，為區分不同版本，簡稱時多冠著者名於書前，如周《府志》指清乾隆《潮州府志》。這一處理方式科學合理，可避免同名書籍混淆且節省篇幅。通過清點，使用書名全稱者有《大清一統志》、《廣東考古錄》、《廣東圖志》、《粵東金石錄》、《西湖記》、《韓江聞見錄》、《井天詩話》、《潮中雜記》、《蔚園文稿》、《嶺南雜事詩鈔》、《嶺海菁華記》等五十種，而簡稱者如《古瀛詩苑》作《詩苑》，清乾隆《潮州府志》作周《府志》或《府志》，清光緒《海陽縣志》作《縣志》，張士璉《海陽縣志》作《海陽張志》，清道光《廣東通志》作《阮通志》，清雍正《海陽縣志》作《舊志》，《初瞻六堂集》作《瞻六堂集》，《大唐西域記》作《西域記》。但是，疑書名誤載者時有所見，如《廣東考古錄》誤為《廣東考古輯要》，卷一"總志"引《廣東考古錄》："湖山在潮城西北一里許，其山碎石疊空，巖洞畢具，下有水，名西湖。宋慶元間知州林嶧開濬，湖心有亭，歲久煙沒，宋許騫有記。"① 實未見《廣東考古錄》一書，而見於清周廣《廣東考古輯要》卷三十三《金石》"西湖山石字"條。卷六"李公亭記"條："但王象之《輿地碑目》載：'李公亭記立於貞元三年。'（阮元《粵東金石略》、《廣東考古錄》引并同）"② 查清周廣《廣東考古輯要》卷三十三《金石》"西湖山石字"條，文字一致，故可判定《廣東考古錄》即為《廣東考古輯要》。又如，卷一"總志"引《廣東圖說》一條："《廣東圖志》：'西湖山，城西北一里，舊名銀山，形似葫蘆，又名葫蘆山，山下有湖，故名。往來大道有老君巖、紫竹庵。'"未見《廣東圖志》，而見於清毛鴻賓《廣東圖說》卷三十二《海陽三》"西湖山"條，文字全同，亦可判斷《廣東圖志》即為《廣東圖說》。

（二）《饒志》在引用文字內容方面則可分為四種情況：第一，照錄原文。如卷一總志《方輿紀要》條："'海陽城西北一里曰湖山，舊名銀山，山下有西湖，因改今名。高五十里，周十里。巔有浮圖，形勝與金山相並。'又云：'西湖，在湖山之陽，綿亘十餘里，今漸

湮滅。'"① 分別見清顧祖禹《讀史方輿紀要》卷一百三《廣東四·潮州府》"金山"和"西湖"條，原文與引文內容一致。又如，卷二"卓玉峯"、"活人洞"、"龍王潭"、"仙蹟石"、"鼇魚石"、"蟾蜍石"、"立石"、"棊盤石"、"雷打石"條，卷三"魚莊"條，卷四"關帝廟"、"江南兒女塚"、"乘風閣"、"李公亭"、"大石樓"條，卷十雜志第八、第十三、第十四、第十五、第十八、第二十條引《西湖記》；卷二"玉筍峯"、"古濂洞天"、"彭西川墓"條，卷三"梅花莊"條引《韓江聞見錄》等，引用原文，準確無誤。第二，根據實際需要，或節錄或省略引。如卷二"呂仙洞"條："《西湖記》云：'呂仙洞，半人力半天工。'"② 見林大川《西湖記》卷一"呂仙洞"條："呂仙洞，在乘風閣上，半人力半天工，老君巖之雲搆發自然也。洞聯云：'萬井烟濃人間正熟黃粱飯，四山雲起天上應開白奈花。'此乃邯鄲黃粱店楹聯，移來緊切。"可見，饒鍔僅引《西湖記》中一句。又如卷三"彭西川墓"條引鄭昌時《韓江聞見錄》卷四"處士墓"條："湖山東北界，有前朝西川彭處士墓，將及山之頂，而巨石環之，蓋處士自卜之窆穸也。因自題句鎸石壁云：'子孫不用求行狀，水月山前是墓銘。'清虛高曠，足想生平品致矣。山以密邇於城，成雜葬，而幽人之貞，猶幸以介石自完。"引文與原文文字稍有差異，省去"云：'子孫不用求行狀，水月山前是墓銘。'清虛高曠，足想生平品致矣"等語，大概是出於行文簡潔的考慮罷。第三，通過刪減、增添、替換等形式，變化引用。如卷六"景祐題字"條引《西域記》云："昔有比丘見雙雁飛翔，思曰：'若得此雁，可充飲食。'忽有一雁投下自隕，眾曰：'此雁垂戒，宜旌彼德。'於是瘞雁建塔，謂之'雁塔'。"③ 出自唐玄奘《大唐西域記》卷九《摩揭陀國下》"雁窣堵波"條，原文故事情節豐滿，敘述詳盡，引文在尊重原意的基礎上概括原文內容，言簡意賅，不失為一種簡潔的處理方式。又如，卷一"總志"

---

① 饒鍔：《饒鍔文集》，香港天馬出版有限公司 2010 年版，第 214 頁。
② 同上書，第 243 頁。
③ 同上書，第 347 頁。

引《大清一統志》改"縣西北"作"海陽縣西北",刪去"與金山并勝"後引用《輿地紀勝》與《縣志》內容;卷四"宋學故址"條引《粵東金石略》,改"山後"為"山之後";卷六"李公亭記"條引《輿地碑目》改"正元"為"貞元"。第四,是改寫整合多書材料,此類引書是卷五人物門特有的處理方式。如卷五"唐伯元"條:"唐伯元,字仁卿,號曙台,澄海蘇灣都人,質美而好學,毅然以聖賢自期。萬曆二年成進士,歷官尚寶司丞,伯元受業永豐呂懷,踐履篤實,深妒王守仁新學。吏部尚書楊巍善之,引為員外郎,歷考功郎中,加意守法,銓政一清。秩滿,乞賜罷。家居二年,營梅花莊於西湖山北,釣魚臺於山下,日盤桓其中。伯元學有原本,其為文,折衷於理而得其要領,所著有《醉經樓集》、《二程語錄》纂行於世,其家清苦如寒士,而元處之怡然,嶺表士夫,咸推服焉。(《明史·唐伯元傳》、《澄海縣志》、《醉經樓集》)"①《明史·唐伯元傳》、《澄海縣志》、《醉經樓集》三書以小字夾注形式附於文末,以示上述內容可參見《明史·唐伯元傳》、明嘉靖《澄海縣志·名宦》及唐伯元《醉經樓集》。在這裏,饒鍔靈活處理文獻材料,擇善而從,先述字號,次言官蹟,後存與湖山相關事跡者,使得呈現出來的文字帶有個人獨特的解讀,不再是史料的死板呈現和一味疊加。

(三)引文錯誤較多。從引用的書目可以看出饒鍔博覽群書,視野開闊,治學實事求是,考辨嚴謹,"疑為"、"存疑"等提示語多次出現。如卷六"李公亭記"條因石刻未書年月,饒鍔以"是否唐刻已不可考"存疑,而非主觀臆斷。又如"景祐題名"條,饒鍔考雁塔題名事略,以戴埴《鼠璞》及玄奘《大唐西域記》記載證留題雁塔"並非登科者專有",以忠實可靠的史料為依據,考證嚴密。卷七"慈禧大師塔文"條引《行事鈔》"十僧受具是其例"考石刻"示"泐文為"眾"字之殘文,非有扎實的文獻基礎無以疏通明辨。但是,由於文獻處理工作繁雜,在具體的編寫過程中難免出現這樣或那樣的疏漏,主要可分為以下四類:第一類,訛字。這種情況最為常見,不

---

① 饒鍔:《饒鍔文集》,香港天馬出版有限公司 2010 年版,第 297 頁。

在少數，兹錄數條如下：卷一總志"張士璉《海陽縣志》"條照錄原文，訛"彭西川"為"彭要川"，訛"老君巖"為"老君嚴"，訛"頭等侯"為"頭第侯"，卷十雜志第八條引《西湖記》、第九條引《醉經樓集》均訛"癸巳"為"癸已"。如此等等，不一而足，蓋因形近而訛。第二類，則是沿襲清代文獻所避乾隆帝諱而導致"曆"、"歷"的淆亂。如卷五"周弘禴"條引《明史》本傳，訛"曆"作"歷"，卷六"黄靖題字"條引《方輿紀要》訛"曆"作"歷"。第三類，脱衍倒乙。如卷六"李公亭記"條引《輿地碑目》"十三年"誤作"三年"，脱"十"字。第四類，誤載情況，卷七《石刻上》"天禧題名殘字"條載："存，正書，在湖山北山頂。此刻《縣志》失載。天禧（已下缺）庚申（缺）記。"實為"俞獻卿葬妻記"，今存西湖山。又如，卷十雜志第十二、二十五條各引《潮中雜記》一條，查郭子章《潮中雜記》，均無此文，而清順治《潮州府志》卷十《軼事部》載之，文字全同，頗疑饒鍔將此條訛入《潮中雜記》。當然，《饒志》引書出現的種種不足，需要進行客觀評價。這些都不會影響潮州《西湖山志》存一方山水之史的文獻價值。

四

關於校箋工作的幾點說明：

（一）據饒鍔潮州《西湖山志》民國十三年鉛印綫裝本整理，施以新式標點。原文正文、夾注、附識等一仍其舊，而以不同字體及相應的括號形式附於原文後，以示區分。校箋部分則為小五號仿宋。原文所示之"□"、"……"、異體字等，盡可能一一照式全錄，反映該書文字面貌。

（二）力求以最客觀的原則重現引文的原始面貌，故對其中錯漏處適時指出。引文出處以括號形式詳附文後，以便讀者檢覈。對於不明出處者則存疑，以"待考"標示。於考證有所發現時，則以按語形式附於該條之後。

（三）"石刻"門原文題記詳實以小四號仿宋體、括號形式附題記之下。每條下先做引書考證，力求詳審，然後以按語形式提示今石刻存佚情況及石刻異文等項。

（四）"藝文"門所録詩文存在若干異文和闕文，兹參考多種方志、詩文集及石刻詩文進行校勘，凡遇異文即出校記，凡需補闕文則以〈〉標示。

閔定慶　方冰瑤於戊戌槐月小谷圍島硯湖西畔

溫　序

　　山川名勝之區，非得人以修治點綴之，則其景不出；非得人以紀載題詠之，則其名不傳。紀載題詠矣，而無人以彙集之，則其傳不廣；彙集矣，而苟無著述之才，或病於繁蕪，或失於簡畧，則其傳亦不能廣且久也。潮州西湖山，始於唐，著於宋，盛於明，而蕪於清，得今善後處長洪公起而修之，饒子純鈎從而爲之《志》，是湖山之遭時也。饒子能文，家富藏書，而諳著述之體。觀其凡例，吾知其必能詳而核，簡而明，質而雅，雖一隅之志，而能合史乘之體，吾知其傳之必能廣且久也。夫潮州西湖山，其視杭、惠雖遠不及，然豈遂遽讓姑蘇附郭之虎丘？而自潮人外，世鮮知者，固由歷史年代之遠遜。二百年來之蕪廢於荊榛丘墓，亦由無專書以紀志之故，其迹不傳，雖傳不廣耳。今得饒子是書，其體裁雖畧倣顧湄《虎丘山志》而詳博遠過之。吾知是書出，而吾潮西湖山且將逐杭、惠之後，而軼出於虎丘矣。饒子家素封而能遠榮利，惟耽於著述，其於西湖山，歲時登臨，必有契合而得其眞者。夫人得地而樂者，地亦得人而益彰，是尤西湖山之幸也。民國十三年仲夏，大埔溫廷敬序。

丘　序

　　吾國"西湖"之名，難更僕數，而最大且著者，厥惟杭州之西湖，香山、東坡兩公實造成之。蓋名勝之傳，半由於天然，半由於人力。雖有天然之姿，無探奇索隱、揚芬摘艷之人爲之潤色，以暴白於當世，恶能自達以傳遠而垂久乎！潮州西湖，爲唐放生池，不知何時始以"湖"名。宋知州軍事林嶧、林光世先後濬闢，而湖遂著。兩林皆閩人，信於西湖有功焉。湖上雅游盛於宋，延於明，至遜清季世已成絕迹。余往來韓江幾三十年，最近十年春、秋至潮寓居，輒二三月。游人所稱爲"西湖"者，特一葫蘆山耳。而湖水湫隘，無一亭一舫之點綴，湖壖又爲叢葬之地，白楊蕭蕭，望而惻然，蓋西湖黯澹無色也久矣。去歲始有濬湖之議，余於端陽前後，兩偕友人游之，值經始經營，宋元碑刻方洗剔而出之土中，惟覆釜依然。故余詩云："遷墓議自徐，惜哉不果斷。至今多悲風，縱橫丘墓亂。行人足趔趄，下有枯骨骭。"意將促而成之。今則湖山清爽，風物宜人，叢冢已平，鋪茵滿地。雖十年樹木，未收樾蔭之效，而湖亭水榭，畫舫虹橋，設施已漸露眉目，駸駸與聖湖媲美矣！雖然，山川興廢不常，昔之肩摩轂擊，赫然極一時之盛者，往往一轉眼而寂然。今之西湖，可謂極一時之盛矣，而時過境遷，安知數年、十數年後不塵封煙鎖，冷靜如故乎？欲爲傳遠而垂久，此饒子純鈎《西湖志》之所由輯也。饒子青年英畏之才，能文章，著作甚富。余嘗讀其《慈禧宮詞百首》及《潮安饒氏家譜》，知其不慕浮華，殫精載籍，與時流異趣。今更鈎稽而成是《志》，旁搜博采，已詳且覈其中，是正訛誤，增補舊聞，尤多心得。後之人得是《志》，讀之發思古之幽情，起攬勝之遐想，西湖游屐之盛，日增月異，可斷然無疑矣！夫地以人傳，抑人傑而後地靈，杭之西湖已以白、蘇傳，饒子爲潮產，且爲此湖之主人，壯年成就如是，鍥而不舍，白、蘇之事業、之文章、之氣節，何難企及！則今日此《志》固爲饒子之《志》，而異日西湖不且爲饒子之西湖乎？余閩人，久客潮，落魄無似，於西湖無絲毫之裨益，愧於兩林鄉先彥多矣。近來潮，饒子出是《志》索序，余喜西湖之得傳人也，遂不辭而爲之序。中華民國十二年冬月，上杭丘復。

王　序

　　杭有西湖焉，名宇宙間也；惠有西湖焉，名宇宙間也。吾邑亦有西湖，規模視杭、惠狹，而名亦遠不及。世之以形勝名天下者，往往有愧於其實，南豐曾芷青嘗爲吾言江西之滕王閣，不如吾潮之韓江樓也。然則吾湖之不及杭、惠者，無乃樂天、子瞻之未至歟？近日洪師長兆麟規吾潮公園，選勝得湖，於是而墓者、平臺者、突梁者、橫艇者、泳古文銘字之埋沒於蔓草燕墟間者出，饒君純鈎爲之鈎稽疏證，而《西湖志》以成，則來索吾序。余老矣，憨負吾湖，於君書曷序？然近日四海隸通，人之來游吾潮者，蓋無復有嶺海煙瘴異感，而吾潮學子亦往往遠及京滬、歐美間。他日有樂天、子瞻者來潤色之，則此湖名天下如杭、惠矣！饒君其亦念吾言而益自力也歟？中華人民建國之十三年春，潮安圓五居士王弘願序。

自　序

　　宇內名蹟之以“西湖”稱者，三十有六，杭州最勝；粵東名“西湖”者凡三，惠州最勝。杭州西湖，余以癸丑四月曾游其地，留連湖上浹旬而後返。惠州西湖則心久眷慕之，而未能即往者也。潮州附郭之郊有濠，可半里而窪然深以長者，因其居於城之西，亦名曰“西湖”。其上有山，嶄然屹立，以臨於湖之厓者，曰西湖之山。其山孤拔特起，高不百仞，而上多尋丈之石，穹谷湛巖，縱橫相錯，湖水則漪漣盪漾於其前。四時朝暮，風雨陰晴，雲煙嵐氣之卷舒，林鳥溪聲之唱和，物像意態，莫不各極其趣，固一郡登臨之勝也。自唐迄清，湖山或顯或晦，改革而後，益荒蕪而不修。迨今副總指揮湘南洪公鎮潮之明年，政舉人和，慨然懷古，始爬梳而掃除之，榛莽去而竹樹列，丘隴平而亭臺起。一泓之水，橫之以橋；半畝之田，闢而爲圃。於是昔之爲狐魅貙貚窟宅、人跡罕至之地，今則氓嬉士逸，往來絡繹而足不停履矣。余以州人，輒從公後遊其地，喜故迹之重新，又憾無好事者爲之徵文考獻，以誌其盛衰興廢，乃退而細集見聞，參稽志乘，旁蒐遠討，訂僞補遺，而時輒附以已意，成《西湖山志》十卷。嗚呼！吾之爲是山志也，夫豈無意於其間哉！凡天下名山水，苟得有能爲其山水增重之人，至其地徜徉憑吊，乃或發爲文辭，形諸歌詠，則後之讀其文與詩者，益爲之慨慕不已，而其山水亦因之而爲世所重。若杭、惠之西湖，其丘壑之勝，登臨之樂，信美矣！然不有樂天、東坡爲之遊止臨觀，形諸文章，播之篇什，又焉能聲施至今而不朽哉？潮州西湖，僻處海隅，形勝雖遠不及杭、惠，顧自洪公重闢之後，煥然一新，已迥非曩日之舊。以公之武烈，固足爲茲山增重，而深崖窮谷之境，必有俟於幽潛之士而後彰者，庸詎知彼之能爲其山水增重之人，不因是接踵而至也哉？余故爲《志》以待之。民國十三年歲次甲子夏月，潮安饒鍔自序於天嘯樓。

編輯潮州《西湖山志》竟漫題絕句四首

鬱律峯巖自一家，東坡到處不須誇。
平生亦有煙霞癖，曾向孤山拾落花。

千株綠樹映山繁，幽絕園亭可避喧。
逃世倘能專一壑，此間端不遜桃源。

日日振衣湖上來，芒鞵踏徧石間苔。
夕陽城外煙波暝，猶為尋碑未忍回。

禿筆能耕硯作田，蠹魚生活總堪憐。
未應堆案三千卷，果敵買山四萬錢。

鈍盦自題

潮州《西湖山志》凡例

一、本《志》體裁，畧倣顧湄《虎丘山志》而參酌變通之，如顧《志》"題詠"一門，祇載詩歌，本《志》則更名"藝文"，兼錄序、記。至石刻，則顧《志》所無，本《志》所獨有也。

一、"總志"歷引郡邑諸《志》，似重牀架屋，有類駢枝，然各有考據，不可淆亂，故備載之以俾覽者自得焉。

一、山中名蹟，現在者各依類編入，其已廢者別立"古蹟"一門以歸之。

一、石刻錄至有明而止，清朝人題名不錄，以年代太近，不足資考證也。惟洪兆麟《重闢西湖碑記》以有關全山歷史，故坿入。

一、人物分"棲止""游覽"二門，事蹟在山中者則詳，在他處者則畧，仙釋亦然。但只游觀而無紀述，其人又不甚著者，寧缺毋濫。

一、湖山題詠，自宋明以來，無慮千首。茲擇尤錄之，實得二百餘首，然尚不無掛一漏萬。若生存人，篇什雖佳，概從割愛。

一、稗官野史有足增湖山見聞者，俱分別採錄，彙為"雜志"，以附編末。

一、《志》中事蹟，皆從各書編纂而成，間有增刪貫穿，然皆不失事實，故每條之下必註明輯自某書，以明非出杜撰。

一、考證出於一得之見者，以"鍔按"二字別之，類附各條之後。

一、湖山僻處海隅，向無專志，茲編係屬創舉。除網羅志乘及邑人著述外，雖復極力蒐討，以期盡善盡備，但海濱無書，徵考實難，世有博雅君子糾正而補遺焉可也。

南疆逸民饒鍔識

潮州西湖山志卷一

總　志

《大清一統志》："湖山，在縣西北一里，其陽有湖，故名。又名'銀山'，與金山并勝。"

【箋證】

清嘉慶《大清一統志》卷四百四十六《潮州府》："湖山，在海陽縣西北一里，其陽有湖，故名。又名'銀山'，與金山并勝。《輿地紀勝》：'與韓山對峙，山麓寺觀錯立。'《縣志》：'上有老君巖，巖下有洞，可容數千人。'"（清嘉慶《大清一統志》，清穆彰阿等纂，《續修四庫全書》第624冊，上海古籍出版社2003年影印本，第534頁）

《圖書集成·職方典》："湖山，在府治西，上有寺觀錯立，前連鱷溪，後接鳳山，為一郡觀覽之勝。有宋林嶂詩石。"

【箋證】

清陳夢雷主纂《欽定古今圖書集成》卷一三三三《方輿匯編·職方典·潮州府部》"湖山"條："湖山，在府治西，上有寺觀錯立，前連鱷溪，後接鳳山，為一郡觀覽之勝，有宋林嶂詩：'溪流橫過一灣碧，山色平分兩岸青。'"（《古今圖書集成》第一六六冊，中華書局1934年版，第23頁）

《方輿紀要》："海陽城西北一里曰'湖山'，舊名'銀山'，山下有西湖，因改今名。高五十里，（鍔按：'里'當作'丈'。）周十里，巔有浮圖，形勝與金山相並。"又云："西湖，在湖山之陽，綿亘十餘里。今漸湮塞。"

【箋證】

清顧祖禹《讀史方輿紀要》卷一百三《廣東四·潮州府》"金山"條："城西北一里曰'湖山'，舊名'銀山'，山下有西湖，因改今名。高五十里，周十里，巔有浮圖，形勝與金山相並。"（《讀史方輿紀要》，中華書局 2005 年版，第 4714 頁）

又，卷一百三《廣東四·潮州府》"西湖"條："西湖，在府治西湖山之陽，綿亘十餘里。今漸湮塞。"（同上書，第 4715 頁）

《廣東圖說》[1]："西湖山，城西北一里，舊名'銀山'，形似葫蘆，又名'葫蘆山'。山下有湖，故名。往來大道有老君巖、紫竹庵。"

【校勘】

[1]《廣東圖說》 《饒志》作《廣東圖志》，誤，實爲《廣東圖說》，逕改。

【箋證】

清毛鴻賓《廣東圖說》卷三十二《海陽三》"西湖山"條："西湖山，城西北一里，舊名'銀山'，形似葫蘆，又名'葫蘆山'。山下有西湖，故名。往來大道有老君巖、紫竹庵。"（《廣東圖說》，台灣成文出版社 1966 年影印本，第 283 頁）

《廣東通志》："湖山，在縣西北一里。唐貞元間，御史中丞李宿建觀稼亭於其上。宋元祐間，知州鮑粹訪其遺跡，重建爲閣，左右建二亭，曰'乘風'，曰'待月'。慶元間，知州林嶧濬古放生池[1]而跨以橋。淳熙間，知州劉希仁更放生池曰'惠愛'，沿堤而上，建亭曰'晴雨'，菴曰'止水'，立華表於橋東，建虎拜亭於湖南道旁，今俱為荒墟。惟雁塔石、仙人跡尚存。"

"北濠，城西二里，即宋時西湖，灌西關外北廂等七鄉田一千九百餘畝。乾隆二十五年，旱甚，湖為豪者占以養魚，不容分溉，知府周碩勳立令民決水及車戽五晝夜，七鄉之田並獲收穫，由是並著為令。"

【校勘】

［1］濬古放生池 《饒志》脫"生池"二字，據清道光《廣東通志》補。

【箋證】

清道光《廣東通志》卷一百六《山川略七·水利二·潮州府》"湖山"條："湖山，在縣西北一里，其陽有湖，故名。又名'銀山'，與金山并勝。唐貞元間，御史中丞李宿建觀稼亭於其上。宋元祐間，知州鮑粹訪其遺跡，重建為閣，左右建二亭，曰'乘風'，曰'待月'。慶元間，知州林嶐濬古放生池而跨以橋。淳熙間，知州劉希仁更放生池曰'惠愛'，沿堤而上，建亭曰'晴雨'，菴曰'止水'，立華表於橋東，建虎拜亭於湖南道旁，今俱為荒墟。惟雁塔石、仙人跡尚存。"（清道光《廣東通志》，清阮元等纂，《續修四庫全書》第671冊，上海古籍出版社2003年版，第379頁）

又，卷一百一十六《山川略十七·水利二·潮州府》"北濠"條："北濠，城西二里，即宋時西湖，灌西關外北廂等七鄉田一千九百餘畝。乾隆二十五年，旱甚，湖為豪者占以養魚，不容分溉，知府周碩勳立令民決水及車戽五晝夜，七鄉之田並獲收穫，由是並著為令。在縣西半里，流通三利溪。"（同上書，第565頁）

明嘉靖《潮州府志》卷一《地理志·海陽》"湖山"條："湖山，在縣治西，又名'銀山'，與金山并勝。唐貞元間，御史中丞李宿建觀稼亭於其上，後因名'李公亭'。宋元祐間，知州鮑粹訪其遺址，重建為閣，左右建二亭，曰'乘風'、'待月'。前後多奇石，每歲州進士題名於石刻。昔鄭沂讀書於此，凡山景物各有詩紀。慶元間，知州林嶧濬古放生池而跨以橋，有郡人黃景祥《記》。淳熙間，知州劉希仁更放生池曰'惠愛'，沿堤而南，建亭曰'晴雨'、庵曰'止水'，立華表於橋東，建虎拜亭於湖南道旁。今俱為荒墟矣，惟雁塔石、仙人跡尚存。"（明嘉靖《潮州府志》，饒宗頤編集《潮州志匯編》第二部，香港龍門書店1965年影印本，第56頁）

《廣東考古輯要》[1]："湖山，在潮城西北一里許，其山碎石疊空，巖洞畢具，下有水，名'西湖'。宋慶元間知州林嶧開濬，湖心有亭，歲久湮沒。宋許騫有《記》。"

【校勘】

[1]《廣東考古輯要》　《饒志》作《廣東考古錄》，而引文原文及卷六"石刻"門"李公亭"條原文皆出自《廣東考古輯要》，據改。

【箋證】

清周廣纂《廣東考古輯要》卷三十三《金石》"西湖山石字"條："山在潮州城西北一里許，其山碎石疊空，巖洞畢具，有大中祥符六年二月十五日太常博士知軍州事王漢刻詩一首，又'雁塔'二字、'蒙泉'二字，皆三山林會書。"（《廣東考古輯要》，《石刻史料新編》第二輯，台灣新文豐出版公司1979年版，第11385頁）

《潮州府志》："西湖山，縣北一里許，舊名'銀山'。山下為西湖，高約五十餘丈，周圍十里。循紫竹庵而上，有老君巖，巖下有洞，寬可容數十人，祀老君其中。唐正元間，中丞李宿建觀稼亭於其上。宋元祐間，知軍州事鮑粹又建二亭，左曰'乘風'，右曰'待月'，今不可考矣。嘉泰間，（鍔按：'嘉泰'當作'慶元'，《府志·職官表》及《宦跡傳》皆云'嘉泰間知潮州軍州事'，考各書及嶧《重闢西湖》詩、石刻俱作'慶元'，版本不足據，當以石刻為正。）知軍州事林嶧濬古放生池而跨以橋，沿堤而南，有晴雨亭、止水庵，今俱廢。惟雁塔、僊人跡尚存，乃淳祐間知軍州事劉希仁所建。明萬曆[1]間，郡人唐伯元建釣魚臺，越數十步建壽安寺，則宋州學遺趾也。寺左蓮花池，與梅花莊相映。"

“西湖，在東湖之西北，宋知軍州事林嶕所濬，周圍二百五十丈，舊有樓臺亭榭，碧檻朱欄。今俱廢。”

“北濠，在郡城西北二里，卽宋時西湖灌西關外北廂、陳桥、八家尾、他子圍、七聖廟、新浦鄉、南廂馬圍等七鄉田，一千九百五十餘畝。”

“湖山城，在郡西北，周繞湖山。康熙十七年戊午，守道仇昌祚、知府林杭學、總兵馬三奇令十一縣築之，高一丈、寬六尺、廣五百一十五丈，爲門四：曰紫竹、曰水仙、曰西門、曰靖北。湖山俯瞰郡城，惟隔一濠。此城[2]當西北險隘，有輔車相依之勢，爲全城要害，雍正七年已酉重修。”

【校勘】

[1] 萬曆　清光緒《海陽縣志》避乾隆諱作“萬歷”，《饒志》因之，據舊志改。後文例此，概不出校。

[2] 此城　《饒志》脫“城”字，據清乾隆《潮州府志》補。

【箋證】

清順治《潮州府志》卷八《山川部》“西湖山小記”條：“縣西北一里，有湖山，舊名‘銀山’，山下爲西湖，故更今名。高約五十餘丈，周圍十里。循紫竹庵而上，有老君巖，巖下有洞，寬可容數十人，祀老君其中。唐貞元間，中丞李宿始建觀稼亭於上。宋元祐間，知軍州事鮑粹又建二亭左右之，一曰‘乘風’，一曰‘待月’。今不可考矣。慶元間，林嶕濬古放生池而跨以橋，自有詩，郡人黃景祥爲之記。沿陂而南，有晴雨亭、止水庵，今廢。惟雁塔石、仙人跡尚存，蓋淳祐間知州事劉希仁所建云。明萬曆間，郡人唐伯元建釣魚臺，越數十步建壽安寺，則宋州學遺址也。寺左蓮花池，與梅花莊毗接。水之湄有立石，王漢刻詩其上。又數十步，巨石臨濠，疑有祟，知府王源毀之，掘得石刻‘回風’二字，祟絕。上有彭西川墓諱高碣云：‘子孫不必求行狀，水月山前是墓銘。’又云：‘磨崖即寄人間迹，誰識神仙天上墳？’又，邑人陳廷策建刹老君巖側，置田以贍僧云。”（清順治《潮州府志》，饒宗頤編集《潮州志匯編》第三部，香港龍門書店 1965 年影印本，第 422 頁）

清乾隆《潮州府志》卷十八《山川》“西湖山”條：“西湖山，距縣北一里許，舊名‘銀山’。山下為西湖，高約五十餘丈，周圍十里。循紫竹庵而上，有老君巖，巖下有洞，寬可容數十人，祀老君其中。唐正元間，中丞李宿建觀稼亭於上。宋元祐間，知軍州事鮑粹又建二亭，左曰‘乘風’，右曰‘待月’。今不可考矣。嘉泰間，知軍州事林嶠濬古放生池而跨以橋，沿隄而南，有晴雨亭、止水庵，今俱廢。惟雁塔、僊人跡尚存，乃淳祐間知軍州事劉希仁所建。明萬曆間，郡人唐伯元建釣魚臺，越數十步建壽安寺，則宋州學遺址也。寺左蓮花池，與梅花莊相映。”（清乾隆《潮州府志》，《廣東歷代方志集成》潮州府部四，嶺南美術出版社 2009 年影印本，第 185 頁）

又，卷十八《山川》“西湖”條：“西湖，在東湖之西北，宋知軍州事林嶠所濬，周圍二百五十丈，舊有樓臺亭榭，碧檻朱欄。今俱廢。”（同上書，第 189 頁）

又，卷十八《水利》“北濠”條：“北濠，在郡城西北二里，即宋時西湖灌西關外北廂、陳橋、八家尾、仙子圍、七聖廟、新浦鄉、南廂馬圍等七鄉田，一千九百五十餘畝。”（同上書，第 240 頁）

又，卷六《城池》“湖山城”條：“湖山城，在郡西北，周繞湖山。康熙十七年戊午，守道仇昌祚、知府林杭學、總兵官馬三奇令十一縣築之，高一丈、寬六尺、廣五百一十五丈，為門四：曰紫竹、曰水仙、曰西門、曰靖北。湖山俯瞰郡城，惟隔一濠。此城當西北險隘，有輔車相依之勢，為全城要害，雍正七年已酉重修。”（同上書，第 65 頁）

張士璉《海陽縣志》：“西湖山，去縣北一里許，舊名‘銀山’。山下爲西湖，故更今名。高約五十餘丈，周圍十里，循紫竹庵而上，有老君巖，巖下有洞，寬可容數十人，祀老君其中。唐貞元間，中丞李宿始建觀稼亭於上。宋元祐間，知州事鮑粹又建二亭左右之，一曰

'乘風'，一曰'待月'，今不可考矣。慶元間，林嶠濬古放生池而跨以橋，自有詩，郡人黃景祥爲之記。沿堤而南，有晴雨亭、止水庵。今廢。惟雁塔、僊人跡尚存，淳祐間知州事劉希仁所建。明萬曆間，郡人唐伯元建釣魚臺，越數十步建壽安寺，則宋州學遺址也。寺左蓮花池，與梅花庄相毗接。水之湄有立石，王漢題詩其上。又數十步，巨石臨濠，疑有祟，知府王源毁之，掘得石刻'囬風'二字，祟絕。上有彭西川墓，諱'高'[1]，碣云：'子孫不必求行狀，水月山前是墓銘。'又云：'磨崖聊寄人間迹，誰識神仙天上墳。'天啓甲子，明經陳廷策創建老君巖[2]前後佛殿數處，曰'北帝廟'，曰'三官堂'，曰'關廟'，曰'文昌祠'，曰'呂僊洞'，經亂傾圮。康熙戊午，知府林杭學、夸蘭大孟庫邵代、山主陳衍虞修建佛殿。己未[3]，巡察主事塞楞格、郎中朱臣重建北帝殿。庚申，潮鎮頭等侯[4]馬三奇全夫人李氏重建三官堂。八月，知府林杭學帥鹽商移建關帝廟於漱石亭舊址。辛酉，知府林杭學重建文昌阁，修呂仙洞。"

【校勘】

[1] 上有彭西川墓，諱"高" 《饒志》"人物"門作"上有彭西川墓，西川諱'高'"。

[2] 老君巖 《饒志》作"老君嚴"，非，據清雍正《海陽縣志》改。

[3] 己未 《饒志》作"已未"，非，據清雍正《海陽縣志》改。

[4] 頭等侯 《饒志》作"頭第侯"，非，據清雍正《海陽縣志》改。

【箋證】

清雍正《海陽縣志》卷二《山川》"西湖山"條："西湖山，去縣北一里許，舊名'銀山'。山下為西湖，故更今名。高約五十餘丈，周圍十里，循紫竹庵而上，有老君巖，巖下有洞，寬可容數十人，祀老君其中。唐貞元間，中丞李宿始建觀稼亭於上。宋元祐間，知州事鮑粹又建二亭左右之，一曰'乘風'，一曰'待月'，今不可考矣。慶元間，林嶠濬古放生池而跨以橋，自有詩，郡人黃景祥為之記。沿堤而南，有晴雨亭、止水庵。今廢。惟雁塔、僊人跡尚存，淳祐間知州事劉希仁所建。明萬曆間，郡人唐伯元建釣魚臺，越數十步建壽安寺，則宋州學遺址也。寺左蓮花池，與梅花莊相毗接。水之湄有立石，王漢題詩其上。又數十步，巨石臨濠，疑有祟，知府王源毀之，掘得石刻'同風'二字，祟絕。上有彭西川墓，諱'高'，碣云：'子孫不必求行狀，水月山前是墓銘。'又云：'磨崖聊寄人間迹，誰識神仙天上墳。'天啓甲子，明經陳廷策創建老君巖前後佛殿數處，曰'北帝廟'，曰'三官堂'，曰'關帝廟'，曰'文昌祠'，曰'呂儦洞'。經亂傾圮，康熙戊午，知府林杭學、夸蘭大孟庫邵代、山主陳衍虞修建佛殿。己未，巡察主事塞楞格、郎中朱臣重建北帝殿。庚申，潮鎮頭等侯馬三奇仝夫人李氏重建三官堂。八月，知府林杭學帥鹽商移建關帝廟於漱石亭舊址。辛酉，知府林杭學重建文昌閣，修呂仙洞。"（清雍正《海陽縣志》，《廣東歷代方志集成》潮州府部一一，嶺南美術出版社2009年影印本，第218頁）

《海陽縣志》："西湖山，舊名'銀山'，又名'葫蘆山'，在城西北一里許，山下爲西湖，高約五十餘丈，周圍十里。循紫竹庵而上有老君巖，（即南巖。）巖下有洞，寬可容數十人，祀老君其中。（今稱'青牛洞'，又稱'古瀛洞天'。）唐貞元間，中丞李宿建觀稼亭於上。宋元祐間，知軍州事鮑粹又建二亭翼之，左曰'乘風'，右曰'待月'。（今亭僅存'待月'，係後人重建。）慶元間，知軍州事林嶙濬古放生池而跨以橋，（即西湖。）並建湖平、放生、倒影及雲塔、束嘯[1]、立翠諸亭。（見黃景祥《記》。）沿湖堤而東，有晴雨亭、止水庵。今廢。惟雁塔石、仙人跡石尚存。明萬曆間，郡人唐伯元於此建釣魚臺，越數十步，建壽安寺，則宋州學遺址也。寺左有立石，王漢刻詩其上。又越數十步，臨湖有蟾蜍石。（案：《張志》載：'臨濠有巨石二作祟，知府王源毀之。'此當另為一石。）石之後峭壁矗立，（俗名'石樓'。）上有玉笋峯、獅豸峯，爲高士彭西川葬處，過此數十步爲水仙祠，（俗稱'水仙宮'。）皆西湖前面山也。越山西麓有鳳樓泉，上有卓玉峯，多南宋人題記。"

"北濠，在郡西北一里，即宋時西湖。慶元間，知軍州事林嶙浚。開慶元年，知軍州事林光世復浚之。（鍔按：明萬曆間，巡道王一乾亦曾募工疏拓，見唐伯元《平湖記》。）濠通三利溪，灌西關外北廂、陳橋、人家尾、仙子圍、七聖廟、新埔、南廂馬圍等七鄉田，一千九百五十餘畝。乾隆二十五年旱，城西北十餘里禾槁，知府周碩勳令民決濠水灌之，著爲令。"

〔附〕《紳耆公建碑記》："環城西北有濠，長一千七百三十步，均寬一百六十步，源泉不竭，所以捍衛郡城，灌溉田疇，利至普也。戊寅夏季之交，旱魃爲虐，農民憂旱甚劇，乃濠佃養魚，獲利不容沾潤，太守躬履其址，謂眾曰：'秋禾立槁，危在旦夕，無論官濠，即余所私，亦當竭澤以救蒼生，敢有撓者，置之法。'遒揮汗赤日中，令農民決水以蘇旣槁之禾，且諭以次車庤，毋許爭競。由是五晝夜計，綿亘十數里，苗槁者勃興。著爲令，七鄉人咸德之。太守姓周氏，諱碩勳，字元復，號容齋，湖南寧鄉人。丙子冬，由廉州調繁潮州。庚辰春，以許典膺，卓薦入覲，潮人思之，爲勒石以記，蓋惠澤之長，殆與北濠之水相深無已也。"

"湖山城（《張志》作'腰城'）在郡西北，周繞湖山。康熙十三年，叛鎮劉進忠掘湖山墓，撤郭外居民房屋，築柵山上，拒守。十七年，總兵馬三奇、守道仇昌祚、知府林杭學，以城當西北之險，與郡城勢爲輔車，因叛鎮舊址，建爲山城，高一丈，寬六尺，廣五百一十五丈，爲門四：曰紫竹，曰水仙，曰四門，曰靖北。雍正七年，重行增修。乾隆三年，總督鄂彌達奏請就腰城舊址添築城牆一百二十五丈六尺，直跨城濠，與郡城一式高厚，別開一門，與之相通。城濠左右安置弔橋，便民出入。另設水關三座，宣洩濠水，郡城西、北兩角建築敵臺二，安設礮位，輔翼腰城。（總督鄂彌達疏署稱：潮州西北隅之湖山，周圍十里，高五十丈，離城五十餘步，中隔城濠，登巔俯瞰全城，如在膝下，城內居民有戴戶出汲之勢。其湖山之背，俱係平陂高阜，據之則易於守禦，棄之則難於防範。康熙十七年，潮鎮馬三奇相度形勢，創築腰城。恭遇昇平日久，城牆崩塌，窩鋪營盤，僅存遺址，亟宜修復。但原築腰城周繞湖山，及濠而止，與郡城不相連屬，又低薄不足以資捍禦，應就腰城舊址添築城牆云。）咸豐四年，吳忠恕作亂，紳士劉于山等請調民勇駐山上防守，架木橋湖上，爲守兵往來路。事平，于山等復請營繕，連同顧炳章伸鄂督原議並捐廉，於濠南增築腰城四十餘丈，與郡城連，闢甕門以通出入，添建礮臺二：西曰'靖西'，北曰'靖北'。於濠北增築腰城五十餘丈，（《潮乘備采錄》載：'湖山城添築丈數。'與此不合，然核今城址，當以此爲正。）立門東向曰'朝陽'。以前西門、靖北兩門在山上非要地，塞去之，留紫竹、水仙二門，爲南北通行之所。設麗譙，建營房，分兵並[2]守其地。”

鍔按：各書所記湖山形勝，互[3]有詳畧而無大差異，惟山名西湖及湖之肇浚不知始自何代，各書亦未明言。許驥《重闢西湖記》云：“西湖，古放生池也。有山嶄然據湖旁，古號‘湖山’。”據此則西湖古實爲放生池。考唐肅宗乾元中詔天下臨池帶郭處置放生池，凡八十一所，西湖之爲放生池或當在此時歟？又，王漢《金城山記》云：“金山東臨惡溪，西瞰大湖。”所謂“大湖”，即西湖也。西湖稱“湖”，始見於此。大約西湖當唐時爲放生池，迨宋方名爲湖，其後林嶧、林光世相繼闢浚，西湖之名始著。至明，又名“北濠”。自湖爲放生池時，湖山實稱“銀山”。南宋以後始有“西湖山”之稱耳。

又按：湖山，爲潮城西北屏障，地理上頗占重要，往時地方變故，沿山築城，以資守禦，肇建於康熙戊午，重修於咸豐甲寅。然近世城池已失險固攻守之效，臨湖縣城今且從事拆[4]毀，何況區區之腰城？百十年後，頹垣廢址，亦祇成爲一種建築品之古蹟而已。

【校勘】

[1] 嘯 《饒志》“石刻”門、《潮汕金石文徵》（宋元卷）錄黃景祥《湖山記》作“笑”。

[2] 並 清光緒《海陽縣志》作“防”。

[3] 互 《饒志》作“亙”，徑改。

[4] 拆 《饒志》作“折”，徑改。

【箋證】

清光緒《海陽縣志》卷四《輿地略三·山川》“西湖山”條：“西湖山，舊名‘銀山’，又名‘葫蘆山’，在城西北一里許，山下爲西湖，高約五十餘丈，周圍十里。循紫竹庵而上有老君巖（即南巖），巖下有洞，寬可容數十人，祀老君其中。（今稱‘青牛洞’，又稱‘古瀛洞天’。）唐貞元間，中丞李宿建觀稼亭於上。宋元祐間，知軍州事鮑粹又建二亭翼之，左曰‘乘風’，右曰‘待月’。（今亭僅存待月，係後人重建。）慶元間，知軍州事林嶧濬古放生池而跨以橋，即西湖。並建湖平、放生、倒影及雲塔、東嘯、立翠諸亭。（見黃景祥《記》。）沿湖堤而東，有晴雨亭、止水庵，今廢。惟雁塔石、仙人跡石尚存。明萬曆間，郡人唐伯元於此建釣魚臺，越數十步，建壽安寺，則宋州學遺址也。寺左有立石，王漢刻詩其上。又越數十步，臨湖有蟾蜍石。（案：《張志》載臨濠有巨石二，作祟，知府王源毀之，此當另為一石。）石之後峭壁矗立（俗名‘石樓’，見林大川《西湖記》），上有玉筍峯、獺爹峯，為高士彭西川葬處，過此數十步為水仙祠（俗稱水仙宮），皆西湖前面山也。越山西麓有鳳樓泉，上有卓玉峯，多南宋人題記。”（清光緒《海陽縣志》，台灣成文出版社 1967 年影印本，第 39 頁）

又，卷六《輿地略五・水利》“北濠”條：“北濠，在郡西北一里（《周志》作二里），即宋時西湖。慶元間，知軍州事林嶤浚。（有許翥《記》，詳《金石略》。）開慶元年，知軍州事林光世復竣之。（有《浚湖銘》）濠通三利溪，灌西關外北廂、陳橋、人家尾、仙子圍、七聖廟、新埔、南廂馬圍等七鄉田，一千九百五十餘畝。國朝乾隆二十五年旱，城西北十餘里禾槁，知府周碩勳令民決濠水灌之，著為令。（《紳耆公建周侯德政碑記》：‘環城西北有濠，長一千七百三十步，均寬一百六十步，源泉不竭，所以捍衛郡城，灌溉田疇，利至普也。戊寅夏秋之交，旱魃為虐，農民憂旱甚劇，乃濠佃養魚，獲利不容沾潤，太守躬履其址，謂眾曰：‘秋禾立槁，危在旦夕，無論官濠，即余所私亦當竭澤以救蒼生，敢有撓者，置之法。’遒揮汗赤日中，令農民決水以蘇既槁之禾，且論以次車庈，毋許爭競。由是五晝夜計，綿亙十數里，苗槁者勃興。著為令，七鄉人咸德之，為勒石以記，蓋惠澤之長殆與北濠之水相深無已也。’）”（同上書，第 51 頁）

又，卷十七《建置一》“湖山城”條：“湖山城（即‘腰城’），在郡西北，周繞湖山。康熙十三年，叛鎮劉進忠掘湖山墓，撤郭外居民房屋，築柵山上，拒守。十七年，總兵馬三奇、守道仇昌祚、知府林杭學以城當西北之隘，與郡城勢為輔車，因叛鎮舊址，建為山城，高一丈，寬六尺，廣五百一十五丈，為門四：曰紫竹，曰水仙，曰西門，曰靖北。雍正七年，重行增修。乾隆三年總督鄂彌達奏請就腰城舊址添築城牆一百二十五丈六尺，直跨城濠，與郡城一式高厚，別開一門，與之相通。城濠左右，安置弔橋，便民出入。另設水關三座，宣洩濠水，郡城西、北兩角建築敵臺二，安設礮位，輔翼腰城。〔總督鄂彌達疏署稱：潮州西北隅之湖山，周圍十里，廣十里，高五十丈，離城五十餘步，中隔城濠，登巔俯瞰全城，如在膝下，城內居民有戴戶出汲之勢。其湖山之背，俱係平陂高阜，據之則易於守禦，棄之則難於防範。康熙十七年，潮鎮馬三奇相度形勢，創築腰城。恭遇昇平日久，城牆崩塌，窩鋪營盤，僅存遺址，亟宜修復。但原築腰城周繞湖山，及濠而止，與郡城不相連屬，又低薄不足以資捍禦，應就腰城舊址添築城牆云。(《省志》)〕咸豐四年，吳忠恕作亂，紳士劉于山等請調民勇駐山上防守，架木橋湖上，為守兵往來路。事平，于山等復請營繕，連同顧炳章伸鄂督原議並捐廉，於濠南增築腰城三十餘丈。立門東向曰'朝陽'。以前西門、靖北兩門在山上非要地，塞去之，留紫竹、水仙二門，為南北通行之所。設麗譙，建營房，分兵防守其地。"(同上書，第145頁)

清順治《潮州府志》卷八《山川部》"三利溪小記"條："三利溪，自海陽附郭而西導濠水，過雲梯岡，歷潮陽、揭陽入海。其間迤邐曲折，殆將千里，三縣利之，故名。蓋濬自宋知州事王滌引以灌三縣之田也。至明正統間，知府周鵬疏其淤塞云。又有楓溪、新溪源出西湖山，俱來匯焉。仍潴於鳳塘，經大窖，達於楓口，逕入於海。詳見大學士李東陽《記》中。時周鵬又請江門陳獻章為之《記》。嘉靖間，復疏之，水從南濠橋入橋口石甃，水溢則導之順流下，不致決潰。清順治間，叛帥郝尚久拓之，水漲決民居數百十間，西郊之田沙壅。九月大師克城，乃筑為正隄，南濠遂廢，河不復通矣。"(清順治《潮州府志》，饒宗頤編集《潮州志匯編》第三部，香港龍門書店1965年影印本，第423頁)

清光緒《海陽縣志》卷五《輿地畧四·川》"三利溪"條："三利溪，在城西源田南門城角頭隄旁，引韓江水入南涵，過南門前，繞城西北至湖山新城下，與北濠通。"(清光緒《海陽縣志》，台灣成文出版社1967年影印本，第48頁)

唐顏真卿《天下放生池碑并序》："乾元二年太歲己亥春三月己丑，端命左驍衛右郎將史元琮、中使張庭玉詔布德音，始於洋州之興

道，泊山南、劍南、黔中、荊南、嶺南、江西、浙西諸道，迄於昇州
之江寧秦淮太平橋，臨江帶郭，上下五里，各置放生池，凡八十一
所，蓋所以宣皇明而廣慈愛也。"（《顏魯公集》，《四庫唐人文集叢
刊》，上海古籍出版社 1992 年影印本，第 17 頁）

清趙翼《陔餘叢考》卷三十三"放生池"條："唐乾元中命天下
置放生池八十一所。顏魯公《碑》云：'環地為池，周天布澤。動植
依仁，飛潛受護。'"（《陔餘叢考》，商務印書館 1957 年版，第 699
頁）

〔附〕曾清河《重修西湖山啟》：潮為鎮海名區，西湖之勝，甲於全境。每
當春秋佳日，聯襼登臨，見夫重青淺碧，抱麗城闉，陸走水浮，咸可涉覽，風雲
鬱其運綿，原野廓而廻合，宜其與杭、潁并傳，聲聞禹甸也。頻年以來，兵燹摧
殘，風霜剝蝕，琪花玉樹，滿目蔓草，荒煙貝闕，珠宮傷心，銅駝荊棘，此選勝
者所由黯然，而吊古者彌增遺恨也。同人等為保全勝跡起見，爰集鉅金，鳩工修
築，擬於沿湖之地，緣山破砑，剪徑披榛，縈原抱隰，傍沼沚以開圃；帶霧含
煙，湧芙蓉而建座；山亭水榭，藉消夏日之長；別墅軒窗，時挹嵐光之爽。懷前
修之芳園，訪絕頂之殘碑，畫船三五容與，中流佳客萬千，留連盡日，庶幾山陰
修禊[1]雅事猶存，行見漢上題襟風流仍在。吾妄引吭，樂觀厥後，世有同調，盍
興乎來！

【校勘】
[1] 禊 《饒志》作"禝"，徑改。

潮州西湖山志卷二

峯　巖

玉筍峯

在湖山西巖上。《西湖記》云："下豐上銳，其狀如笋，故名。"《韓江聞見錄》載鄭昌時有詩云："繞郭青山翠幾重，西湖石上印仙踪。桃花載得春前酒，醉倒城頭玉筍峯。"今峯頭鎸有"玉筍峯"三字，正書。

【箋證】

清林大川《西湖記》卷一"玉筍峯"條："玉筍峯，下豐上銳，其狀如笋，故名。我邑鄭昌時詩：'繞郭青山翠幾重，西湖石上印仙踪。桃花載得春前酒，醉倒城頭玉筍峯。'"（《西湖記》上，釣月山房清咸豐七年刻本，第 15 頁）

清鄭昌時《韓江聞見錄》卷九《韓江竹枝詞》其二："繞郭青山翠幾重，西湖石上印仙踪。桃花載得春前酒，醉倒城頭玉筍峰。"自注："城西有湖，湖側有仙人石，上即西湖山，山有玉筍峰。"（《韓江聞見錄》，上海古籍出版社 1995 年版，第 285 頁）

卓玉峯

《西湖記》云："卓玉峯，在栖鳳泉上，彷彿立石，微欠端方，望之如璧如圭，名稱其實。"

鍔按："卓玉峰"三字，為宋黃靖書，見"石刻"門。

【箋證】

清林大川《西湖記》卷二"卓玉峯"條："卓玉峯，在棲鳳泉上，彷彿立石，微欠端方，望之如壁如圭，名稱其實。峯上刊有郡守林嶩詩：'踏破蒼苔為訪山，青山相對冷相看。老籐蟠上千重碧，小几移來六月寒。流水送香鳴石罅，峭崖削玉立雲端。短筇欲步池頭月，無奈杯闌興未闌。'"（《西湖記》下，釣月山房清咸豐七年刻本，第 16 頁）

清光緒《海陽縣志》卷三十《金石略一》"宋黃靖題名"條："'卓玉峰。大宋嘉祐丁酉正月□卯日潮州西湖山，方元□立福唐黃靖筆。'右題字在西湖山後，正書，'卓玉峰'三字大，徑三尺許，顏書《逍遙樓》體，兩旁款字甚小。謹案：福唐，今福建福清縣地。"（清光緒《海陽縣志》，台灣成文出版社 1967 年影印本，第 305 頁）

獅豸峯

在湖山東北壽安巖上，因彭西川《自題墓碣》詩有"天角危危獅豸形"之句得名。

【箋證】

清鄭昌時《韓江聞見錄》卷四"處士墓"條："湖山東北界，有前朝西川彭處士墓，將及山之頂，而巨石環之，蓋處士自卜之窀穸也。因自題句鐫石壁云：'子孫不用求行狀，水月山前是墓銘。'清虛高曠，足想生平品致矣。山以密邇於城成雜葬，而幽人之貞，猶幸以介石自完。"（《韓江聞見錄》，上海古籍出版社 1995 年版，第 105 頁）

清光緒《海陽縣志》卷二十八《古蹟略三·冢墓》"明處士彭西川墓"條："明處士彭西川墓，在西湖山。《自題墓碣》云：'天角危危獅豸形，神仙與我作佳城。子孫不必求行狀，水月山前是墓銘。''百歲無緣落魄身，湖山風月伴遊魂。摩厓聊寄人間跡，誰識神仙天

上墳。'"（清光緒《海陽縣志》，台灣成文出版社 1967 年影印本，第282 頁）

明彭高《自題墓碣》二首之一："天角危危獬豸形，神仙與我作佳城。子孫不必求形狀，水月山前是墓銘。"（溫廷敬纂《潮州詩萃》，汕頭大學出版社 2001 年版，第 14 頁）

天燭峯

《西湖記》云：照天燭，西湖峯也，取古人"峯高可燭天"句意而名，在湖山頂。陳衍虞詩"繁陰菴蔚欲蔽天，紅碧光搖照天燭"，即指此峯。

【箋證】

清林大川《西湖記·補遺》"照天燭"條："照天燭，西湖山峯也，取古人'峯高可燭天'句意而名，在湖山頂。《蓮山詩集》所云'繁陰菴蔚欲蔽天，紅碧光搖照天燭'，即指此峯。"（《西湖記》下，釣月山房清咸豐七年刻本，第 2 頁）

清陳衍虞《西郊一帶住多修竹茂林臺榭相錯予向營蔚園頗饒野趣再經戎馬蕩為荒原修禊日偶攜友人重遊愴然生今昔之感》："春郊歲歲簇新綠，山靄湖雲繞寒玉。繁陰菴蔚欲蔽天，紅碧光搖照天燭。（自注：銀山，峰名。）趾趾名園似闢疆，山靈容我闢雲莊。鶯花是處爭眼媚，琴書一枕松風涼。鄰齋況有元白侶，徵歌說劍喧笑語。有時衙官命屈宋，有時豎子呼漢楚。興劇能令筆似刀，飢來亦覺石可煮。深樓紅燭有書聲，小徑花茵多遊女。忽然九宇成顛覆，湛盧巨闕相征逐。亭榭既灰百卉誅，大及輪囷小樸樕。比來羆虎踩金湯，陰崖無人堆白骼。四望荒矓風颼颼，火駛騰踏泉不流。昔日蘭芷淪榛莽，但聞山鳥啼鉤輈。"（溫廷敬纂《潮州詩萃》，汕頭大學出版社 2001 年版，第 340 頁）

蓮花峯

西湖峯名。宋盧侗避暑西湖，曾艤舟於此。

鍔按：盧侗題名石刻："元豐夏五月壬寅避暑西湖，艤舟蓮花峰之東，徜徉容與，極暮乃歸。”考府、縣《志》，邑西北山無蓮花峰。
侗避暑西湖而艤舟可達蓮花峰之東，則蓮花為西湖峰名無疑。舊
《志》不載，茲據石刻補錄之。

【箋證】

　　明嘉靖《潮州府志》卷七《人物·宋》“盧侗”條：“盧侗，字
元伯，海陽人。行實樸茂，事親至孝，為梓里推重，甘旨暇，手不釋
卷，嘗結廬讀書西湖山，博經旨術而易學尤粹，自為訓釋，日與諸生
相討論。五應鄉薦，皇祐五年以恩釋褐，守本州長史。嘉祐中，余
靖、蔡襄、王舉元皆薦侗文行，調惠州歸善縣主簿。未幾，靖帥廣
州，以機宜辟。治平初，諸司剡章交薦，蔡抗以廣漕召還，國子監亦
復以經學薦之，召對，授國子監直講。熙寧初，力言新法不便，遂求
外補，知柳、循二州。以太子中舍致仕，立祭田及大潭塘以祀先人。
卒於家。”（明嘉靖《潮州府志》，饒宗頤編集《潮州志匯編》第二
部，香港龍門書店 1965 年影印本，第 152 頁）

　　清順治《潮州府志》卷九《古蹟部》“蓮華峰題名”條：“太子
中舍人致仕范陽盧侗元伯、通判州事魯國夏旼粹翁、從事南陽仇公著
晦之，夏五月壬寅避暑西湖，艤舟蓮華峯之東，徜徉容與，極暮乃
歸。時改元元豐之歲。”（清順治《潮州府志》，饒宗頤編集《潮州志
匯編》第三部，香港龍門書店 1965 年版，第 436 頁）

　　清光緒《海陽縣志》卷三十《金石略一·宋》“盧侗題名”條：
“‘湖平。盧侗書。’盧侗題名：‘太子中舍人致仕范陽盧侗元伯、通
判州事魯國夏旼粹翁、從事南陽仇公著晦之，夏五月壬寅避暑西湖，
艤舟蓮華峯之東，徜徉容與，極暮乃歸。時改元元豐之歲。’右題名
在濱湖石‘湖平’二字”之下，正書。謹案：侗，邑人，舊《志》
有傳。此稱‘范陽’，蓋自題其氏族，猶保母磚文稱‘瑯琊王獻之’
例也。夏旼，阮《志》失載。”（清光緒《海陽縣志》，台灣成文出版
社 1967 年影印本，第 306 頁）

　　黃挺、馬明達《潮州金石文徵》（宋元卷）卷一《北宋》“盧侗
等題名”條：“盧侗等題名，元豐元年，1078。太子中舍人致仕范陽
盧侗元伯，通判州事魯國夏旼粹翁，從事南陽仇公著晦之，夏五月壬

寅，避暑西湖，艤舟蓮華峯之東，徜徉容與，極暮乃歸。時改元元豐
之歲。"〔黃挺、馬明達《潮州金石文徵》（宋元卷），廣東人民出版
社1999年版，第50頁〕

葫蘆頂

山之絕頂也，遊人勝多集於此。

【箋證】

清林大川《西湖記》卷一"葫蘆頂"條："葫蘆頂，為遊人觴詠
地。歲次己丑重九日，惠潮觀察桂山氏楊振麟攜客登高其上，醉後賦
詩，得'樓臺到此疑無地，風雨今朝又滿城'一聯。一時同游，皆
為擱筆，遂成絕唱。"（《西湖記》上，釣月山房清咸豐七年刻本，第
16頁）

壽安巖

在大石樓側面，巨石環抱，中有裂痕，俯瞰湖濱，境極幽邃。
《縣志》云："壽安巖，在西湖山左麓，臨湖深處，以壽安寺得名。"

鍔按：壽安巖題額石有"紹興戊寅"署欵。其旁元祐八年王持正
題名亦云"同飲李公亭，因遊壽安巖"，則巖在北宋時已名"壽安"。
而壽安寺初名"淨慧寺"，至明唐伯元重建始改曰"壽安寺"，是寺
因巖得名，非巖之名由於寺也。《縣志》殊誤。

【箋證】

清光緒《海陽縣志》卷二十六《古蹟略一·園林名蹟》"壽安
巖"條："壽安巖，在西湖山左麓，臨湖深處，以壽安寺得名。（採
訪冊）"（清光緒《海陽縣志》，台灣成文出版社1967年影印本，第
271頁）

西巖

在湖山之南，舊名"南巖"。循紫竹庵而上，歷石磴數十級，有
洞，非工非匠，雲構自然，高可丈餘，廣約十六步，深十二步，巖旁

石罅處有路，可通天門、天池諸勝，前座爲佛院，後祀李伯陽，故又稱"老君巖"。（鍔按：《後漢書·孔融傳》："李膺謂融曰：'高明父祖，豈與僕有恩舊乎？'融曰：'先君孔子與君之先人李老君相師友，則融爲君累世通家也。'"老子稱"老君"始此。《舊唐書·經籍志》"子部"有《太上老君玄元皇帝聖紀》十卷。）古時爲榛莽之所，狐兔穴焉。明萬曆間，邑人章曰慎始闢其地，後陳廷策復重闢之，建亭閣其旁。康熙戊午，知府林杭學同山主陳衍虞再捐資修葺。乾隆乙未，知縣范同知[1]又重修之。舊《志》云："巖擅一郡之勝，四方遊客游湖山者，咸於此雅集觴詠焉。"（巖舊有聯云："托鉢僧同碎剪湖雲補破衲，聽經客至閒敲石火煑新茶。"爲秋溪老漁陳衍虞題。其前院又有聯云："古洞瑣慈雲，說法時微笑，拈花，宛然微心七處；巖肩騰紫氣，玄對後觸眼觀妙，恍遇至言三千。"爲洞主陳廷策題。巖內兩旁石壁又鎸有《南巖唱和詩》十首，唐伯元、章熙、范同知《重闢南巖》、《遊西湖》諸記，字皆完好，詳見"石刻"、"藝文"兩門。）

【校勘】

[1] 范同知 《饒志》作"范同治"。又，饒宗頤纂《潮州志》"職官志·海陽·清·知縣"乾隆三十五年："范同知，《西湖山志·南巖記》'知'作'治'。"據饒宗頤《潮州志》改。下文同例，徑改。

【箋證】

《後漢書·孔融列傳》："（孔）融幼有異才。年十歲，隨父詣京師。時，河南尹李膺以簡重自居，不妄接士賓客，勑外自非當世名人及與通家，皆不得白。融欲觀其人，故造膺門。語門者曰：'我是李君通家子弟。'門者言之。膺請融，問曰：'高明祖父嘗與僕有恩舊乎？'融曰：'然。先君孔子與君先人李老君同德比義，而相師友，則融與君累世通家。'眾坐莫不歎息。太中大夫陳煒後至，坐中以告煒。煒曰：'夫人小而聰了，大未必奇。'融應聲曰：'觀君所言，將不早惠乎？'膺大笑曰：'高明必爲偉器。'"（《後漢書》，中華書局1965年版，第2261頁）

《舊唐書·經籍志》"子部"："《太上老君玄元皇帝聖紀》十卷，尹父操撰。"（《舊唐書》，中華書局2000年版，第1373頁）

明唐伯元《南巖記》："吾郡西湖山之有石屋，舊矣。蓋上而砥下，可筵席坐數十人，大江東來，適與湖會，城中煙樹萬家，郊原之外藨蕪千里，其環而山者，則獅子、鳳凰諸峰，錯落天外，一一可枕而窺也。屋在山南，又面南也，故曰'南巖'。倭夷之亂，屋為丘莽，古篆苔蘚，多不可辨。余與友人章曰慎汝淑氏嘗攜觴其處，徘徊歎息，至不能禁，約曰：'孰先投閒者主之。'其後應舉需次，各服一官在四方，余又沈浮中外，不及茲巖者三十餘載，獨時時於懷也。比汝淑乞歸自滇南，會余新解母衰在里，語及茲巖，汝淑曰：'敬如約。'即日覼趾翦蕪，鳩材諏吉，重瓦屋於前，略如石屋制。闌其前而門之，雜植松竹花卉，與山花掩映左右。一時聞而喜助者，自謝太學紹訥以下，各捐貲有差。不逾月訖工，顏其額曰'襟帶江湖'。郡侯徐公一唯大書'南巖'其上，時與僚佐燕憩焉。乃汝淑又穿一徑通絕頂，為讀易山房，有天門、天池、最高亭、四望臺諸處，語具汝淑自為《記》與詩中。"（明唐伯元《醉經樓集》，朱鴻林點校，中華書局2014年版，第81頁）

清順治《潮州府志》卷九《古蹟部》"南巖"條："南巖，即老君巖，在湖山南。一石屋，上平，下可坐數十人。巔有'古瀛洞天'四字，湖濱石上有'雁塔'二大字。明唐伯元搆臺其下，曰釣魚臺。梅花莊在湖山北，多植梅花。旁一石書'谷口'二字。又，山後石上有'蒙泉'二字，今字蹟猶存。"（清順治《潮州府志》，饒宗頤編集《潮州志匯編》第三部，香港龍門書店1965年影印本，第436頁）

清林大川《西湖記》卷一"老君巖"條："老君巖客堂楹聯絕佳：'托鉢僧囘碎剪湖雲補破衲，聽經客至閒敲石火煑新茶。'我邑秋溪老漁陳衍虞題。"（《西湖記》上，釣月山房清咸豐七年刻本，第9頁）

清光緒《海陽縣志》卷二十六《古蹟一》"西巖"條："西巖，舊稱'南巖'，在西湖山南，上有'古瀛洞天'四字。明嘉靖中，邑人章曰慎居此，有讀易山房、天門、天池、最高亭、四望臺諸勝。巖祀李伯陽，又名'老君巖'。明季邑人陳廷策得其地重闢之，而建亭閣，名流雅集咸於此焉。今亭閣多圮，讀易山房為呂仙巖，石壁刻章曰慎遺《記》。四望臺亦存刻，其址即宋元祐建塔處。"（清光緒《海陽縣志》，臺灣成文出版社1967年影印本，第271—272頁）

青牛洞

卽西巖，因巖祀老君，遂傅會青牛之說。（鍔按：《呂祖全書》戲陳執中詩有"緤騎白鶴過滄海，復駕青牛入洞天"句。）今巖頂鎸有"青牛洞"三字。

【箋證】

《呂祖全書》卷二"仙樂侑席"條："宋陳執中建甲第東都，親朋合樂。俄有褴褛道士至，陳問曰：'子何技能？'曰：'我有仙樂一部，欲奏以侑華筵。'腰間出一軸畫，掛於柱上，繪仙女十二人，各執樂器。道士呼使下，皆累累列於前，兩女執幢旛以導，餘女奏樂，皆玉肌花貌，麗態嬌音。頂七寶冠，衣六銖衣，金珂玉佩，轉動珊然。鼻上各有一粒黃玉，如黍大，而體甚輕虛，終不類生人。樂音清澈煙霄，曲調特異。三闋竟，陳曰：'此何物女子？'道士曰：'此六甲六丁玉女，人學道成，則身中三魂七魄五臟六腑諸神皆而為此，公亦願學否？'陳以為幻惑，頗不快。道士顧謂諸女曰："可去矣！"遂皆復上畫軸。道士取軸卷而吞之，索紙筆大書曰：'曾經天上三千劫，又在人間五百年。腰下劍鋒橫紫電，爐中丹焰起蒼煙。緤騎白鹿過滄海，復跨青牛入洞天。小技等閒聊戲爾，無人知我是真仙。'"（《呂祖全書》，清刻本，第 22 頁）

呂仙洞

在老君巖上，相傳呂洞賓嘗游於此。舊為章曰慎讀易山房。天啓甲子，明經陳廷策修建，始以祀呂仙。後經亂傾圮，知府林杭學復重修之。《西湖記》云："呂仙洞，半人力、半天工。"許龍章《記》云："室小深藏，丹爐可設。"蓋亦湖山一勝景也。（洞舊有聯云："萬井煙濃人間正熟黃粱飯，四山雲起天上應開白奈花。"洞口石壁有章曰慎題記，詳見"石刻"門。）

【箋證】

清林大川《西湖記》卷一"呂仙洞"條："呂仙洞，在乘風閣上，半人力、半天工，老君巖之雲搆發自然也。洞聯云：'萬井烟濃人間正熟黃粱飯,四山雲起天上應開白奈花。'此乃邯鄲黃粱店楹聯,移來緊切。"(《西湖記》上,釣月山房清咸豐七年刻本,第 15 頁)

《饒志》卷九"藝文"門錄清許龍章《西湖山記》:"又有呂仙祠,室小深藏,丹爐可設。相傳洞濱嘗遊於此,仙蹤因宛然如見也。"

清光緒《海陽縣志》卷二十六《古蹟一·園林名蹟》"西巖"條:"西巖,舊稱南巖,在西湖山南,上有'古瀛洞天'四字。明嘉靖中,邑人章曰慎居此,有讀易山房、天門、天池、最高亭諸勝。巖祀李伯陽,又名老君巖。明季邑人陳廷策得其地,重闢之,而建亭閣,名流雅集咸於此焉。"(清光緒《海陽縣志》,台灣成文出版社 1967 年影印本,第 272 頁)

天然洞

卽呂仙洞之別名。

活人洞

萬曆壬辰,有蒼童度溺湖中,郡人林喬松拯活於此,故名。《西湖記》云:"活人洞,高不及丈,內容十數人,與大石樓針對,洞門宏敞,上刊'煙霞笑傲'四字,落欵'自省',而不書名,洞壁有逸史詩。"

【箋證】

清林大川《西湖記》卷二"活人洞"條:"活人洞,高不及丈,內容十數人,與大石樓針對,洞門宏敞,上刊'烟霞笑傲'四字,欵落'自省',而不書名,洞壁有逸史詩,字為苔封,摩看不出。又,楊盛時《贈盛湯二公一讚》,亦苔封不辨,僅認'清風高節可比二安'八字。"(《西湖記》下,釣月山房清咸豐七年刻本,第 3 頁)

今按:活人洞題記今存,在湖山北麓。《饒志》卷七"石刻"下:"活人洞題記。(存。正書,在活人洞石壁上,此刻《縣志》失載。)萬曆壬辰九月三日,郡人林喬松、張志可、劉興學、陳明表登此午見蒼童度溺湖中,拯活。書。"

闢雲洞

《縣志》云："闢雲洞，在湖山壽安岩上，懸厓絶壁，巨石夾峙，洞近荒穢，人無知者。近得逸史石刻，乃始知之。"

【箋證】

清光緒《海陽縣志》卷二十六《古蹟略一·園林名蹟》"闢雲洞"條："闢雲洞，在湖山壽安巖上，懸厓絶壁，巨石夾峙，洞近荒穢，人無知者。近得逸史石刻，乃始知之。"（清光緒《海陽縣志》，台灣成文出版社 1967 年影印本，第 273 頁）

又，卷三十一《金石略二》"李公亭邊題字"條："李公亭邊題字'一湖天'，正書；'煙霞笑傲'，行書；'活人洞'，正書；'闢雲洞'，行書。右題字劚湖山懸崖石上，字皆大尺許，無年月。"（同上書，第 350 頁）

古瀛洞天

《韓江聞見錄》云："在湖山南老君岩之巔，巨石如屋，可坐數十人，上鎸'古瀛洞天'四大字。"《西湖記》云："古瀛洞天，卽南巖側面，似洞非洞，相傳有湖山洞主爲仙者流，嘗栖於此。洞外峭壁鏡平，宛如斧削，上鎸'古瀛洞天'四字，體格勻亭，有骨有肉。下刊晴川氏劉魁《泛舟西湖》詩。"（鄭昌時《韓江聞見錄·竹枝詞》云："翠鎮山凹小洞天，古瀛亭下草如煙。出遊好及元宵早，爭說新年勝舊年。"）

【箋證】

清翁方綱著，歐廣勇、伍慶錄補註《粵東金石略補註》卷九《潮州府金石》"西湖山石字"條："又，石刻'古瀛洞天'四字，又刻句云：'有客重來山柏翠，何人不愛洞壺清。'《志》云：'此本一巨石，康熙年間一夕風雨，裂其半，內一半如壁，有句云爾。'"（《粵東金石略補註》，廣東人民出版社 2012 年版，第 341 頁）

清林大川《西湖記》卷一"古瀛洞天"條："古瀛洞天，卽南巖側面，似洞非洞，相傳有湖山洞主為仙者流，嘗栖於此。洞外峭壁鏡

平，宛如斧削，上鐫'古瀛洞天'四字，體格匀亭，有骨有肉。下
刊晴川氏劉魁《同友泛舟西湖》詩：'有客攜壺出西廊，滿前紅紫盡
堪憐。一篙春水豈難渡，幾箇沙鷗來傍船。月影雲根時自好，山光草
色翠相連。前川花柳偷閒者，此樂能無似上元。'又'閒來結伴上湖
舡，況是春光未暮天。燕子飛來依雉堞，蛋人時復進魚鮮。雩風沂浴
狂堪想，智水仁山妙不傳。悟到天機隨處活，閒將光景日光連。'其
餘刻字今不存。"（《西湖記》上，釣月山房清咸豐七年刻本，第10
頁）

清鄭昌時《韓江聞見錄》卷九"古瀛洞"條："古瀛洞，在湖山
南老君岩之巔。巨石如屋，可坐數十人，上鐫'古瀛洞天'四大
字。"（《韓江聞見錄》，上海古籍出版社1995年版，第290頁）

又，卷九《潮州二十四詠》其一："翠鎖山凹小洞天，古瀛亭下
草如烟。出遊好及元宵早，爭說新年勝舊年。（自注：古瀛洞天在湖
山。）"（同上書，第287頁）

泉石 <small>（橋梁附）</small>

甘露井

《縣志》云："湖山老君岩紫竹庵左旁有古井，其泉最清，郡人
咸取汲之，名'甘露井'。"楊淞《老君岩》詩注："山門井甚清，甘
洌，城中官府及紳富家時時有取以烹茗者。"《西湖記》云："甘露泉
極清洌，取少許入口，撟舌一撓，圭角磷磷，誠爲上品。鳳城有抱盧
仝癖者，先放竹籌於庵，水夫挑水，執以爲信。"大川詩有"不知陸
羽如來此，品作人間第幾泉"，卽指此。

【箋證】

清光緒《海陽縣志》卷六《輿地略五》"甘露井"條："甘露井，
在城仁賢坊（舊作'甘露坊'）新街頭，以舊甘露坊得名。（井闌有
'南無阿尼陀佛'石刻，又名'彌勒佛井'。）又，湖山老君巖紫竹庵
左旁有古井，其泉最清，郡人咸取汲之，亦名'甘露井'。"（清光緒
《海陽縣志》，台灣成文出版社1967年影印本，第57頁）

清林大川《西湖記》卷一"甘露井"條："井在庵前，名'甘露'，泉極清冽，取少許入口，撟舌一撓，圭角磷磷，誠為上品。鳳城有抱盧仝癖者，先放竹籌於庵，水夫擔水，執以為信，防欺也。余詩有'不知陸羽如來此，品作人間第幾泉'，指此。"（《西湖記》上，釣月山房清咸豐七年刻本，第4頁）

《饒志》卷九"藝文"門錄楊淞《老君岩》："禪門一井恍通靈，甘露真能潤衆生。欲為當途爭汲引，此泉方信在山清。（自注：山門井水，甚甘冽，城中官府及紳富家時有取以烹茗者。）"

栖鳳泉

《縣志》云："在西湖山陰石岩下，水僅一勺，而取之無盡，甘芳宜茶。或云外邑人飲此不染時症。"《西湖記》云："栖鳳泉，在湖山背大石岩下，勺水耳，取之不竭，甘芳宜茶。左右石岩題詠殆遍，字多剝落，不能辨識。旁有蒙齋留題。"

【箋證】

清光緒《海陽縣志》卷六《輿地略五》"栖鳳泉"條："栖鳳泉，在西湖山陰石巖下，水僅一勺，而取之無盡，甘芳宜茶。或云外邑人飲此不染時症。（據《周志》、採訪冊修）"（清光緒《海陽縣志》，台灣成文出版社1967年影印本，第58頁）

又，卷二十六《古蹟略一·園林名蹟》"蒙齋"條："蒙齋，在湖山，故信安令鄭沂讀書處，有水石之勝。（《輿地紀勝》）卓玉峰、栖鳳泉俱在其處。（詳'西湖山'）"（同上書，第269頁）

清林大川《西湖記》卷二"栖鳳泉"條："栖鳳泉，距蒙泉不遠，在湖山背大石巖下，勺水耳，取之不竭，甘芳宜茶。左右石巖題詠殆遍，字多剝落，不能辨識。旁有蒙齋留題，字能辨識，而下段又為泥土所埋，不能成誦。天下事不如意者常八九，此之謂也。"（《西湖記》下，釣月山房清咸豐七年刻本，第16頁）

蒙泉

因鄭沂讀書處曰"蒙齋"，故泉稱"蒙泉"。《縣志》云："在西湖山陰，距城一里許。（鍔按：《府志》作'三里'，非。）石上鐫'蒙泉'二字，水甚清冽。今涸。"《西湖記》云："蒙泉，距五龍潭二里。凡水一經火煮皆減分量，惟蒙泉任煮不減，亦奇泉也。後為泥沙所壓，頓塞其源，惟'蒙泉'二字猶存。"（舊《志》載金一鳳《蒙泉贊》曰："泠泠漱玉得其源不竭矣，予於湖山下悟果行育德焉。"）

【箋證】

清乾隆《潮州府志》卷十八《水利》"蒙泉"條："蒙泉，在西湖山後，距城三里，石上鐫'蒙泉'二字。今蹟存，泉涸。"（清乾隆《潮州府志》，《廣東歷代方志集成》潮州府部四，嶺南美術出版社2009年影印本，第243頁）

清光緒《海陽縣志》卷六《輿地略五》"蒙泉"條："蒙泉，在西湖山陰，距城一里許，石上鐫'蒙泉'二字，水甚清冽。今涸。（據《周志》、採訪冊修）"（清光緒《海陽縣志》，台灣成文出版社1967年影印本，第58頁）

又，卷二十六《古蹟略一·園林名蹟》"蒙泉"條："蒙齋，在湖山，故信安令鄭沂讀書處，有水石之勝。卓玉峰、栖鳳泉俱在其處。"（同上書，第269頁）

清林大川《西湖記》卷二"蒙泉"條："蒙泉，距五龍潭二里。凡水一經火煮皆減分量，惟蒙泉任煮不減，亦奇泉也。後為泥沙所壓，頓塞其源，惟石上刊有'蒙泉'二字，字蹟猶存。"（《西湖記》下，釣月山房清咸豐七年刻本，第15—16頁）

處女泉

在西湖山壽安寺旁，石窟幽闃，世不之知。明季，泉始發見，寒瀿如銀，眾資不匱。《西湖記》云："泉洞如井，深可三尺，石蹬幾級下方及泉，一如栖鳳，而清冽甘芳過之。栖鳳泉在路畔，人人得而媟褻，有如名妓。此泉深居幽谷，從不見人，正如處女，故以'處女'名之。時有遊蝦逐隊而出，泉活故也。"

鍔按：處女泉，俗又名"鳳栖泉"。《西湖記》謂山背栖鳳在路旁，有如名妓，山面鳳栖泉，深居幽谷，故名"處女"。此從湖山未開關時言之耳。今則茲泉人人皆知，有如名妓，而山背之栖鳳泉，反若處女矣。

【箋證】

林大川《西湖記》卷一"處女泉"條："處女泉，在壽安寺旁，泉洞如井，深可三尺，石蹬幾級下方及泉，一如栖鳳，而清冽甘芳，勝栖鳳遠甚。泉內米蝦遂隊而出，泉活故也。以栖鳳相較而論，栖鳳路畔，人人得而媟褻，有如名妓。此泉深居幽谷，從不見人，正如處女，即名'處女'，而紀以詩：'山泉一勺出山隈，泉眼涓涓洞底開。幽谷深居如處女，阿儂特為記名來。'"（《西湖記》上，釣月山房清咸豐七年刻本，第21頁）

清光緒《海陽縣志》卷六《輿地略五》"處女泉"條："處女泉，在西湖山壽安寺旁，有洞如井，深可三尺，其泉清冽甘芳，勝栖鳳泉。時有小蝦遂隊而出，以泉活故。"（清光緒《海陽縣志》，台灣成文出版社1967年影印本，第58頁）

鄭雪儂《潮州西湖的"釣魚臺"和"仙蹟石"》："其他還有'蒙泉'、'菱角井'、'偶泉'（在釣魚臺下）、'高隱泉'（在湖山東北李公亭下路旁）等，多因日久，泥土淤塞，無人觀照，已經廢去，甚為可惜！"（《潮州日報》2017年8月16日）

今按：處女泉題字石刻今存，在西湖山鳳樓旁。

菱角井

在西湖山水仙宮前。古時，井種菱角，因以得名。井水甘涼，爲全湖之冠。盛暑時，附近居民多浴於此。

龍王潭

《西湖記》云："在蟾蜍石下，其深無比，水波淨綠，魚若空行，西湖勝境也。"

【箋證】

清林大川《西湖記》卷二"龍王潭"條："龍王潭，在蟾蜍石下，其深無比，水波淨綠，魚若空行，西湖勝境也。相傳昔有漁者嘗泅水摸魚潭底，忽見石扉半啟，側身而進，見一老翁，仰臥石床，酣眠正熟，面前置小石一枚，色若黃梔，大如鴨卵，因竊以出賣於市，無有識者而售者。郡守聞知，失驚曰：'此地膽也，為龍所寶。翁即龍也，睡醒失石，潮為其沼矣。'即飭送歸舊處。漁人出，立斃杖下。後遂無問津者。"（《西湖記》下，釣月山房清咸豐七年刻本，第6頁）

五龍潭

在湖山之陰，相傳昔有五龍蟠伏其間，故名。舊《志》云："湖山後有蒙泉，越二里有五龍潭。"

鍔按：龍潭落照，乃鳳城八景之一。

【箋證】

清康熙《海陽縣志》卷一《山川·海陽水記》"東湖"："東湖，在韓山後，四山環焉，其西北名西湖，濬自宋林㟽，皆有臺榭，今廢。湖山後有蒙泉，越二里有五龍潭。"（清康熙《海陽縣志》，《廣東歷代方志集成》潮州府部一一，嶺南美術出版社2009年影印本，第4頁）

今按："鳳城八景"亦即潮州內八景，亦稱"舊八景"，在郡城內，分別是龍潭落照、鳳山秋菊、筆峰晚涼、金山旭日、鳳棲木棉、韓亭秋月、西湖梅風、文峰飛翠，見清仇昌祚《潮州八景詩》及清乾隆《潮州府志》卷四十二《藝文》"詩"等。清乾隆後由於河道淤塞、城市面積擴大，出現了新八景（即所謂"外八景"），清光緒《海陽縣志》卷二十七卷《古蹟二》"龍湫寶塔"條："謹案：'潮州八景'舊云鳳臺時雨、龍湫寶塔、湘橋春漲、鱷渡秋風、韓祠橡木、金山古松、北閣佛燈、西湖漁筏。據《韓江聞見錄》，龍湫寶塔舊又云'塔院維舟'。謹附於此。"（清光緒《海陽縣志》，台灣成文出版社1967年影印本，第280頁）鄭昌時《韓江聞見錄》則作鳳台觀水、鱷渡乘風、韓廟棉紅、馬丘松翠、龍湫聽濤、洞湖垂釣、長橋榕蔭、竣閣星橋。（《韓江聞見錄》，上海古籍出版社1995年版，第

282—284 頁）近代丘復《潮州八景》詩、佃介眉《潮州八詠》分別吟詠湘橋春漲、鱷渡秋風、韓祠橡木、鳳凰時雨、北閣佛燈、龍湫寶塔、西湖魚筏、金山古松，與清光緒《海陽縣志》同。（《丘復集》，福建人民出版社 2013 年版，第 320 頁；《佃介眉詩文集》，中國文聯出版社 2007 年版，第 20—22 頁）

偶泉

在西湖濱釣臺下，林嶟《西湖詩》石之左。民國十一年，因重闢西湖無意得之，故名“偶泉”，示得泉於偶然也。四旁石壁鱗皴天成，泉出石罅中，澄泓一縷，不染纖塵，環泉護以石欄，并勒字石上，兩旁有橋二，一通涵碧樓，一通仙蹟石。

高隱泉

在湖山東北李公亭下路旁。民國十一年，郡人饒勛鑿土得之，上環以石欄。

蓮花池

又名“芙蓉池”，在壽安寺左。《府志》云：“湖山之麓有芙蓉池，今遺址尚存。”池方可畝許，朱荷萬柄，不植自生，舊與梅花莊相映，後莊圮而池亦淤。民國十二年，重疏沮洳，於池旁石上得舊書“芙蓉池”三大字，若新鎸者。(在處女泉石下。) 稍北架以曲橋，每當盛夏紅花綠蕚，望之爛然，亦湖上一佳景也。

【箋證】

明嘉靖《潮州府志》卷一《地理志·海陽》“蓮花池”條：“蓮花池，在城西隅。宋熙寧間，周梅叟慕祖濂溪意而建。今廢。”（明嘉靖《潮州府志》，饒宗頤編集《潮州志匯編》第二部，香港龍門書店 1965 年影印本，第 58 頁）

清林大川《西湖記》卷一“蓮花池”條：“蓮花池，亦在壽安寺左，與梅花莊相映。貴池梨村氏章健有集句：‘紅蓮不抵白蓮香，如雪如霜滿野塘。南北東西盡荷葉，雨中留得蓋鴛鴦。’貼切集來，宛

如已出。'"（《西湖記》下，釣月山房清咸豐七年刻本，第 21 頁）

仙跡石

《縣志》云："仙人跡石，在西湖山湖平石右，布衣楊闡書'仙蹤'二字誌之。"《西湖記》云："仙蹟石，在釣魚臺右，仙跡可長尺許，作丁字步，蹟下石凹，大如盆盎，有水一勾，帶黃色，亙古不乾。"

鍔按：今石凹之水，俗呼為"仙人放尿"。姚竹園詠仙跡石詩云："仙人本飛空，來往無行跡。何事湖山旁，踏破這塊石？"

【箋證】

清光緒《海陽縣志》卷二十六《古蹟略一·園林名蹟》"仙人跡石"條："仙人跡石，在西湖山湖平石右，布衣楊闡書'仙蹤'二字誌之。"（清光緒《海陽縣志》，台灣成文出版社 1967 年影印本，第 273 頁）

清林大川《西湖記》卷二"仙蹟石"條："仙蹟石，在釣魚臺右，仙跡可長尺許，作丁字步，蹟下石凹，大如盆盎，有水一勾，帶黃色，亙古不乾，亦一奇也。楊闡書'仙蹤'二大字於上。姚竹園詩：'仙人本飛空，來往無行跡。何事湖山旁，踏破這塊石？'"（《西湖記》下，釣月山房清咸豐七年刻本，第 11—12 頁）

湖平石

在湖濱仙蹟石左，有盧侗題字，隸書，詳見"石刻"門。

【箋證】

清順治《潮州府志》卷九《古蹟部》"湖平石壁題名"條："寶祐甲寅季夏中澣，郡守莆陽陳煒光仲、郡丞合沙黃耆成甫，領僚屬清源王道翁弘道、呂大圭圭叔，合沙姚震特東起，臨漳余繼祖善夫，合沙陳長孺元善，莆陽方敬子景行，永嘉趙必淄其道，合沙趙崇珣貴璞，延平陳綱宏宏父，柯山趙孟瑢君玉，臨漳陳泰興時可，合沙黃安汝行可，四明睦汝能舜卿，曲江酈雋時杰，臨安史必大君洪，三陽林朝瑞廷卿，臨漳謝士立可貴，合沙趙汝踴文叟、葉洽德潤，莆陽趙孟慕君厚泛舟同游。時清源陳起龍震叔、莆陽洪崙德芳、陳琰玉女、合沙陳材景山捧檄預集，因題名記歲月於湖平之石壁。"（清順治《潮州府志》，饒宗頤編集《潮州志匯編》第三部，香港龍門書店1965年影印本，第437頁）

鰲魚石

《西湖記》云："在壽安寺右，頭尾脊翅，無一不備，且無一不肖。"今有石欄護之，篆書"鰲魚石"三字。

【箋證】

清林大川《西湖記》卷一"鰲魚石"："鰲魚石，在壽安寺右，頭尾脊翅，無一不備，且無一不肖，造物何神奇也。余口占二十字：'寺外鰲魚石，今猶未化龍，虛心來悟道，愛聽壽安鐘。'非敢言詩，聊以紀勝。姚又園同遊和云：'寺外鰲魚石，揚鬐對遠峯。自知行雨苦，不敢去成龍。'"（《西湖記》上，釣月山房清咸豐七年刻本，第20頁）

蟾蜍石

在湖山東北隅龍王潭上，形似蟾蜍，故名。傾崖側起，下臨深淵，窮途者多於此投水死。石上有文昌樓，境絕幽靜，亦時有自縊於梁間者，故潮諺有云："欲投繯須上文昌樓，欲滅頂須向蟾蜍石。"謂兩處皆死所也。

鍔按：此另是一蟾蜍石。《西湖記》云："蟾蜍石，大十數圍，高亦數丈，屹立湖濱，形狀酷肖，一小者在旁，僅及其半，形家以白虎瞰城，主囂訟火災。明宣德間，王源奉敕除民害，命百夫撲碎琢為廣濟橋用。"大川此條，蓋即摘錄王源《除怪石記》而誤以怪石為今蟾蜍石也。夫既曰"命百夫撲碎琢為廣濟橋用"矣，則當時之蟾蜍石已無存在，豈有歷數百載尚屹然湖濱之理？《府志》言："蟾蜍石下更有二石，出土丞無定，時人以為怪，源悉除之。"則今之蟾蜍石又非當日蟾蜍石旁之石可知。且王《記》及《府志》僅言"城西山屹立二石，世號'二蟾蜍'"，並不云在湖濱。考源《除怪石記》刻文今在湖山絕頂，疑源所除之石當亦在湖山之巔，大川因《記》中有"蟾蜍"等字，遂影借為今湖濱之石，並就王《記》文中摻入"湖濱"兩字，以自圓其說，殊為差謬。深懼後世承訛踵誤，謹為訂正[1]於此。

【校勘】

[1] 訂正 《饒志》作"證正"，徑改。

【箋證】

明嘉靖《潮州府志》卷五《官師志》"王源"條："王源，字啟澤，附件龍岩人，進士，宣德十年任。寬明仁恕，初城東有長橋二千餘丈，歲久圮壞，民病於涉，源乃壘石增砌，作樓檻於上而新之。城西湖山多怪石，民歲罹患，源命亟除之。至下果獲石枯髏。復掘丈餘，又得石刻'回風'二字，應郡中舊有'挽回淳風'之讖。潮多水患，源築圩岸，障田廬，復置鄉廥，設鄉社，立警鋪，政平訟理，有循良風。及去，百姓立生祠以祀之，歲時有司致祭云。"（明嘉靖《潮州府志》，饒宗頤編集《潮州志匯編》第二部，香港龍門書店1965年影印本，第112頁）

又，卷四《祠祀志》"王公祠"條："王公祠，在廣濟橋東，祭知府王源。以源壘石架覆亭屋，造浮舟。民被其惠，立祠，歲春秋二仲月次丁舉行。"（同上書，第104頁）

清順治《潮州府志》卷九《古蹟部》"王源除怪石"條："宣德乙卯，源奉敕祛除民害，指揮李侯通、陸侯雄等簽曰城西屹立二石，一大數十圍，高數丈，一僅半，世號二蟾蜍。地理家以白虎上主囂訟火災，先欲去者，千夫力不能勝，源曰：'昌黎驅鱷，吾能除此。'臘月既望，命檢校謹孚、典史王禮、驛丞秦祖等、糧老彭剡等率百人仆碎，琢為廣濟橋用，其下坐一石盤，盤下白物，眉目鼻類人形，叩誰為之，作妖明矣。父老曰：'此旁近一石自露，上有'同風'字，民有'惡俗去美風同'之謠，今公除此石，不閱月，火訟息，其與昌黎驅鱷無異，源謝而鑱諸石。是時正統元年七月七日，龍巖王源啟

澤韋菴題。"（清順治《潮州府志》，饒宗頤編集《潮州志匯編》第三部，香港龍門書店 1965 年影印本，第 437 頁）

清乾隆《潮州府志》卷十七《古跡》"怪石"條："蟾蜍石下有一石，色白，眉目口鼻具備，有人形。蟾蜍石旁又一石，出土入土亦無定時，石上有'回風'二字，民以為怪，因有'惡俗去，美風回'之謠，源悉除之。不閱月，火災息，而訟亦稍衰。"（清乾隆《潮州府志》，《廣東歷代方志集成》潮州府部四，嶺南美術出版社 2009 年影印本，第 231 頁）

清林大川《西湖記》卷二"蟾蜍石"條："蟾蜍石，大十數圍，高亦數丈，屹立湖濱，形狀酷肖，一小者在旁，僅及其半，形家以白虎瞰城，主囂訟火災。明宣德間，王源奉敕祛除民害，命百夫撲碎，琢為廣濟橋用。故姚竹園詩：'誰將湖畔蟾蜍石，驅向韓江架石梁。濟得萬民功不朽，粉身碎骨又何妨。'立言得體，無愧風人。"（《西湖記》下，釣月山房清咸豐七年刻本，第 5 頁）

蜈蚣石

在湖山陰，石上有扁平小跡，可二十餘節，連貫入於石隙，狀似蜈蚣，故名。

立石

《西湖記》云："立石，豎山腰，高可二丈，闊儘及半，四面平整，儼若正人端士，絕世獨立，不偏不欹。有宋知軍州事王漢留題。"（無錫高攀龍《三時記》云："潮州西湖山，山後有清泉、立石。"）

鍔按：今立石在山前濱湖處，非在山後。俗又以其形似圭璧，呼為"神圭石"。

【箋證】

清林大川《西湖記》卷一"立石"條："立石，豎山腰，高可二丈，闊儘及半，四面平整，儼若正人端士，絕世獨立，不偏不欹。有宋知軍州事王漢留題：'如碑卓水濱，磊落未名聞。蘚駁瓊姿出，蝸形篆字分。器渾猶抱璞，勢迥已凌雲。幸免隨金鍰，寧憂與玉焚。蠟形徙炭炭，鳥跡欠云云。若使昌黎見，應鐫遂鼉文。時祥符六年二月十五日刻。'"（《西湖記》上，釣月山房清咸豐七年刻本，第 25 頁）

清光緒《海陽縣志》卷二十六《古蹟略一‧園林名蹟》"立石"條："立石，在西湖山腰，高可二丈，為宋知軍州事王漢留題處。"（清光緒《海陽縣志》，台灣成文出版社 1967 年影印本，第 273 頁）

又，卷三十《金石略一‧宋》"王漢湖山立石詩"錄王漢《題湖山立石》并按："右刻今在西湖山，正書字尚完好，石屹立高二丈許。"（同上書，第 304 頁）

明高攀龍《三時記》："十八日，江鎮海邀遊湖山，蕩舟西湖，狂風觸人，頗妨瞻顧。湖南傍山，山麓新創梵宇，後有清泉、立石。石上皆勝國時題名，蓋舊為學宮，故登科者皆題名石上。攜盒酌於活人洞，參將殊不俗，把酒淋漓，高談軒豁，眾山如賓，列石如侍者，清流縈回於前，俯仰俱勝，落日蒼然而別。"（《高子遺書》，文淵閣《四庫全書》，第 1292 冊，台灣商務印書館 2008 年影印本，第 618 頁）

放生石

即放生亭舊址，詳見"古蹟"門。

【箋證】

曹騰騑、黃道欽主編《廣東摩崖石刻》"宋林嶎題字"條："宋林嶎題字'放生'。磨崖在潮州市葫蘆山中麓。高 0.80 米，寬 0.54米。隸書，字徑 0.45 米。約鐫於南宋慶元年間，即公元 1195—1200年。林嶎，福州（今福建福州）人，南宋慶元年間任潮州知府。他重闢西湖，建放生、湖平、倒景三亭於山麓。"（《廣東摩崖石刻》，廣東人民出版社 1998 年版，第 85 頁）

倒景石

即倒景亭舊址，詳見"古蹟"門。

棊盤石

《西湖記》云："棋盤石，在釣魚臺上，石叠數層，其平如砥，上有天然棋盤，縱橫界限，道道分明，張應樞題'棋隱'二字於石上。"

　　鍔按：湖山絕頂處亦有此石局，較湖濱石為大，惟痕跡稍晦，舊傳有仙人枰棋於此。鄭青陽《詠仙棋石》詩云："對局難逢揮塵客，旁觀不少爛柯人。"

【箋證】

　　清林大川《西湖記》卷二"棋盤石"條："棋盤石，在釣魚臺上，石叠數層，其平如砥，上有天生棋盤，縱橫界限，道道分明，張應樞題'碁隱'二字於巖石上。我邑鄭青陽有'對局難逢揮塵客，旁觀不少爛柯人'之句。"（《西湖記》下，釣月山房清咸豐七年刻本，第12頁）

　　清光緒《海陽縣志》卷二十六《古蹟一》"鼇魚石、蟾蜍石、蜈蚣石、碁盤石"條："鼇魚石、蟾蜍石、蜈蚣石、碁盤石，俱在西湖山。"（清光緒《海陽縣志》，臺灣成文出版社1976年影印本，第274頁）

雷打石

　　在壽安寺北。《西湖記》云："雷打石，落山塢上，有斧劈痕，故名。大如廣廈，圓若飯包，故土人亦呼'飯包石'。"（林大川《詠雷打石》詩云："怪石大於屋，女媧之所遺。莫愁拋棄久，終有補天時。"）

【箋證】

　　清林大川《西湖記》卷一"雷打石"條："雷打石，落山塢上，有斧劈痕，故名。大如廣廈，圓若飯包，故土人亦呼'飯包石'。余口占二十字：'怪石大于屋，女媧之所遺，莫愁拋棄久，終有補天時。'信口占來，不暇計工拙也。石下百零步有小墳，即江南兒女墳。"（《西湖記》上，釣月山房清咸豐七年刻本，第24頁）

雷臺石

　　在西巖最高處，北帝廟右，即元祐石塔址。石面平滑，四無攀援，土人每於此競走，以鬪足力，故呼爲"雷臺石"云。

仰山石

在湖山絕頂，石極瑰瑋，鐫"仰山石"三字，大如車輪，為王源書。

栖鳳石

亦在湖山頂。

臥龍岡

卽古瀛洞之側面。陳珏云："岡在杓光閣之南。"珏詩有"猶從朱檻角，垂影到龍岡"，卽指此。

【箋證】

陳珏《杓閣榕陰》："傑閣繁陰裏，雙榕拂戴匡。（自注：閣祀文昌。）根蟠知拔地，葉滿漸遮廊。細綠傳鶯語，深枝冷日光。猶從朱檻角，垂影到龍岡。（自注：閣之南有臥龍崗。）"（《蓮山家言·研痕堂集》，道光巳亥年補刊鳳城鐵巷世馨堂藏板，第20頁）

今按：臥龍崗題字今存，在古瀛洞側。

小盤谷

在文昌閣下，與臥龍岡相對，巨石平矗，壁立如削，外有古榕，陰翳撑天，烈夏登臨，全無暑氣，湖山乘涼以此爲第一也。石壁間有丁秉賢草書"湖山圖畫"，字大五尺有奇，或云卽鳳山樓故址。（跋云："道光己酉[1]孟冬，宦遊過韓江，偕朱慎齋登此山，見峭壁削成，山靈待字，慎齋工鐵筆，索余書四字摩於崖，無暇計工拙也。大興丁秉賢並識。"）

【校勘】

[1] 己酉 《饒志》作"已酉"，非，逕改。

【箋證】

曹騰騑、黃道欽主編《廣東摩崖石刻》"清丁秉賢題字"條："清丁秉賢題字'湖山圖畫'：'道光己酉孟冬，宦游逕韓江，偕朱慎齊登此山，見峭壁削成，山靈待字。慎齊工鐵筆，索余書四字磨於崖，無暇計工拙也。大興丁秉賢并識。'磨崖在潮州市葫蘆山南巖。高 1.84 米，寬 7.60 米。草書，字徑 1.70 米。清道光己酉為道光二十九年，公元 1849 年。丁秉賢，大興（今河北省大興縣）人，其傳不詳。"（《廣東摩崖石刻》，廣東人民出版社 1998 年版，第 205 頁）

今按：此石刻今存，在西湖山文昌閣下。

湖平石

卽湖平亭舊址，詳見"古跡"門。

鍔按：此與上湖平石不同。

平湖石

在湖濱，石上有"平湖"二字，宋三山林會書。

鍔按：唐伯元《平湖記》云："湖山在城西，僅容杯水。自泰和王公開府在郡，損資募工拓之，匯其瀰漫。而洩其洋溢，出古石刻'平湖'二大字於湖山之下。"據此則是石久埋土中，至萬曆間始發見也。

【箋證】

清光緒《海陽縣志》卷二十六《金石略一·宋》"平湖"條："'平湖'，三山林會書。右題字在濱湖石上。'平湖'二字，正書，徑尺許，款小字。謹案：《周志·職官表》：會，福州人，開禧間知潮州軍事。"（清光緒《海陽縣志》，臺灣成文出版社 1976 年影印本，第 311 頁）

明唐伯元《平湖記》："及於國朝，人文雖朗，猶稍不逮。湖在城西，僅容杯水，若無足為郡之重輕者。自泰和王公持憲節，開府在郡，既政行，人和歲登，每於公暇遊憩焉，謀諸郡守徐侯，覈籍清界，捐資募工，拓之疏之，橋之堰之，匯其彌漫，而泄其洋溢，出古石刻'平湖'二大字於湖山之下。自是郡人始知郡西有名湖，然猶公寄興云爾。"（《醉經樓集》，中華書局 2013 年版，第 176 頁）

虹橋

在湖濱，長百五十步，由山坡橫跨湖面，直達城邊，左右翼以虹欄，飛渡如虹，故名。民國十一年建。

潮州西湖山志卷三

祠　廟

名宦祠

在西巖乘風閣下，祀明監察御史李雲鴻，知潮州府事聶文麟及清惠潮兵備道楊國棟、方應元、重祿、林天培，潮州知府林杭學、許龍章、趙本璠，海陽知縣唐若時、范同知等共十一人。

　　鍔按：李雲鴻，河南人，進士，崇禎十二年任。聶文麟，江西金谿人，崇禎十一年任。楊國棟，鑲黃旗人，監生，乾隆九年任。方應元[1]，湖南巴陵人，監生，乾隆三十八年任，四十二年又任潮州知府。重祿，滿洲鑲白旗人，義學生，乾隆四十一年任。林天培，順天大興人，進士，嘉慶十一年任。林杭學，江寧人，生員，康熙十六年任。許龍章，江寧人，生員，乾隆十年任。趙本璠，□□人，進士，乾隆三十九年任。唐若時，渭南人，進士，乾隆十年任。范同知，仁和人，乾隆三十五年任。祠舊有楹聯云："百代集冠裳，總不外綱常名教；四時崇俎豆，豈徒在科第文章。"

【校勘】

[1] 方應元　《饒志》作"方應時"，據舊志改。

【箋證】

　　林大川《西湖記》卷一"名宦祠"條："舊《志》：'宋時西湖山有賢守祠，久無可考。今名宦祠，在乘風閣下，祀明監察御史李雲鴻，知潮州府事聶文麟及國朝知潮州府林杭學、許龍章。'祠聯云：'百代集冠裳，總不外綱常名教；四時崇俎豆，徙在科第文章下。'祀兵部主事陳祀墀。"（《西湖記》上，釣月山房清咸豐七年刻本，第13—14頁）

清順治《潮州府志》卷四《官師部》"明潮州知府"："崇禎：聶文麟，金谿人，由進士。嘗建鳳棲書院以課士。"（清順治《潮州府志》，饒宗頤編集《潮州志匯編》第三部，香港龍門書店1965年影印本，第249頁）

饒宗頤《潮州志》"職官志·明潮州知府"："明崇禎十一年：聶文麟，江西金谿，進士。升兩淮鹽道。"（饒宗頤纂《潮州志》，饒宗頤編集《潮州志匯編》第四部，香港龍門書店1965年影印本，第1044頁）

饒宗頤《潮州志》"職官志·清監司"："清乾隆九年：楊國棟，鑲黃旗，監生。由高州府知府升。"（饒宗頤纂《潮州志》，饒宗頤編集《潮州志匯編》第四部，香港龍門書店1965年影印本，第1085頁）

清乾隆《潮州府志》卷三十一《職官表》"國朝知府"："乾隆十年：許章龍，江寧人，生員，保舉，由順德令超升。"（清乾隆《潮州府志》，《廣東歷代方志集成》潮州府部四，嶺南美術出版社2009年影印本，第698頁）

清道光《廣東通志》卷五十《職官表四十一》"國朝潮州知府"："乾隆朝：許龍章，江南江寧人，生員，十年任。"（清道光《廣東通志》，《續修四庫全書》第669冊，上海古籍出版社2003年版，第26頁）

又，卷五十《職官表四十一》"國朝潮州知府"："乾隆朝：趙本璠，進士，三十九年任。"（同上書，第26頁）

又，卷五十《職官表四十一》"國朝潮州知府"："乾隆朝：方應元，湖南巴縣人，監生，四十二年任。"（同上書，第26頁）

饒宗頤《潮州志》"職官志·清監司·清乾隆四十一年"："重祿，滿洲鑲白旗，義學生。"（饒宗頤纂《潮州志》，饒宗頤編集《潮州志匯編》第四部，香港龍門書店1965年影印本，第1085頁）

饒宗頤《潮州志》"職官志·清監司·清嘉慶十一年"："林天培，順天大興人。進士。有傳。"（同上書，第1086頁）

清光緒《海陽縣志》卷十一《職官表三》"國朝乾隆知縣"："唐若時，渭南人，進士，十年任。"（清光緒《海陽縣志》，台灣成文出版社1967年影印本，第81頁）

又，卷十一《職官表三》"國朝乾隆知縣"："范同知，三十五年任。"（同上書，第82頁）

檀越祠

在西巖三官堂上，舊爲關帝廟。康熙間，淄流改爲檀越祠，祠明兵部主事陳廷策。今塑象猶存。（廷策行實，詳"人物"門。）

三官堂

在華仙廟上。明天啟四年，邑人陳廷策建，祀三官大帝。康熙庚申，潮鎮頭等侯馬三奇同夫人李氏重修，塑三官像於中。

鍔按：三官：一曰天官，二曰地官，三曰水官，乃道家所奉之神。又，一說云："二天宮立一官，六天凡立三官。如今刑名之職。"考《後漢書·劉焉傳》注："熹平時，漢中張角為五斗米道，以符咒療病。其請禱之法，書病人姓氏說服罪之意，作三通，其一上之天，著山上；其一埋之地；其一沈之水，謂之三官手書。使病者，家處五斗米，以為常真誥，亦云上聖之德，受三官書為地下，主者千年，乃轉三官之五帝，此後世祀奉之所本也。"

【箋證】

晉陶弘景撰，吉川忠夫等編《真誥校注》卷十三《稽神樞第三》："二天宮立一官，六天凡立為三官，三官如今刑名之職，主諸考謫，常以真仙，司命兼以總御之也。"（《真誥校注》，中國社會科學出版社2006年版，第438頁）

《後漢書·劉焉傳》："（張）魯字公旗。初，祖父陵，順帝時客於蜀，學道鶴鳴山中，造作符書，以惑百姓。受其道者輒出米五斗，故謂之'米賊'。陵傳子衡，衡傳於魯，魯遂自號'師君'。其來學者，初名‘鬼卒’，後號‘祭酒’。祭酒各領部眾，眾多者名曰‘理頭’。皆校以誠信，不聽欺妄，有病但令首過而已。諸祭酒各起義舍於路，同之亭傳，縣置米肉以給行旅。食者量腹取足，過多則鬼能病之。犯法者先加三原，然後行刑。不置長吏，以祭酒為理，民夷信向。朝廷不能討，遂就拜魯鎮夷中郎將，領漢寧太守，通其貢獻。”（《後漢書》，中華書局 1965 年版，第 2435—2436 頁）

關帝廟

在湖山絕頂，民國十二年建[1]。廟頗崇煥，中座祀關帝，其塑像由郡鷹揚堂遷徙於此。兼祀宋岳武穆王，傍座祀玄天上帝及觀世音大士。

【校勘】

[1] 民國十二年建 《饒志》作“民國十二建”，闕“年”，徑補。

【箋證】

清雍正《海陽縣志》卷二《山川》“西湖山”條：“天啓甲子，明經陳廷策創建老君巖，前後佛殿數處，曰‘北帝廟’，曰‘三官堂’，曰‘關廟’，曰‘文昌祠’，曰‘呂僊洞’，經亂傾圮”，“康熙庚申八月，知府林杭學帥鹽商移建關帝廟於漱石亭舊址。”（清雍正《海陽縣志》，《廣東歷代方志集成》潮州府部一一，嶺南美術出版社 2009 年影印本，第 218 頁）據此可知，關廟實乃明天啟年間肇建，康熙年間移建於漱石亭舊址，民國十二年重建。

北帝廟

在今聘懷亭上，西巖最高處。舊《志》云：“明陳廷策[1]建。康熙己未，巡察主事塞楞格、郎中朱臣重修。”

鍔按：今廟壁嵌有康熙五十九年重建碑記，知塞楞格重修之後，此廟嘗再修葺。又，碑文中云：“廟祀北極玉虛師，相創於元，而歷於明。”是湖山北帝廟，元時已有，非自陳廷策始建也。廟舊有聯云：“逞披髮仗劍威風仙佛焉耳矣，有降龍伏虎手段龜蛇云乎哉。”

【校勘】

[1] 廷策 《饒志》作"延策",據《張志》改。

【箋證】

清雍正《海陽縣志》卷二《山川》"西湖山"條:"天啓甲子,明經陳廷策創建老君巖,前後佛殿數處,曰'北帝廟',曰'三官堂',曰'關帝廟',曰'文昌祠',曰'呂僊洞'。經亂傾圮。康熙戊午,知府林杭學、夸蘭大孟庫邵代、山主陳衍虞修建佛殿。己未,巡察主事塞楞格、郎中朱臣重建北帝殿。"(清雍正《海陽縣志》,《廣東歷代方志集成》潮州府部一一,嶺南美術出版社 2009 年影印本,第 218 頁)

清林大川《西湖記》卷一"北帝廟"條:"北帝廟,在山頂,極其荒蕪,畧無景物,惟廟聯最著人口:'逞披髮仗劍威風仙佛焉耳矣,有降龍伏虎手段龜蛇云乎哉。'聞省城真武廟亦懸此聯,說是蘇文公手筆,想不誣也。"(《西湖記》上,釣月山房清咸豐七年刻本,第 16 頁)

華仙廟

在三官堂下,倚湖之麓東向。道光九年,僧崇德募建,祀漢華陀仙師。民國十年八月暴雨,山崩廟圮。是冬,集安善堂募資重建,規模宏敞,較前尤偉,湖山神廟頗多,獨此最爲顯赫。病者祈禱,輒著奇應,故香火極盛。月之朔望,州人士女至廟禮拜者,雖風雨猶絡繹不絕云。(姚瀚《仙師閣》詩云:"三月湖山燒願香,滿城士女艷新粧。我緣貧病醫無術,來揀青囊辟穀方。")

【箋證】

清林大川《西湖記》卷一"仙師閣"條:"山門直上,折而右,華佗仙師閣也。閣勢崢嶸,香火極盛。姚竹園有詩:'三月湖山燒願香,滿城士女艷新粧。我緣貧病醫無術,來揀青囊辟穀方。'無術醫貧,而思辟穀,讀去令人發哂。"(《西湖記》上,釣月山房清咸豐七年刻本,第 15 頁)

清光緒《海陽縣志》卷二十《建置略四》"華仙廟"條:"華仙廟,在湖山西岩,道光九年僧崇德募建。有病者祈醫,屢驗。"(清光緒《海陽縣志》,台灣成文出版社1967年影印本,第185頁)

佃介眉《重修西湖華仙廟募捐啟》:"此吾潮人士所以倡擊社之舉,效用眾之心,葺西湖華仙廟,迓羽駕以復前觀也。溯自有廟以來,一禱即瘥,豈以當日奇技流澤於後世耶?歲己卯,廟毀於彈。神儀得以免者,徙於前歲吳楚之破,俗移於他所而未然之。兆有若預,令其如是,非靈也與?方今玉弩不驚,金甌無缺,謀斯舉者,正以體成仁忠肅意矣。"(《佃介眉詩文集》,中國文聯出版社2007年版,第153頁)

郭仙翁廟

在華仙廟東偏。光緒二十二年,集安善堂募建,祀晉郭仙翁璞,香火亦盛。(由山門直上,折而右即華仙廟,再折而右即郭仙翁廟。將入華仙廟,有石坊樹立,上鎸"太和觀"三字,陰面則鎸"洞見靈府"四字。太和觀聯云:"豈有烟霞成痼癖,不妨泉石起膏盲。"洞見靈府聯云:"草木當前皆藥餌,湖山相映亦文章。"字在行、草之間,頗縱逸,為郡人劉于山書。)

【箋證】

佃銳東《潮州佃饒兩家的百年文緣》:"1922年,洪兆麟組織湖山鈞遊社,重闢潮州西湖山為公園,饒勛對此舉極為讚賞,之後經常攜酒邀朋,游詠其間,並在西湖山留下多處詩文石刻。在現在西湖山南巖附近,現尚保留當時建造的一處牌坊,西向南巖一面上方,佃介眉先生手書楷體'太和觀',東向一方書'圖書館',并撰書二聯於牌坊柱子兩面,西面為隸書'豈有烟霞成痼癖,不妨泉石起膏盲",冬面為行書七言聯:'草木當前皆藥餌,湖山相映亦文章。'"(佃銳東《潮州佃饒兩家的百年文緣》,《佃介眉研究》創刊號,2014年12月,第49頁)此二聯,究竟為劉書抑或為佃書,俟考。

水仙廟

《西湖記》云:"在水仙門外,為西湖極幽處。"廟祀水偓禹帝。

鄂按：《越絕書》謂子胥死為水仙，《拾遺記》亦謂屈原死為水仙。茲所祀者禹帝，毋乃以禹治水歿，亦為水仙乎？

【箋證】

清林大川《西湖記》卷二"水仙祠"條："水仙祠，在水仙門外，樹林陰翳，鳴聲上下，為西湖極幽處。祠壁題有姚竹園長君小園姚謙後遊詩：'西湖最好仲春天，我又徵歌放酒船。惆悵舊遊無復到，水光山色自年年。'蓋有憶梨邨章健、梨峯章後兄弟也。清清淺淺，音韻欲流。"（《西湖記》下，釣月山房清咸豐七年刻本，第4—5頁）

《越絕書》卷第十四《越絕德序外傳記第十八》："吳王將殺子胥，使馮同征之。胥見馮同，知為吳王來也。泄言曰：'王不親輔弼之臣而親眾豕之言，是吾命短也。高置吾頭，必見越人入吳也，我王親為禽哉！捐我深江，則亦已矣！'胥死之後，吳王聞，以為妖言，甚咎子胥。王使人捐于大江口。勇士執之，乃有遺響，發憤馳騰，氣若奔馬。威淩萬物，歸神大海。仿佛之間，音兆常在。後世稱述，蓋子胥，水仙也。"（《二十五別史·越絕書》，齊魯書社2000年版，第74頁）

晉王嘉《拾遺記》卷十"洞庭山"條："屈原以忠見斥，隱於沅湘，披蓀茹草，混同禽獸，不交世務，採柏實以合桂膏，用養心神；被王逼逐，乃赴清冷之水。楚之思慕，謂之水仙。"（《拾遺記》，中華書局1981年版，第235頁）

七聖廟

在西湖山紫竹門外，明天啓三年建，（據廟額題字。）雍正六年重修，民國三年再修。俗稱"七娘宮"。（相傳明嘉靖末土寇蘇劉等聚豐政藍田山谷中，總兵郭成督師征之，至小灘，見七婦人渡水，語以賊巢所在，並授進勦日期。後平賊，悉如其言。自是潮人多建廟祀之。今廟內有碑，為清雍正六年立，云七聖廟，西湖之舊址也。歷有年代，未詳始建。）

鄂按：《述異記》言："蘇州汪某臥病園中，見數女子聯袂艷妝披帷而入，自言：'妾等七人皆張士誠之姬也，昔年齊雲之變，同日殉節，上帝憐之，封為七聖，園中某處乃妾輩藏玉之所也。君能捨園為妾輩香火，則痼疾可除。'汪某欣諾，諸姬即不見，乃為立廟園中，名七聖院，病果霍然。"不知此七婦人，豈即張士誠之姬否耶？

【箋證】

清林大川《西湖記》卷一"七聖廟"林大川按語："七聖亦號七娘。相傳嘉靖末，土寇蘇劉等聚藍田山谷中，郭成督師征之，至小灘，見七婦人渡水，語以賊巢所在，併授進勦日期。後平賊，果如其言，為之立廟。至今民崇祀之。"（《西湖記》上，釣月山房清咸豐七年刻本，第26頁）

清乾隆《潮州府志》卷二十五《祀典》"七聖廟"條："七聖廟，在西湖山紫竹庵門外。"（清乾隆《潮州府志》，《廣東歷代方志集成》潮州府部四，嶺南美術出版社2009年影印本，第446頁）

東軒主人《述異記》下"七聖院"條："桐鄉辛丑進士朱□始亟言其蘇州同年汪君之弟，病癱瘓，臥床第，年久不愈，移至園中養病，時植中秋，月明人靜，正在呻吟，忽聞窗外婦人笑語，聲自遠而近。須臾，見數女子聯袂艷妝披帷而入，君強起叩其何人，答云：'妾等七人皆張王士誠之姬也。昔年齊云之變，同日殉節，上帝憐之，封為七聖，園中某處乃妾輩藏玉之所也。君痼疾欲痊，能捨此園為妾輩香火，可□□而愈矣。'汪君欣然，願為立廟，諸姬慰謝而去。不旬月，病果霍然。逐捐金改治處，奉香火，即其園名七聖院，至今尚在。"（《述異記》，《四庫全書存目叢書》子部第250冊，齊魯書社1995年影印本，第215頁）

清光緒《海陽縣志》卷二十《建置略四》"七聖廟"條："七聖廟，俗稱'七娘廟'，在西門外西巖側。相傳明嘉靖末土寇蘇劉等聚豐政藍田山谷中，總兵郭成督師征之，至小灘，見七婦人渡水，語以賊巢所在，並授進勦日期。後平賊，悉如其言。自是潮人多建廟祀之。廟內有碑，國朝雍正六年立，云七聖廟，西湖之舊址也。歷有年代，未詳始建。"（清光緒《海陽縣志》，台灣成文出版社1967年影印本，第446頁）

九天娘宫

在西湖山壽安寺故址，小築三椽，氣象幽古。民國十三年重修。

寺　墓

竹林寺

《海陽縣志》云："在西關外，康熙二十三年，總兵馬三奇爲僧超雪建。"《西湖記》云："竹林寺，距栖鳳泉二里而近，林木蔚雲，松篁飛雨，爲西湖極清幽處。"

【箋證】

清康熙《海陽縣志》卷三《寺觀》"竹林菴"條："竹林菴，在西關外，康熙甲子年，鎮潮頭等侯馬三奇為和尚超雪建。雪律戒精嚴，善詩、字。"（清康熙《海陽縣志》，《廣東歷代方志集成》潮州府部一一，嶺南美術出版社 2009 年影印本，第 115 頁）

清雍正《海陽縣志》卷八《寺觀》"竹林菴"條："竹林菴，在西關外，康熙甲子年，潮鎮侯馬三奇為僧超雪建。雪善草書。"（清雍正《海陽縣志》，《廣東歷代方志集成》潮州府部一一，嶺南美術出版社 2009 年影印本，第 393 頁）

清光緒《海陽縣志》卷二十七《古蹟略二·寺觀》"竹林寺"條："竹林寺，在西關外，康熙二十三年，總兵馬三奇為僧超雪建。"（清光緒《海陽縣志》，台灣成文出版社 1967 年影印本，第227 頁）

清林大川《西湖記》卷二"竹林寺"條："竹林寺，距栖鳳泉二里而近，康熙間總鎮馬三奇建，林木蔚雲，松篁飛雨，為西湖極清幽處。"（《西湖記》下，釣月山房清咸豐七年刻本，第 16 頁）

起雲庵

舊《志》云："在西關外，明萬曆間建。崇禎癸未，黃殿齡、吳治邦重修。康熙甲寅，庵毀，副將蔡茂植、李奇儉建中座。戊戌隄潰，再毀。雍正七年，知府胡恂重建。乾隆間，郡人朱碩捐資修之。"
《西湖記》云："起雲庵，距竹林寺不上三里，大木百圍，蒼松傲睨，
翁翁翳翳，蔽日參天。庵內密室，曲房纖塵不起。有宋通判陳堯佐
《游湖山》詩立軸，懸於客堂。"

【箋證】

清康熙《海陽縣志》卷三《寺觀》"起雲庵"條："起雲庵，在
西關外，明萬曆間建後座。崇禎癸未年，舉人黃殿齡、生員吳治邦仝
建中座、山門。甲寅變，毀。康熙十九年，署潮鎮中營游擊事副將蔡
茂植、生員李奇俊捐貲，仝僧募建後座。"（清康熙《海陽縣志》，
《廣東歷代方志集成》潮州府部一一，嶺南美術出版社 2009 年影印
本，第 115 頁）

清雍正《海陽縣志》卷八《寺觀》"起雲庵"條："起雲庵，在
西關外，明萬曆間建後座。崇正癸未年，舉人黃殿齡、生員吳治邦仝
建中座、山門。甲寅變，毀。康熙十九年，副將蔡茂植、生員李奇俊
建中座。戊戌隄潰，庵荒。雍正七年，知府胡恂捐俸重建。"（清雍
正《海陽縣志》，《廣東歷代方志集成》潮州府部一一，嶺南美術出
版社 2009 年影印本，第 393 頁）

林大川《西湖記》卷二"起雲庵"條："起雲庵，距竹林寺不上
三里，大木百圍，蒼松傲睨，翁翁翳翳，蔽日參天。庵內密室曲房，
纖塵不起精藍也。書宋通判陳堯佐《遊湖山》詩，作一立軸，懸於
客堂：'附郭水連山，公餘獨往還。疎煙漁縱遠，斜日寺樓閒。繫馬
芭蕉外，移舟菡苕間。天涯逢此景，誰信自開顏。'"（《西湖記》下，
釣月山房清咸豐七年刻本，第 18 頁）

清光緒《海陽縣志》卷二十七《古蹟略二·寺觀》"起雲庵"
條："起雲庵，在西關外西郊，明萬曆間建。崇禎癸未，黃殿齡曾建。
後毀。國朝康熙間副將蔡茂植、雍正七年知府胡恂先後重建。乾隆
間，郡人朱碩捐貲修之。"（清光緒《海陽縣志》，台灣成文出版社
1967 年影印本，第 278 頁）

法藏庵

舊《志》云："在西關外，元至正間建，後廢。明萬曆三十九年，僧性珍重修。康熙辛亥，僧照衍再修。"《西湖記》云："法藏庵，境無塵氣，靜若太古，菴壁有《西湖十景詩》。"（陳衍虞《法藏庵》詩："入望皆平楚，沿溪破寺苔。秋花煙裏鬢，蛩韻梵中杯。劍到延津合，鴻從夕照來。天涯吾輩在，不撥嫩殘灰。"）

【箋證】

清康熙《海陽縣志》卷三《寺觀》"法藏庵"條："法藏庵，在西關外，元至正間建。明萬曆辛亥，僧性珍募重建。康熙辛亥，僧照衍募重建。"（清康熙《海陽縣志》，《廣東歷代方志集成》潮州府部一一，嶺南美術出版社 2009 年影印本，第 115 頁）

林大川《西湖記》卷二"法藏庵"條："法藏庵，距起雲庵里許，境無塵雜，靜若太古，庵壁題有西湖十景。"（《西湖記》下，釣月山房清咸豐七年刻本，第 18—19 頁）

福溥菴

在法藏庵前，初名福普菴。康熙甲寅燬於兵，僧雪帷募化，副將李盛同衆重建，改今名。客堂舊有明澄海訓導李見龍題壁詩。

【箋證】

清康熙《海陽縣志》卷三"福溥菴"條："在西關外，遭甲寅之變，拆毀。和尚雪帷募化，郡人福督標副將李盛仝衆重建前後佛殿二座，左右從廳雕塑佛像甚麗。"（清康熙《海陽縣志》，《廣東歷代方志集成》潮州府部一一，嶺南美術出版社 2009 年影印本，第 115 頁）

清雍正《海陽縣志》卷八《寺觀》"福溥菴"條："在西關外，甲寅之變，拆毀。僧雪帷募化，福建督標副將李盛仝衆重建前後佛殿二座，左右從廳雕塑佛像。"（清雍正《海陽縣志》，《廣東歷代方志集成》潮州府部一一，嶺南美術出版社 2009 年影印本，第 393 頁）

清光緒《海陽縣志》卷二十七《古蹟略二·寺觀》"福溥菴"

條：“福溥菴，在城西關外，未詳所建。國朝康熙十三年，燬於兵。副將李盛重建。”（清光緒《海陽縣志》，台灣成文出版社 1967 年影印本，第 277 頁）

延壽寺

在福溥菴下，佛殿崢嶸，禪房宏敞。舊《志》云：“明萬曆壬子，郡人進士蕭定為母[1]延壽，仝僧祖峯建，故名。”

【校勘】

[1] 母 《饒志》作“毋”，徑改。

【箋證】

清康熙《海陽縣志》卷三《寺觀》“延壽寺”條：“延壽寺，在西關外，明萬曆壬子，郡人進士蕭定為母延壽，仝僧祖峯創建。”（清康熙《海陽縣志》，《廣東歷代方志集成》潮州府部一一，嶺南美術出版社 2009 年影印本，第 115 頁）

清光緒《海陽縣志》卷二十七《古蹟略二·寺觀》“延壽寺”條：“延壽寺，在城西關外，明萬曆進士蕭定為母延壽建，故名。”（清光緒《海陽縣志》，台灣成文出版社 1967 年影印本，第 276 頁）

清林大川《西湖記》卷二“延壽寺”條：“延壽寺，在福溥菴下，佛殿崢嶸，僧房宏敞。”（《西湖記》上，鈞月山房清咸豐七年刻本，第 20 頁）

慈雲寺

《縣志》云：“在西關外新橋，創建未詳。道光間知府易中孚重建。”《西湖記》云：“寺在延壽寺下，寺外木棉三株，大可數抱，花時光焰騰騰，姚竹園有長歌記之。”

【箋證】

清光緒《海陽縣志》卷二十七《古蹟略二·寺觀》“慈雲寺”條：“慈雲寺，在西關外新橋，創建未詳。道光間知府易中孚重建。”

（清光緒《海陽縣志》，台灣成文出版社 1967 年影印本，第 277 頁）

清林大川《西湖記》卷二"慈雲寺"條："慈雲寺，在延壽寺下，精藍靜寂，法像莊嚴，步章叢和尚開山，吉慶坤上人重建也，寺外木棉三株，大可數抱，花時光焰騰騰，亦奇觀也。姚竹圃歌云：'幾樹紅棉花萬朵，初疑人蹤阿房火，又疑天風吹散赤城霞，飛壓樹頭成此花。復疑石家搬出珊瑚樹，千枝萬枝耀金谷。不然隋宮剪彩花，齊開絳紗亂用并刀裁，不然獵人幾斛猩猩血，潑上樹頭紅欲滴。不然天孫雲錦章，不然賈胡紅刺石，何以轟轟更烈烈，花光四面交相射，有時騰焰上燭天，煉紅碧落雲燒赤，一樣吹棉更足誇，南人漫道是虛花。若教收拾歸機軸，衣被蒼生萬萬家。'"（《西湖記》下，釣月山房清咸豐七年刻本，第 22 頁）

寶林庵

《縣志》云："在西關外，康熙八年，郡人林有楣建。"《西湖記》云："寶林庵灌木鬖叢，禽鳥啾唧，塵外境也。滿壁淋漓，爲邑人陳玨《湖山十景詩》。"

【箋證】

清光緒《海陽縣志》卷二十七《古蹟略二·寺觀》"寶林庵"條："寶林庵在城西關外，康熙八年，郡人林有楣建。"（清光緒《海陽縣志》，台灣成文出版社 1967 年影印本，第 278 頁）

清林大川《西湖記》卷二"寶林庵"條："寶林庵，與竹月山房，只一小山之隔，灌木鬖叢，禽鳥啾唧，塵外境也。滿壁淋漓，我邑陳玨湖山十景詩也。"（《西湖記》下，釣月山房清咸豐七年刻本，第 26 頁）

華嚴庵

《縣志》云："在西關外，國初僧德薪創建。嘉慶六年重建。"

鍔按：庵已廢，今為張氏家廟。庵舊有題壁詩："鎮日放游踪，華嚴刹又逢。一僧重話舊，七載更聞鐘。梵悟秋彌遠，詩情幻愈濃。大荒閡吐納，我欲數遙峰。"欵書"碧奇題"，不知為誰氏也。

【箋證】

清光緒《海陽縣志》卷二十七《古蹟略二·寺觀》"華嚴庵"條："華嚴庵，在西關外，國初僧德薪創建。嘉慶六年重建。"（清光緒《海陽縣志》，台灣成文出版社 1967 年影印本，第 278 頁）

清林大川《西湖記》卷二"華嚴庵"條："客堂有題壁詩：'鎮日放遊踪，華嚴刹又逢。一僧重話舊，七載更聞鐘。梵悟秋彌遠，詩精幻愈濃。大荒閟吐納，我欲數遙峰。'款落'茶陽碧奇題'，不書名姓。"（《西湖記》下，釣月山房清咸豐七年刻本，第 23 頁）

彭西川墓

《縣志》云："明處士彭西川墓，在西湖山。"《韓江聞見錄》云："湖山東北界，山頂有彭處士墓，巨石環之，處士自卜之窀穸也。因自題句鐫於壁山，以密邇於城，成雜葬，而幽人之貞，猶幸介石自完。"（玉華子[1]銘處士墓云："西湖之山，西川所廬[2]。有石角端，以翼神居。"又竹居贈云："豸角峰誰之，封學道者西川翁。"鍔按：銘贈俱刻在處士墓旁石上。）

【校勘】

[1] 玉華子 《饒志》作"王華子"，徑改。

[2] 廬 《饒志》作"盧"，徑改。

【箋證】

清光緒《海陽縣志》卷二十八《古蹟略三·冢墓》"明處士彭西川墓"條："明處士彭西川墓，在西湖山。"（清光緒《海陽縣志》，台灣成文出版社 1967 年影印本，第 283 頁）

清鄭昌時《韓江聞見錄》卷四"處士墓"條："湖山東北界，有前朝西川彭處士墓，將及山之頂，而巨石環之，蓋處士自卜之窀穸也。因自題句鐫石壁云：'子孫不用求行狀，水月山前是墓銘。'清虛高曠，足想生平品致矣。山以密邇於城，成雜葬，而幽人之貞，猶幸以介石自完。"（《韓江聞見錄》，上海古籍出版社 1995 年版，第 105 頁）

丁維忠墓

在湖山之北，題曰"全孝丁維忠之墓"。（維忠，海陽人，庠生。性至孝。順治癸巳寇變，父元應被擄，維忠往賊巢持金請贖父，賊少之曰："是區區者不可贖死，僅可贖尸耳。"忠請以身代，乃釋元應而殺維忠，父抱其尸，慟哭而葬之湖山之北，勒石曰"全孝丁維忠之墓"。《縣志》有傳。）

【箋證】

清光緒《海陽縣志》卷三十九《列傳八·國朝》"丁維忠"條："丁維忠，邑庠生。順治癸巳寇變，父元應被擄，持金往贖，賊少之曰：'區區者，不可贖死，僅可贖尸耳。'忠請以身代，賊釋父而殺維忠，父抱尸慟哭，葬於湖山北，勒石曰'全孝丁維忠之墓'。"（清光緒《海陽縣志》，台灣成文出版社1967年影印本，第397頁）

陳瑞娘墓

《縣志》云："陳瑞娘墓在西關外西湖山坡。"（瑞娘，郡北太學陳元勝女，字饒平州佐吳文俊子秉洲。未結褵，夫卒，聞訃仰藥死，與秉洲合窆湖山之麓，遊客多題詠石壁。）

【箋證】

清雍正《海陽縣志》卷七《節烈》"陳瑞娘"條："陳瑞娘，郡北太學陳元勝女，字饒平州佐吳文俊子秉洲。未結褵，夫卒，聞訃仰藥死，與秉洲合窆湖山之麓，遊客多題詠石壁。"（清雍正《海陽縣志》，《廣東歷代方志集成》潮州府部一一，嶺南美術出版社2009年影印本，第357—358頁）

清光緒《海陽縣志》卷二十八《古蹟略三·冢墓》"國朝陳瑞娘墓"條："國朝陳瑞娘墓（吳秉洲聘妻），在西關外西湖山坡。"（清光緒《海陽縣志》，台灣成文出版社1967年影印本，第285頁）

義塚

在湖山麓。明正統五年，郡人鄭驥等收僑客孤貧死不得葬者合瘞之。知府王源爲題墓碑並作記，刻石冢旁。詳見"石刻"門。

普同塔

在西湖山栖鳳石旁。順治十年癸巳九月十三日，郡城陷，死者山積。事平，有僧人名"海德"者收遺骸，依浮屠法聚而焚之，以其餘爐瘞於塔內，名曰"普同塔"。（塔舊有聯云："逝者如斯夫，掩之誠是也。"）

【箋證】

清林大川《西湖記》卷一"普同塔"條："在西湖巔上。順治十年癸巳，郝尚久據城以叛。明年九月十三日夜，耿藩破城，屠殺無算，有僧盡收遺骸，瘞於塔內，名曰'普同'。塔聯云：'逝者如斯夫，掩之誠是也。'《論語》成聯，天造地設。"（《西湖記》上，釣月山房清咸豐七年刻本，第19頁）

清光緒《海陽縣志》卷二十八《古蹟略三·冢墓》"普同塔"條："普同塔，在西湖山。順治十年癸巳九月十三日，郡城陷。事平，有僧人收遺骸瘞塔內，名曰'普同'。"（清光緒《海陽縣志》，台灣成文出版社1967年影印本，第285頁）

花塚

《西湖記》云：塚在湖山，韓江女史阿星埋玉處。今不知所在。（阿星，魏姓，潮州六篷船妓。有幕客某落魄鳳城，阿星一見，欵語莫逆，時邀至舟中，供給備至。某病，殷勤伏侍，五年不衰。病愈，復資之赴省，一時有"俠妓"之稱。又十年，某攜重賫復游於潮。時星已色衰，載客他往，某悵然爲賦诗云："重來阮肇逢仙處，不見崔郎乞水家。俟久之星歸酬以，千金為脫蜑籍後。"星死，葬於城西湖山之麓。李甯圃太守有《潮州竹枝詞》云："金盡㾴頭眼尙青，天涯斷梗寄浮萍。紅顏俠骨今誰是，好買黃金鑄[1]阿星。"即詠此事。）

【校勘】

[1] 鑄《饒志》作"壽"，據《潮嘉風月記》《隨園詩話》改。

【箋證】

清林大川《西湖記》卷一"花塚"條："花塚，韓江女史阿星埋玉處也。郡人咸以不知其所在為恨，殊不知湖山，令人遐想，令人懸思者，正以煙雨遠離，不知其所在也。姚竹園有詩：'錢塘蘇小惠朝雲，兩地芳魂蓋短亭。此中大有名花冢，可惜無人表阿星。'發潛闡幽，婆心一片。"（《西湖記》上，釣月山房清咸豐七年刻本，第23頁）

清俞蛟《潮嘉風月記》："時有幕客，落魄鳳城，星厚禮之，客病為禱佛延醫，秤藥量水，衣不解帶，凡三越月，病癒勸歸，傾囊以贈，由是得俠妓聲於鳳城韓水間。厥後，阿星埋玉湖山，六篷易主，而幕客發跡重遊，徘徊惜時停泊之處，回顧茫茫，惟餘煙火，追念往事，不禁系之，為賦'重來阮肇逢仙處，不見崔郎乞水家'之句。毗陵李寧圃有詩曰：'金盡床頭眼尚青，天涯斷梗寄浮萍。紅顏俠骨今誰是，好把黃金鑄阿星。'"（《潮嘉風月記》，《昭代叢書》，清康熙刻本）

清袁枚《隨園詩話》："李宷圃太守《潮州竹枝》云：'銷魂種子阿儂佳，開袱千金莫浪誇。高卷篷窗陳午宴，爭誇老衍貌如花。'六篷船幼女呼'阿儂佳'，梳籠謂之開袱。幼女梳籠，以得美少年為貴，不計財帛。呼婿曰'老衍'。李公《竹枝》，亦有都知錄事之不可不記者，以其人皆有可取故也。其一云：'金盡床頭眼尚青，天涯斷梗寄浮萍。紅顏俠骨今誰是？好把黃金鑄阿星。'幕客某，流落潮陽，魏阿星時邀至舟中，供給備至，五年不衰。病癒，復資之赴省。又十年，攜重貲復游於潮。時星已色衰，載客他往。某居潮半載，俟星歸，酬以千金，為脫豔籍。"（《隨園詩話》，人民文學出版社1962年版，第606頁）

江南兒女塚

《西湖記》云："雷打石下百步有小墳，卽江南兒女塚。"（貴池姚瀚竹園道光間僑寓潮州，工為詩。子姚謙，兩妻於潮。繼室周玉蓮生子以定、女彩鸞，咸豐丙辰，並殤於痘，合瘞石下，竹園題詩於石云："定兒四歲辭人世，鸞女周年見冥官。慘絕江西兒女塚，西湖樵牧另相看。"）

【箋證】

清林大川《西湖記》卷一"雷打石"條："石下百零步有小墳，

郎江南兒女塚。姚竹園僑寓我潮近三十載，為最久。大少君小園姚
謙，兩妻於潮，初妻石獅巷陳氏淑貞，繼室官誥巷周氏玉蓮，生子以
定、女彩鸞。咸豐丙辰冬，並殤於痘，合瘞石下，竹園題詩於石：
'定兒四歲辭人世，鸞女週年見冥官。慘絕江南兒女塚，西湖樵牧另
相看。'紀之以詩，示不忘也。"（《西湖記》上，釣月山房清咸豐七
年刻本，第 24 頁）

敬字塔

在西巖上觀稼亭之左，咸豐壬子郡人曾達德建。塔凡三座，狀似
浮屠，上覆以亭，曰"惜字塔"，後為樹掩壓。光緒己丑，達德復重
修之。（亭橫額外書"太和彙籥"，內書"藏之名山"，其聯云："墨林片楮歸丁火，冊府
餘灰在西山。"又云："壁立三峰列崗巒之體勢，薪傳一點化筆墨為烟雲。"邑人王煥
章題。）

運動塲

在壽安寺前，廣袤數十畝，民國十一年闢。

園　亭 （遊舫附）

熙春園

在西湖山北，宋紹興間知州謝尋 （《府志》作"謝旻"） 建，亭曰
"漸入佳境"，菴曰"醉客方歸"。久廢。民國十一年重建，規復之。
（園舊有聯云："滿院綠陰人跡少，半窻紅日鳥聲多。"）

【箋證】

明嘉靖《潮州府志》卷一《地理志·海陽》"熙春園"條："熙
春園，在西湖山北，宋紹興間知州謝尋建，亭曰'漸入佳境'，庵曰
'醉客方歸'。久廢。"（明嘉靖《潮州府志》，饒宗頤編集《潮州志
匯編》第二部，香港龍門書店 1965 年影印本，第 62 頁）

清乾隆《潮州府志》卷十七《古蹟》"熙春園"條："熙春園，
在湖山北，宋知軍州事謝旻建。今廢。"（ 清乾隆《潮州府志》，《廣

東歷代方志集成》潮州府部四，嶺南美術出版社 2009 年影印本，第
220 頁）

又，卷三十一《職官表上》"宋知潮州軍州事·紹興"："謝尋，
邵武人。"（同上書，第 683 頁）

清林大川《西湖記》卷一"熙春園"條："熙春園，宋知軍州事
謝㞧建，在湖山北，至今郡人多有將其'滿院綠陰人蹟少，半窗紅日
鳥聲多'園門舊聯懸別業。"（《西湖記》上，釣月山房清咸豐七年刻
本，第 23 頁）

清光緒《海陽縣志》卷二十六《古蹟略一·園林名蹟》"熙春
園"條："熙春園，在西湖山北，宋紹興間知州謝尋建，亭曰'漸入
佳境'，菴曰'醉客方歸'。"（清光緒《海陽縣志》，台灣成文出版
社 1967 年影印本，第 270 頁）

梅花莊

在湖山北壽安寺左，明郡人唐伯元建。環莊多植梅花，故名。鄭
昌時云莊係伯元讀書處，久廢。民國十一年重規復之。（莊旁舊有石，書
"谷口"二字。今佚。）

【箋證】

清乾隆《潮州府志》卷十七《古蹟》"老君巖"條："老君巖，
在湖山南巖，如石屋，下可坐數十人，巔有'古瀛洞天'四字。又，
湖濱石上有'雁塔'二大字，明唐伯元搆臺其下，曰釣魚臺。其梅
花莊在湖山北，多植梅花，旁一石書'谷口'二字。"（清乾隆《潮
州府志》，《廣東歷代方志集成》潮州府部四，嶺南美術出版社 2009
年影印本，第 221 頁）

清光緒《海陽縣志》卷二十六《古蹟一·園林名蹟》"梅花莊"
條："梅花莊，在湖山北，明唐伯元建。其旁有一石書'谷口'二
字。"（清光緒《海陽縣志》，台灣成文出版社 1967 年影印本，第 269
頁）

清鄭昌時《韓江聞見錄》卷九《潮州二十四詠》其一《梅花
莊》（自注：在西湖上，與蓮花池相映帶）："古瀛洞口占清芳，幾

樹梅花別有莊。玉蕊破寒春漏洩，冰魂入夢月昏黃。影橫流水半溪雪，枝逗凍雲三徑香。欲訪孤山林處士，湖光深護讀書堂。（自注：莊係明唐伯元讀書處。）"（《韓江聞見錄》，上海古籍出版社 1995 年版，第 294 頁）

洪園

初名"依綠園"，民國十二年，郡人釀資置。尋由洪處長贖回為別墅，始改今名。園在湖濱，廣數畝，極亭院竹石之勝，中有百花臺，廣植異卉，四時縱士女游觀。（草堂中有聯云："園中草木春無數，湖上山林書不如。"爲清泉符翕書。）

停雲小榭

在湖山釣遊社之南。民國十一年，李烈鈞建。以駐兵，全座用竹木搆成，由水涯架出湖面，甚宏敞。李氏榜曰："停雲小榭。"今爲湖山第一茶園。

带湖軒

在湖濱，背山臨湖，境極幽爽。民國十一年建。（軒有桂陽尹楚材一聯最佳，云："山色橫眉，依樣葫蘆堪入畫；湖光滿面，無邊風月好題詩。"）

涵碧樓

在湖濱带湖軒上，亦民國十一年建。老樹參天，軒窗開豁，流水奇石，錯落其間，爲潮人遊湖燕集之所。民國偉人往來潮汕，多於此稅駕焉。（樓中楹聯頗夥，惟洪兆麟所撰二聯允稱傑搆，其一云："愛他綠水青山跡，寄鴻泥到此惜非；蘇學士屏却金戈鐵馬聞，消驢背登臨猶憶韓蘄王。"其二云："今夕只可談風月，舊鄉無此好湖山。"又，尹驥一聯云："本來大好湖山遊，目應登峯極處信；是無邊風景娛情，還在月明時亦佳。"）

【箋證】

饒宗頤纂《潮州志》"教育志·社會教育"："潮安縣立通俗圖書館，民國八年成立。原名'潮安圖書館'，初設于站巷青藜書院故址潮安縣教育會內。民國十四年，移西湖涵碧樓，改為縣立，加'通俗'二字，由吳鴻藻主其事，編印有圖書目錄一冊。同時，邑人吳湘徵集潮州先正遺書借圖書館為纂輯處。迨潮城陷倭，館藏圖籍疏散鄉間，皆遺失。而涵碧樓亦燬于火。"（饒宗頤纂《潮州志》，饒宗頤編集《潮州志匯編》第四部，香港龍門書店 1965 年影印本，第 1013 頁）

漁莊

《西湖記》云："在湖濱，地最勝。"今莊在湖東南，舊稱魚池舘。民國十年，西湖重闢始修葺之，乃名"漁莊"。（莊舊有聯云："夜靜人聽魚讀月，春深鳥對客談天。"貴池姚謙撰。）

【箋證】

清林大川《西湖記》卷二"漁庄"條："漁庄，在湖濱，地最勝。水木明瑟，魚鳥相親，大有畫意。小園姚謙有'夜靜人聽魚讀月，春深鳥對客談天'一聯，句奇而法。"（《西湖記》下，釣月山房清咸豐七年刻本，第 8 頁）

湖心亭

在湖中心，有小橋曲折通山坡，以達帶湖軒，亭式六角三楹，外護雕欄。民國十一年建。（亭有聯云："萬頃烟波新月上，一灣流水小橋橫。"江西蔡公時題。）

【箋證】

石源華《蔡公時："泰山之下血未止"》："蔡公時，以字行，別號癡公"，"1917 年，廣東護法軍興起，蔡公時歸國參加，在潮、汕、漳、廈活動。1922 年起入李烈鈞部，任參議、秘書，曾參與孫中山的侍病、治喪工作。"（《世界知識》2012 年第 24 期）亭聯當題於此時。

湖清亭

在湖山東北，背湖面山。民國十一年建。

滴翠亭

在湖山麓，熙春園西南。民國十一年建。四周隙地，雜植花木，棲雲涵翠，境極幽靜。（亭有聯云："四面有山皆入畫，一年無日不看花。"）

游目亭

在南巖上，卽文昌閣舊址。民國十二年建。

騁懷亭

在游目亭上，卽關帝廟舊址。民國十二年建。

湖山釣遊社

在湖濱湖山，初闢時設此爲籌辦處。

【箋證】

曹騰騑、黃道欽主編《廣東摩崖石刻》"民國湖山釣遊社《闢治湖山題記》"條："《闢治湖山題記》：'闢治湖山之工程既竣，爰溯事不失序，全在分任得人。有若黃君雪亭、莊君立生、張君軼君、翁君醉亭、林君麗生、林君秋山，皆能各竭所長，共資臂助。'摩崖在潮州市葫蘆山鳳棲泉邊。高 2.10 米，寬 1.10 米。楷書，字徑 0.09 米。民國十一年為公元 1922 年。湖山釣遊社，為民國年間潮州一個民間文社組織。"（曹騰騑、黃道欽主編《廣東摩崖石刻》，廣東人出版社1998 年版，第 236 頁）

西湖警察區署

在湖山麓，民國十二年建，層樓洋式，極具偉觀。

湖山圖書舘

在芙蓉池中央，民國十三年建。

湖山旅舘

在南巖下，卽紫竹庵舊址，民國十三年建。

洪處長石像

在湖山北、芙蓉池左，周環以池，中央小阜蓬起，若島嶼然。平臺累石級數層，周以鐵欄，立像高峙其上，崇範巍峨，規模極偉。民國十三年建。

醉月舫

湖山釣遊社造。

醉春舫

湖山釣遊社造。

水月艙

郡人饒勛造。

【箋證】

佃介眉《畫人志略·饒勛》：“饒勛，字若呆，號半呆居士。不事賈人業，放情山水，賦詩作畫，以寓天真。畫似江石如之淡遠，寫水仙梅花，不食人間煙火。死猶垂辮。余挽以聯云：‘人盡短髮，君獨長辮，此心誰識詩真情；弟未終喪，兄竟永逝，有淚那堪復橫流。’亦友中之異者。”（《佃介眉詩文集》，中國文聯出版社2007年版，第211頁）

潮州西湖山志卷四

古　蹟

宋學故址

《府志》云："府學舊在西郊，宋元祐四年遷湖山之麓，有雁塔、芙蓉池，遺址尚存。"翁方綱《粵東金石畧》引高忠憲《三時記》云："潮州西湖南傍山，山之後有清泉立石，石上皆勝國題名。蓋舊為學宮，故登科者皆題名其上。"

鍔按：舊《志》稱宋學在西湖山，即今壽安寺地，而芙蓉池即在寺傍，皆背山面湖。高《記》謂在山後，非也。

【箋證】

清順治《潮州府志》卷八《山川部》"西湖山小記"條："明萬曆間，郡人唐伯元建釣魚臺，越數十步建壽安寺，則宋州學遺址也。"（清順治《潮州府志》，饒宗頤編集《潮州志匯編》第三部，香港龍門書店1965年影印本，第422頁）

清乾隆《潮州府志》卷二十四《學校》"本府學宮"條："本府學宮，在郡東北隅。相傳舊在西郊，宋咸平中徙城南，慶曆間建於東岡之湄，元祐四年遷湖山之麓，則雁塔、芙蓉池遺址存焉。"（清乾隆《潮州府志》，《廣東歷代方志集成》潮州府部四，嶺南美術出版社2009年影印本，第415頁）

清翁方綱著，歐廣勇、伍慶錄補註《粵東金石略補注》卷九《潮州府金石》"西湖山諸刻"條："西湖山石字。山在潮州城北一里許，下有水，名西湖。其山碎石疊空，巖洞畢具，有大中祥符六年二月十五日太常博士、知軍州事王漢刻詩一首，字甚樸拙。又有'雁塔'二大字。無錫高宗憲《三時記》：'潮州西湖南傍山，山後又清泉立石，上皆勝國時題名。蓋舊為學宮，故登科者皆題名其上。'"（《粵東金石略補註》，廣東人民出版社2012年版，第341頁）

清光緒《海陽縣志》卷二十六《古蹟略一‧園林名蹟》"宋學舊址"條："宋學舊址，在西湖山，即今壽安寺地。謹案：翁方綱《粵東金石略》引高忠憲《三時記》云：'潮州西湖南傍山，山後又清泉、立石，石上皆勝國題名，蓋舊為學宮，故登科者皆題石其上。'"（清光緒《海陽縣志》，台灣成文出版社1967年影印本，第263頁）

雁塔址

在湖山巔，宋景祐四年建，為科目題名之所。

鍔按：《縣志》云："雁塔址，在湖山巔，宋知軍州事劉希仁建。後三山林會復書兩大字於濱湖石上。"考湖山巔雁塔題字，石刻署欵有"景祐四年書"小字一行，是西湖雁塔之建，較府學之遷移，猶先五十餘年。（府學移湖山在元祐四年。）而劉希仁知軍州事，據《府志‧職官表》，在理宗淳祐末，其去府學之遷又百六十餘年。《志》言雁塔為劉希仁建，已非事實。而林會於開禧間知潮州軍州事，實在希仁之先，《志》又謂其後三山林會復書兩大字於濱湖石上，更謬誤不倫矣。此條已載余《〈海陽縣志〉刊誤》，茲再辨正於此，以著《縣志》之失。

【箋證】

清翁方綱著，歐廣勇、伍慶錄補註《粵東金石略補註》卷九《潮州府金石》"西湖山石字"條："山在潮州城北一里許，下有水，名西湖。其山碎石疊空，巖洞畢具，有大中祥符六年二月十五日大常博士知軍州事王漢刻詩一首，字甚樸拙，又有'雁塔'二字。"（《粵東金石略補註》，廣東人民出版社2012年版，第341頁）

清光緒《海陽縣志》卷二十七《古蹟略二‧寺觀》"雁塔址"條："雁塔址，在湖山巔，宋知軍州事劉希仁建，為科目題名之所。

三山林會復書兩大字於濱湖石上。"（清光緒《海陽縣志》，台灣成文出版社 1967 年影印本，第 280 頁）

明嘉靖《潮州府志》卷五《官師志·知州》"宋"："林會，字亨叟，福州人。後除江西提刑。沈植，字器之，湖州人。俱開禧間任。"（明嘉靖《潮州府志》，饒宗頤編集《潮州志匯編》第二部，香港龍門書店 1965 年影印本，第 111 頁）

又："蔡規甫、周梅叟、彥九淵、劉希仁、全昭孫，俱淳祐間任。"（同上書，第 112 頁）

清乾隆《潮州府志》卷三十一《職官表一·知州》"宋淳祐"："劉希仁知潮州軍州事。"（清乾隆《潮州府志》，《廣東歷代方志集成》潮州府部四，嶺南美術出版社 2009 年影印本，第 685 頁）

清光緒《海陽縣志》卷三十《金石略一·宋》"景祐題字"條："鴈塔。景祐四年書。右題字在湖山巔東畔石上，正書。字大半尺，旁有景祐年號，蓋題名之權輿也。"（清光緒《海陽縣志》，台灣成文出版社 1967 年影印本，第 304 頁）

元祐塔址

《縣志》云："在湖山南巖最高處。"見"石刻"門。

【箋證】

清光緒《海陽縣志》卷二十六《古蹟略一·園林名蹟》"西巖"條："四望臺亦存刻，其址即宋元祐建塔處。"（清光緒《海陽縣志》，台灣成文出版社 1967 年影印本，第 271—272 頁）

又，卷二十七卷《古蹟略二·寺觀》"元祐塔址"條："元祐塔址，在湖山南巖最高處。"（同上書，第 280 頁）

宋社壇址

今已莫詳所在，其社壇禁示刻石尚存。見"石刻"門。

威惠廟

在湖山活人洞左，有趙希逢修廟題記。久廢。

　　鍔按：威惠廟，舊《志》不載，莫識所祀何神。考王象之《輿地紀勝》云："龍川縣有威惠廟，宋紹興中循守韓京建。朱翌有廟記云：'陳元光，河東人，家於漳之溪口。唐儀鳳中，廣之崖山盜起，潮泉皆應，王以布衣乞兵，遂平。潮州以泉之雲霄為漳州，命王為左郎將守之。後以戰歿，漳人立祠於徑山，有紀功碑靈應錄。'"由此觀之，則湖山威惠廟亦必祀元光也。按：元光，字廷炬，光州人。儀鳳中，以鷹揚將軍隨父政戍閩，父死代為將。永隆初，擊降潮州盜，請於泉、潮間，創置漳州，以控嶺表就命。元光鎮撫數千里，無桴鼓之警，後以討賊戰歿，諡忠毅。其平潮事跡，《唐書》、《通鑒》皆不載。惟《漳州縣志》云："州境自隋以來，地荒人稀，未霑王化。儀鳳三年，寇陳謙等結諸蠻侵入潮州，翌府左郎將陳元光討平之。"又，《潮州府志》云："崖州賊陳謙以儀鳳二年丁丑陷潮陽，潮州刺史常懷德遣將軍陳元光討之。元光刊木通道，大小百餘戰，俘馘萬計，嶺表平。後人以其有功於潮，立廟祀之。"所謂"立廟祀之"，疑即指西湖山之威惠廟也。蓋唐初，閩南、粵東數千里，皆元光轉戰立功之地，故漳、潮、循三州皆有祠廟紀功。其廟額曰"威惠"者，必當時元光戰歿之後進封之王號也。

【箋證】

　　宋王象之《輿地紀勝》卷九十一《廣南東路·古跡下》"威惠廟"條："朱翌《威惠廟記》云：'陳元光，河東人，家于漳之溪口。唐儀鳳中，廣之崖山盜起，潮、泉皆應。王以布衣乞兵，遂平潮州，以泉之雲霄為漳州，命王為左郎將守之。後以戰沒，漳人哭之慟，立祠于徑山，有紀功碑、靈應錄見于廟云。'"（《輿地紀勝》，中華書局2003年版，第2929頁）

　　清乾隆《潮州府志》卷三十八《征撫》"陳謙"條："崖州賊陳謙以儀鳳二年丁丑陷潮陽，潮州刺史常懷德遣將軍陳元光討之。元光刊木通道，大小百餘戰，俘馘萬計，嶺表平。後人以其有功於潮，立廟祀之。（按：唐總章間，元光代父政鎮閩，建寨柳江營，以為進取，轄其地為唐化里。又，征蠻居雲霄山。又，將軍山亦因元光得名。《本傳》云：'元光葬父於雲霄山，至今有陳王墓。又，海中將軍嶼亦以元光駐兵之所而得名。')"（清乾隆《潮州府志》,《廣東歷代方志集成》潮州府部四,嶺南美術出版社 2009 年影印本,第 917 頁）

清光緒《海陽縣志》卷三十《金石略一·宋》"趙希逢題記"條:"趙希逢題記:'威惠廟日就圮壞,邦人無有□其責者,玉牒希逢畢力就事,以嘉定壬申三月朔日興役,逾年春告成,敬書以誌歲月。弟希樵書。'右刻在湖山上活人洞左,正書。趙希逢,見《宋史·宗室世系表》,而無希樵名。威惠廟,舊志亦不載。"（清光緒《海陽縣志》,台灣成文出版社 1967 年影印本,第 311 頁）

關帝廟

《府志》云:"關帝廟,一在湖山。"《西湖記》云:"關帝廟,在呂仙洞上,雖不高大,然得山之勢,却極軒昂。"考廟舊在今檀越祠,爲明陳廷策建。康熙庚申,知府林杭學帥鹽商移建於漱石亭舊址。迨民國十一年,廟毀於颶風,今建爲聘懷亭。（廟旁舊有石鎸竹一竿,高三尺許,枝葉間隱"不謝東君意,丹青獨立名。莫嫌孤葉淡,終久不凋零"二十字,筆氣凌傲,瀟灑自然,非細察之不能辨也。州人多拓以掛堂壁,呼爲"關公竹"云。今石已佚。）

【箋證】

清乾隆《潮州府志》卷二十五《祀典》"關帝廟"條:"關帝廟,一在鎮署左,一在府署左,一在道署後,一在湖山,一在南門隄,一在竹篙山,一在韓山麓,一在校場。"（清乾隆《潮州府志》,《廣東歷代方志集成》潮州府部四,嶺南美術出版社 2009 年影印本,第 445 頁）

清雍正《海陽縣志》卷二《山川》"西湖山"條:"天啓甲子,明經陳廷策創建老君巖,前後佛殿數處,曰'北帝廟',曰'三官堂',曰'關帝廟',曰'文昌祠',曰'呂僊洞'。經亂傾圮。康熙庚申八月,知府林杭學帥鹽商移建關帝廟於漱石亭舊址。"（清雍正《海陽縣志》,《廣東歷代方志集成》潮州府部一一,嶺南美術出版社 2009 年影印本,第 218 頁）

林大川《西湖記》卷一"關帝殿"條:"關帝殿,在呂仙洞上,雖無甚高大,然得山之勢,却極軒昂,殿上有短聯'威震華夏,志在

春秋'，出句即用本傳語。"（《西湖記》上，釣月山房清咸豐七年刻本，第25—26頁）

文昌祠

在西巖小盤谷上，又名"文昌閣"。《府志》云："文昌閣，一在湖山。"即此祠，初亦為廷策建。兵燹之後，鞠為茂草。康熙二十年，知府林杭學即其遺址重建。乾隆十二年，知府許龍章復修葺之。祠上倚巨石，高擁古榕，為邑人會文之所。後遭颶風，圮廢。其址即今游目亭。（祠舊有聯云："歷十七世之翰廻為士夫，身六府精光騰斗北；修廿四人之舊好奉文字，祖千秋蘋藻蔫湖西。"）

【箋證】

清乾隆《潮州府志》卷二十五《祀典》"文昌閣"條："文昌閣，一在縣學後，一在韓山，一在湖山，一在鳳凰洲，一在龍溪都大鑑洲，一在東莆都金石宮，一在上莆都彩塘市，一在登隆都塘東鄉。"（清乾隆《潮州府志》，《廣東歷代方志集成》潮州府部四，嶺南美術出版社2009年影印本，第446頁）

林大川《西湖記》卷一"文昌祠"條："文昌祠，在乘風閣右，祠聯云：'歷十七世之輪廻為士夫身六府精光騰斗北，修廿四人之舊好奉文字祖千秋蘋藻蔫湖西。"（《西湖記》上，釣月山房清咸豐七年刻本，第14頁）

賢守祠

《縣志》云："賢守祠，在西湖山，祀曹登、黃定、丁允元、陳宏規、林嶧、沈杞、黃自求、曾噩、孫叔謹、陳圭、常禪等。久廢。"

鍔按：黃定，永福人，乾道間任；丁允元，常州人，淳熙間任；陳宏規，漳州人，慶元初任；林嶧，福州人，慶元間任；黃自求，定子，嘉定間任；孫叔謹，龍溪人，寶慶三年任；陳圭，興化人，淳祐間任，以上《府志》皆有傳。曹登，元符三年任；沈杞，常州人，嘉泰間任；曾噩，福州人，嘉定間任；常禪，邛州人，乾道間任，以上皆見《府志·職官表》。

【箋證】

明嘉靖《潮州府志》卷四《祠祀志》"賢守祠"條："賢守祠，在湖山，祀曹登、黃定、丁允元、陳宏規、林嶠、沈杞、黃自求、曾噩、孫叔謹、陳圭、常褘。久廢。"（明嘉靖《潮州府志》，饒宗頤編集《潮州志匯編》第二部，香港龍門書店 1965 年影印本，第 105 頁）

清乾隆《潮州府志》卷二十五《祀典》"賢守祠"條："賢守祠，在西湖山，祀曹登、黃定、丁允元、陳宏規、林嶠、沈杞、黃自求、曾噩、孫叔謹、陳圭、常褘。久廢。"（清乾隆《潮州府志》，《廣東歷代方志集成》潮州府部四，嶺南美術出版社 2009 年影印本，第 446 頁）

又，卷三十一《職官表一》"宋知潮州軍州事"："元符三年，曹登，□□人。祀名宦。"（同上書，第 683 頁）

又，卷三十一《職官表一》"宋知潮州軍州事"："乾道，黃定，永福人，祀名宦，有傳記。"（同上書，第 683 頁）

又，卷三十三《宦蹟》"黃定"條："黃定，字泰之，永福人。乾道中進士第一，累官知潮州，袪積弊蘇民困，潮人德之。"（同上書，第 783 頁）

又，卷三十一《職官表上》"宋知潮州軍州事"："淳熙，丁允元，常州人。以忠諫謫，祀名宦，有傳。"（同上書，第 684 頁）

又，卷三十三《宦蹟》"丁允元"條："丁允元，字叔中，常州人。淳熙中以直諫謫知潮州，增置韓江西岸石洲四，架梁而屋之，民名之曰'丁公橋'。前黃定、黃杞嘗置學田贍士，至允元增至三百十五石。"（同上書，第 783 頁）

又，卷三十一《職官表上》"宋知潮州軍州事"："慶元元年，陳宏規，漳州人。祀名宦，有傳。"（同上書，第 684 頁）

又，卷三十三《宦蹟》"陳宏規"條："陳宏規，字獻可，漳州人。慶元元年知潮州，增置韓江東岸石洲二結屋，如丁公橋，名曰'濟川'。更闢養濟院，以代廢疾，無苦告者。"（同上書，第 783 頁）

又，卷三十一《職官表上》"宋知潮州軍州事"："嘉泰，林嶠，

福州人。祀名宦，有傳。"（同上書，第 684 頁）

又，卷三十三《宦蹟》"林嶠"條："林嶠，福州人。嘉泰間知潮州，有白丁錢遁逃者，累及甲頭，民苦之，嶠奏免焉。復置學田，修橋梁，善政俱舉。"（同上書，第 783 頁）

又，卷三十一《職官表上》"宋知潮州軍州事"："嘉定，黃自求，前太守黃定子。祀名宦，有傳。"（同上書，第 684 頁）

又，卷三十三《宦蹟》"黃自求"條："黃自求，永福人，前太守黃定子。嘉定間知潮州，置學田以養士，為政有父風，並稱賢守。"（同上書，第 783 頁）

又，卷三十一《職官表上》"宋知潮州軍州事"："嘉定，曾噩，福州人。建學舍，士子德之。祀名宦。"（同上書，第 684 頁）

又，卷三十一《職官表上》"宋知潮州軍州事"："寶慶三年，孫叔謹，龍溪人。由父蔭。祀名宦，有傳。"（同上書，第 684 頁）

又，卷三十三《宦蹟》"孫叔謹"條："孫叔謹，字信之，龍溪人。寶慶三年由大理寺正出知潮州，潮接壤漳、泉，叔謹為閩人，習知利病，甫下車，斷結陳案，以數百計，民免株連，每五鼓坐廳事，剖決如流。創橋築隄，奏罷貧民鹽役，人懷其德。"（同上書，第 783 頁）

又，卷三十一《職官表上》"宋知潮州軍州事"："淳祐，陳圭，興化人。祀名宦，有傳。"（同上書，第 685 頁）

又，卷三十三《宦蹟》"陳圭"條："陳圭，字表夫，興化人。淳祐間知潮州，清復太平橋抵三陽門，侵地捐資甃道，往來稱便。復新原道堂，署曰'書莊'，購先儒書籍藏之，子弟歌誦其中。復置田以資膏火。"（同上書，第 784 頁）

又，卷三十一《職官表上》"宋知潮州軍州事"："嘉泰，沈杞，常州人。建賢祠，置學田。祀名宦。"（同上書，第 684 頁）

又，卷三十一《職官表上》"宋知潮州軍州事"："乾道，常禪，邛州人。"（同上書，第 683 頁）

清光緒《海陽縣志》卷二十《建置略四》"賢守祠"條："賢守祠，在西湖山，祀曹登、黃定、丁允元、陳宏規、林嶠、沈杞、黃自求、曾噩、孫叔謹、陳圭、常禪。後廢。"（清光緒《海陽縣志》，台

灣成文出版社 1967 年影印本，第 188 頁）

壽安寺

《縣志》云："壽安寺，在湖山麓，宋州學舊址，初爲淨慧寺。明萬曆間，知府徐一唯同郡人唐伯元即舊址重建，改名'壽安寺'。今廢。"

鍔按：今九天娘宮即寺之廢址，其左旁有堁垣巍立，猶具規模。俗以"壽"為"紹"，呼為"紹安寺"，訛其音也。相傳寺有僧與邑令高某嬖妾有私情，好妮篤，尋為令覺，憤甚，佯為不知，而陰以他事致妾死，停柩寺中，復命人揚言妾為令所寵，死時棺中實滿金銀無算。僧果聞而涎之，夜潛發棺無所獲，大恐。令偵得其事，率眾圍寺捕僧，坐僧盜棺中物置於法，并焚其寺。今之遺垣，即其餘燼也。

【箋證】

明唐伯元《壽安寺記》："潮之西湖山，舊有寺名淨慧，圮且蔓不知其年。萬曆癸巳夏，湖山妖起，白日婳〔溺〕人無數，郡縉紳士以白太守，率父老禱於神而誓之曰：'應且祠汝。'未幾妖熄，擬就其所祠之。及基，而淨慧舊址隱隱可辨也，則又白太守曰：'神，一也，可以祠，亦可以寺。寺守以僧，祠守以役，僧易而役難，從其易便。維茲北去數百武，有巖名壽安，莫知所始，意者待今日乎？請仍寺之，而更其名，以明君侯之賜。'太守曰：'善！'""越二載而始告工成，是為乙未冬季。"（《醉經樓集》，中華書局 2013 年版，第 77 頁）

清光緒《海陽縣志》卷二十七《寺觀》"壽安寺"條："壽安寺，在湖山麓。宋州學舊址，初為淨慧寺，明萬曆間知府徐一唯同郡人唐伯元即舊址重建，改名'壽安寺'。今廢。"（清光緒《海陽縣志》，台灣成文出版社 1967 年影印本，第 275 頁）

淨慧寺

見上"壽安寺"條。

【箋證】

明唐伯元《壽安寺記》："潮之西湖山，舊有寺名淨慧，圮且蔓不知其年。"（《醉經樓集》，中華書局 2013 年版，第 77 頁）

清光緒《海陽縣志》卷二十七《古蹟略二·寺觀》"壽安寺"條："壽安寺，在湖山麓。宋州學舊址，初為淨慧寺。"（清光緒《海陽縣志》，台灣成文出版社 1967 年影印本，第 275 頁）

紫竹庵

在湖山紫竹門內。明萬曆間，吏部唐伯元建。崇禎四年，吳卜高全僧募修。東里禪那居士黃琮題扁，字仿晦翁，筆如鐵鑄庵。供大士塑象。右即客堂，堂壁多名人題句。民國庚申，劉志陸為鎮守，使毀庵為兵房。今廢。

【箋證】

清康熙《海陽縣志》卷三《寺觀》"紫竹庵"條："紫竹庵，在湖山西麓。明萬曆間，郡人吏部唐伯元創建。崇禎辛未年，郡人封君吳卜高全僧募化重建。"（清康熙《海陽縣志》，《廣東歷代方志集成》潮州府部一一，嶺南美術出版社 2009 年影印本，第 115 頁）

清光緒《海陽縣志》卷二十七《古蹟略二·寺觀》"紫竹庵"條："紫竹庵，在湖山西麓。明萬曆間，吏部唐伯元建。崇禎四年，吳卜高重修。"（清光緒《海陽縣志》，台灣成文出版社 1967 年影印本，第 278 頁）

饒宗頤《潮州志》"大事記·民國"："七年戊午一月，莫擎宇反對廣東自主，復宣佈獨立。二月，劉志陸、沈鴻英率師東征，莫擎宇敗走。八年己未冬，設汕頭市政局。九年庚申八月，陳炯明帥兵自閩回粵，九月略定潮汕，裁鎮守使，以洪兆麟為潮梅善後處長。"（饒宗頤總纂《潮州志》，饒宗頤編集《潮州志匯編》第四部，香港龍門書店 1967 年影印本，第 685—686 頁）

政協廣東省文史資料研究委員會編《廣東文史資料》第 43 輯《廣東軍閥史大事記》："1917 年 10 月 23 日，潮梅鎮守使莫擎宇在汕頭宣佈脫離廣東軍政府，會同閩軍汀漳鎮守使臧致平，進攻惠州。廣東代理都督莫榮新指令桂軍第四軍軍長兼惠州綏靖總辦劉志陸聯合其它桂系部隊組成'平潮軍'反擊莫臧部。莫臧敗走。12月劉志陸署理潮梅鎮守使，轄區範圍計潮州十屬、嘉應五屬，共十五個縣，使署設在汕頭。次年2月正式就任潮梅鎮守使，8月兼任潮循道尹。1922年6月任陳炯明部潮梅粵軍第二軍軍長，1923年初為北伐軍擊敗，退至福建漳州。"（政協廣東省文史資料研究委員會編《廣東文史資料》第43輯《廣東軍閥史大事記》，廣東人民出版社1984年版，第89、97頁）

寶質庵

在湖山水仙門外，水仙祠旁。久廢。（《西湖記》云："因隄潰，毀於水。"）今石上猶存"質庵"二字。

【箋證】

清林大川《西湖記》卷二"寶質庵"條："寶質庵，在水仙門外，泉石清幽，相傳最勝。後隄裂，毀於波臣。今存'質庵'二字於巖石上，字極端方，作《多寶塔》體。惜'寶'字被形家鑿去，恨極恨極！"（《西湖記》下，釣月山房清咸豐七年刻本，第4頁）

清光緒《海陽縣志》卷二十七《古蹟略二·寺觀》"寶質庵"條："寶質庵，在湖山水仙門外。久廢。舊刻'質庵'二字猶存石上。"（清光緒《海陽縣志》，台灣成文出版社1967年影印本，第279頁）

止水庵

在湖山放生池橋堤之南。宋淳祐中，知軍州事劉希仁建。久廢。（《西湖記》云："止水庵，距晴雨亭不遠，相傳昔有高僧卓錫庵內，題有楹聯：'此予疲於經濟欲行不得；世間果有同夢且住為佳。'四句皆成語，隱切止水庵，了無痕跡。"）

【箋證】

清林大川《西湖記》卷二"止水庵"條："止水庵，距晴雨亭不遠，今廢。相傳昔有高僧卓錫庵內，題有楹聯：'此予疲於經濟欲行不得；世間果有同夢且住為佳。'四句皆成語，隱切止水庵，了無痕蹟。"（《西湖記》下，釣月山房清咸豐七年刻本，第 14 頁）

白石庵

在湖山嶺上，久廢。陳衍虞《湖嶺晴巒》詩云："鬱硞西山路，長林白石庵。"指此。

【箋證】

清陳衍虞《湖嶺晴雲》："鬱硞西山路，長林白石庵。秋禽驚午梵，曉磬放晨參。僧立高高頂，鷺飛皎皎潭。不知蒼碧裏，是嶺是烟嵐。"（《蓮山詩集》卷七，清刻本，第 21 頁）

崇孝禪院

《西湖記》云："崇孝禪院，在蔚園右，一小菴也。題扁四字，筆力遒逕，可與紫竹菴、古瀛洞天鼎立爲三。"今廢。

【箋證】

清林大川《西湖記》卷一"崇孝禪院"條："崇孝禪院，在蔚園右，一小菴也。惟'崇孝禪院'四字，筆力遒逕，可與紫竹菴、古瀛洞天兩□鼎立為三。此外一無景物，正詩所謂'只好一回，不堪再回首'。"（《西湖記》上，釣月山房清咸豐七年刻本，第 29 頁）

慈懿大師塔

在湖山陰東北，有大師塔，文刻石，字尚完好。見"石刻"門。

古放生池

舊《志》云："宋慶元間，知軍州事林嶫濬古放生池於湖上，而跨以橋。"今廢。（郡人黃景祥有《記》，詳見"藝文"。）

【箋證】

清順治《潮州府志》卷八《山川部》"西湖山小記"條："慶元

間，林嶠濬古放生池而跨以橋，自有詩，郡人黄景祥為之《記》。"（清順治《潮州府志》，饒宗頤編集《潮州志匯編》第三部，香港龍門書店 1965 年影印本，第 422 頁）

清康熙《海陽縣志》卷一《山川》"西湖山小記"條："慶元間，林嶠濬古放生池而跨以橋，自有詩。"（清康熙《海陽縣志》，《廣東歷代方志集成》潮州府部一一，嶺南美術出版社 2009 年影印本，第 5 頁）

惠愛池
卽古放生池，淳熙間知州劉希仁更名。

化象潭
《府志》云："在郡之西湖，唐李德裕謫潮，携二玉象至惡溪，躍入潭中，時作光怪云。"（《羅浮志》云："李終南自云住羅浮山時，李德裕好餌雄朱。終南曰：'相公好服丹砂丸，大俱促壽耳。'懷中出小玉象，子如拳許大，曰可求句漏塋者，致象鼻下，象服其砂，復吐出，方可餌。此乃純陽之精，凝結已三萬年，今以奉借，忠孝是念，無致其咎。又出金象曰：'此是雌者，與玉為偶。'德裕一一驗之無差，服之，顏色愈少，鬚鬢如漆，乃求采姝異，凡數百人。其後南遷，至鬼門關，逢終南，怒索二象，曰：'不誌吾言，固當如此！'德裕俯首不予，至鱷魚潭，風雨晦冥，玉象自船飛去，光韜燭天，金象從而入水，德裕至朱崖飲恨而卒。"）

鍔按：《府志》言二玉象俱入潭中，此云一金一玉，一上天，一入水，少為差異。鱷魚潭，舊《志》謂即今之惡溪，亦稱鱷溪，在城之東北。實惡溪去西湖頗遠。《府志》既云德裕攜象至惡溪，躍入潭中，又謂即郡之西湖，殊不可解，疑《府志》當別有據。考《舊唐書·韓愈傳》："愈初至潮陽詢民疾苦，皆曰郡西湫水有鱷魚，食民畜將盡，愈令判官炮一豚一羊投之，湫水咒之。"據此，則愈驅鱷處實在郡西之湫水，非在城東北之惡溪也。意唐時北隄尚未修築，（陳玨《修堤策》稱隄築自唐韓公。）西湖與韓江當相貫通。（《圖書集成》卷一千三百三十三"湖山在府治西，前連惡溪"云云，此尤可為古時西湖通鱷溪之確證。）蓋唐時凡韓江上、下游統名惡溪。（惡者，謂是溪灘石險惡、瘴霧毒惡及鱷魚獰惡也。以溪產鱷魚，故惡溪又名"鱷溪"。）潮州西湖特惡溪之一小潭耳，故《祭鱷魚》文云："投惡溪之潭，水退之。"已明指鱷魚之涵淹卵育在惡溪之潭，而《唐書》又證實潭在郡城之西，則其為今之西湖，灼然甚明，與《府志》謂德裕沈象之潭即郡之西湖，其說固脗合也。後人因韓公祭文中有惡溪語，又因郡東北有意溪（地名），遂以意溪即惡溪，而謂鱷溪在郡之東北。考唐宋古書，記韓公驅鱷並無有明言在城之東北也。若《縣志》謂唐時西湖尚未潴闢，不知今之西湖即唐之放生池，因唐不名西湖，故各書或稱曰湫或稱曰潭耳。此事舊《志》不能證明其說，恐後之讀者疑竇滋多，特據《唐書》附論及之。

【箋證】

清乾隆《潮州府志》卷十七《古蹟》"化象潭"條："化象潭，在郡之西湖。唐李德裕謫潮，携二玉象，至惡溪，躍入潭中，時作光怪云。"（清乾隆《潮州府志》，《廣東歷代方志集成》潮州府部四，嶺南美術出版社 2009 年影印本，第 222 頁）

清光緒《海陽縣志》卷三十《古蹟略一·園林名蹟》"化象潭"條："化象潭，在郡之西湖。唐宰相李德裕謫潮，携二玉象，至惡溪，躍入潭中，故名。謹案：西湖距鱷溪頗遠，唐時尚未潴闢。今鱷溪村象埠其地有嶺後潭，在村西，有謂即李德裕沈象處。姑識此以俟考。"（清光緒《海陽縣志》，台灣成文出版社 1967 年影印本，第 371 頁）

又，二十四《前事略一·唐》："宣宗大中元年貶故相李德裕為潮州司馬。"（同上書，第 237 頁）

明陳槤《羅浮志》卷四"李終南"條："李終南自云住羅浮山時，李德裕好餌雄朱。終南曰：'相公好服丹砂，丸大但促壽耳。'懷中出小玉象子，如拳許大，曰：'可求句漏瑩者，致象鼻下，象服其砂，復吐出，方可餌，此乃純陽之精，凝結已三萬年，今以奉借忠孝是念，無致其咎。'又出金象曰：'此是雌者，與玉為偶。'德裕一一驗之，無差，服之，顏色愈少，鬚鬢如漆，乃求采姝異，凡數百人。其後南遷，至鬼門關，逢終南，怒索二象，曰：'不誌吾言，固當如此。'德裕俛首不予，至鱷魚潭，風雨晦冥，玉象自船飛去，光焰燭天，金象從而入水，德裕至朱崖，飲恨而卒。乃知象者，南方大獸；句漏者，朱崖之寶；羅浮者，海濱之山；李終南者，贊皇不及

也；贊皇，德裕別稱。"（《羅浮志》，中華書局1985年版，第31頁）

《舊唐書·韓愈傳》："初，愈至潮陽，既視事，詢吏民疾苦，皆曰：'郡西湫水有鱷魚，卵而化，長數丈，食民畜產將盡，以是民貧。'居數日，愈往視之，令判官秦濟炮一豚一羊，投之湫水，呪之曰：'前代德薄之君，棄楚、越之地，則鱷魚涵泳於此可也。今天子神聖，四海之外，撫而有之。況揚州之境，刺史縣令之所治，出貢賦以共天地宗廟之祀，鱷魚豈可與刺史雜處此土哉？刺史受天子命，令守此土，而鱷魚睅然不安溪潭，食民畜熊鹿麏豕，以肥其身，以繁其卵，與刺史爭為長。刺史雖駑弱，安肯為鱷魚低首而下哉！今潮州大海在其南，鯨鵬之大，蝦蟹之細，無不容，鱷魚朝發而夕至。今與鱷魚約，三日乃至七日，如頑而不徙，須為物害，則刺史選材伎壯夫，操勁弓毒矢，與鱷魚從事矣！'呪之夕，有暴風雷起於湫中。數日，湫水盡涸，徙於舊湫西六十里。自是潮人無鱷患。"（《舊唐書》，中華書局1975年版，第4203頁）

蔚園

舊《志》云："蔚園，在西湖山之麓，七聖廟之右，明邑人陳廷策別業也。陂塘樓榭，擅一郡之勝，方春百花爛熳，出城即聞香氣，遊人比之東山別墅。其樓聯集句云：'綠竹故侵行徑裏，青山正對捲簾時。'今樓廢，舊址猶存。"

【箋證】

清乾隆《潮州府志》卷十七《古跡》"蔚園"條："蔚園，在湖山之麓，七聖廟之右，陳廷策別業也。陂塘樓榭，擅一郡之勝，方春百花爛熳，出城即聞香氣，遊人比之東山別墅，其樓聯集句云：'綠竹故侵行徑裏，青山正對捲簾時。'今樓廢，舊址猶存。"（清乾隆《潮州府志》，《廣東歷代方志集成》潮州府部四，嶺南美術出版社2009年影印本，第222頁）

清林大川《西湖記》卷一"蔚園"條："蔚園，陳廷策別業也，在七聖廟之右，樓榭陂塘，擅一郡之勝，方春百花爛熳，出城即聞花香，遊人比之東山別墅。其樓聯云：'綠竹故侵行徑裡，青山正對捲

簾時。'樓今已廢，舊址猶存。"（《西湖記》上，釣月山房清咸豐七
年刻本，第 27 頁）

　　清光緒《海陽縣志》卷二十六《古蹟略一·園林名蹟》"蔚園"
條："蔚園，在西湖山之南麓，明邑人陳廷策別業，陂塘樓榭，擅一
郡之勝。方春百花爛漫，出城即聞花香，遊人比之東山別墅。其聯集
句云：'綠竹故侵行徑裏，青山正對捲簾時。'今樓廢，舊制猶存。"
（清光緒《海陽縣志》，台灣成文出版社 1967 年影印本，第 270 頁）

蒙齋

　　《輿地紀勝》云："蒙齋，在湖山，故信安令鄭沂讀書之堂，有
水石之勝。"久廢。卓玉峯、栖鳳泉俱在其旁。

【箋證】

　　宋王象之《輿地紀勝》卷一百《廣東東路·潮州部·景物上》
"蒙齋"條："以水石之勝，故信安令鄭君沂讀書之室也，在湖山。"
（《輿地紀勝》，中華書局 1992 年版，第 3108 頁）

　　清光緒《海陽縣志》卷二十六《古蹟略一·園林名蹟》"蒙齋"
條："蒙齋，在湖山，故信安令鄭沂讀書處，有水石之勝。卓玉峰、
栖鳳泉，俱在其處。"（清光緒《海陽縣志》，台灣成文出版社 1967
年影印本，第 269 頁）

釣魚臺

　　在湖濱雁塔下，亦唐伯元建。今廢。（《阮通志》謂"在湖山老君岩下"
者，誤。）

【箋證】

　　清道光《廣東通志》卷二百二十二《古蹟略七·署宅五》"釣魚
臺"條："釣魚臺，在湖山老君巖下，明唐伯元建。（《府志》）"（清
道光《廣東通志》，《續修四庫全書》第 669 冊，上海古籍出版社
2008 年版，第 620 頁）

　　清光緒《海陽縣志》卷二十六《古蹟略一·園林名蹟》"釣魚

臺”條：“釣魚臺，在湖山下，明唐伯元建。明謝宗瑄《釣臺》詩：‘山勢依臺曲折成，斷橋深處藕波清。高人所寄皆孤迥，勝地頻年見廢興。春水苔磯枯柳臥，夕陽漁笛野煙橫。羊裘亦是尋常事，浪有桐江身後名。’”（清光緒《海陽縣志》，台灣成文出版社 1967 年影印本，第 269 頁）

讀易山房

卽今呂仙洞。明萬曆間，郡人章曰慎因修南巖，肇闢此洞，爲讀書避暑之所。洞口石壁有曰慎題記。（詳見“石刻”門）

【箋證】

清光緒《海陽縣志》卷三十《金石略二·明》“章曰慎《讀易山房題記》”條：“《讀易山房題記》：‘皇明萬曆癸巳冬，郡人章曰慎因修南巖，肇闢此洞，為讀書避暑之所，載稽往哲黃程、盧侗二前輩結廬湖山，豈得獨專其勝乎？臘月望日記。’右刻西湖山石塔下天然洞石壁，正書。謹案：曰慎稱盧侗、黃程二前輩結廬湖山，蓋以自況也。”（清光緒《海陽縣志》，台灣成文出版社 1967 年影印本，第 340 頁）

今按：章曰慎題今存，題記清晰可見。

天門

唐伯元《南巖記》云：“讀易山房，有天門、天池、最高亭諸勝。”今已莫詳所在。

【箋證】

明唐伯元《南巖記》：“汝淑又穿一徑通絕頂，為讀易山房，有天門、天池、最高亭、四望臺諸處，語具汝淑自為《記》與詩中。”（《醉經樓集》，中華書局 2013 年版，第 81 頁）

天池

最高亭

四望臺

在葫蘆頂雷臺石上，舊爲元祐塔址。登臨四望，平疇斷隴，蒼煙遠水，咸在目中，南巖最勝，萃斯臺矣。石上刻"四望臺"三字，正書，旁有鄧萬林書"遊目騁懷"四字。

【箋證】

清光緒《海陽縣志》卷二十六《古蹟略一·園林名蹟》"四望臺"條："四望臺，在湖山南巖之巔，即宋元祐建塔遺址。今廢。"（清光緒《海陽縣志》，台灣成文出版社 1967 年影印本，第 269 頁）

今按："四望臺"題字今存，在湖山四望臺上。

鳳山樓

在古瀛洞上，四壁繪列仙景，雜以琪花瑤草。樓外有欱涼、延光二亭，今亭併樓俱廢。

鍔按：《府志》云："鳳山樓在金山之麓，韓昌黎嘗建亭左右，其下為古瀛洞天。"考古瀛洞天，今在南巖石壁，而金山無之，樓亭遺址亦不可見，但以《張志》證之實，不明言在金山，且故老相傳咸謂南巖上為鳳山樓，《府志》之說，未可據為確證也。

【箋證】

清乾隆《潮州府志》卷十七《古跡》"鳳山樓"條："鳳山樓，在府治後金山之麓，韓昌黎嘗建亭左右，明初移府治於新街，今在鎮署後，久廢。鳳山樓下，名為古瀛洞天，四壁繪以琪花瑤草，樓外又有欱涼、延光二亭。"（清乾隆《潮州府志》，《廣東歷代方志集成》潮州府部四，嶺南美術出版社 2009 年影印本，第 220 頁）

清光緒《海陽縣志》卷二十六《古跡略一·園林名蹟》"鳳山

樓"條："鳳山樓，在金山下古瀛洞天前，繪列仙後。傍城疊石，汲水為流觴。左右有欵涼、延光二亭。謹案：《府志》：鳳山樓在金山麓，韓昌黎嘗建亭左右，其下為古瀛洞天，與《明統志》所載略同。今惟西湖南巖石壁鑴'古瀛洞天'四字，而金山無之。樓、亭遺址，亦不可見。"（清光緒《海陽縣志》，台灣成文出版社1967年影印本，第265頁）

欵涼亭

在鳳山樓左。今廢。

延光亭

在鳳山樓右。今廢。

杓光閣

在西巖上，卽舊文昌閣。吳一蜚有《遊湖山杓光閣》詩。

鍔按：杓光閣，《縣志》云："未詳所建。"考《研痕堂集》陳玨《杓閣榕陰》詩注云"閣祀文昌"，又云"閣之南有臥龍岡"，據此則"杓光閣"乃"文昌閣"之別名也。舊有聯云："一爐佛火數點神燈，樓閣金銀通上界；十里原田萬家烟火，湖山蒼翠入層樓。"

【箋證】

清光緒《海陽縣志》卷二十六《古蹟略一·園林名蹟》"杓光閣"條："杓光閣，未詳所建，今廢。（《古瀛詩苑》）"（清光緒《海陽縣志》，台灣成文出版社1967年影印本，第266頁）

《饒志》"藝文"門錄吳一蜚《遊湖山杓光閣》："路繞垂楊江岸迴，層樓百丈鬱崔嵬。推窗乍引花香人，捲幔平分嵐翠來。清磬一聲穿樹出，深松幾處傍雲栽。登臨況值風光好，屐齒還期步綠苔。"（其一）"小廊曲徑自逶迤，茶熟香清事事宜。怪石眞堪高士舞，奇書未許俗儒窺。深秋日落干峯靜，迷塹風生萬籟吹。自是東山多勝概，白雲明月想褉期。"（其二）

清陳玨詩《杓閣榕陰》："傑閣繁陰裏，雙榕拂戴匡。（閣祀文

昌。）根蟠知拔地，葉滿漸遮廊。細綠傳鶯語，深枝冷日光。猶從朱
檻角，垂影到龍岡。（閣之南有臥龍崗。）"（《蓮山家言·研痕堂集》，
道光已亥年補刊鳳城鐵巷世馨堂藏板，第20頁）

清林大川《西湖記》卷一"鳳山樓"條："閣上聯云：'一爐佛
火數點神燈，樓閣金銀通上界；十里原田萬家烟火，湖山蒼翠入層
樓。'爲惠潮觀察鄱陽胡克家題。"（《西湖記》上，釣月山房清咸豐
七年刻本，第13頁）

積翠亭

舊《志》云："由湖山老君巖而上，石蹬紆廻，過小石門，三面
巨石盤踞，或臥或豎，皆可坐數十人，古榕數株，枝柯連接，根不着
土。緣石而坐，面西得隙地，洞主陳廷策築亭，讀易其中，亭開六
面，簾幕檻欄，閒坐見遠山列翠，雲煙吐納，平原曠遠，村墟繡錯，
自亭暨南巖皆築低垣繞之，惟設一門啓閉。太守黃文煥題曰'湖平鳳
嘯'，騷人多觴詠焉。屢經兵燹，墻宇傾而亭無恙，後爲颶風所摧。"
（亭舊有聯云："四圍山色侵簾入，一面湖光上座來。"）

【箋證】

清乾隆《潮州府志》卷十七《古跡》"積翠亭"條："積翠亭，
在湖山，由老君巖而上，石蹬紆廻，過小石門，三面巨石盤踞，或臥
或豎，皆可坐十數人。古榕數株，枝柯連接，根不着土，緣石而生，
面西得隙地，明末隱逸陳廷策築亭讀易於中，亭開六面，簾幕檻欄，
坐見遠山列翠，雲煙吐納，平原曠遠，村墟繡錯。自亭暨南巖皆築低
垣繞之，惟設一門啓閉，騷人多觴詠焉。屢經兵燹，墻宇傾而亭無
恙，後爲颶風所摧。"（清乾隆《潮州府志》，《廣東歷代方志集成》
潮州府部四，嶺南美術出版社2009年影印本，第222頁）

清林大川《西湖記》卷一"積翠亭"條："積翠亭遺址，在老君
巖上。亭柱聯云：'四圍山色侵簾入，一面湖光上座來。'相傳此聯
出自名人手筆，細味聯語，要非名士不能。按：邑《志》：'積翠亭，
由老君巖而上，石蹬紆廻，過小石門，三面巨石盤踞，或臥或豎，皆
可坐數十人，古榕數株，枝柯連接，根不着土，緣石而坐，面西得隙

地。明末隱逸陳廷策築亭讀易於中，亭開六面，簾幕楄欄，坐見遠山列翠，雲煙吐納，平原曠遠，村墟繡錯。自亭暨南巖，皆築低垣繞之，惟設一門啓閉，騷人多觴詠焉。屢經兵燹，墙宇傾而亭無恙。後為颶風所摧。'"（《西湖記》上，釣月山房清咸豐七年刻本，第18頁）

　　清光緒《海陽縣志》卷二十六《古蹟略一·園林名蹟》"積翠亭"條："積翠亭，在湖山，自老君巖上石磴紆迴過小石門，三面巨石盤踞，平坦可坐數十人。緣石生古榕，株根不著土，面西得隙地，建亭，列翠迴環，檻闌互映。今圮。"（清光緒《海陽縣志》，台灣成文出版社1967年影印本，第268頁）

漱石亭

在湖山西巖上，即今聘懷亭址。

觀稼亭

在湖山西巖上，敬字塔之右，唐貞元間中丞李宿建。前瞰平疇，蒼翠如抹，為州人社日登游處。後屢重修，今圮。

【箋證】

　　清光緒《海陽縣志》卷二十六《古蹟略一》"觀稼亭"條："觀稼亭，在西湖山老君巖尚。唐貞元間中丞李宿建。宋元祐間知軍州事鮑粹又建乘風、待月二亭翼之。"（清光緒《海陽縣志》，台灣成文出版社1967年影印本，第266—267頁）

乘風亭

在西岩上，宋元祐間知軍州事鮑粹建。久廢。後人於名宦祠上建乘風閣以當之，鎮平黃釗為題額。《西湖記》云："鳳城作重三，凡騷人詞客，是日呼朋逐隊，悉上壺蘆，而觴詠尤多，湊集乘風閣。"

【箋證】

　　清林大川《西湖記》卷一"乘風閣"條："鳳城作重三，凡騷人詞客，是日呼朋逐隊，悉上壺蘆，而觴詠尤多，湊集乘風閣，故閣上軒窗詩歌殆滿。"（《西湖記》上，釣月山房清咸豐七年刻本，第 14 頁）

待月亭

與乘風亭相對峙，亦鮑粹建。今廢。《西湖記》云："待月亭，地旣高爽，亭復清虛，有客憑欄，湖山滿目。亭聯云：'亭靜不容塵士到，雲開只待素娥來。'儀亭胡俊鴻題。"

【箋證】

清林大川《西湖記》卷一"待月亭"條："待月亭，宋元祐間知軍州事鮑粹建。地旣高爽，亭復清虛，有客乘欄，湖山滿目。亭聯云：'亭靜不容塵士到，雲開只待素娥來。'儀亭胡俊鴻題。"（《西湖記》上，釣月山房清咸豐七年刻本，第 12 頁）

紫薇閣

見許龍章《西湖山記》。

望氣臺

亦見許龍章《西湖山記》。

【箋證】

《饒志》卷九"藝文"門錄許龍章《西湖山記》："數月工竣，煥然一新，湖山增色。而榕江監生鄭光治、余之舊交沈大咸與力居多，如北帝廟、紫薇閣、望氣臺、積翠亭，則又鄭光治獨力捐貲以成者也。"

岵廬

在南巖内，陳學典爲其父王猷停棺處。（詳見"人物"門）

【箋證】

清黃釗《小蓬亭詩集敘》："蓬亭翁於康熙辛酉舉於鄉，司鐸曲江、連州，教授端州，潛厓公始隨侍，迨庚子登賢書，庚戌公車北上，而蓬亭翁捐館端州，歸櫬停南巖，潛厓公計偕歸已不及見，乃移苫塊出宿南巖，哀其志者顏之曰‘岵廬’。南巖者，西湖山老君巖也。余數遊其地。”（清光緒《海陽縣志》卷二十九《藝文略》，台灣成文出版社1967年影印本，第296頁）

李公亭

《西湖記》云：“李公亭，在大石樓右，怪石巉岏，灌木蒼鬱，今廢。惟餘‘李公亭’及‘一湖天’六字於石，相傳有楹聯云：‘水光懸蕩壁，山翠下添流。’”

鍔按：《縣志》疑李公亭即觀稼亭，殊誤。辨見“石刻”門。

【箋證】

清林大川《西湖記》卷二“李公亭”條：“李公亭，在樓石右，怪石巉岏，灌木蒼鬱，今廢。惟餘‘李公亭’及‘一湖天’六字於石，相傳亭聯：‘水光懸蕩壁，山翠下添流。’本六朝人詩，寫景娟秀，移來恰切。”（《西湖記》下，釣月山房清咸豐七年刻本，第2頁）

大石樓

《西湖記》云：“大石樓，在蟾蜍石上，石纍五層，孤高崒嵂，上出林杪。石樓後有石巖兩層，下巖刊‘賢者樂此’四字，上巖刊郡守劉魁詩。”

【箋證】

清林大川《西湖記》卷二“大石樓”條：“大石樓，在蟾蜍石上，石纍五層，孤高崒嵂，上出林杪。石樓後有石巖兩層，下巖刊‘賢者樂此’四字，上巖刊郡守劉魁詩：‘望望湖山勝，居然快賞心。三年此游衍，萬古自高深。摩洗前朝刻，逡巡此日斟。乾坤堪尚友，魚鳥亦知音。野景天開畫，新晴鳥弄音。興高隨所寓，量淺不須斟。春意花開落，人情水淺深。射疏還及遠，誰賞此時心。’”（《西湖記》

下，釣月山房清咸豐七年刻本，第 1 頁）

文昌樓

亦在蟾蜍石上，相傳舊爲城北盛氏別墅。今廢。

晴雨亭

《縣志》云："在湖山雁塔側，宋淳祐中知軍州事劉希仁建。"
《西湖記》云："晴雨亭，今廢，沿堤而南，卽廢亭遺址，亭有聯云：
'好水好山兼好客，宜烟宜雨復宜晴。'"

【箋證】

清光緒《海陽縣志》卷二十六《古蹟略一·園林名蹟》"晴雨
亭"條："晴雨亭，在西湖山雁塔石側，宋淳祐中知軍州事劉希仁
建。"（清光緒《海陽縣志》，台灣成文出版社 1967 年影印本，第 267
頁）

清林大川《西湖記》卷二"晴雨亭"條："晴雨亭，今廢。沿隄
而南，卽廢亭遺址。相傳亭上聯云：'好水好山併好客，宜煙宜雨復
宜晴。'二語皆唐賢詩句，集來雅切，渾然天成。"（《西湖記》下，
釣月山房清咸豐七年刻本，第 13 頁）

今按：饒鍔引《西湖記》"好水好山併好客"作"好水好山兼好
客"。今西湖山復建晴雨亭，聯依《饒志》作"好水好山併好客，宜
煙宜雨又宜晴"，欠妥。

虎拜亭

在湖之南道旁，亦劉希仁建。久廢。

【箋證】

明嘉靖《潮州府志》卷一《地理志·海陽》"湖山"條："淳熙
間，知州劉希仁更放生池曰'惠愛'，沿堤而南，建亭曰'晴雨'，
庵曰'止水'，立華表於橋東，建虎拜亭於湖南道旁。今俱為荒墟
矣。"（明嘉靖《潮州府志》，饒宗頤編集《潮州志匯編》第二部，香

港龍門書店 1965 年影印本，第 57 頁）

湖平亭

在湖濱釣魚臺左，宋慶元間知軍州事林嶔建。今亭廢，題字尚存。

放生亭

在湖濱，亦林嶔建。《西湖記》云：“亭上依石巖，下臨湖水，巖正面刊‘放生’二字，側面刊《重闢西湖記》。”

【箋證】

清林大川《西湖記》卷二“放生亭”條：“放生亭，上依石巖，下臨湖水，郡守林嶔建，巖正面刊‘放生’二字，巖側面刊《重闢西湖記》。”（《西湖記》下，釣月山房清咸豐七年刻本，第 12—13 頁）

倒景亭

在湖山之麓，亦林嶔建，與放生、湖平二亭並列爲三，今俱廢，舊有詩云：“亭上游人亭下艇，一齊倒景入湖心。”（許騫《重闢西湖記》云：“慶元己未夏，太守林公嶔引清流瀦湖而廣之，南北相距倍於昔，立三亭，濱於南曰‘放生’，介於中曰‘湖平’，跨於山之側者曰‘倒景’。”）

【箋證】

清光緒《海陽縣志》卷二十六《古蹟略一·園林名蹟》“放生亭、湖平亭、倒景亭”條：“放生亭、湖平亭、倒景亭，皆在西湖山，亦林嶔建。（《張志》。許騫《重辟西湖記》略：‘慶元己未夏，太守林公嶔引清流，瀦湖而廣之，南北相距倍於昔，立三亭，濱於南曰“放生”，介於中曰“湖平”，跨於山之側者曰“倒景”。’）”（清光緒《海陽縣志》，台灣成文出版社 1967 年影印本，第 267 頁）

清光緒《海陽縣志》卷三十《金石略一·宋》錄許騫《重辟西湖記》：“慶元己未夏，太守林公嶔政成，聚風月山椒，秀麗始發越，因慨謂：‘湖山并言，豈有山獨無湖！’郡丞廖公德明力贊其決。於是刳壞壤，翦繁穢，引清流，瀦而廣之，南北相距倍於昔。立三亭，濱於南曰'放生'，介於中曰'湖平'，跨於山之側者曰'倒景'。"（同上書，第310頁）

雲塔[1]亭

東嘯[2]亭

立翠亭

右三亭皆在湖山，亦林嶧建，址久廢。（黃景祥《西湖山記》云："林公嶧守潮，登湖山，涵泳其秀而得佳趣，思與邦人同其樂，復建三亭，以便遊憩。緣山左趾，捫蘿而上，半躡雲烟者，命之曰'雲塔'；歸然負塔而東向，垣視前峰者曰'東嘯'；少迂而西，巨石數四，卓牽而環侍者曰'立翠'。"）

【校勘】

[1] 塔　陳維賢《〈潮州西湖山志·石刻〉補遺》疑為"路"。
[2] 嘯　《潮汕金石文徵》（宋元卷）錄黃景祥《湖山記》作"笑"。

【箋證】

清光緒《海陽縣志》卷二十六《古蹟略一·園林名蹟》"雲塔亭、東嘯亭、立翠亭"條："雲塔亭、東嘯亭、立翠亭，皆在西湖山，宋慶元間知州軍事林嶧建。址久廢。《張志》：黃景祥《湖山記》略：林公嶧守潮，登湖山，涵泳其秀而得佳趣，思與邦人同其樂，復建三亭，以便遊憩。緣山左趾，捫蘿而上，半躡雲烟者，命之曰'雲路'；歸然負塔而東向垣，視前峰者曰'東嘯'；少迂而西，巨石數四，卓舉而環侍者曰'立翠'。"（清光緒《海陽縣志》，台灣成文出版社1967年影印本，第267頁）

黃挺、馬明達《潮汕金石文徵》（宋元卷）卷三《南宋二》錄黃景祥《湖山記》："三山舍人林公嶧守潮之明年，政成俗阜。暇日偕郡丞延平廖公德明登州治之金山，從容耽說，西挹其秀而得佳趣，不能自秘，思與邦人同其樂。塹者夷之，翳者剔之，崎嶇者砌而級之。植以松竹，雜以花卉。復建三亭，以便遊憩。緣山左趾，捫藤蘿而上，半躡雲煙者，命之曰'雲路'；巋然負塔而東向，垤視前峰者曰'東笑'；少迁而西，巨石數四，卓犖而環侍者曰'立翠'。"〔《潮汕金石文徵》（宋元卷），廣東人民出版社1999年版，第136頁〕

竹月山房

《西湖記》云："竹月山房，距華嚴菴里許，傍山臨水，境地清虛，祇園居士蔡應文別業也。門聯云：'月明天不夜，竹密地先秋。'姚竹園撰。"

【箋證】

林大川《西湖山記》卷二"竹月山房"條："竹月山房，距華嚴菴路有里許，傍山臨水，境地清虛，我邑祇園居士蔡應文別業也。門聯云：'月明天不夜，竹密地先秋。'姚竹園撰。"（《西湖記》下，釣月山房清咸豐七年刻本，第23頁）

湖山書屋

《西湖記》云：書屋數椽，在湖山之麓，宋中舍盧侗讀書處。

【箋證】

林大川《西湖記》補遺卷："中舍盧侗，乃我邑八賢之一，有書屋數椽，在湖山之麓，曉夜讀書湖上，遂通經術，尤邃于《易》，為《周易訓釋》以誨及門。皇祐間，由進士授本州長史。治平初，授國子直講。後言新法不便，求外補。以太子中舍致仕。"（《西湖記》下，釣月山房清咸豐七年刻本，第4—5頁）

湖頭橋

《府志》云："湖頭橋，一名'潮頭橋'，又名'四人橋'。"又，舊《志》（《圖書集成·職方典》引）云："橋在城西，一名'石人橋'。"江水過湖頭橋，透西湖，入三利溪。後爲民居填塞。

【箋證】

明嘉靖《潮州府志》卷一《地理志·海陽》："第三街北，又西為湖頭橋，一名'石人'。"（明嘉靖《潮州府志》，饒宗頤編集《潮州志匯編》第二部，香港龍門書店 1965 年影印本，第 62 頁）

清陳夢雷主纂《欽定古今圖書集成》卷一千三百三十五《方輿匯編·職方典·潮州府部匯考三》："湖頭橋，一名'石人'，在城西。"（《古今圖書集成》第一六六冊，中華書局 1934 年影印本，第 24 頁）

星橋

在湖南巖上，爲"南巖十景"之一。陳藝衡詩有"星橋之畔石突兀，翠屏開作勢凌霄"。久廢。

【箋證】

《饒志》卷九"藝文"門錄陳藝衡《星橋絕壁》："星橋橋畔石，突兀翠屏開。作勢凌霄去，無心立地來。文留苔蘚跡，根托水雲隈。恐破潛龍夢，暫蔵風與雷。"

流虹橋

見林光世《濬湖銘》。

【箋證】

清光緒《海陽縣志》卷三十《金石略一·宋》"林光世《濬湖銘》"條："林光世《濬湖銘》：'鳳凰山朝，鱷魚潭空。祝綱舊址，地不滿弓。小臣光世，職勤華封。易淺而深，即卑為崇。爰作飛橋，仰像流虹。'"（清光緒《海陽縣志》，台灣成文出版社 1967 年影印本，第 313 頁）

潮州西湖山志卷五

人物

宋

黃程

黃程，海陽上外都人。少結廬讀書西湖山。陳堯佐刺潮，程與許申、林從周皆為所獎引。堯佐自潮召還，携程偕行，欲畀以恩澤通藉，毅然不受，以遜同舍生從周。後登天聖五年進士，正奏第三，官至太子中舍。卒，祀鄉賢。（《阮通志》《澄海縣志·選舉表》）

【箋證】

明嘉靖《潮州府志》卷七《人物》"黃程"條："黃程，海陽人。嘗結廬讀書西湖山，與許申、林從周皆為陳堯所獎引。堯佐自潮召還，攜程偕行，欲畀恩澤。程不受，以遜同舍生。登天聖五年進士第，官至太子中舍。"（明嘉靖《潮州府志》，饒宗頤編集《潮州志匯編》第二部，香港龍門書店 1965 年影印本，第 152 頁）

清道光《廣東通志》卷十六《人物下》"黃程"條："黃程，海陽人。嘗結廬讀書西湖山，與許申、林從周皆為陳堯所獎引。堯佐自潮召還，攜程偕行，欲以恩澤通籍。程不受，以遜同舍生。登天聖五年進士，官至太子中舍。"（清道光《廣東通志》，《續修四庫全書》第 669 冊，上海古籍出版社 2003 年影印本，第 53 頁）

清嘉慶《澄海縣志》卷十七《選舉表·進士》"宋天聖丁卯科"：

"黃程，上外人。正奏第三，官太子中舍。"（清嘉慶《澄海縣志》，台灣成文出版社 1967 年影印本，第 149 頁）

盧侗

盧侗，字元伯，海陽人。行實樸茂，事親至孝，為梓里推重。甘旨暇手不釋卷，嘗結廬讀書西湖山，博習經術，尤邃於《易》，自為訓釋，日與諸生相討論，及門日眾。五應鄉薦。皇祐五年，以恩釋褐，授本州長史。嘉祐中，余靖、蔡襄、王舉元皆薦侗文行，調惠州歸善簿。未幾，靖帥廣州，以機宜辟。治平初，蔡抗遷廣東轉運使，復以經學薦，召對，授國子直講。熙寧間，力言新法不便，求外補，知柳、循二州。以太子中舍致仕，立祭田及大潭塘以祀先人，子孫能世其學。（《阮通志》《海陽張志》《韓江聞見錄》）

【箋證】

清道光《廣東通志》卷十六《人物下》"盧侗"條："盧侗，子元伯，海陽人。行實樸茂，事親至孝，暇輒手不釋卷，結廬西湖山，博習經術，而易學尤粹，自為訓釋，日與諸生相討論。五應鄉薦。皇祐五年，始以恩釋褐守本州長史。嘉祐中，余靖、蔡襄、王舉元皆薦侗文行，調惠州歸善簿。未幾，靖平初，廣漕蔡抗召還國子監，復以經學薦之，召對，授國子直講。熙寧初，力言新法不便，遂求外補，知柳、循二州。以太子中舍致仕。"（清道光《廣東通志》，《續修四庫全書》第 669 冊，上海古籍出版社 2003 年影印本，第 53 頁）

清雍正《海陽縣志》卷七《人物》"盧侗"條："盧侗，子元伯，讀書西湖山，通經術，尤邃于《易》，自為訓，及門日眾。五應鄉薦。皇祐五年，始以恩澤薦，授本州長史。嘉祐中，余靖、蔡襄交薦，調歸善簿。治平初，蔡抗復以經學薦，召對，授國子直講。熙寧初，力言新法不便，求外補，知柳、循二州。以太子中舍致仕，立祭田、大潭塘祀先人，子孫能世其學。貢生盧文杰、廩生盧琮、盧豐皆其裔云。"（清雍正《海陽縣志》，《廣東歷代方志集成》潮州府部一一，嶺南美術出版社 2009 年影印本，第 326 頁）

鄭昌時《韓江聞見錄》卷一"八賢"條："潮之聞人有'八賢'：

唐一人，曰趙德；宋七人，曰許申、張夔、劉允、林巽、王大寶、盧
侗、吳復古。林東莆有言曰：'觀其疏請恢復，懇建儲位，其忘身殉
國者乎。事親至孝，為鄉評所推許者，盧侗之行誼不多見也。'"
(《韓江聞見錄》，上海古籍出版社 1995 年版，第 5—6 頁)

明嘉靖《潮州府志》卷七《人物》"盧侗"條："盧侗，子元伯，
海陽人。行實樸茂，事親至孝，為梓里推重。甘旨暇手不釋卷，結廬
西湖山，博經旨，而易學尤粹，自為訓釋，日與諸生相討論。五應鄉
薦。皇祐五年，以恩釋褐，守本州長史。嘉祐中，余靖、蔡襄交薦，
調歸善簿。靖帥廣州，以機宜辟。治平初，諸司剡章交薦，蔡抗以廣
漕召還，國子監亦復以經學薦之，召對，授國子監直講。熙寧初，力
言新法不便，遂求外補，知柳、循二州。以太子中舍致仕，立祭田及
大潭塘以祀先人。卒於家。"（明嘉靖《潮州府志》，饒宗頤編集《潮
州志匯編》第二部，香港龍門書店 1965 年影印本，第 152 頁）

清光緒《海陽縣志》卷二十八《古蹟略三·冢墓》"直講盧侗
墓"條："直講盧侗墓，在歸仁都登塘，賜祭，葬謚'文肅'。孫順
之墓附。"（清光緒《海陽縣志》，台灣成文出版社 1967 年影印本，
第 281 頁）

鄭沂

鄭沂，海陽人。讀書西湖山，榜其廬曰"蒙齋"，有水石之勝。
徽宗大觀三年，以《三禮》出身，歷官至信安令。（《輿地紀勝》《海陽縣
志·選舉表》）

【笺證】

王象之《輿地紀勝》卷一百《廣東東路·潮州部·景物上》：
"蒙齋，以水石之勝，故信安令鄭君沂讀書之室也，在湖山。"（《輿
地紀勝》，中華書局 1992 年版，第 3108 頁）

清光緒《海陽縣志》卷十三《選舉表》"宋"："宋徽宗朝：鄭
沂，大觀三年，《三禮》出身。"（清光緒《海陽縣志》，台灣成文出
版社 1967 年影印本，第 89 頁）

清光緒《海陽縣志》卷二十六《古蹟略一·園林名蹟》"蒙齋"

條：“蒙齋，在湖山，故信安令鄭沂讀書處，有水石之勝。卓玉峰、棲鳳泉，俱在其處。”（清光緒《海陽縣志》，台灣成文出版社 1967 年影印本，第 269 頁）

明

彭高

彭高，號西川。嘉靖間人，或曰蜀人也。爲盛端明幕友。西川蓋以自寓其祖籍云：“樂西湖山水之勝，自卜窀穸於山巔。”時高年已七十餘。自題墓碣詩鐫於石有云：“子孫不必求行狀，水月山前是墓銘。”語意高曠，足想見其生平。（《韓江聞見錄》《檞槐堂文集》）

【箋證】

鄭昌時《韓江聞見錄》卷四“處士墓”條：“湖山東北界有前朝西川彭處士墓，將及山之頂，而巨石環之，盖處士自卜之窀穸也。因自題句鐫石壁云：‘子孫不用求行狀，水月山前是墓銘。’清虛高曠，足想生平品致矣。山以密邇於城，成雜葬，而幽人之貞，猶幸以介石自完。”（《韓江聞見錄》，上海古籍出版社 1995 年版，第 105 頁）

唐伯元

唐伯元，字仁卿，號曙台，澄海蘇灣都人。質美而好學，毅然以聖賢自期。萬曆二年成進士，歷官尚寶司丞，伯元受業永豐呂懷，踐履篤實，深嫉王守仁新學。吏部尚書楊巍善之，引為員外郎，歷考功郎中，加意守法，銓政一清。秩滿，乞賜罷。家居二年，營梅花莊於西湖山北釣魚臺於山下，日盤桓其中。伯元學有原本，其為文，折衷於理而得其要領，所著有《醉經樓集》、《二程語錄》纂行於世。其家清苦如寒士，而元處之怡然，嶺表士夫，咸推服焉。（《明史·唐伯元傳》《澄海縣志》《醉經樓集》）

【箋證】

《明史·唐伯元傳》：“唐伯元，字仁卿，澄海人。萬曆二年進士。歷知萬年、泰和二縣，並有惠政，民生祠之。遷南京戶部主事，進郎中。伯元受業永豐呂懷，踐履篤實，而深疾王守仁新說。及守仁從祀文廟，上疏爭之，因請黜陸九淵，而躋有若及周、程、張、朱五子於十哲之列，祀羅欽順、章懋、呂柟、魏校、呂懷、蔡清、羅洪先、王艮於鄉。疏方下部，旋為南京給事中鍾宇淳所駁，伯元謫海州判官。屢遷尚寶司丞。吏部尚書楊巍雅不喜守仁學，心善伯元前疏，用為吏部員外郎。歷考功、文選郎中，佐尚書孫丕揚澄清吏治，苞苴不及其門。秩滿，推太常少卿，未得命。時吏部推補諸疏皆留中，伯元言：‘賢愚同滯，朝野咨嗟，由臣擬議不當所致，乞賜罷斥。’帝不懌，特允其去，而諸疏仍留不下。居二年，甄別吏部諸郎，帝識伯元名，命改南京他部，而伯元已前卒。伯元清苦淡薄，人所不堪，甘之自如，為嶺海士大夫儀表。”（《明史》，中華書局1977年版，第7257頁）

清嘉慶《澄海縣志》卷十八《人物·名臣》“唐伯元”條：“唐伯元，字仁卿，蘇灣都人。質美而好學，毅然以聖賢自期。萬曆二年成進士，歷知萬年、泰和縣，俱有惠政，民生祀之。秩滿遷南京戶部主事，旋晉郎中。上疏進《石經大學解》，上嘉納焉。伯元受業永豐呂懷，踐履篤實，而深嫉王守仁新學。及守仁從祀文廟，伯元上疏爭之，因請黜陸九淵，而躋周、程、張、朱於十哲，祀羅欽順、章懋、呂柟、魏校、呂懷、蔡清、羅洪先、王艮於鄉。疏下，為南京給事中鍾宇淳所駁，伯元坐是謫海州判官。後再入為禮部主事。時上大選官人，元上疏諫，且請端大本，間引世宗遺詔，語極剴切，上為感動，尋遷尚寶司丞。吏部尚書楊巍素不喜守仁新學，而心善伯元，前疏至是，乃引為員外郎，歷考功郎中。時上意方督過銓衡，任職者皆兢兢恐得罪，不能有所表，見及元居職，加意守法，銓政一清。尚書孫丕揚負一時之譽者，伯元之助為多。秩滿，當遷太常卿，會前補銓諸疏未下，伯元乃上言：‘賢愚同滯，朝野咨嗟，皆臣所擬不當所致，乞賜罷。’帝不懌，特允其去，而諸疏竟留不下。家居二年，會上以甄別吏郎，始思伯元，特詔起用，而元已先卒矣。伯元學有原本，其為文，折衷於理，而得其要領。所著有《醉經樓集》、《二程語錄纂》行世。其家清苦如

寒士，而元處之怡然，嶺表士夫，咸推服焉。"（清嘉慶《海陽縣志》，台灣成文出版社 1967 年影印本，第 180 頁）

清光緒《海陽縣志》卷二十六《古蹟略一·園林名蹟》"醉經樓"條："醉經樓，在城西，明唐伯元讀書處。樓有八景：曰蘆荻洲，曰鏡湖，曰新篁鄔，曰西湖山，曰漁滄廟，曰桃花塢，曰林副使舊宅，曰李家園。"（清光緒《海陽縣志》，台灣成文出版社 1967 年影印本，第 266 頁）

又，卷二十八《古蹟略三·冢墓》"吏部郎中唐伯元墓"":"吏部郎中唐伯元墓，在豐政都小留隍石狗鄉。"（同上書，第 284 頁）

明唐伯元《醉經樓八景·西湖山》："島上樓堪畫，湖山敞畫屏。不有樓居者，歷歷為誰青。"（《醉經樓集》，中華書局 2015 年版，第 2 頁）

又，《醉經樓會序》："友人南城王惟一氏，與余相期達，相得深也。蓋自同舉進士時既十年餘，而來丞吾郡也，乃會余謫官海外，其明年，幸蒙召還；又明年，始得告省覲。於是復獲與惟一旦夕持觴相過，如往時。每及出處沉浮之慨，大都惟一猶余也。則又勉勉以毋忘交警之誼"，"自是或城中，或郭外，或飛閣層樓，或浮屠梵宇，或臺榭臨流，或洞巖秉燭，或密林間幽徑，或平湖上廻峯，或下或登，或方舟，或倚檻，惟其所適"，"其樓在城西小西湖上，有小景，見詩中，故不著。"（同上書，第 54—55 頁）

章曰慎

章曰慎，字汝淑，一字少峯，海陽人。父熙，歷官行人司、廣西按察司僉事，以廉勤稱。曰慎，隆慶元年恩貢，授雲南曲靖通判。已而，乞歸，與友人唐伯元創修西湖南巖。又穿別徑達絕頂，結廬其上，為讀易山房，仿先哲黃程、盧侗，日讀書其中。時偕郡守徐一唯、同知莊誠飲酒賦詩以為樂。嘗作《南巖記》，今不傳。（《海陽縣志》、西湖石刻、唐伯元《南巖記》）

【箋證】

清光緒《海陽縣志》卷十四《選舉表三》"舉人·明"："章曰

慎，曲靖通判。隆慶元年恩貢。據《周志》補。"（清光緒《海陽縣志》，台灣成文出版社 1967 年影印本，第 107 頁）

又，卷三十《金石略二·明》"章日慎《讀易山房題記》"條："《讀易山房題記》：'皇明萬曆癸巳冬，郡人章日慎因修南巖，肇闢此洞，為讀書避暑之所，載稽往哲黃程、盧侗二前輩結廬湖山，豈得獨專其勝乎？臘月望日記。'右刻西湖山石塔下天然洞石壁，正書。謹案：日慎稱盧侗、黃程二前輩結廬湖山，蓋以自況也。"（同上書，第 340 頁）

又，"南巖唱和詩"條："右徐一唯、莊誠、章日慎三人唱和詩刻，皆在南巖內石壁，行書。謹案：南巖，古為榛莽之所，狐兔穴焉。至萬曆間，章日慎始闢其勝，名曰'南巖'，即今青牛洞。"（同上書，第 340—341 頁）

明唐伯元《南巖記》："吾郡西湖山之有石屋，舊矣。蓋上而砥下，可筵席，坐數十人，大江東來，適與湖會，城中烟樹萬家，郊原之外，藤蕉千里，其環而山者，則獅子、鳳凰諸峯，錯落天外，一一可枕而窺也。屋在山南，又面南也，故曰'南巖'。倭夷之亂，屋為邱莽，古篆苔蘚，多不可辨。余與友人章日慎汝淑氏，嘗携觴其處，徘徊嘆息，至不能禁，約曰：'孰先投閒者主之。'其後應舉需次，各服一官在四方，余又沉浮中外，不及茲巖者三十餘載，獨時時於懷也。比汝淑乞歸自滇南，會余新解母衰在里，語及茲巖，汝淑曰：'敬如約。'即日纍趾翦蕉，鳩材諏吉，重瓦屋於前，署如石屋制，闌其前而門之，雜植松竹花卉，與山花掩映左右。一時聞而喜助者，自謝太學紹訥以下，各捐貲有差。不逾月訖工，顏其額曰'襟江帶湖'。郡侯徐公一唯大書'南巖'其上，時與僚佐燕憩焉。乃汝淑又穿一徑通絕頂，為讀易山房，有天門、天池、最高亭、四望臺諸處，語具汝淑自為《記》與詩中。發巖谷之幽光，賡《考槃》之餘響，自是遠邇聞之望之，不啻神仙窟宅矣。余竊祿日久，謬懷儒者之憂，既無寸補於時，乃依違不欲捨去，甘讓汝淑以賢者之樂，是汝淑先得之，而余將至於兩失也，於其成也，不可無記。"（《醉經樓集》，中華書局 2015 年版，第 81 頁。）

陳廷策

陳廷策，字穎夫，一字覲墀，海陽人。弱冠有文名，事親撫弟，以孝友聞。親歿，芒鞋竹杖求吉壤，曰："吾非以親骸為子孫利，但求安先人體魄耳。"為諸生三十餘載，督學曾化龍以學富行優拔置明經。（鍔按："明經"下，《粵東遺民錄》有"國亡後不復出"句。考廷策歿於崇禎甲戌歲，其時滿清尚未入關，不得有"國亡"之語，蓋《遺民錄》誤，以舉山林隱逸為清朝事耳。其實廷策純為明人，不得謂為遺民也。《海陽縣志·選舉表》載"廷策，崇禎癸未拔貢"，亦誤。）晚年好浮屠家言，修造西湖山，築南巖，以祀空王，旁創書室，擅丘壑之勝，閉門靜修，講明正學。嘗作《湖山題壁》詩以見志。後舉山林隱逸，不就。卒，年六十二。著有《暘山詩文集》。祀鄉賢。（《海陽縣志》、陳衍虞《先君行狀》《粵東遺民錄》）

【箋證】

清康熙《海陽縣志》卷三《人物》："陳廷策，字穎夫，海陽人。弱冠補子弟員。七踏舉場不售。事親撫弟，以孝友聞。二親歿，芒鞋竹杖求吉壤，曰：'吾非以親骸為子孫福利，但足安先人體魄足矣。'建祖祠，置義莊，賑貧乏。為諸生三十餘載，督學曾公化龍以學富行優拔置明經。晚年修西湖山老君巖，建文昌祠，講明正學。及鼎，建瞿曇、關夫子等祠。康熙二十三年，准祀府學、鄉賢。"（清康熙《海陽縣志》，《廣東歷代方志集成》潮州府部一一，嶺南美術出版社2009年影印本，第91頁）

清光緒《海陽縣志》卷十四《選舉表三·明》："崇禎朝：陳廷策，祀鄉賢，有傳。十七年拔貢。"（清光緒《海陽縣志》，台灣成文出版社1967年影印本，第112頁）

又，卷三十八《列傳七》"陳廷策"條："陳廷策，字穎夫，一字覲墀，崇禎拔貢。性孝友，樂行善事。舉山林隱逸，不就。著有《暘山詩文集》。卒祀鄉賢。"（同上書，第393頁）

清陳伯陶《勝朝粵東遺民錄》卷四："陳廷策，字穎夫，一字覲墀，海陽人。弱冠有文名，事親撫弟，以孝友聞。親歿，芒鞋竹杖求吉壤曰：'吾非以親骸為子孫利，但求安先人體魄耳。'為諸生三十餘載，崇禎癸未，督學曾化龍以學富行優拔置明經。國亡後不復出。
晚年修造西湖山老君巖，講明正學。嘗作《湖山題壁》詩云：'平泉
綠野自名莊，一壑翛然與世忘。物外煙霞容我老，山中歲序為誰長。
松風諰諰侵茶竈，蘿月娟娟照筆牀。架上圖書觀不厭，一編《周易》
一爐香。'後舉山林隱逸，不就。著有《暘山詩文集》。"（《勝朝粵東
遺民錄》，台灣明文書局 1985 年版，第 353 頁）

清

陳衍虞

陳衍虞，字伯宗，號園公，明徵士廷策子。少聰敏，讀書西湖
山南巖，十年下帷，過目成誦。中崇禎壬午舉人。時江南承東林之
後，文社興起，衍虞與同郡蔡承瑚同入復社，倡明白沙、文莊之
學。嘗兩上春官，挾其策翱翔燕、趙、吳、越間，文章風流，幾徧
天下。順治乙未，任番禺教諭，遷廣西平樂令。值富川恭城，猺賊
劫掠，至平樂，衍虞率鄉勇擊敗之，俘賊首十五人，民賴以安，有
《陳佛子》之謠。旋乞歸，士民立碑誌其德。歸里後兩修邑志，重
修湖山勝蹟，與故人孫古嘽、王山長優遊其間。卒年九十。所著有
《蔚園》《蓮山詩文》等集。子孫十餘人皆以能詩名。（《海陽張志》《蓮
山集》《復社紀畧》）

【箋證】

清雍正《海陽縣志》卷七《人物》"陳衍虞"條："陳衍虞，字
伯宗，別字園公，鄉賢陳廷策子。生數月而識'之'、'無'，讀書一
日成誦。年十五遊府庠，每試輒第一。性孝□，好施與。崇正壬午舉
於鄉，癸未幾得，又失旋。逢世難，隱居十二年。順治乙未，筮任番
禺學教，陞廣西平樂縣知縣。時富川恭城徭賊叛劫，掠至平樂，虞帥
鄉勇擊敗之，滿復賊首狗賊□當晚等十五人。撫軍提帥取征道出平
樂，役夫萬人俱億不貲，平樂地痞人稀，居民驚迸入山，虞捐資僱
募，又詳請七縣協濟駐帥。八月，乃凱旋鳴，民賴以安。政簡刑清，
有《陳佛子》之謠。遂因年老乞歸，門人袁景星送以詩，有'除却

圖書一萬卷，合家如上釣魚船’之句，士民立碑以志永思云。漫游林下數十年，兩修郡邑志書。所著《歷試草》四書，《蔚園稿》則《詹言》、《捉刀》、《昭潭》、《還山》、《蓮山》、《種塵亭》、《尺牘》、《乘言》等集，詩則《旅心》、《北征》、《遊閩》、《禺山》、《秋聲》、《落花》、《寄愁》、《西音》、《逃雨》、《鍛圃》等集，俱刻行世，海內傳之。未刻則有《明世說》十卷、《客窗隨筆》二十卷、《古今比事》十二卷、《明文選》四卷。五世同堂，猶籠燈作細字，著書不倦。卒年九十。”（清雍正《海陽縣志》，《廣東歷代方志集成》潮州府部一一，嶺南美術出版社 2009 年影印本，第 346 頁）

清陸世儀《復社紀畧》卷一：“廣東廣州諸邑：黃舜年、蔡承瑚、吳道坤、王學、黎遂球、梁志勤、鍾新、陳子貢、陳象明、麥克勤、林佳相、莊珩、陳衍虞、韓如璜。”（清陸世儀《復社紀畧》，《續修四庫全書》第 438 冊，上海古籍出版社 2002 年影印本，第 494 頁）

陳學典

陳學典，字潛厓，衍虞曾孫，康熙庚子舉人。初，學典父王猷官肇慶教授，卒於任所，歸櫬厓湖山之南巖。學典方赴禮闈，聞訃南奔，移苫由出宿巖內，哀其志者顏之曰“岵廬”。學典有《哭先君子柩》詩：“遙山雲斷迷離影，老樹烟沉慘澹陰。”語極沉痛。後出宰甘肅金縣，慈惠廉潔，公餘吟詠不輟。卒之日無長物。有《小蓬亭詩集》行世。（《海陽縣志》《小蓬亭詩集》）

【箋證】

清光緒《海陽縣志》卷十五《選舉表四》“清康熙五十九年庚子科舉人”：“陳學典，甘肅金縣知縣。”（清光緒《海陽縣志》，台灣成文出版社 1967 年影印本，第 120 頁）

又，卷三十九《列傳八》“陳衍虞”：“學典，字潛厓，康熙庚子舉人。出宰甘肅金縣，慈惠康潔，公餘吟詠不輟。卒之日無長物。有《小蓬亭詩集》行世。初，王道卒於官，歸櫬厓湖山之南巖，學典方赴禮闈，聞訃南奔，移苫由出宿巖內，哀其志者顏之曰‘岵廬’。”

（同上書，第 397 頁）

清陳學典《九月十四日南巖哭先君子柩》："素輀迎歸駐碧岑，劬勞先我父恩深。遙山雲斷迷離影，老樹烟沉慘澹陰。日過十旬空愛日，心悲一失更傷心。那堪貧賤逢哀戚，鳥語松聲淚不禁。"（《小蓬亭诗草》，《清代诗文集汇编》第 27 冊，上海古籍出版社 2010 年影印本，第 187 頁）

清黃釗《小蓬亭詩集敘》："詩者，心聲也。在心為志，發言為詩，將商論古人，誦其詩，不知其人，可乎？故知人始可論世，而論世必先知人。海陽陳氏潛厓公，蓬亭翁之次子，蓮山翁之曾孫也，蓮山翁在國初以詩鳴施，愚山稱其文章雅，幾遍天下，吳次尾亦曰：世鮮通人，吾以屬之園公。園公者，蓮山翁自署其字也"，"是時蓬亭翁異議膝下，潛厓公猶未與也。蓬亭翁於康熙辛酉舉於鄉，司鐸曲江連州，教授端州，潛厓公始隨侍，迨庚子登賢書，庚戌公車北上，而蓬亭翁捐館端州，歸親停南巖，潛厓公計偕歸已不及見，乃移苫塊出宿南巖，哀其志者顏之曰'岵廬'。南巖者，西湖山老君巖也。余數遊其地。"（同上書，第 130 頁）

蔡應文

蔡應文，海陽人，自號祇園居士。工詩，好客，築竹月山房於湖山之麓。凡游西湖者，風人韻士，多主其家，清談劇飲，殆無虛日。巡道李璋煜每造訪焉。嘗輯名人題贈詩歌文賦，爲《山房圖記》兩卷。（《西湖記》）

【箋證】

林大川《西湖記》卷二"竹月山房"條："竹月山房，距華嚴庵路有里許，傍山臨水，境地清虛，我邑祇園居士蔡應文別業也。門聯'月明天不夜，竹密地先秋'，姚竹園撰。祇園好客，凡遊西湖者，風人韻士，多主其家，談話清茶，晷無虛日。亦工詩，有自題山房七律：'我愛西郊結草堂，一生不出蔡家莊。山種竹因圍屋饒院，栽花當築墻靜裡。無聞聽鳥鬧閒中，多事和詩忙傳家。檢點無餘物，書味悠長菜味香。'（《西湖記》下，釣月山房清咸豐七年刻本，第 23 頁）

又，卷二"蒙泉書齋"條："道光丁未正月十七日，廵道李璋煜過蔡應文竹月山房，背試《孝經》、小學。"（同上書，第 23—24 頁）

又，卷二"竹月山房圖記"條："《竹月山房圖記》兩卷，文集，詩歌無體不備，祇園費二十餘年心血累積而成。"（同上書，第 23 頁）

右卜築

宋

陳堯佐

陳堯佐，字希元，閬州人。咸平間以言事謫潮州通判，有《游湖山》詩。後歷官宰相，諡文惠。（《宋史》本傳、《海陽張志》）

【箋證】

《宋史·陳堯佐傳》："陳堯佐，字希元，其先河朔人。高祖翔，為蜀新井令，因家焉，遂為閬州閬中人"，"堯佐進士及第，歷魏縣、中牟尉，為《海喻》一篇，人奇其志。以試秘書省校書郎知朝邑縣，會其兄堯叟使陝西，發中人方保吉罪，保吉怨之，誣堯佐以事，降本縣主簿。徙下邽，遷秘書郎、知真源縣，開封府司錄參軍事，遷府推官。坐言事忤旨，降通判潮州。修孔子廟，作韓吏部祠，以風示潮人。"（《宋史》，中華書局 1977 年版，第 9581 頁）

明嘉靖《潮州府志》卷五《官師志》"宋通判"："陳堯佐，字希元，閬州人，咸平二年任開封府推官，以言事切直貶通判潮州。時鱷魚復為害，堯佐命捕獲，鳴皷於市，以文告而戮之，其患遂初。修孔廟韓祠，率州民之秀者就於學。"（明嘉靖《潮州府志》，饒宗頤編集《潮州志匯編》第二部，香港龍門書店 1965 年影印本，第 114 頁）

清康熙《海陽縣志》卷二《職官》"宋潮州通判"："陳堯佐，閬州人，由進士，咸平二年任。"（清康熙《海陽縣志》，《廣東歷代方志集成》潮州府部一一，嶺南美術出版社 2013 年版，第 36 頁）

清雍正《海陽縣志》卷十二《藝文》"詩"錄陳堯佐《遊湖山》詩："附郭水連山，公餘獨往還。疎煙漁艇遠，斜日寺樓閒。繫馬芭蕉外，移舟菡萏間。天涯逢此景，誰信自開顏。"（清雍正《海陽縣志》，《廣東歷代方志集成》潮州府部一一，嶺南美術出版社2009年影印本，第574頁）

王漢

王漢，大中祥符間知潮州軍州事。曾游城北西湖山，有《立石》詩一首。（《周府志》《張縣志》）

【箋證】

明嘉靖《潮州府志》卷五《官師志》"宋知州事"："刁湛、許載、王漢，俱大中祥符間任。"（明嘉靖《潮州府志》，饒宗頤編集《潮州志匯編》第二部，香港龍門書店1965年版，第110頁）

清順治《潮州府志》卷四《官師志》"宋知州事"："刁湛、許載、王漢（由太常博士，有《立石》詩，刻湖山石上），俱大中祥符間任。"（清順治《潮州府志》，饒宗頤編集《潮州志匯編》第三部，香港龍門書店1965年影印本，第246頁）

清康熙《海陽縣志》卷二《職官》"宋知潮州軍州事"："王漢，大中祥符間任。"（清康熙《海陽縣志》，《廣東歷代方志集成》潮州府部一一，嶺南美術出版社2013年版，第31頁）

清雍正《海陽縣志》卷十二《文集》"詩"錄王漢《湖山立石》詩："如碑卓水濱，磊落未名聞。蘚駁瓊姿出，蝸行篆字分。器渾猶抱璞，勢迥已凌雲。幸免隨金鍐，寧憂與玉焚。螭形徒岌岌，鳥跡欠云云。若使昌黎見，應摛逐鼉文。"（清雍正《海陽縣志》，《廣東歷代方志集成》潮州府部一一，嶺南美術出版社2013年版，第573—574頁）

劉坦之

劉坦之，字平子。紹興間，以使事經行至潮。有《游湖山》詩。（《嶺海詩鈔》）

【箋證】

清道光《廣東通志》卷十六《職官表七》："劉坦之，宋紹熙元

年任提舉常平。"（清道光《廣東通志》，《續修四庫全書》第 669 冊，上海古籍出版社 2003 年版，第 296 頁）

《饒志》卷六"石刻"門"劉坦之詩刻"條："未見。在西湖山，詩見'藝文'門。鍔按：劉坦之，字平子。紹熙間，以使事經行至潮。是詩刻石在紹熙元年九月十四日。"

又，卷八"藝文"門錄劉坦之《游西湖山偕丁牧中作》："踏盡黃茅到此州，西風澄淡落平疇。無邊禾黍藏和氣，兩岸雲林蘸碧流。但使後人多快活，不須饒舌話愁憂。連朝共載逢明月，且漾胸中太極舟。"

今按：《嶺海詩鈔》未見，待考。

丁允元

丁允元，字牧仲，（《府志》作"字叔中"。）常州人。淳熙間，以忠諫謫知潮州軍州事。有《游湖山》詩。（《周府志》《嶺海詩鈔》）

【箋證】

清乾隆《潮州府志》卷三十一《職官表上》"宋知潮州軍州事"："淳熙：丁允元，常州人。以忠諫謫，祀名宦，有傳。"（清乾隆《潮州府志》，《廣東歷代方志集成》潮州府部四，嶺南美術出版社 2009 年影印本，第 684 頁）

又，卷三十三《宦蹟》"丁允元"條："丁允元，字叔中，常州人。淳熙中，以直諫謫知潮州，增置韓江西岸石洲四，架梁而屋之，民名之曰'丁公橋'。前黃定、黃杞，嘗置學田贍士，至允元增至三百十五石。"（同上書，第 783 頁）

清光緒《海陽縣志》卷二十八《古蹟略三·冢墓》"知軍州事丁允元墓"："知軍州事丁允元墓在秋溪都第三段。"（清光緒《海陽縣志》，台灣成文出版社 1967 年影印本，第 282 頁）

《饒志》卷六"石刻"門錄丁允元《偕劉平子游西湖山次韻》："不負皇華遠察州，外膚便合看先疇。一書利害古膚使，千首風騷今勝流。山水經行渾改觀，冕旒達聽足寬憂。而今移動陽春脚，安得飛翰逐去舟。"（其一）"古瀛景物過中州，多謝輶軒訪綠疇。問俗襃帷

真豈弟，登丘尋壑曳風流。人游和氣起三樂，國遇豐年絕百憂。手版
拄頤吾老矣，如公須作濟川舟。"（其二）

今按：《嶺海詩鈔》未見，俟考。

黃定

黃定，字泰之，永福人。乾道中進士第一，累官知潮州，祛積
弊，蘇民困，潮人德之。曾兩遊湖山，訪蒙齋泉遺址，題詩其上。
（《府志》、湖山石刻）

【箋證】

明嘉靖《潮州府志》卷五《官師志》"宋知州事"："黃定，字泰
之，福州人。嘗撥田以贍士。淳熙間任。"（明嘉靖《潮州府志》，饒
宗頤編集《潮州志匯編》第二部，第110頁）

清順治《潮州府志》卷四《官師志》"宋知州事"："黃定，字泰
之，永福人，乾道中進士第一人，累官知潮州。為政務疏弊，蘇民
困，民德之。淳熙間任。"（清順治《潮州府志》，饒宗頤編集《潮州
志匯編》第三部，香港龍門書店1965年影印本，第246頁）

清乾隆《潮州府志》卷三十一《職官表一》"宋乾道知潮州軍州
事"："黃定，永福人，祀名宦，有傳記。"（清乾隆《潮州府志》，
《廣東歷代方志集成》潮州府部四，嶺南美術出版社2009年影印本，
第683頁）

又，卷三十三《宦蹟》："黃定，字泰之，永福人。乾道中進士第
一，累官知潮州，祛積弊，蘇民困，潮人德之。"（同上書，第783頁）

清光緒《海陽縣志》卷三十一《金石略一·宋》"黃泰之《西湖
詩》"條："蒙齋留題：'淳熙庚子首春建安謝景（闕）、黃泰之、荊
溪李壽翁同遊，二公命記。前因同泰之作（闕）：自我來古瀛，訪幽
得蒙泉。款陪謝東山，況有李謫仙。舉杯笑談過，捫蘿步武□。何妨
卜再遊，及此春事前。'蒙齋在海陽西。（《一統志》）蒙齋在湖山坡，
信安令鄭沂讀書之堂，有水石之勝。（《輿地紀勝》）右刻在湖山後。
'蒙齋舊址'額四字，篆書；下序文及詩，隸書。因半埋土中，不能
盡錄。謹案：鄭沂，邑人，大觀三年特奏，見《周志·選舉表》。黃

泰之，無攷。"（清光緒《海陽縣志》，台灣成文出版社 1967 年影印本，第 308 頁）

今按：黃泰之，乃黃定字，《吳志》不察。

林嶠

林嶠，福州人。慶元間（《府志》作"嘉泰"，誤）知潮州，重闢西湖，建放生、湖平、倒景三亭於山麓。有《重闢西湖》詩。（湖山石刻）

【箋證】

明嘉靖《潮州府志》卷五《官師志》"宋知潮州軍事"："宋慶元：林嶠，福州人，慶元三年任。愛民如子，州有白丁錢逃亡者，責累甲頭，民甚苦之，嶠奏免。復置田以益學廩，構廣濟川橋，以便往來。惠政甚多。祀於名宦。"（明嘉靖《潮州府志》，饒宗頤編集《潮州志匯編》第二部，香港龍門書店 1965 年影印本，第 111 頁）

清乾隆《潮州府志》卷三十一《職官表上》"宋知潮州軍州事"："宋嘉泰：林嶠，福州人，祀名宦，有傳。"（清乾隆《潮州府志》，《廣東歷代方志集成》潮州府部四，嶺南美術出版社 2009 年影印本，第 684 頁）

又，卷三十三《宦蹟志》："林嶠，福州人。嘉泰間知潮州，有白丁錢逋逃者，累及甲頭，民苦之，嶠奏免焉。復置學田、修橋梁，善政俱舉。"（同上書，第 783 頁）

清光緒《海陽縣志》卷三十《金石略一·宋》"林嶠《重闢西湖》詩"條："右刻在西湖濱釣臺上石壁，隸書。謹案：潮中舊有'鳳嘯湖平'之讖，玩結句詩意，證以許篔《記》文，知宋時已有之矣。"（清光緒《海陽縣志》，台灣成文出版社 1967 年影印本，第 310 頁）

又，"林嶠《蒙齋》詩"條："右刻在湖山後卓玉峰石旁，正書。"（同上書，第 310 頁）

又，"林嶠西湖亭題字"條："放生，篆書。湖平，篆書；倒景。右題字在濱湖石上，'倒景'二字已佚，餘存。今據篔《記》補錄之。"（同上書，第 311 頁）

《饒志》卷六"石刻"門："林嶠《重闢西湖詩》，存。隸書，在西湖濱釣臺上石壁，慶元五年六月立。《周志》：嘌，福州人，慶元中知潮州軍州事，有惠政，祀名宦。嘌，《阮志》作‘標’，當從石刻正誤。潮中舊有‘鳳嘯湖平’之讖，玩結句詩意，證以許騫《記》文，知宋時已有之矣。”

又，卷十“詩文”門錄林詩：“鏡奩平處小橋西，橋外輕鷗掠鏡飛。鑿破青雲放山出，撥開碧蘚引湖歸。帶煙插柳陰雖瘦，趁雨栽荷綠已肥。欲借禽魚祝君壽，君恩寬大此誠微。”（其一）“新隄喜遶幾紆縈，挈榼攜壺出滿城。萍破煙紋容棹過，石開雲罅著人行。亭浮橫照波中影，僧拾殘霞樹杪聲。不必鳳凰山上問，此山東向更湖平。”（其二）

林會

林會，福州人。開禧間知潮州，湖山題字多半其手筆。（湖山石刻）

【箋證】

明嘉靖《潮州府志》卷五《官師志》“宋知州”：“林會，字亨叟，福州人。後除江西提刑。開禧間任。”（明嘉靖《潮州府志》，饒宗頤編集《潮州志匯編》，香港龍門書店 1965 年影印本，第 111 頁）

清乾隆《潮州府志》卷三十一《職官表上》“宋開禧知潮州軍州事”：“林會，福州人。開禧間任。”（清乾隆《潮州府志》，《廣東歷代方志集成》潮州府部四，嶺南美術出版社 2009 年影印本，第 684 頁）

清光緒《海陽縣志》卷三十《金石略一・宋》“林會湖山題字”條：“‘鴈塔’，三山林會書。右題字在西湖濱路旁石壁。‘鴈塔’二字，正書，縱横各四五尺，款小字。‘蒙泉’，三山林會書。右題字在湖山後，今佚，據《粵東金石略》補錄。‘平湖’，三山林會書。右題字在濱湖石上。‘平湖’二字，正書，徑尺許，款小字。謹案：《周志・職官表》：會，福州人，開禧間知潮州軍事。此三刻雖無年月，當是開禧時刻矣。”（清光緒《海陽縣志》，台灣成文出版社 1976 年影印本，第 311 頁）

趙清卿

趙清卿，號蒙庵。嘉定間，任郡丞。嘗攜家游湖山，題詩石上。
（金山、湖山石刻）

【箋證】

清光緒《海陽縣志》卷三十《金石略一·宋》"趙清卿金山《拙窩》詩"條："《拙窩》詩二首：'一生無奈拙謀何，愛向金山住拙窩。從今自謂可藏拙，不知添得拙還多。''巧拙分明是兩歧，巧中有拙少人知。如今用處從渠巧，用到窮時巧必危。嘉定丁丑重陽日，蒙齋趙清卿。'右刻在金山拙窩上，八分書。近建金山書院，埋沒土中，僅存三四字可見耳。謹案：'丁丑'為嘉定十年。清卿，《周志·職官表》漏。"（清光緒《海陽縣志》，台灣成文出版社1967年影印本，第312頁）

又，"趙清卿《西湖山》詩"條："趙清卿《西湖山》詩：'趁得文書一日閒，撨筇直上翠微閒。松風吹面輕輕度，泉溜通渠滴滴慳。亂石傍羅群玉府，浮圖雙峙小金山。鳳池蚤晚須重到，莫把柴門取次關。嘉定丁丑重陽前三日，郡丞趙清卿攜家來游。'右刻在湖山背，行書。"（同上書，第312頁）

《饒志》卷六"石刻"門"趙清卿西湖山詩"條："存，行書，在湖山背，詩見'藝文'門。'嘉定丁丑重陽前三日，郡丞趙清卿攜家來游。'按：丁丑為嘉定十年。清卿，《周府志·職官表》漏。"

林光世

林光世，莆田人。寶祐間，知潮州，有《濬湖銘》。（《周府志》、湖山石刻）

【箋證】

清乾隆《潮州府志》卷三十一《職官表上》"宋寶祐潮州刺史"條："林光世，莆田人。"（清乾隆《潮州府志》，《廣東歷代方志集成》潮州府部四，嶺南美術出版社2009年影印本，第685頁）

清光緒《海陽縣志》卷三十《金石略一·宋》"林光世《濬湖銘》"條："右刻在湖山濱湖石壁上，摩厓，正書。謹案：《阮志·職官表》：'林光世，姓林，莆田人，寶祐間知潮州軍事。'證以前寶祐戊午石刻不誤，據此定為林光世撰。'戊午'為寶祐六年，踰年即開慶矣。《閩書》云：'光世寶祐間自將作出知潮州，開慶元年召為都官郎中，入為司農少卿兼史館，則叨恩召還，正召為都官郎中也。'《張志》亦錄此文。"（清光緒《海陽縣志》，台灣成文出版社 1967 年影印本，第 313 頁）

陳維賢《〈潮州西湖山志·石刻〉校正》"林光世《濬湖銘》"條："林光世，淳祐中以《易》學召赴闕，充秘書省檢校文字，官至迪功郎，有《水村易鏡》。"（《韓山師專學報》1990 年第 1 期）

陳煒

陳煒，字光仲，號退庵，莆陽人。寶祐間，（《府志》作"慶元"，誤。）知潮州軍事，嘗挈家為湖平避暑之集，有湖山唱和詩。子悥，德祐初遊湖山，亦有留題。（《古瀛詩苑》、湖山石刻）

【箋證】

明嘉靖《潮州府志》卷五《官師志》"宋知州事"："陳煒、薛季良、汪垕、林光世，俱寶祐間任。"（明嘉靖《潮州府志》，饒宗頤編集《潮州志匯編》第二部，香港龍門書店 1965 年影印本，第 112 頁）

清乾隆《潮州府志》卷三十一《職官表上》"宋知潮州軍州事"："陳煒，慶元間任。"（清乾隆《潮州府志》，《廣東歷代方志集成》潮州府部四，嶺南美術出版社 2009 年影印本，第 684 頁）

陳玨《古瀛詩苑》別集卷之四"陳煒"條："字光仲，莆陽人，宋慶元間知潮州軍州事。"（《古瀛詩苑》，道光丁未年夏月補刊鳳城鐵巷世馨堂藏板，第 4 頁）

清光緒《海陽縣志》卷三十《金石略一·宋》"陳煒等題名"條："右題名在湖山放生石側，正書。謹案：陳煒、黃耆、王衡翁，并見《阮志·職官表》。惟戴煒慶元中知潮州軍事，衡翁慶元中知海陽縣事，慶元、寶慶皆無甲寅，據此知甲寅乃寶祐二年，《阮表》誤

也，當從石刻訂正。"（清光緒《海陽縣志》，台灣成文出版社 1967 年影印本，第 312 頁）

又，"陳煒、黃耆湖平唱和詩"條："右刻在湖山放生石下，正書。"（同上書，第 313 頁）

《饒志》卷六"石刻"門"陳煒、黃耆湖平唱和詩"條："存。正書，在湖山放生池石下，詩見'藝文'門。退庵老人莆田陳煒題。松齋三山黃耆拙守以公餘同監郡攜家為湖平避暑之集，從而唱和，因紀於石。寶祐甲寅季夏。"

黃耆

黃耆，福州人。寶祐間通判潮州，與陳煒唱和湖山。（湖山石刻）

【箋證】

清乾隆《潮州府志》卷三十一《職官表上》"宋寶祐知潮州軍州事"："黃耆，福州人。"（清乾隆《潮州府志》，《廣東歷代方志集成》潮州府部四，嶺南美術出版社 2009 年影印本，第 683 頁）

清康熙《海陽縣志》卷二《職官》"宋潮州府通判"："黃耆，福州人，寶祐間任。"（清康熙《海陽縣志》，《廣東歷代方志集成》潮州府部一一，嶺南美術出版社 2009 年影印本，第 37 頁）

清光緒《海陽縣志》卷三十《金石略一·宋》"陳煒、黃耆湖平唱和詩"條："右刻在湖山放生石下，正書。"（清光緒《海陽縣志》，台灣成文出版社 1967 年影印本，第 313 頁）

許駑

許駑，潮陽人。紹熙四年進士，仕至南恩僉判。有《重闢西湖記》。（《海陽張志》）

【箋證】

清康熙《海陽縣志》卷四《藝文》錄許駑《重闢西湖記》。（清康熙《海陽縣志》，《廣東歷代方志集成》潮州府部一一，嶺南美術出版社 2009 年影印本，第 131 頁）

清光緒《海陽縣志》卷三十《金石略一·宋》"許騫《重闢西湖記》"條："《重闢西湖記》，篆額。右刻在湖山放生石左側摩厓，正書。謹案：許騫，申八世孫，紹熙五年進士，仕至南恩州僉判。《阮志·金石略》別載騫《惠州重建西新橋記》，結銜題'惠州軍司馬推官'，而《職官表》不載其名。"（清光緒《海陽縣志》，台灣成文出版社 1967 年影印本，第 310—312 頁）

清翁方綱著，歐廣勇、伍慶錄補註《粤東金石略補註》卷九《潮州府金石》"西湖山諸刻·〔增補〕《重闢西湖記》"條："宋《重闢西湖記》，刻於葫蘆山中路，南恩州軍事判官廳公事許騫記，迪功郎潮州錄事參加林克中書。篆額，楷文，無年款，高四點三八米，寬三點三五米，保存尚好。《海陽志》載：許騫，潮陽人，紹熙五年（1194）進士。"（清翁方綱著，歐廣勇、伍慶錄補註《粤東金石略補註》，廣東人民出版社 2012 年版，第 34 頁）

黃景祥

黃景祥，慶元間人，有《湖山記》。（《海陽張志》）

【箋證】

清雍正《海陽縣志》卷二《山川》"西湖山"條："慶元間，林嶟濬古放生池而跨以橋，自有詩，郡人黃景祥為之《記》。"（清雍正《海陽縣志》，《廣東歷代方志集成》潮州府部一一，嶺南美術出版社 2009 年影印本，第 218 頁）

又，卷十《藝文》錄黃景祥《湖山記》（同上書，第 461—462 頁）

明

王源

王源，字啓澤，號葦庵，龍巖人。永樂甲申進士，除郎中。英宗踐祚，擇廷臣為知府者十一人，源得潮州。西湖山有大石為怪，源命鑿之，果獲石骷髏，怪遂息，乃琢碑大書："潮州知府王源除怪石。"（《周府志》、西湖石刻）

【箋證】

明嘉靖《潮州府志》卷五《官師志》"大明知府"："王源，字啓澤，福建龍巖人。進士。宣德十年任，寬明仁恕。初，城東有長二千餘丈，歲久圮壞，民病於涉。源乃壘石增砌，作樓檻於上而新之。城西湖山多怪石，民歲罹患，源命巫除之，至下果獲石骷髏，復掘丈餘，又得石刻'回風'二字，應郡中舊有'挽回淳風'之讖。潮多水患，源筑圩岸，障田廬，復置鄉廈，設鄉社，立警鋪，政平訟理，有古徇良風。及去，百姓立祠以祀之，歲時有司致祭云。"（明嘉靖《潮州府志》，饒宗頤編集《潮州志匯編》，香港龍門書店 1965 年影印本，第 112 頁）

清順治《潮州府志》卷九《古蹟部》"王源除怪石"條："宣德乙卯，源奉敕祛除民害，指揮李侯通、陸侯雄等簽曰城西屹立二石，一大數十圍，高數丈，一僅半，世號'二蟾蜍'。地理家以白虎上主鬱訟火災，先欲去者，千夫力不能勝。源曰：'昌黎驅鱷，吾能除此。'臘月既望，命檢校謹孚、典史王禮、驛丞秦祖等、糧老彭剟等率百人仆碎，琢為廣濟橋用。其下坐一石盤，盤下白物，眉目鼻類人形，叩誰為之，作妖明矣。父老曰：'此旁近一石自露，上有"回風"字，民有"惡俗去美風回"之謠，今公除此石，不閱月，火訟息，其與昌黎驅鱷無異。'源謝而鑱諸石。是時正統元年七月七日，龍巖王源啓澤韋菴題。"（清順治《潮州府志》，饒宗頤編集《潮州志匯編》第三部，香港龍門書店 1964 年版，第 437 頁）

清乾隆《潮州府志》卷三十三《宦蹟》"王源"條："王源，字啓澤，龍巖人。永樂二年甲申進士，授庶吉士。改授深澤令，修學舍，築長隄，革爭產之俗，勸民及時嫁娶，數上書論事。奉詔徵入都，又極言時政得失，忤旨下獄，會赦復原任。歲饑，擅發粟賑濟，坐是被逮，民爭輸補，得贖罪。召為春坊司直郎，侍諸王講讀，尋遷衛府紀善。移松江同知，奏蠲積逋數十萬石，以母老，乞歸養。服闋，除刑部郎中。宣德十年，英宗踐祚，澤廷臣出為知府者十一人，賜宴及敕乘傳行，源得潮州。郡城東廣濟橋歲久圮壞，源募民萬金重築之，以其餘建亭，設先聖四配十哲像，刻《藍田呂氏鄉約》，遴選約正、約副，偕士民朔望宣讀而講肄之，出乎至誠，遠近感動。西湖山有大石為怪，源命鑿之，果獲石骷髏，怪遂息，乃琢為碑，大書'潮州知府王源除怪石'。後被蜚語，以築橋建亭為源罪，逮至京，潮人集眾叩閽，乃復其官。潮故澤國，為築圩岸障田廬，復置社倉，立警舖，政平訟理，善政多端。以乞休去，潮人留之，不獲，為立祠祀之。"（清乾隆《潮州府志》，《廣東歷代方志集成》潮州府部四，嶺南美術出版社 2009 年影印本，第 794 頁）

清光緒《海陽縣志》卷三十《金石略二·明》"王源《除怪石記》"條："右刻在西湖山絕頂，正書。今石倒臥，記文半沒土中，茲從《張志》備錄。謹案：王源號韋庵，宣德間任潮州府，見《周志·職官表》。元年為宣宗丙辰之歲。"（清光緒《海陽縣志》，台灣成文出版社 1967 年影印本，第 319 頁）

林遜

林遜，字志宏，即故宋潮陽縣尉盛之裔。生於元季，與同郡楊璧師事蔡希元先生，傳古文《尚書》，而尤究心當世之務。洪武甲子舉鄉試，明年成進士，授迪功郎、福州閩縣縣丞。年四十卒。嘗游湖山，有《湖巖石室》詩。（《海陽張志》《潮陽唐志》）

【箋證】

明嘉靖《潮州府志》卷六《選舉志》"大明科洪武十七年"："林遜，乙丑進士，福清知縣，朝陽人。"（明嘉靖《潮州府志》，饒宗頤編集《潮州志匯編》第二部，香港龍門書店 1965 年影印本，第 139 頁）

清雍正《海陽縣志》卷七《人物》"楊璧傳"條："楊璧，字允玖。清貧，弱冠設教里巷，歲入束脩悉以供菽水，文苦不能得書，日從人借鈔，晨夜誦讀不輟。與同郡林遜師事蔡希仁，傳古文《尚書》。登洪武辛未進士，即疏乞歸養，愉婉備至"（清雍正《海陽縣志》，《廣東歷代方志集成》潮州府部一一，嶺南美術出版社 2009 年影印本，第 330 頁）

清光緒《海陽縣志》卷十四《選舉表三》"明洪武朝進士"："林

遜，閩縣丞，升福清知縣。祀鄉賢，有傳。《周志》作'潮陽人'；《張志》佚，今據海陽鄉賢祀位補。"（清光緒《海陽縣志》，臺灣成文出版社 1967 年影印本，第 92 頁）

又，卷三十六《列傳五》"楊璧傳附林遜"條："楊璧，字允玖。家貧，設帳以供菽水，苦不能得書目，從人借鈔，晨夜誦讀不輟。與林遜同師蔡希仁，傳古文《尚書》。登洪武辛未進士。乞歸養，親沒，哀痛盡禮。服闋，授刑部郎中，遭革變，死之。林遜，字志宏，璧同年進士。授閩縣丞，值歲饑，請賑，全活甚眾。為尚書夏原吉所知，其後從羣吏入覲，賜敕歸。因上書請屬沿海捕魚禁，上優詔褒焉。遷福清令，未赴任卒。著《尚書經義》。祀鄉賢。謹案：林遜，《周志》作'潮陽人'，《張志》佚，以祀邑鄉賢故，采附《楊傳》。"（同上書，第 370 頁）

清嘉慶《潮陽縣志》卷十四《選舉進士》："明洪武乙丑丁顯榜：林遜，仕閩縣丞，陞福建福清縣知縣，未任卒。有傳。"（清嘉慶《潮陽縣志》，《廣東歷代方志集成》潮州府部十四，第 239 頁）

又，卷十六《人物·明》"林遜"條："林遜，字志宏，即宋潮陽縣尉盛之裔而少坒之派也。生於元季，與同郡楊璧師事蔡希仁先生，傳古文尚書，而尤究心於當世之務。希仁嘗以廣濟才稱之。洪武甲子舉鄉試，明年舉進士，授迪功郎、福州閩縣縣丞。值歲饑，請賑，為尚書夏元吉所知，所全活者甚眾。其後從群吏入覲，得勒以歸。因上書乞屬沿海捕魚之禁，上特優詔褒答焉。在官四年，年四十卒。傾之，符至，業已遷為福清縣知縣，已不及拜。所著有《尚書精義》若干卷，藏於家。"（同上書，第 286—287 頁）

陳理

陳理，號和齋，饒平人。成化十六年庚子科舉人，官浦城令。有《西湖石屏》詩。(《饒平縣志》)

【箋證】

清康熙《饒平縣志》卷七《選舉》"明舉人"："成化庚子科：陳理，宜化人，浦城知縣。"（清康熙《饒平縣志》，康熙二十六年修）

又，卷八《人物·明》："陳理，字子文。度量寬宏，行誼端謹。領成化庚子鄉薦，以《春秋》授業伍文定之門。適時有養親之例，欣然就教德興，崇風化，嚴規約，與大宗伯張需倡和金壇，聲稱藉甚。擢浦城尹，廉惠有體。忽邁危疾，遂棄官歸。居鄉平心率物，皆以道誼相結，為世所宗。"（同上）

《饒志》卷九"藝文"門錄陳理《西湖石屏》："湖山西遶城，壯觀瀛州景。石屏圖畫開，一覽心目醒。"

劉魁

劉魁，字煥吾，一字晴川，泰和人。正德舉人。嘉靖中任潮州同知，歷升工部員外郎，以諫興土木繫獄，尋釋歸，卒。隆慶初，贈卹如制。魁官潮時，嘗泛舟西湖，南巖、李公亭皆有紀遊詩留題。（《明史》本傳、湖山石刻）

【箋證】

《明史·劉魁傳》："劉魁，字煥吾，泰和人。正德中登鄉薦，受業王守仁之門。嘉靖初，謁選，得寶慶府通判。歷鈞州知州、潮州府同知。所至潔己愛人，扶植風教。入為工部員外郎，疏陳安攘十事，帝嘉納。二十一年秋，帝用方士陶仲文言，建祐國康民雷殿於太液池西。所司希帝意，務宏侈，程工峻急。魁欲諫，度必得重禍，先命家人鬻棺以待。遂上章曰：'頃泰享殿、大高玄殿諸工尚未告竣。內帑所積幾何？歲入幾何？一役之費動至億萬。土木衣文繡，匠作班朱紫，道流所居擬於宮禁。國用已耗，民力已竭，而復為此不經無益之事，非所以示天下後世。'帝震怒，杖於廷，錮之詔獄。時御史楊爵先已逮繫，既而給事中周怡繼至，三人屢瀕死，講誦不輟。繫四年得釋，未幾復追逮之。魁未抵家，緹騎已先至，繫其弟以行。魁在道聞之，趣就獄，復與爵、怡同繫。時帝怒不測，獄吏懼罪，窘迫之愈甚，至不許家人通飲食。而三人處之如前，無幾微尤怨。又三年，與爵、怡同釋，尋卒。隆慶初，贈卹如制。"（《明史》，中華書局1974年版，第5530頁）

清光緒《海陽縣志》卷三十《金石略二·明》"劉魁《泛舟西

湖》詩"條："右刻在南巖古瀛洞天石壁下，草書。謹案：劉魁，字煥吾，泰和人，嘉靖中任潮州同知，見《阮通志·職官表》。後以諫，繫獄死。隆慶初，贈恤如制。《明史》有傳。"（清光緒《海陽縣志》，臺灣成文出版社 1967 年影印本，第 328 頁）

曹騰騑、黃道欽《廣東摩崖石刻》"明劉魁《泛舟西湖》詩"條："劉魁《泛舟西湖》：'"有客攜壺出西郭，滿前紅紫盡堪憐。一篙春水豈難渡，幾箇沙鷗來傍舡。月影雲根時自好，山光草色翠相連。前川花柳偷閒者，此樂能無似上元。""閒來結伴上湖舡，況是春光未暮天。燕子飛來依雉堞，蜑人時復進魚鮮。雩風沂浴狂堪想，智水紅山妙不傳。悟到天機隨處活，閒將光景日流連。"廬陵晴川劉魁書，時同游者石首長溪劉子淙，古武□雲彭子鳳儀也。'草書。磨崖在潮州市葫蘆山南巖。高 1.50 米，寬 3.30 米。草書，字徑 0.14 米。約鑴於明嘉靖間（1522—1566）。劉魁，字煥吾，一字晴川，江西泰和人。正德舉人，嘉靖中任潮州同知，後升工部員外郎，以諫興土木繫獄。尋釋歸，隆慶初卒。"（《廣東摩崖石刻》，廣東人民出版社 1998 年版，第 129 頁）

郭春震

郭春震，字以亨，江西萬安進士。嘉靖二十四年，任潮州知府，與幕僚登湖山，躋其嶺，磨厓題名。（《周府志》、湖山石刻）

【箋證】

清順治《潮州府志》卷四《官師志》"明潮州府知府"："郭春震，字以亨，萬安人，由進士，嘉靖二十四年任。脩府志，重脩文廟，有碑記。"（清順治《潮州府志》，饒宗頤編集《潮州志匯編》第三部，香港龍門書店 1965 年影印本，第 249 頁）

清乾隆《潮州府志》卷三十三《宦蹟》"郭春震"條："郭春震，字以亨，江西萬安進士。嘉靖二十四年。修府志，重建文廟，有碑記。"（清乾隆《潮州府志》，《廣東歷代方志集成》潮州府部四，嶺南美術出版社 2009 年影印本，第 795 頁）

清光緒《海陽縣志》卷三十一《金石略二》"郭春震題記"條：

"右題記在湖山絕頂，正書。'湖山勝覽'四大字橫行，年款首尾直行後刻勒其下。其半埋土中，茲從《張志》備錄。"（清光緒《海陽縣志》，台灣成文出版社 1967 年影印本，第 329 頁）

季本

季本，會稽人，進士，以理學著，學者稱為彭山先生。嘉靖中，由御史謫揭陽主簿，力行鄉約，勸善[1]懲惡，與陽明往復辨論，稱道義之交。嘗至郡游湖山，有《西巖》詩。（《周府志》）

【校勘】

[1] 勸善《饒志》作"勤善"，據清乾隆《潮州府志》改。

【箋證】

明嘉靖《潮州府志》卷三十三《宦蹟》"季本"條："季本，會稽人，進士，以理學著，學者稱為彭山先生。嘉靖中，由御史謫揭陽主簿，力行鄉約，勸善懲惡，與陽明往復辨論，稱道義之交云。"（明嘉靖《潮州府志》，《廣東歷代方志集成》潮州府部四，嶺南美術出版社 2009 年影印本，第 805 頁）

清順治《潮州府志》卷四《官師部》"明揭陽縣主簿"："季本，會稽人，進士，以理學著，學者稱為彭山先生。由御史謫任。時陽明倡教處州，與本論有合，且行鄉約以示旌別，尤為陽明所知云。"（清順治《潮州府志》，饒宗頤編集《潮州志匯編》第三部，香港龍門書店 1965 年影印本，第 272 頁）

清雍正《揭陽縣志》卷五《職官》"明嘉靖主簿"："季本，會稽人，由進士，以御史謫。有傳。"（清雍正《揭陽縣志》，《廣東歷代方志集成》潮州府部十六，嶺南美術出版社 2009 年影印本，第 427 頁）

又，卷五《宦蹟》"季本"條："謫主簿季本，號彭山，會稽人，由進士授建寧推官，陞河南道監察御史，以言事左遷。嘗從新建授良知之學。至邑倡學校，行鄉約，旌別善惡，修舉廢墜，有利必興，有害必除。陞弋陽令，百姓遮留不得前。官至知府。祀名宦。崇禎己巳

知縣馮元颽申允配祀韓昌黎。"（同上書，第 439 頁）

章熙

章熙，字世曜，號西峯，海陽人。嘉靖甲辰進士，拜行人，轉地官員外。後出為廣西按察司僉事，分巡蒼梧，至首咨民瘼，平諸蠻，擒偽將，勦黠巢，無愧憲吏。後以嚴見忌，坐免歸。時論惜之。有《游湖山記》。（《縣志》、湖山石刻）

【箋證】

清光緒《海陽縣志》卷十四《選舉表三·進士》"明嘉靖朝"："章熙，廣西僉事，有傳。二十三年甲辰科。"（清光緒《海陽縣志》，台灣成文出版社 1967 年影印本，第 104 頁）

又，卷三十七《列傳六》："章熙，字世曜。高祖而下，世有隱德，父野庵。熙少負奇氣，稍長，通《詩》、《書》、《三禮》，與兄煥齊名，人稱'二章先生'。嘉靖辛卯，舉於鄉，登甲辰進士，是歲同郡甲榜七人。熙官拜行人，充節使。丁未，方考最以策馬趨朝，與迴車遇馬驚觸輻折所佩牙牌，因上書自劾。詔奪俸，遂弗獲與，臺省選俄遷行人司副，轉地官員外……復補地官員外，後出為廣西按察司僉事，分巡蒼梧白馬三洲，故險道也。江路逶迤，林木深阻，諸蠻窟伏為患久矣。至首咨民瘼，白於督府檄縣邑，治火具大斧長鎗之屬以千數，因下令調集諸路營兵，統以偏裨而躬履其地，發縱指使，度其地勢高下，而刊夷之盡，伐其樹，赭其山，分兵守焉，自是諸蠻奔突竄，伏不敢復出，又擒偽將，勦黠巢，出諸兇，繫皆無愧為憲吏，顧以嚴見忌，竟坐免，歸為時論所惜云。"（同上書，第 382 頁）

又，卷三十一《金石略二》"章熙《遊湖山記》"條："右刻在西湖山南巖內石壁上，正書。謹案：熙，嘉靖二十三年進士，官廣西僉事。見《周志·選舉表》。"（同上書，第 330—331 頁）

周弘禴

周弘禴，字元孚，麻城人。倜儻負奇，好射獵，舉萬曆二年甲戌進士，授戶部主事。十三年，抗疏劾兵部尚書張學顏、司禮監張誠，謫代州判官。復以言事謫澄海典史，以疾歸，卒於家。天啓初，贈太僕少卿。嘗游郡城西湖山，有七言絕句詩三首。（《明史》本傳、《海陽張志》）

【箋證】

《明史·周弘禴傳》：“周弘禴，字元孚，麻城人。偘儻負奇，好射獵。舉萬曆二年進士，授戶部主事。降無為州同知，遷順天通判。十三年春，上疏指斥朝貴”，“帝怒，謫代州判官，再遷南京兵部主事。十七年，帝始倦勤，章奏多留中不下。弘禴疏諫，且請早建皇儲，不報。尋召為尚寶丞。明年冬，命監察御史閱視寧夏邊務。巡撫僉都御史梁問孟、巡茶御史鍾化民，取官帑銀交際，弘禴疏發之。詔褫問孟職，調化民於外。河東有秦、漢二壩，弘禴請以石為之，濬渠北達鴛鴦諸湖，大興水利。還朝，以將材薦哱承恩、土文秀、哱雲。明年，承恩等反，坐謫澄海典史。投劾歸，卒於家。天啟初，以嘗請建儲，贈太僕少卿。”（《明史》，中華書局 1974 年版，第 6098 頁）

清雍正《海陽縣志》卷十二《文集》“詩”錄周弘禴《泛舟西湖》三絕：“南國風流不乏賢，角巾全上泛湖船。花開十里看山色，拾得青萍當酒錢。”“層層鳳塔抱城隅，片片龍鱗砌玉壺。牛笛夕陽山外樹，小橋盡處是西湖。”“石門草徑釣魚舟，水色嵐煙似舊遊。記得飛來峯下路，波臣曾泛武林秋。”（清雍正《海陽縣志》，《廣東歷代方志集成》潮州府部一一，嶺南美術出版社 2009 年影印本，第 579 頁）

清嘉慶《澄海縣志》卷二十《職官表》“明典吏”：“萬曆二十一年，陳炳，福清，吏員；萬曆□年，周宏禴，麻城，進士；萬曆二十三年，張天爵，莆田，吏員。”（清嘉慶《澄海縣志》，台灣成文出版社 1967 年影印本，第 246—7 頁）

清光緒《海陽縣志》卷三十一《金石略二》“周宏鑰詩”條：“右刻在西湖山雁塔左摩厓，行書。謹案：周宏鑰，《阮通志》作‘瀹’，《周志》作‘禴’，麻城，進士，萬曆二十二年由主事謫澄海縣典史，《宦蹟》有傳。詩刻著‘癸巳’，為萬曆二十一年，《阮志》作‘二十二年’，誤也。”（清光緒《海陽縣志》，台灣成文出版社 1967 年影印本，第 338—339 頁）

徐一唯

徐一唯，字宗會，湖北蘄水進士。萬曆十八年任潮州知府，嘗游湖山壽安寺，徧歷諸峯、古洞，題詩南巖之石壁。（《周府志》、湖山石刻）

【箋證】

清嘉靖《潮州府志》卷三十一《職官表上》"萬曆十八年知府"："徐一唯，字宗曾，湖北蘄水進士。"（清嘉靖《潮州府志》，《廣東歷代方志集成》潮州府部一，嶺南美術出版社 2009 年影印本，第 697 頁）

清光緒《海陽縣志》卷三十一《金石略二》"壽安寺題壁"條："右刻在湖山壽安寺東石壁，行書。謹案：徐一唯，進士，潮州知府；莊誠，舉人，海防同知，俱萬曆十八年任，見《周志》。"（清光緒《海陽縣志》，台灣成文出版社 1967 年影印本，第 340 頁）

又，"南巖唱和詩"條："右徐一唯、莊誠、章曰慎三人唱和詩刻，皆在南巖內石壁，行書。"（同上書，第 340—341 頁）

曹騰騑、黃道欽《廣東摩崖石刻》"明徐一唯題壽安寺詩"條："明徐一唯題壽安寺詩：'大明萬曆癸巳重九後九日，寫郡丞莊誠、別駕王家相、沈有光，司理王榆諸同舍，闔郡薦紳唐尚書伯元、李民部思悅、州守王文明、孝廉蔡德璋、鄭育漸、吳時亨、曾用升、謝猷、李服玄、林馨椿經始重新湖山壽安寺，因同游諸峰古洞：壽安廢寺幾經秋，我輩茲來一借籌。須信山靈原有數，更知人傑自無休。湖平平應申兼甫，風嘯嘯占公與侯。（湖有'湖平風嘯，代出公卿'之讖。）浸道昌黎排佛骨，大顛何地不同遊。'磨崖在潮州市葫蘆山鳳棲泉旁。高 3.20 米，寬 1.90 米。楷書，字徑 0.14 米。明萬曆癸巳為萬曆二十一年，公元 1593 年。徐一唯，字宗會，湖北蘄水人，進士。明萬曆十八年（1590 年）任潮州知府。"（《廣東摩崖石刻》，廣東人民出版社 1998 年版，第 148—149 頁）

莊誠

莊誠，字致庵，成都人。萬曆間，以進士為潮州同知。有《遊南

巖》詩。(《古瀛詩苑》)

【箋證】

陳珏《古瀛詩苑》別集卷之四:"莊誠,字致庵,成都人。萬曆間以進士為潮州同知。"(《古瀛詩苑》,道光丁未年夏月補刊鳳城鐵巷世馨堂藏板,第 12 頁)

清光緒《海陽縣志》卷三十一《金石略二》"壽安寺題壁"條錄莊誠《潮郡中縉紳諸孝廉並鄉耆父老欲復浮圖舊基,建壽安寺以壓湖上妖氣,而諸冢纍纍,刺史心溪徐公以下咸議遷而棺瘞之,因次公韻一律》,又"南巖唱和詩"條錄莊誠《賡徐太守心溪翁登南巖與章少峯諸君韻》、《又賡章少峯韻》二詩。(清光緒《海陽縣志》,台灣成文出版社 1967 年影印本,第 340—341 頁)

任可容

任可容,字養宏,懷寧人,萬曆丁丑進士。由浙江處州守,遷惠潮兵備,下車首建尊經閣、養賢堂,教育士子,士風丕振。有《西湖禪院》詩。(《周府志》、湖山石刻)

【箋證】

清乾隆《潮州府志》卷三十三《宦蹟》"任可容"條:"任可容,字養宏,懷寧人,萬曆丁丑進士。由浙江處州守,遷惠潮兵備,下車首建尊經閣、養賢堂,教育士子,士風丕振。時倭寇犯碣石、柘林諸衛,可容募勇士陳聰等督兵捍禦,斬首無算。逾年,復犯南澳,又大破之。遊擊顧臬獲洋商五十五人,指為盜,畏刑誣服,問官欲盡置諸法。容察無顯狀,一訊立白其冤。長樂盜起,密授方畧,擒渠賊鍾喬贊等,餘黨悉平。時稅璫四出,太監李鳳議增惠潮諸稅,容力持不可開礦,太監李敬發掘民間廬墓,橫行無忌,書力陳其害,詔罷之。轉本省鹽屯衆政,疏通滯引,清查欺匿,屯務、鹾政釐然一新。會諸司俱缺,兼綰五篆,積勞致疾,卒於官。祀名宦。"(清乾隆《潮州府志》,《廣東歷代方志集成》潮州府部四,嶺南美術出版社 2009 年影印本,第 792—793 頁)

清光緒《海陽縣志》卷三十一《金石略二》"壽安寺後石壁詩并序"條："右刻在西湖山壽安廢寺後石壁上，行書。謹案：《阮通志》：任可容有二：一廣西懷遠人，萬曆三十年官右參政；一江南懷寧人，二十五年官按察副使。此詩序中稱'觀察憲副'，與下碑記敘銜，蓋懷寧人也。戴燝，福建長樂人，萬曆二十六年官廣東右參議，并見《阮通志》。"（清光緒《海陽縣志》，臺灣成文出版社 1967 年影印本，第 342 頁）

戴燝

戴燝，福建長樂人。萬曆二十六年官廣東右參議，嘗至潮觀察，任可容觴於湖山禪院，燝留詩題壁。（《阮通志》、湖山石刻）

【箋證】

清道光《廣東通志》卷十九《職官表十》"明萬曆左右參議"："戴燝，福建長樂人，進士，二十六年任。"（清道光《廣東通志》，《續修四庫全書》第 669 冊，上海古籍出版社 2003 年影印本，第 346 頁）

清光緒《海陽縣志》卷三十一《金石略二》"壽安寺後石壁詩并序"條："右刻在西湖山壽安廢寺後石壁上，行書。謹案：戴燝，福建長樂人，萬曆二十六年官廣東右參議，并見《阮通志》。"（清光緒《海陽縣志》，臺灣成文出版社 1967 年影印本，第 342 頁）

李見龍

李見龍，化州人，歲貢生。萬曆乙未，任澄海縣訓導。有《游湖山》詩。（《周府志》）

【箋證】

清嘉慶《澄海縣志》卷二十《職官表》"明教諭"："萬曆三十三年，李見龍，化州，歲貢；萬曆三十五年，鄧明柱，合浦，歲貢。"（清嘉慶《澄海縣志》，臺灣成文出版社 1967 年影印本，第 246 頁）

曾化龍

曾化龍，溫陵人。官廣東督學。有《南巖記》。（《蔚園文稿》、湖山石刻）

【箋證】

《饒志》卷八"藝文"門錄曾化龍《重辟南巖記》。

黃錦

黃錦，字孚元，又字絅菴，饒平人。萬曆三十七年己酉舉人，天啓二年壬戌進士，歷官南京禮部尚書。錦博學能文，熟諳當代掌故。為孝廉時數游湖山，通藉後久客長安，每思舊勝。丁卯冬，奉命還家，時復譙集南巖，撫今追昔為作詩一首。著有《筆畊堂集》。（《海陽縣志》《古瀛詩苑》）

【箋證】

清光緒《海陽縣志》卷十四《選舉表三·進士》"明天啟朝"："黃錦，由饒平學，南京禮部尚書。二年壬戌科。"（清光緒《海陽縣志》，台灣成文出版社1967年影印本，第110頁）

又，卷三十八《列傳七》"黃錦"條："黃錦，字絅菴，萬曆己酉舉人，天啓壬戌進士。博學能文，熟諳當代掌故，由庶常授檢討，與修《神宗實錄》。適魏黨方燄，將建生祠，太學中擬錦為司業，錦笑曰：'吾安能以好官貽萬世笑端乎？'遂乞藩封冊使以出。"（同上書，第390頁）

清陳珏《古瀛詩苑》前集卷一"黃錦"條："黃錦，字孚元，又字絅菴，饒平人。天啓進士，由庶常歷官禮部尚書。有《筆畊堂集》。"（《古瀛詩苑》，道光丁未年夏月補刊鳳城鐵巷世馨堂藏板，第12頁）

謝宗鍠

謝宗鍠（《縣志》作"宗瑄"），字儒美，澄海籍，海陽人。博學強記，聰睿絕倫，幼即學詩。稍長，於漢魏三唐諸什，無不蒐討。其詩典雅婉秀，饒有風韻。工舉業，試輒冠軍。崇禎己卯，領鄉榜第一。舉春官不第，遂無意[1]仕進，徜徉山水，訪唐仁卿釣魚臺於湖山，又游譙南巖，皆有詩。（《海陽張志》《澄海李志》）

【校勘】

[1] 遂無意　《饒志》作"遂意"，據《澄海縣志》補"無"。

【箋證】

清順治《潮州府志》卷六《人物》"明謝解元傳"："謝宗鍹，字儒美，澄海人。父應詔，由萬曆乙酉舉人授保安知州，改隴州，左遷桂林、建昌通判，為政和易近民，而鄉居尤醇謹不苟，卒，祀鄉賢。次子宗鍹少負才名，砥礪節概，以郭禮部薦檄謁銓人，念母老不赴。舉崇禎己卯解元，值國變，蜇遯不出，耽志詩學，遙集深棲。所著有《觀古堂集》、《遯齋遺稿》藏於家，從子元汴為刻以行。"（清順治《潮州府志》，饒宗頤編集《潮州志匯編》第三部，香港龍門書店1965年影印本，第393頁）

清雍正《海陽縣志》卷六《選舉》"明舉人"："崇正己卯謝宗鍹榜。"（清雍正《海陽縣志》，《廣東歷代方志集成》潮州府部一一，嶺南美術出版社2009年影印本，第309頁）

又，卷七《人物》"明"："謝宗鍹，字儒美，澄海籍，海陽人。博學強記，聰睿絕倫，幼隨父舉人應詔陝西隴州事，即學詩。稍長，於漢魏三唐諸什，無不蒐討，故其詩典雅婉秀，饒有風韻。工舉業，試輒冠軍。郭禮部之奇薦應特用之典，以老母不赴。崇禎己卯，中鄉榜第一，舉闈牘，人爭傳讀。性至孝，事兄克謹。其父調補建昌府通判，卒於官，扶親南歸，哀動行路。兄早卒，遺孤元汴五歲，鍹養育教誨。元汴才名蔚起，少年聯捷崇禎癸未進士。雖其節母有斷杼辭鮓之教，實宗鍹教誨之力也。晚年世味澹然。所著有《觀古堂集》、《遯齋》等集，友人陳園公、侄元汴為之序。"（同上書，第344頁）

清嘉慶《澄海縣志》卷十七《選舉表》"舉人"："崇正己卯科：謝宗鍹，應詔子，解元。有傳。"（清嘉慶《澄海縣志》，台灣成文出

版社 1967 年影印本，第 153 頁）

又，卷十九《人物》："謝宗鎧，字儒美，蓬洲人。父應詔，官陝西隴州知州，鎧幼從宦遊即學為詩。比長，博覽漢魏三唐之什，潛心風雅，力追古人，其為詩醇雅秀麗，一時邑之言詩者宗焉。郭禮部欲以特用薦之，辭不赴。己卯鄉試第一，舉春官不第，遂絕意仕進。晚年益淡於世味，閉戶苦吟以竟其所學。著有《觀古堂集》、《遁菴遺稿》，姪元汴序之以行。"（清嘉慶《澄海縣志》，台灣成文出版社1967 年影印本，第 198 頁）

羅萬傑

羅萬傑，字貞卿，號庸菴，崇禎甲戌進士。甫釋褐，丁外艱。服闋，授行人司行人。庚辰，召對，擢吏部主事，轉驗封司員外郎，旋以內艱歸。國亡後，披髮慟哭，遁居豐順之藍田，築逸老庵以居。已復逃於禪，與僧語山遊處。嘗往來西湖山，同公眉諸子游南巖。著有《瞻六堂稿》二卷。年六十八卒，鄉人謚曰"文節先生"。（沈德潛、馮奉初《瞻六堂集序》，《海陽張志》）

【箋證】

清沈德潛《瞻六堂集序》："明揭陽羅公貞卿，以名進士起家，歷官吏部員外郎。思陵召對便殿間修練諸備四事，敷陳愷切，深中時艱。蒙宰鄭三後，澄清銓政，倚公以理。內艱歸里。甲申間變，將散家財，報國不果。南渡後，徵拜都察院右副都御史。馬、阮用事，辭不就職。雅好為詩，凡出處之際，身世之感，無不寓之篇什，其詩真率自矢，不假藻繪，和平溫雅，沖澹希夷，格合三唐，體兼劉、白，散體之外，真摯樸實，不事矜奇炫異，固風雅之正宗也"，"又聞公滄桑之後，披髮慟哭，入山日學枯禪，絕口不談世事，三十年足跡不入城市"，"公歿，鄉人謚曰'文節先生'，洵無媿焉。"（《瞻六堂集》卷首，《潮州耆舊集》，香港潮州會館 1980 年影印本，第 667 頁）

清馮奉初《羅吏部〈瞻六堂集〉題辭》："余嘗讀郭忠節《宛在堂集》，其表疏多連及吏部語，蓋吏部當甲申國變後，不忘明室，嘗欲與郭忠節募兵同赴國難。既而棄家行遁，祝髮空門，與澄海謝兵科元汴同時同志兵科。當唐、桂二藩監國，猶一再出山，崎嶇戎馬，而吏部沉機自廢，前不受南都副憲之召，後復劫與朝當道之禮，決然一往鹿豕同羣，與密之、魚山。"（同上書，第668頁）

清雍正《海陽縣志》卷十二《文集》"詩"錄羅萬傑《同公眉諸子遊南巖》："不可無斯游，危巒趣漸幽。濤聲寒及夜，樹色老宜秋。幻眼因高換，間踪借景酬。勝朋殊解事，竟日恣淹留。"（清雍正《海陽縣志》，《廣東歷代方志集成》潮州府部一一，嶺南美術出版社2009年影印本，第582頁）

清

王岱

王岱，字山長，湘潭舉人。以能詩名，初授京衛學博。康熙癸亥，授澄海知縣，在任數年，釐奸剔弊，興學造士，風俗為之一新，以勤勞卒於官。嘗至郡游湖山，流連竟日，作五言、律詩二首紀其勝。（《澄海縣志》）

【箋證】

清嘉慶《澄海縣志》卷二十《職官表》"國朝知縣"："康熙二十二年：王岱，祀名宦，有傳。"（清嘉慶《澄海縣志》，台灣成文出版社1967年影印本，第248頁）

又，卷二十一《宦蹟》"王岱"條："王岱，號山長，湖南湘潭縣舉人。以能詩名，初授京衛學博。康熙癸亥，宰澄邑。公署、學宮、祠廟及堤岸、津梁人杞者俱以次脩，復增修邑志，掇拾於兵燹殘缺之後，使邑之文獻賴存什一，功亦鉅焉。性廉正，人不敢干以私，每公出，盂蔬自隨蕭然也。在任數年，裁猾吏，抑強宗，釐奸剔弊，興學造士，風俗為之一新。竟以勤勞卒於官，士民懷之，祀名宦。"（同上書，第258頁）

仇昌祚

仇昌祚，字猗園，曲沃人，拔貢生。康熙間，劉進忠叛，昌祚以

不從逆，由潮州同知陞惠潮道。有《西湖梅風》詩。(《周府志》)

【箋證】

清乾隆《潮州府志》卷十三《名宦》"國朝"："仇昌祚，號漪園，山西曲沃人。由明經，任潮州府同知，拔貢生。康熙甲寅，劉進忠版，挾之降，不屈。康親王復潮州，嘉其節，題授惠州府。六閱月，陞嶺東道，弭盜鋤奸，廉潔有政聲。建原道堂於韓文公祠後。"(清乾隆《潮州府志》，《廣東歷代方志集成》潮州府部四，嶺南美術出版社 2009 年影印本，第 1116 頁)

段藻

段藻，澤州人。康熙間以進士為普寧令，尋陞惠潮道。有遊湖山菴詩。(《海陽張志》《詩苑》)

【箋證】

清雍正《海陽縣志》卷十二《文集》"詩"錄段藻《秋日同傅道星、林介文遊湖山》："逶迤一徑達旃檀，四望烟巒竹樹攢。勝地新從雲外起，幽花不向世中看。山僧供客烹山茗，野老親人授野餐。滿谷琅纖真異響，涼飔颯颯入秋寒。"(清雍正《海陽縣志》，《廣東歷代方志集成》潮州府部一一，嶺南美術出版社 2009 年影印本，第 584 頁)

清乾隆《普寧縣志》卷五《職官》"國朝知縣"："段藻，山西澤州人，進士。以劉逆之變，全印□請藩師□□分巡惠潮道，八年任。"

清陳珏《古瀛詩苑》別集卷之四"段藻"條："段藻，澤州人。康熙間以進士為普寧令，因不從逆，陞惠潮道。"(《古瀛詩苑》，道光丁未年夏月補刊鳳城鐵巷世馨堂藏板，第 19 頁)

藍漣

藍漣，字公漪，號采飲，侯官人。嘗游潮州湖山，與陳氏兄弟多所唱和。(《周府志》《詩苑》)

【箋證】

清乾隆《潮州府志》卷四十二《藝文下》"《遊鳳凰臺》"條："國朝藍漣，字公漪，侯官人。"（清乾隆《潮州府志》，《廣東歷代方志集成》潮州府部四，嶺南美術出版社2009年影印本，第1094頁）

清陳珏《古瀛詩苑》別集卷之五"藍漣"條："藍漣，字公漪，號采飲，侯官人，山人有潮州唱和詩。"（《古瀛詩苑》，道光丁未年夏月補刊鳳城鐵巷世馨堂藏板，第48頁）

林杭學

林杭學，江寧人。由生員保舉，授潮州知府。疏通北濠，創葺湖山祠宇數處。在任十餘年，百廢俱舉，卒於官。(《周府志》)

【箋證】

清乾隆《潮州府志》卷三十三《宦蹟》"國朝"："林杭學，江寧人。由生員保舉，康熙十六年丁巳，隨征入潮，授潮州知府。時初恢復郡城，大師屯集，林杭學竭辦軍需，民無所擾。迨平定後，弭盜賊，建學宮，修廣濟橋，創葺各處祠宇，立義學，延師課士，修《府志》。在任十餘年，百廢俱舉，卒於官。遠近弔者，彌月不絕。"（清乾隆《潮州府志》，《廣東歷代方志集成》潮州府部四，嶺南美術出版社2009年影印本，第813頁）

金一鳳

金一鳳，字子翔，號紫庭，山陰人。康熙二十五年，知海陽縣事，創修邑志。游湖山，作詩頗多。(《海陽張志》)

【箋證】

清雍正《海陽縣志》卷五《職官》"知縣"："金一鳳，浙江山陰人，貢生，康熙二十五年任。"（清雍正《海陽縣志》，《廣東歷代方志集成》潮州府部一一，嶺南美術出版社2009年影印本，第281頁）

又，卷六《名宦》"國朝"："金一鳳，字子翔，號紫庭，山陰人。康熙二十五年任。建名宦、鄉賢祠東隅、社學、公署大堂頭門，

修北門隄，創修邑志。"（同上書，第 292 頁）

李國棟

李國棟，字兆樑，澄海人。少穎異，讀書目數行下。順治辛卯，舉於鄉，授新貴令，政尚寬和，民化其德。壬子，分校鄉闈，能得士。越三年，乞歸。時與佘嵋州、陳園公讌集湖山。著有《鋤雲山房文集》。（《澄海縣志》）

【箋證】

清嘉慶《澄海縣志》卷十九《人物》"文學"："李國棟，字兆樑，鷗汀人。少穎異，讀書目數行下，髫齡補弟子員。順治辛卯，舉於鄉，授新貴令，政尚寬和，民化其德，嘗會鞫大獄，多所平反。公餘與邑中子弟講經課文，相接如師生禮。壬子，分校鄉闈，能得士。越三年，乞歸。性豁達，不事家人產業，舊有田悉分諸弟，疏食布衣，晏如也。嗜讀《左氏春秋》、《韓昌黎集》，為文雄深博大，尤工詩。時與佘嵋洲、陳園公諸君相唱和。著《鋤雲山房文集》。"（清嘉慶《澄海縣志》，台灣成文出版社 1967 年影印本，第 198 頁）

佘志貞

佘志貞，原名艷雪，號嵋州，澄海人。康熙巳未進士，歷官侍讀學士，入直南書房。庚午，典試山東，所取皆名宿，成進士者十八人。尋奉命祭告西嶽，後卒於京師。與陳園公友善，嘗試新泉於湖山，讀詩紀事，著有《螭坳草》。（《澄海縣志》《古瀛詩苑》）

【箋證】

清嘉慶《澄海縣志》卷十九《人物》"文學"："佘志貞，原名艷雪，號嵋洲，澄海人。康熙巳未進士，選庶常，授編修，歷官左右贊善庶子，陞侍講侍讀學士，入直南書房，充政治、唐詩類函兩局纂修官。在史館二十餘年，每召試，輒賜宸翰松花石硯。壬午試詞臣慕虛韓公首選，此即志貞也。上謂德行文章俱堪超卓。本朝邑人以文章擅科名者，志貞為最。庚午，典試山東正主考，所取皆名宿，成進士者十八人。癸未，奉命祭告西嶽，諸外臣奔走餽遺怨後，而志貞卒無所染。其治家嚴肅，一以孝友，讀書□訓，不使子弟與外事，邑之貴冑尤僅見者。卒於京師，家徒四壁，論者深慨惜之。著有《螭坳草》，藏於家。子啟鋐，貢生，授新興訓導。"（清嘉慶《澄海縣志》，台灣成文出版社 1967 年版，第 198 頁）

清陳珏《古瀛詩苑》今集卷之二："佘志貞，字嵋州，澄海人，進士，官侍講學士。"（《古瀛詩苑》，道光丁未年夏月補刊鳳城鐵巷世馨堂藏板，第 17 頁）

潘耒

潘耒，字次耕，號稼堂，晚自號止止居士。吳江人，布衣。舉博學鴻詞，授檢討，為"四布衣"之一。學本崑山顧氏，又得王錫闡兄樨章之傳，經、史、詩、古文、歷算、聲音之學，無不洞達。嘗游嶺表，至潮訪宜白禪師於竹林寺，徧歷湖山，題詠頗多，著有《潮州雜詩》手書一冊，以贈邑人陳珏。（《昭代名人尺牘小傳》《海陽縣志》《古瀛詩苑》）

【箋證】

《昭代名人尺牘小傳》卷九："潘耒，字次耕，號稼堂，晚自號止止居士。吳江人，布衣。舉鴻博，授檢討，為'四布衣'之一。幼有'聖童'之目，試一歷日首尾，不遺一字。學本崑山顧氏，又得王錫闡兄樨章之傳。經史、詩古文、歷算、聲音之學，無不洞達。於聲韻反切，有神悟審，五方之音而能得其會通，著《類音》八卷，刪增三十六字母為五十母，統有字無字之音，分平、上、去為二十四類，皆得天然之音。有《遂初堂集》。"（《昭代名人尺牘小傳》，《清代傳記叢刊》，台灣明文書局 1985 年影印本，第 434 頁）

清光緒《海陽縣志》卷三十四《列傳三》："潘耒，字次耕，號稼堂。江南吳江人。康熙十八年試博學鴻詞，授翰林院檢討。崑山顧炎武、徐乾學，其師也。徐歿，耒周卹其孫。復刻炎武《日知錄》及詩文集。平生精敏敢言，無稍遜避，同館忌之，遂落職。澤州相國陳廷敬欲薦起耒，耒曰：'止止，吾分也。'賦《老馬行》以謝。耒遊嶺表至潮，著有《潮州雜詩》手書一冊，以贈邑人陳珏。"（清光緒《海陽縣志》，台灣成文出版社 1967 年影印本，第 362 頁）

清陳珏《古瀛詩苑》別集卷之五："潘耒，字次耕，號稼堂，吳江人。康熙己未，召試官檢討。有《楚粵遊草》。"（《古瀛詩苑》，道光丁未年夏月補刊鳳城鐵巷世馨堂藏板，第 41 頁）

孟亮揆

孟亮揆，字端士，號繹來。康熙庚戌進士，官侍讀學士。乙卯游潮，寓西郊竹林寺，著《江嶺紀游集》。（《海陽張志》）

【箋證】

清雍正《海陽縣志》卷七《流寓》："孟亮揆，字端士，號繹來，長洲人。康熙庚戌進士，官侍讀學士。己卯遊潮，寓西郊竹林寺，著《江嶺紀遊集》。"（清雍正《海陽縣志》，《廣東歷代方志集成》潮州府部一一，嶺南美術出版社 2009 年影印本，第 367 頁）

黃天祐[1]

黃天祐，字忞崫，澄海人。性曠達，不屑細務，詩酒之外無所知。康熙丁卯舉於鄉，授陝西三水縣令，以疍悮罷職，繼坐虖公帑繫獄，人皆危之。天祐吟嘯如平日，每歲所得詩，必使人持付其家藏之，曰："但不失此，毋吾憂也。"一時傳為快談。嘗游西湖，有《平湖清泛》詩。（《澄海唐志》《海陽張志》）

【校勘】

[1] 黃天祐 《饒志》原作"黃天佑"，據清嘉慶《澄海縣志》改。

【箋證】

清嘉慶《澄海縣志》卷十七《選舉表》"清康熙丁卯舉人"："黃天祐，蘇灣人，官三水知縣。有傳。"（清嘉慶《澄海縣志》，台灣成文出版社 1967 年影印本，第 154 頁）

又，卷十九《人物·文學》"黃天祐"條："黃天祐，字忞崫，蘇灣都人。性曠達，不屑細務，詩酒之外無所知。康熙丁卯舉於鄉，授陝西三水縣令，以眚悞罷職，繼坐虧公帑繫澄獄中。當道察非其罪，卒得釋。天祐當繫獄時，家產計不足償，妻子恐不相保，人皆危之，天祐猶吟嘯如平日。每歲所得詩，必使人持付其子藏之，曰：'但不失此，毋吾憂也。'一時傳為快談。"（同上書，第 200 頁）

清雍正《海陽縣志》卷十二《文集》"詩"錄黃天祐《平湖晴泛》詩："報道湖容弄晚晴，行厨絲管出西城。風柔燕試參差掠，水曲山分欵乃聲。雲影倒垂銀鑑縐，花情遙入玉樽明。銅鞮隄淨春如畫，怪底當年逸興生。"（清雍正《海陽縣志》，《廣東歷代方志集成》潮州府部一一，嶺南美術出版社 2009 年影印本，第 596 頁）

劉注

劉注，字力謙，澄海人。康熙己卯舉人，授湖北江陵令，嗣補平谷縣。嘗游湖山，有詩。（《海陽縣志》《古瀛詩苑》）

【箋證】

清雍正《海陽縣志》卷六《選舉》"康熙朝舉人"："劉注，平谷、江陵二縣知縣。澄海學。"（清雍正《海陽縣志》，《廣東歷代方志集成》潮州府部一一，嶺南美術出版社 2009 年影印本，第 311 頁）

清光緒《海陽縣志》卷十五《選舉表四》"康熙朝舉人"："劉注，由澄海學，平谷、江陵二縣知縣。三十八年己卯科。"（清光緒《海陽縣志》，台灣成文出版社 1967 年影印本，第 119 頁）

清嘉慶《澄海縣志》卷十七《選舉表》"康熙己卯科舉人"："劉注，官平谷知縣，有傳。"（清嘉慶《澄海縣志》，台灣成文出版社 1967 年影印本，第 154 頁）

清陳玨《古瀛詩苑》未載，待考。

曾華蓋

曾華蓋，字文垣，海陽人。幼穎敏，能文章。康熙庚戌進士。潮鎮劉進忠雅重之，華蓋察其有異志，遁去。尋授浙江壽昌令，有善政，擢吏部員外郎。嘗游湖山，有詩。著《喟莪集》。（仝上）

【箋證】

清雍正《海陽縣志》卷六《選舉》"清康熙朝進士"："康熙庚戌蔡啟僔榜：曾華蓋，吏部稽勳司員外。揭陽學。"（清雍正《海陽縣志》，《廣東歷代方志集成》潮州府部一一，嶺南美術出版社2009年影印本，第299頁）

清光緒《海陽縣志》卷十五《選舉表四》"清康熙朝進士"："曾華蓋，由揭陽學，吏部員外郎。有傳。十九年庚戌科。"（清光緒《海陽縣志》，台灣成文出版社1967年影印本，第116頁）

清陳珏《古瀛詩苑》今集之卷二："曾華蓋，字乃人，一字唔莪，海陽人。進士，官吏部員外郎。有《鴻跡猿聲》、《楚遊紀事》、《鷦寄堂》諸詩集。"（《古瀛詩苑》，道光丁未年夏月補刊鳳城鐵巷世馨堂藏板，第13頁）

麥天縱

麥天縱，字忝肆，香山人，康熙間為海陽訓導，有《湖山上巳[1]》詩。（《古瀛詩苑》）

【校勘】

[1] 上巳《饒志》原作"上巳"，徑改。

【箋證】

清雍正《海陽縣志》卷五《職官》"國朝訓導"："順治十四年奉裁至康熙十九年復設：麥天縱，香山人，由副榜准貢，康熙十九年任。"（清雍正《海陽縣志》，《廣東歷代方志集成》潮州府部一一，嶺南美術出版社2009年影印本，第287頁）

清陳珏《古瀛詩苑》別集卷之五："麥天縱，字忝肆，香山人，副榜，海陽訓導。附《湖山上巳》詩一首。"（《古瀛詩苑》，道光丁未年夏月補刊鳳城鐵巷世馨堂藏板，第44頁）

《饒志》卷九"藝文"門錄麥天縱《湖山上巳》："三載三遊三月三，風光日日飽湖山。不嫌老我看花眼，只怕愁人照水顏。狂醉十分非酒力，噴香大半是雲鬟。幾囘覓卻凌波步，十里芳塵蔽此間。"

計澤繹

計澤繹，字獻臣，無錫舉人。有《湖山烟雨》詩。(仝上)

【箋證】

清陳珏《古瀛詩苑》別集卷之五："計澤繹，字獻臣，無錫人，鄉舉。"錄其《湖山煙雨招陳比之及令姪硯村暨張晉白葉白也吳仲升姚雲望姚上寧讌集分韻》詩一首。(《古瀛詩苑》，道光丁未年夏月補刊鳳城鐵巷世馨堂藏板，第46頁)

王陳易

王陳易，字又白，嘉定人。有《湖山八景》詩。(仝上)

【箋證】

清陳珏《古瀛詩苑》別集卷之四："王陳易，字又白，嘉定人。太學生。"(《古瀛詩苑》，道光丁未年夏月補刊鳳城鐵巷世馨堂藏板，第27頁)

宋嗣京

宋嗣京，字定山，仁和人。康熙間，以進士知大埔縣，廣詢利弊，有志興革，續緝邑志。涖埔七載，升吏部主事。嘗讌集西湖山南巖，有詩。(《大埔縣志》《古瀛詩苑》)

【箋證】

清嘉慶《大埔縣志》卷一四《職官表》"康熙十九年知縣"："宋嗣京，浙江仁和進士，陞主事，有傳。"(清嘉慶《大埔縣志》，《廣東歷代方志集成》潮州府部一一，嶺南美術出版社2009年影印本，第130頁)

溫廷敬《大埔縣志》卷十七《職官志》"清知縣·表"："宋嗣京，浙江仁和，進士，康熙十九年，陞主事。有傳。"(溫廷敬《大

埔縣志》，民國三十二年刊本）

又，卷十七《職官志》“清知縣·傳”：“宋嗣京，字定山，浙之仁和人，由進士除埔令。視事後，廣詢利弊，有志興革，屆大造期，誓神集議，定編審十則，申請均里圖聽甲戶出甲，頂排歸宗，邑民稱便。續輯邑志。涖埔七載，升吏部主事。”（同上）

清陳珏《古瀛詩苑》別集卷之四：“宋嗣京，字定山，仁和人。康熙間以進士為大埔知縣。”（《古瀛詩苑》，道光丁未年夏月補刊鳳城鐵巷世馨堂藏板，第20頁）

吳一蜚

吳一蜚，字漢章，漳州人，進士，庶常。有《遊湖山杓光閣》詩。（《古瀛詩苑》）

【箋證】

清陳珏《古瀛詩苑》別集卷之四“吳一蜚”條：“吳一蜚，字漢章，漳州人，進士庶常。”（《古瀛詩苑》，道光丁未年夏月補刊鳳城鐵巷世馨堂藏板，第20頁）

吳轍

吳轍，字易庵，興化人，進士。有《游南巖》詩。（仝上）

【箋證】

清陳珏《古瀛詩苑》別集卷之四：“吳轍，字易庵，興化人。進士。”（《古瀛詩苑》，道光丁未年夏月補刊鳳城鐵巷世馨堂藏板，第21頁）

曾燦

曾燦，字青藜，號止山，寧都人，有《游南巖》詩。（仝上）

【箋證】

清陳珏《古瀛詩苑》別集卷之五：“曾燦，字青藜，號止山，寧

都人。"（《古瀛詩苑》，道光丁未年夏月補刊鳳城鐵巷世馨堂藏板，第 10 頁）

吳之章

吳之章，字松若，號槎叟，長寧人。少穎敏，博涉多通，年三十七始見錄於督學，為縣學生。雍正十六年，詔舉博學鴻詞，時之章年已老，當路薦之，不應。工書畫，漫游吳、粵，皆有詩章。潮州西湖蓋其所嘗至也。著有《潮陽漁唱集》。（《泛梗集》）

【箋證】

清徐湘潭《吳槎叟傳》："吳槎叟，名之章，字松若，長寧縣人"，"之章少穎敏，博涉多通，年三十有七，始見錄於督學，主思訓，為縣學生"，"雍正十二年，詔舉博學鴻詞，時之章年已老，久不應舉矣。當路趣之至省會，顧不果薦。"（清吳之章《泛梗集》，《四庫禁燬叢書補編》第八二冊，北京出版社 2005 年影印本，第 383頁）

饒慶捷

饒慶捷，號曼塘，大埔人。乾隆庚寅舉人，乙未進士，官翰林院檢討。嘗游湖山寺，有詩。著《桐陰詩集》。（《大埔縣志》）

【箋證】

清同治《大埔縣志》卷一六《選舉表》"舉人·國朝"："乾隆庚寅：饒慶捷，拔貢，以《禮記》，由從化教喻中式第五名。詳甲科。"（清同治《大埔縣志》，《廣東歷代方志集成》潮州府部二三，嶺南美術出版社 2009 年影印本，第 476 頁）

又，"進士·國朝"："乾隆乙未：饒慶捷，第三甲，授翰林院檢討。"（同上）

溫廷敬《大埔縣志》卷二十《人物》："饒慶捷，號曼塘，城坊人。乾隆三十年拔貢生，學使翁方綱閱其文，目為天才，拔冠全省朝考一等，以知縣用。翁知其為玉堂中人也，勸令改教，歷任從化、感恩教論。三十五年，舉鄉試第五；四十年，成進士，選庶吉士，充國史館纂修。散館，授翰林院檢討，在館十年。乾隆五十年，新建辟雍落成，高宗躬臨釋奠，慶捷進《辟雍頌》。是歲大考，慶捷以不善事權貴被黜，南歸。五十一年，薄遊吳淞，鄉人商於淞滬者，延主會館事。五十二年，征台灣，詔運江川米五十萬赴閩，由吳淞出海，調閩、廣洋船千艘，總督李侍堯檄慶捷董其役。在淞滬五年，與其地名流過從宴會酬唱題詠，篇什甚富。五十五年，高宗東巡，瞻岱謁聖，慶捷進集《文選》詩十首、《東巡雅》十二章。四月二十七日，召試一目羅詩，高宗覽詩，諭閣臣曰：'詩尚不荒，可仍在翰林。'又問大考等第及所進集《文選》詩冊甚悉。翼日，授內閣中書舍人。是日，與散館諸臣同授職，循例序資到館，俱稱前輩。其歲，高宗八旬，進《八旬萬壽頌》十九章、《五徵毫念頌》五章。在閣五年，座主大學士無錫嵇璜命專司紅本，勗之曰：'忠敬則精神自倍。'年六十，以年老致仕。歷掌端溪、粵秀兩書院。嘉慶九年，知縣洪先燾修縣志，聘慶捷主其事。慶捷工為詩，為諸生時，翁方綱即引與唱和。及司訓從化，方綱寄詩有云：'石洲來歲秋光好，句法商量定待君。'蓋深契之也。著有《桐陰詩集》，座主陸錫熊序之曰：'桐陰詩出自新意，不涉蹊逕，蓋能自竭其才力之所至而不以字句摹倣為工者。'官中書日，欽天監監副湯士選以西洋書刻數數種貽慶捷，慶捷與論學，謂其識趣澄夐，作詩贈之，其懷虛達識如此。"（溫廷敬《大埔縣志》，民國三十二年刊本）

許龍章

許龍章，江寧人。乾隆十年，任潮州知府。重修西湖山，有《記》。（《周府志》、湖山石刻）

【箋證】

清乾隆《潮州府志》卷三十一《職官表一》"清乾隆十年知府"："許龍章，江寧生員，保舉，由順德令超升。"（清乾隆《潮州府志》，《廣東歷代方志集成》潮州府部四，嶺南美術出版社 2009 年影印本，第 698 頁）

《饒志》卷八錄許龍章《西湖山記》，署"時乾隆十二年歲在丁卯春正上澣郡守金陵許龍記"。

范同知

范同知，仁和人。乾隆三十五年任海陽知縣，重闢南巖，有《記》。（《海陽縣志》、湖山石刻）

【箋證】

清光緒《海陽縣志》卷十一《職官表三》"國朝乾隆朝知縣"："范同知，三十五年任。"（清光緒《海陽縣志》，台灣成文出版社1967年影印本，第82頁）

《饒志》卷八錄范同知《南巖記》，署"乾隆四十年歲在旃蒙協洽余日上浣仁和范同知記"。

倪鴻

倪鴻，號耘劬，廣西桂林人。官粵東司馬。工詩，張南山、黃香石，其師也。光緒丁丑游潮，登湖山有詩。（《退遂齋詩序》《西湖記》）

【箋證】

清亢樹滋《退遂齋詩序》："桂林倪君耘劬，為張南山、黃香石名宿入室弟子，綺歲多才，著述宏富，尤工於詩。官粵東二十年。"（《清代詩文集彙編》第七〇九冊，上海古籍出版社2011年版，第276頁）

姚瀚

姚瀚，號竹園，貴池人。工詩，僑居潮州三十餘載，樂西湖山水，尋幽探勝，雖片石頹垣，皆有吟詠，著《西湖漁唱》一卷。子謙，號小園；次子遜，號又園，亦能詩。（《西湖記》）

【箋證】

清林大川《西湖記》卷一"竹園放歌"條："客堂右壁題有貴池

竹園氏姚瀚同棉陽介人趙圭錫遊湖醉後放歌。"(《西湖記》上，釣月山房清咸豐七年刻本，第8頁)

又，卷一"雷打石"條林大川按："姚竹園僑寓我潮近三十載，為最久。大少君小園姚謙。"(《西湖記》上，釣月山房清咸豐七年刻本，第24頁)

又，補遺卷"西湖漁唱"條："《西湖漁唱》，一卷，三十六首，姚竹園撰"。(《西湖記》下，釣月山房清咸豐七年刻本，第2—3頁)

黃安濤

黃安濤，字凝輿，號霽青，嘉善人。嘉慶進士，官至潮州知府。博學工詩，與潮人呂玉瑛結社唱和，雅集湖山，作展上己之會，有詩。(《人名大辭典》《詩娛室詩集》《刻燭吟館詩鈔》)

【箋證】

臧勵龢等撰《中國人名大辭典》："黃安濤，清嘉善人，字凝輿，號霽青。嘉慶進士，官至潮州知府。博學工詩，有《詩娛室詩集》、《息耕草堂詩》、《真有益齋文編》。"(《中國人名大辭典》，商務印書館1927年版，第1231頁)

清黃安濤《詩娛室詩集》卷十四《潮州集小序》："潮州負山瀕海，界聯汀、漳、惠、嘉，民俗悍慹，獄訟滋多，古稱易治，今則風氣迥殊矣。予自量移以迄被劾罷郡，前後計跨七年"，"顧望雨量晴，撫時感事，偶爾滌研，歡然得朋胸膈間物，輒復借手傾吐，殆歐公所謂三上者居多。"(《清代诗文集彙編》第五二一冊《詩娛室詩集》，上海古籍出版社2011年版，第501頁)

《饒志》卷九"藝文"下錄呂玉瑛《霽青太守來書證集湖山先獻一律》："遊屐春陪侍，秋風興更酣。招提聞掃榻，彌勒喜同龕。泥瓜前塵認，詩心此會參。幾時行幰入，夢已落煙嵐。"

張聯桂

張聯桂，字丹叔，一字羿叔，江都人。咸豐間，入貲為太常博士，累官廣西巡撫，歷任潮州知府、惠潮嘉道。有《重九游湖山》

詩。(《續碑傳集》《粵遊小志》、湖山石刻)

【箋證】

俞樾《廣西巡撫張公墓志銘》:"公諱聯桂,字丹叔,一字弢叔,姓張氏,江蘇江都人","入貲為太常博士","同治某年,京察一等,擢廣西慶遠府同知,歷署靈川縣、賀縣知縣、全州知州,皆劇邑也","息調惠、潮二府","光緒八年,遷惠潮嘉道,調署糧道。"(廖荃蓀《續碑傳集》卷三十二,《近代中國史料叢刊》第九十九輯,台灣文海出版社1966年版,第984頁)

張心泰《粵遊小志》:"潮附郭名山三:韓山、西湖山均在城外,惟金山在城內","泰辛巳隨任之潮,僅遊金山、韓山二處。癸未,復由糧道侍任惠潮,於重九隨家大人始遊西湖山,然亦僅至老君洞止。後訪南漢《拓路記》,始得盡遊云。"(《粵遊小志》,《小方壺齋輿地叢鈔》第九輯,清光緒十七年上海著易堂刊行,第7285—7286頁)

《饒志》卷九"藝文"門錄張聯桂《癸未重九游西湖山》:"秋色豁眉宇,涼氣透簾幕。感此佳節臨,風雨喜不作。抽身簿書業,欲踐湖山,約良朋三五人,襟期俱脫畧,沿隄憩樹陰,紆徑入蘭若,快登待月亭,共坐乘風閣。晚稻綠滿疇,遠峯青到郭。雲開見雁字,波動知魚躍。錢塘負重名,此地亦丘壑。惜無東坡來,勝境轉蕭索,佳人不逢時,幽谷空寂寞。古今同一慨,多為浮名縛,更上葫蘆頂,風景尤清廓。形勢如建瓴,全城此鎖籥,守禦或不嚴,萬戶遭剽掠,憶昔兵燹時,雉堞山腰絡。遙聞海波濤,蜃氣浮碧落。會當凌□□,一劍斬鯨鱷。憂深聊自娛,雙鰲侑清酌。興盡同下山,明月出林薄。"

符翕

符翕,字子琴,號蔬叟,湖南清泉人。光緒間,任陽山令,工書畫。旅潮頗久,有湖山題壁詩。(《陽山業牘》、湖山石刻)

【箋證】

符翕《陽山叢牘》,未錄湖山題壁詩,待考。

佃介眉《畫人志略·符翕》:"清泉符翕,字子琴,號長樂。去職寓潮，以書畫糊口。每一逞筆，英英自異。題語多奇趣，人弗可及。有畫者薄以粗糲，殊不知自尺其身。喜游刃，張孝達好之。"（《佃介眉詩文集》，中國文聯出版社 2007 年版，第 205 頁）

《饒志》卷九"藝文下"錄符翕《登積翠亭閒眺》："千歲喬柯撐古畫，一灣清碧映蒼螺。此真吳下倪迂筆，澹澹疏疏意趣多。"

曹騰騑、黃道欽主編《廣東摩崖石刻》"符翕題字"條："'畫境。登西湖山題二字。邑人林月望同遊，屬書刻之。符翕。'磨崖在潮州市葫蘆山南巖。高 1.60 米，寬 3.20 米。行書，字徑 1.35 米。約鎸於清光緒年間。符翕，字子琴，號蔬叟，湖南清泉人。清光緒間人陽山令。工書畫，旅潮頗久。"（曹騰騑、黃道欽主編《廣東摩崖石刻》，廣東人民出版社 1998 年版，第 231 頁）

陳坤

陳坤，字子厚，錢塘人。有《湖山絕句》。著《嶺南雜事詩鈔》八卷。（《嶺南雜事詩鈔》）

【箋證】

孫鑄《嶺南雜事詩鈔題辭》："子厚先生服官東粵，所至之處，凡風土人情，以及一草一木，無不廣覽周咨，宜其備於諸事循聲遹躒也。屬政之酥，成《雜事詩》八卷，不事雕鏤，言簡意該，後之仕粵者，探風問俗，其必以此書為津逮乎。"（《嶺南雜事詩鈔箋證》，廣東人民出版社 2014 年版，第 16 頁）

《饒志》卷九"藝文下"錄陳坤《湖山》絕句："湖山高處怕登樓，海氣蒼茫鱷渚秋。感觸鄉心忘不得，一時囘首憶杭州。"

陳珏（附陳氏昆季）

陳珏，字比之，號雙山，衍虞子，最知名。張尚瑗游粵，語人曰："吾於惠得葉西村，於潮得陳雙山，不負此游矣。"著有《研痕堂集》。兄士復（一名周禮），字心之，號癡山，有《自怡草》。弟嶼，字崑之，號魯山，有《屏山集》。士復子王猷，字良可，號硯村，康熙辛卯舉人，官肇慶教授，有《蓬亭集》。又，陳藝衡，字博之，號寄亭，有《愛園草》。士規，字景之，號鶴州，有《嚥珠堂集》。士鳳，字翔之；士鼎，字位之，皆廷策孫一門，群從咸能世其詩學，湖山乃其釣遊之地，故集中湖山南巖詩最多。（陳衍虞《先子行狀》《古瀛詩苑》《海陽縣志》）

【箋證】

陳玨《古瀛詩苑》今集卷之三"陳玨"條："陳玨，字比之，一字雙山，海陽人，太學生，有《硯痕堂詩文集》。"（《古瀛詩苑》，道光丁未年夏月補刊鳳城鐵巷世馨堂藏板，第18頁）

清光緒《海陽縣志》卷三十九《列傳八》"陳衍虞"條："子七人，其季玨，字雙山，最知名。張尚瑗游粵，語人曰：'吾於惠得葉西村，於潮得陳雙山，不負此游矣。'著有《研痕堂集》。五子士復（《張志》稱名'周禮'），字心之，亦能詩，著有《自怡草》。士復子王猷，字良可，號硯村，中康熙辛酉舉人……官曲江教諭，改連州，遷肇慶教授……文章淹雅，尤工詩。其季父玨嘗輯潮中詩人，上自唐宋，下迄國朝，為《古瀛詩苑》，王猷助之……自為詩得力子美昌黎，參以歐陽黃陸，卓然成家，所著有《蓬亭詩文集》。文散佚，詩刊存。沈德潛嘗選入《國朝別裁集》中，稱其排奡似韓縱橫近蘇。海陽陳氏以詩學世其家，潮人多宗之，猷其表表者也。"（清光緒《海陽縣志》，台灣成文出版社1967年影印本，第396—397頁）

鄭昌時

鄭昌時，字平階（後名重暉），海陽人。幼聰敏，讀書過目成誦，以明經終。有《潮州二十四詠》、《韓江竹枝詞》。（《海陽縣志》《韓江聞見錄》）

【箋證】

民國《潮安縣志》："鄭昌時，字平階，初名重暉。幼聰敏，讀書過目成誦，弱冠補博士弟子員，食廩。有聲。太守黃安濤以疏治韓江水道下問，重暉進權宜時務萬言策。巡撫奇其才，辟充幕府。以明經終。所著有《說隅》、《開方考》、《韓江聞見錄》、《豈閒居吟稿》行世。"（轉引自《韓江聞見錄》前言，《韓江聞見錄》，上海古籍出

版社 1995 年版,第 1 頁)

清洪肇基《韓江聞見錄序》:"予友鄭君平階,卓举士也。性聰穎,多讀等身書。為举業,高古有奇氣。尤喜吟詠,但人多見平階之善於詩,或未知其别有著作也。嘗成《說隅》、《開方考》二書刊行問世。近又成《韓江聞見錄》示余,余讀而歎曰:'才大者,固無所不可乎!'"(同上書,第 374 頁)

林大川

林大川,字利涉,號蓮舟,海陽人。性耽煙霞,擬築釣月山房於湖山麓,未果,乃蒐采遺逸,撰《西湖記》二卷。(《井天詩話》《歸來居詩草》)

【箋證】

饒鍔、饒宗頤《潮州藝文志》卷七錄張國棟《井天詩話》:"林君大川,字利涉,號蓮舟,韓江佳士也。志在煙霞,情耽風雅,著述甚富,有《韓江》、《西湖》兩記行世,又有《續韓江記》、《釣月山房詩草》、《蠡測詩話》諸大作,雖未剞劂,已膾炙人口矣。"(《潮州藝文志》,上海古籍出版社 1994 年版,第 204 頁)

柯愈春《清人詩文集總目提要》:"《歸來居詩草》四卷,戴漉巾撰。漉巾,字潛夫,廣東海陽人。此集前有張莘田序,又張國棟作《歸來居記》,末附詞鈔,光緒九年刻。饒鍔、饒宗頤《潮州藝文志》著錄,今存。"(《清人詩文集總目提要》中冊,北京古籍出版社 2001 年版,第 1599 頁)

謝錫勳

謝錫勳,字安臣,海陽人。光緒己丑举人,官將樂縣知縣,有惠政。博學,喜藏書。有《湖山釣魚臺》、《四望臺》詩。(《縣志·選舉表》《小草堂詩鈔》)

【箋證】

清光緒《海陽縣志》卷十五《選舉表四》"清光緒朝举人":"謝

錫勳。"（清光緒《海陽縣志》，台灣成文出版社 1967 年影印本，第 132 頁）

右游覽

仙釋

白玉蟾

白玉蟾，字如晦，或云本葛長庚，變姓名。世為閩人，以祖任瓊州日生，乃自號海瓊子，又曰蟾庵，曰武夷散人，曰神霄散吏。幼舉神童，長游方外，得翠虛陳泥丸之術，當時士大夫欲以異科薦，弗就也。常往來潮、惠諸山中，蓬頭跣足，一衲甚敝，而神清氣爽，與弱冠少年無異。喜飲酒，不見其醉。博洽儒書，究竟禪理，出言成章，隨身無片紙，落筆驚四座，擅篆隸，尤妙梅竹，時言休咎輒驗。嘗游西湖，至暮被風吹墜水，舟子甚驚，遶湖尋不見，達旦已在水上，猶醺然。後莫知所終，或云尸解於海豐縣。（《海陽縣志》）

【箋證】

清光緒《海陽縣志》卷四十三《列傳十二》"白玉蟾"條："白玉蟾，字如晦，或云本葛長庚，變姓名。世為閩人，以祖任瓊州日生，乃自號海瓊子，又曰蟾庵，曰武夷散人，曰神霄散吏。幼舉神童，長游方外，得翠虛陳泥丸之術，當時士大夫欲以異科薦之，弗就也。常往來潮、惠諸山中，蓬頭跣足，一衲甚敝，而神清氣爽，與弱冠少年無異。喜飲酒，不見其醉，博洽儒書，究竟禪理，出言成章，隨身無片紙，落筆驚四座。有贈潮陽吳桂山詩云：'一笑相逢在翠微，緣槐高柳納涼時。只將水竹煙霞興，說與風花雪月知。日落三杯無事酒，人間八句自然詩。白雲深鎖仙家路，香滿山中桂子枝。'其為詩類多仙氣，大字草書，視之若龍蛇飛動。兼擅篆隸，尤妙梅竹，而不輕作，間自寫其容，數筆立就，工書者不及。時言休咎輒驗，有願從之游者莫得也。嘗游西湖，至暮被風墜水，舟子甚驚，遶湖尋不見，達旦已在水上，猶醺然。後莫知所終，或云尸解於海豐縣。"（清光

緒《海陽縣志》，台灣成文出版社 1967 年影印本，第 418—419 頁）

海德　鍾萬成

　　海德，饒平人，俗姓蕭，幼雉髮修真於揭陽觀音堂。丙戌，海賊陷揭陽，積屍數萬，海德收而瘞之，作同歸塚於舊教場。癸巳，郡城破，橫屍遍野，又與義士鍾萬成收遺骸十餘萬，作普同塔於葫蘆山。（《周府志》）

【箋證】

　　清乾隆《潮州府志》卷三十《人物》"海德"條："海德，饒平人，俗姓蕭，幼雉髮修真於揭陽觀音堂。丙戌，海賊陷揭陽，積屍數萬，海德收而瘞之，作同歸塚於舊校場。癸巳，郡城破，橫屍遍野，又與義士鍾萬成收遺骸十餘萬，作普同塔於葫蘆山。"（清乾隆《潮州府志》，《廣東歷代方志集成》潮州府部四，嶺南美術出版社 2009 年影印本，第 651 頁）

德薪

　　德薪，海陽人，俗姓陳，號起南。得法崆峒，晚歸潮，築華嚴庵於西郊，日與名流唱和，人稱為"南禪師"。著《劫灰集》。（《嶺海菁華記》《古瀛詩苑》）

【箋證】

　　清鍾聲和《嶺海菁華記》卷四"隱逸附仙釋、方技"："德薪，海陽人。得法崆峒，晚歸潮，築華嚴庵於西郊，日與士林唱酬，官紳造訪者不絕。著有《劫灰詩文集》。中有《答張次元明府》一律云：'何物幻成姓與名，世人於此枉鍾情。應同鴻羽雲間發，莫作萍蹤浪裏行。廬岳移來山有色，西江吸盡水無聲。回思不是他家事，豈可將心舊處明？'觀此詩，知其於真如妙旨，煞有會悟。"（清鍾聲和《嶺海菁華記》，《廣州大典》第三十四輯史部地理類第九冊，廣州出版社 2008 年影印本，第 739—740 頁）

　　清陳珏《古瀛詩苑》今集卷之三《方外》"釋德薪"條："釋德

薪，字起南，海陽人。得法崆峒，晚歸潮，建華嚴庵於西郊。有《刬灰詩文集》。"（《古瀛詩苑》，道光丁未年夏月補刊鳳城鐵巷世馨堂藏板，第 24 頁）

清光緒《海陽縣志》卷四十三《列傳》"德薪"條："德薪，郡人。得法崆峒，晚歸潮，築華嚴庵於西郊，日與士大夫唱酬。有《刬灰詩文集》。間有客。"（清光緒《海陽縣志》，台灣成文出版社 1967 年影印本，第 420 頁）

超雪

超雪，字宜白，海陽人，原籍福州。康熙二十三年，總兵馬三奇為建竹林庵於西郊以居之。雪戒律精嚴，善詩、字，潘耒至潮嘗與唱和。（《海陽張志》《古瀛詩苑》《稼堂集》）

【箋證】

清雍正《海陽縣志》卷八寺觀"竹林庵"條："竹林庵，在西關外，康熙甲子年，潮鎮侯馬三奇為僧超雪創建，雪善草書。"（清雍正《海陽縣志》，《廣東歷代方志集成》潮州府部一一，嶺南美術出版社 2009 年影印本，第 393 頁）

清陳珏《古瀛詩苑》今集卷三《方外》"釋超雪"條："釋超雪，字宜白，海陽人，原籍福州，創竹林庵於西郊。"（《古瀛詩苑》，道光丁未年夏月補刊鳳城鐵巷世馨堂藏板，第 23 頁）

清光緒《海陽縣志》卷二十七《古蹟略二·寺觀》"竹林寺"條："竹林寺，在西關外。康熙二十三年，總兵馬三奇為僧超雪建。國朝潘耒《竹林寺訪宜白禪師》詩：'潮州少精蘭，竹林頗幽勝。我來披荒榛，剝啄久不應。王僧往靈山，閴寂苔封徑。涉旬再過之，赤髭笑相迎。山雲柱杖頭，溪月懸佛柄。言從閩山來，愛此清絕景。把茅聊蓋頭，懶拙顏相稱。'"（清光緒《海陽縣志》，台灣成文出版社 1967 年影印本，第 277 頁）

性珍

性珍，字悅則[1]，萬曆間重修法藏庵，能琴棋及畫。與黃道周

善，道周有文，手書贈之。（《海陽張志》）

【校勘】

[1] 悅則　原作"□則"，據清雍正《海陽縣志》補。

【箋證】

清雍正《海陽縣志》卷八"法藏庵"條："法藏庵，在西關外，元至正間建。明萬曆辛亥，住僧性珍募化重建。珍，字悅則，能琴棋及畫。與黃道周善，道周有文，手書贈之。"（清雍正《海陽縣志》，《廣東歷代方志集成》潮州府部一一，嶺南美術出版社 2009 年影印本，第 393 頁）

雪幘

雪幘上人，為福溥庵住持。能詩，嘗以重九遇雨，阻絕勝遊。至十四日，招陳園公、梁霖海、謝霜涯、翁萊山、袁于仁諸詩人集庵中山亭，補茱萸會。適羅庸庵自山中至，遂各賦詩，頗為一時盛事。（《西湖記》）

【箋證】

清林大川《西湖記》補遺"補茱萸會"條："雪幘上人，詩僧也。嘗以重九風雨，阻絕勝遊。迨十四日，招陳園公、梁霖海、謝霜崖、翁萊山、袁于仁、素公族弟克斐諸詩人，集福溥庵山亭，補茱萸會。適羅庸庵自山中至，遂各賦詩。園公詩云：'晴郊秋色好，到此轉蕭曠。初地擁香翠，煙雲各異狀。麟麟僧寮外，青畦彌一望。空茫無邊際，小亭厭依傍。苔徑正鹿踪，蟬響徹遙嶂。遠公許入社，領略鏡清況。已負黃花辰，聊以此遊償。有客珊珊來，道氣生履杖。一聚亦夙因，觴茗協幽尚。日夕佳氣多，詠歸答橋樵唱。'"（《西湖記》下，釣月山房清咸豐七年刻本，第 3 頁）

達上

達上，西湖詩僧，居南巖精舍，嘗有《曉望》詩："下山殘月

淡，照水大星明。"句極明淨，不落禪機。又，"曉月淡人影"五字
尤佳。（《西湖記》）

【箋證】

清林大川《西湖記》卷一"達上上人"條："達上上人，西湖詩
僧也。住持南巖精舍，嘗有《曉望》詩：'下山殘月淡，照水大星
明。'詩極明淨，不落禪機。又，'曉月淡人影'五字尤佳。"（《西湖
記》上，釣月山房清咸豐七年刻本，第 6 頁）

慧沅

慧沅，道光間住錫西湖紫竹庵，通儒書，喜與文士接納。或譏其
太清閑，即口占答云："學幾筆水墨畫，栽幾種香色花。漫說僧家無
事，即此便是生涯。"其風趣可見。（《西湖記》）

【箋證】

清林大川《西湖記》卷一"慧沅上人"條："慧沅上人，紫竹庵
僧也。淡雅，通儒書，詞客騷人，尤喜接納。客有說其太清閑者，即
對客口占答：'學幾筆水墨畫，栽幾種香色花。漫說僧家無事，即此
便是生涯。'可想見其風趣。"（《西湖記》上，釣月山房清咸豐七年
刻本，第 3 頁）

清光緒《海陽縣志》卷二十七《古蹟略二·寺觀》"紫竹庵"
條："紫竹庵，在湖山西麓。明萬曆間，吏部唐伯元建。崇禎四年，
吳卜高重修。"（清光緒《海陽縣志》，台灣成文出版社 1967 年影印
本，第 278 頁）

潮州西湖山志卷六

石刻上

唐

李公亭記（佚）

唐貞元三年立。（《輿地紀勝》）

《通鑑》："貞元十二年貶御史中丞李宿為潮州刺史。"又，《周志》載湖山之巔有觀稼亭，唐中丞李宿建。亭址今尚存，《記》則佚矣。（《縣志》）

鍔按：亭址在今湖山東北隅石壁上，"李公亭"三字猶存，字大尺許，正書，無年月，是否唐刻已不可考。但王象之《輿地碑目》載："《李公亭記》，立於貞元三年。"（阮元《粵東金石略》、《廣東考古錄》引并同）《縣志·金石略》誤"三年"為"十三年"，遂疑即南巖上觀稼亭。（林嶔《西湖山》詩本題李公亭，而《縣志》誤入《古跡》"觀稼亭"之後。）考李宿為潮州刺史，去李公亭之立已後十年，此李公亭斷非為宿而建。《周志·職官表》宿前潮州刺史有李皋，大歷十二年任，祀名宦，有傳，然則此李公或即皋與？

【箋證】

宋王象之《輿地紀勝》卷一百《廣南東路·潮州府》"碑記"

條:"《李公亭記》,唐正元十三年立。"(《輿地紀勝》,中華書局1992年版,第3117頁)

宋王象之《輿地碑記目》卷三《潮州碑記》:"《李公亭記》,唐正元十三年立。"(文淵閣《四庫全書》史部十四《輿地碑目》,第17頁)

清道光《廣東通志》卷二百三《金石略五》記載:"潮州《李公亭記》。佚。唐貞元三年立。(《輿地紀勝》)'。"(清道光《廣東通志》,《續修四庫全書》第669冊,上海古籍出版社2003年版,第381頁)

清周廣《廣東考古輯要》卷三十三《金石》"西湖山石字"條:"案:王象之《碑目》載'潮州碑記'條下有'韓退之元和四年題名並大顛壁記',又載'唐貞元三年《李公亭記》'。"(《廣東考古輯要》,新文豐出版公司1979年版,第11385頁)

清光緒《海陽縣志》卷三十《金石略一》"李公亭記"條:"唐貞元十三年立。(《輿地紀勝》)謹案:《通鑑》:'貞元十二年貶御史中丞李宿為潮州刺史。'又,《周志》載'湖山之巔有觀稼亭,唐中丞李宿建亭址'。今尚存,《記》則佚矣。"(清光緒《海陽縣志》,台灣成文出版社1967年影印本,第300頁)

陳維賢《〈潮州西湖山志·石刻〉校正》:"李公亭記,按林嶧《西湖山》詩,題云:'湖山一景,不減韓山,自榛莽中起而新之,環立四亭,植松插竹,遊者眾矣。'此詩乃詠其所立之亭,非題李公亭或觀稼亭也。"(《韓山師專學報》1990年第1期)

今按:《輿地紀勝》、《輿地碑記目》皆載《李公亭記》貞元十三年立。"正元"即為"貞元",乃宋人避宋仁宗趙禎名諱而改,可見非饒鍔所言"三年"。《縣志》引《輿地紀勝》李公亭記立年無誤。或許饒鍔未查《輿地紀勝》、《輿地碑記目》而直引阮元《廣東通志》、周廣《廣東考古輯要》而誤。饒鍔復以"林嶧《西湖山》詩本題李公亭"證《縣志》誤載,故《饒志》與《縣志》皆誤,當以陳說為是。

五代（南漢）

拓路題記（存。"申"字已泐，行書，在湖濱大石上）

"以大寶三年庚申歲，月在仲冬，願拓此路，特留題記。"〔右《拓路記》其文云云，凡三行，二十字，行書，書頗縱逸，在潮州府西湖旁大石上，金石家未有著錄者。益都李南澗知潮陽日，赴郡游斯湖，始見而拓之。（《潛研堂金石文跋尾》）"大寶"紀元有二：一梁簡文帝，一南漢劉銀。梁大寶僅二年，為庚午、辛未；南漢大寶十四年，其三年即庚申，與碑合，必南漢時物矣。石刻本行書，孫星衍《寰宇訪碑錄》以為正書，誤。以《潛研堂金石文跋尾》云"李南澗知潮陽時赴潮拓得"，遂誤為在潮陽，蓋采傅聞著錄，未見拓本也。吳蘭修《南漢金石記》亦載其文，惟誤"願"字作"開"字，"特"字作"為"字。（《縣志》）〕

【箋證】

清錢大昕《潛研堂金石文跋尾》卷十一"拓路記"條："拓路記（大寶三年），右拓路記。其文云：'以大寶三年庚申歲，月在仲冬，開拓此路，為留題記。'凡三行，二十字。行書，頗縱逸。在潮州府西湖旁大石上。金石家未有著錄者。益都李南澗知潮陽日，赴郡遊斯湖，始見而拓之。"（《潛研堂金石文跋尾》，《嘉定錢大昕全集》第六冊，江蘇古籍出版社 2006 年版，第 288 頁）

清孫星衍《寰宇訪碑錄》卷五"南漢"條："拓路題記。正書，大寶三年十一月。廣東潮陽。"（清孫星衍《寰宇訪碑錄》，《歷代碑誌叢書》第 23 冊，江蘇古籍出版社 1998 年影印本，第 183 頁）

清吳蘭修《南漢金石記》卷一："拓路記（存）。以大寶三年庚申歲，月在仲冬，開拓此路，為留題記。（拓本）'右《拓路記》，其文云云，凡三行二十字，行書，頗縱逸，在潮州府西湖旁大石上。金石家未有著錄者。益都李南澗知潮陽日，赴郡遊斯湖，始見而拓之。（《潛研堂金石文跋尾》）'"（《南漢金石志補征》，廣東人民出版社 2010 年版，第 50—51 頁）

清光緒《海陽縣志》卷三十《金石略一》"拓路題記"條："以大寶三年庚申歲，月在仲冬，願拓此路，特留題記。'右拓路記，其文云云，凡三行，二十字，行書，書頗縱逸。在潮州府西湖旁大石上，金石家未有著錄者，益都李南澗知潮陽日赴郡遊斯湖，始見而拓之。（《潛研堂金石文跋尾》）'謹案：大寶紀元有二：一梁簡文帝，一南漢劉䶮。梁大寶僅二年，為庚午、辛未；南漢大寶十四年，其三年即庚申，與碑合，必南漢時物矣。石刻本行書，孫星衍《寰宇訪碑錄》以為正書，誤。以《潛研堂金石文跋尾》云'李南澗知潮陽時赴潮拓得'，遂誤為在潮陽，蓋采博聞著錄，未見拓本也。吳蘭修《南漢金石記》亦載其文，惟誤'願'字作'開'字，'特'字作'為'字。"（清光緒《海陽縣志》，台灣成文出版社1967年影印本，第301—302頁）

今按：陳維賢《〈潮州西湖山志·石刻〉校正》附《已佚碑刻目錄》記此刻於"文化大革命"期間佚。（《韓山師專學報》1990年第1期）

宋

王漢湖山立石詩[1] （存。正書，在西湖山。字尚完好，石屹立，高二丈許。詩見"藝文"門）

山在潮州城北一里許，下有水，名"西湖"。其山碎石疊空，巖洞畢具，有大中祥符六年二月十五日太常博士、知軍州事王漢刻一首，字甚撲拙。（翁方綱《粵東金石畧》）

《宋詩紀事》載漢詩在大觀、宣和間，蓋據《潮中雜記》，未見石刻也。（阮元《粵東金石略》）

鍔按：王漢，祥符間知軍州事，見《府志·職官表》，其里貫、行畧各書皆無考，惟此兼言為太常博士。《文獻通考》"太常博士"乃清選之職，宋祥符中始置二員，此詩刻於祥符六年，與《通考》文合。詩中"濆"字，《張縣志》作"濱"；"雋"字，《張縣志》作"摘"，今《縣志》作"鑴"。湖山題詠刻石，實自漢始。

【校勘】

[1] 王漢湖山立石詩　陳維賢《〈潮州西湖山志·石刻〉校正》作"立石詩，太常博士知軍州事王漢"。

【箋證】

明郭子章《潮中雜紀》卷九《湖山立石詩》條："宋太常博士知軍州事王漢立石詩：'如碑卓水濱，磊落未名聞。蘚駁瓊姿出，蝸行篆字分。器渾猶抱璞，勢迥已凌雲。幸免隨金鍛，寧憂與玉焚。螭形徒炭炭，鳥跡欠云云。若使昌黎見，應摘逐鱷文。'此詩至今刻湖山石上。"（《潮州善本選集·潮中雜紀》，香港潮州商會1993年影印本，第176頁）

清翁方綱著，歐廣勇、伍慶錄補註《粵東金石略補註》卷九《潮州府·金石下》"西湖山石字"條："山在潮州城北一里許，下有水，名西湖，其山碎石疊空，巖洞畢具。有大中祥符六年二月十五日太常博士知軍州事王漢刻詩一首，字甚撲拙。"（《粵東金石略補註》，廣東人民出版社2012年版，第341頁）

清道光《廣東通志》卷二百五《金石略七》："山在潮州城北一里許，下有水，名西湖，其山碎石疊空，巖洞畢具，有大中祥符六年二月十五日太常博士知軍州事王漢刻一首，字甚撲拙。（翁方綱《粵東金石畧》）謹案：《宋詩紀事》載'漢詩在大觀宣和間'，蓋據《潮中雜記》，未見石刻也。"（清道光《廣東通志》，《續修四庫全書》第669冊，上海古籍出版社2003年版，第417—418頁）

清厲鶚《宋詩紀事》卷三十七"王漢"條："王漢。漢，太常博士，知潮州。《題湖山立石》：'如碑卓水濱，磊落未名聞。蘚駁瓊姿出，蝸行篆字分。器渾猶抱璞，勢迥已凌雲。幸免隨金鍛，寧憂與玉焚。螭形徒炭炭，鳥跡欠云云。若使昌黎見，應摘逐鱷文。'（《潮中雜記》）"（《宋詩紀事》，上海古籍出版社1981年版，第956頁）

清光緒《海陽縣志》卷二十六《古蹟略一·園林名蹟》"立石"條："立石，在西湖山腰，高可二丈，為宋知軍州事王漢留題處。"（清光緒《海陽縣志》，台灣成文出版社1967年影印本，第273頁）

又，卷三十《金石略一·宋》"王漢湖山立石詩"條所載與"藝文"門錄王漢《題湖山立石》一致，并按："右刻今在西湖山，正書字尚完好，石屹立高二丈許。"（清光緒《海陽縣志》，台灣成文出版社1967年影印本，第304頁）

陳維賢《〈潮州西湖山志·石刻〉校正》："石刻共十一行，末行尚有'大中祥符六年二月十五日刻'十二個字。"附《已佚碑刻目錄》記此刻"文化大革命"期間佚。（《韓山師專學報》1990 年第 1 期）

天禧題名殘字（存。正書，在湖山北山頂。此刻，《縣志》失載）
"天禧（已下缺）庚申（缺）記。"

鍔按：天禧題名，字已全泐，惟"天禧"、"庚申"、"記"五字尚依稀可見。考天禧紀元有二：一宋真宗，一遼末帝。末帝天禧無庚申，且其統治力亦不及嶺南，此"庚申"乃宋真宗天禧四年也。

【箋證】

清翁方綱著，歐廣勇、伍慶錄補註《粵東金石略補註》卷九《潮州府金石》"西湖山諸刻·〔增補〕宋俞獻卿葬妻文"條："宋俞獻卿葬妻文，刻於葫蘆山北巖西側，宋天禧四年（1020）。楷書，高一點九米，寬三點五五米，保存尚好。碑文錄如左：'天禧二年戊午歲建子月，曲臺博士俞獻卿出守是郡。四年秋七月，妻清河縣君張氏以疾終於官舍。彌留之際，謂余曰：'妾其逝矣，厥軀願勿以火化，但得坯土覆面，足矣！'又曰：'無以厚葬，慮久久貽患於泉下。'乃自擇弊衣數事，俾燃鐵筋回環以烙之。其首飾之具，悉以錫蠟為。余嘉其言達，故不違其命，即以其月十二日葬於此。庚申歲七月二十日記。'俞獻卿，字棟臣，歙縣（在安徽省）人。少與其兄獻可以文學知名，皆中進士。天禧二年（1018）由太常博士（即曲臺博士）調任潮州知州。"（翁方綱著，歐廣勇、伍慶錄補註《粵東金石略補註》，廣東人民出版社 2012 年版，第 342—343 頁）

陳維賢《〈潮州西湖山志·石刻〉校正》："按此刻為俞獻卿葬妻記，非題名，全文共百餘字，可辨識。文見《潮州西湖山志石刻》補遺。《潮州府志·職官表》以俞獻卿為皇祐間任，誤。"（《韓山師專學報》1990 年第 1 期）

黃挺、馬明達著《潮汕金石文徵》（宋元卷）卷一《北宋》"俞獻卿葬妻記"條："石刻高一百八十釐米，寬三百四十釐米。直書十六行，每行字數不等。字大約二十釐米見方，楷書陰刻。""俞獻卿（970—1045），字諫臣，徽州歙縣人。咸平二年（999）進士。北宋時，新安俞氏一門，科第甚盛。獻卿以太常寺博士來知潮州，'曲臺'是太常寺別稱。""今據記文首句，可知獻卿知潮州，在天禧二年（1018）十一月，記末署年月云'庚申歲七月'，則天禧四年（1020）七月，仍在任上。"（黄挺、馬明達《潮州金石文徵》（宋元卷），廣東人民出版社 1999 年版，第 14—15 頁）

今按：石刻今存，在湖山北巖西側。

景祐題字（存。正書，在湖山嶺東畔石上，字大半尺，旁有景祐年號）

"雁塔。景祐四年書。"

鍔按："雁塔"二字，不知何人所書，只有景祐年號可考，或謂宋時州學在湖山，登科者多題名其上，故有雁塔之建。考州學於元祐四年遷湖山，實在雁塔題字之後，似塔之建不必盡為登科。戴氏《鼠璞》云："余得唐雁塔題名石刻，凡留題姓名者士庶僧道不一，非止新進士也。"又考覈雁塔立名與登科尤不相關，（《西域記》云："昔有比丘見雙雁飛翔，思曰：'若得此雁，可充飲食。'忽有一雁投下自隕，眾曰：'此雁垂戒，宜旌彼德。'於是瘞雁建塔，謂之'雁塔'。"）此足證並非登科者專有。故實今湖山石上題字殘泐，不可考者尚多，疑皆唐宋人舊刻，此雁塔或因此而建，未可知也。

【箋證】

清光緒《海陽縣志》卷三十《金石略一》"雁塔"條："雁塔。景祐四年書。右題字在湖山巔東畔，石上正書，字大半尺，旁有景祐年號，蓋題名之權輿也。"（清光緒《海陽縣志》，台灣成文出版社 1967 年影印本，第 304 頁）

清翁方綱著，歐廣勇、伍慶錄補註《粵東金石略補註》卷九《潮州府金石》"西湖山諸刻"條："'雁塔'兩大字，刻於主峰四望樓南側，高零點五米，寬一米，有款曰'郡守林為邑子諸葛直清書'，無年款。《西湖山志》另記有'景祐四年書'款。'雁塔'二字，今無見。"（《粵東金石略補註》，廣東人民出版社 2012 年版，第

341 頁）

清順治《潮州府志》卷四《官師部》"宋知海陽縣"："林洵美（莆田人，進士）、諸葛直卿、陳坦（建學郡西），俱元符間任。"（清順治《潮州府志》，饒宗頤編集《潮州志匯編》第三部，香港龍門書店 1965 年影印本，第 258 頁）

陳維賢《〈潮州西湖山志·石刻〉校正》："按該刻在今四望樓後方，字徑約一尺，旁款為'郡守林為邑宰諸葛直卿書'，字小，較難辨識，未見有'景祐四年書'款。諸葛直卿，據《潮州府志》為元符間任。"（《韓山師專學報》1990 年第 1 期）

黃挺、馬明達《潮汕金石文徵》（宋元卷）卷一《北宋》"雁塔題字（景祐四年）"條："存佚不明。"又云："《〈潮州西湖山志·石刻〉校正》'景祐題字'條謂'雁塔'題字在四望樓後。而題字尺寸之大小、旁款內容，皆與前兩《志》（今按：指《西湖山志》、光緒《海陽縣志·金石略》）所紀不同，應是另一石刻。"〔黃挺、馬明達《潮州金石文徵》（宋元卷），廣東人民出版社 1999 年版，第 23 頁〕

又，卷三《南宋二》"雁塔題字（年代不詳）"條："雁塔題字，郡守林為；雁塔，邑宰諸葛直清書。存，在潮州西湖山北部主峰頂棲鳳樓後。摩厓，題刻幅面高五十釐米，寬一百釐米。'雁塔'二字橫行，每字大約三十三釐米見方。款分豎行，分署兩側，字徑大約七釐米左右，'直清'二字略小，字徑約三點五釐米。題字、署款，皆用正書。"（同上書，第 220—221 頁）

黃靖題字（存。正書，在湖山後，字大徑三尺許，兩旁欵字甚小）

"卓玉峯。大宋嘉祐丁酉正月□卯日潮州西湖山，布衣方元□立，福唐黃靖筆。"

鍔按：《縣志》云："福唐，今福建福清縣地。"考《方輿紀要》："唐聖曆二年，析[1]長樂地置萬安縣，天寶初改曰福唐。長興四年，閩主王氏又改曰'福清'。宋因之。"黃靖，宋人，而署貫仍曰福唐，蓋稱名喜用古制，宋人已有此習也。

【校勘】

[1] 析《饒志》作"折",據《方輿紀要》改。

【箋證】

清光緒《海陽縣志》卷三十《金石略一》"卓玉峯"條:"卓玉峯。'大宋嘉祐丁酉正月□卯日潮州西湖山,布衣方元□立福唐黃靖筆。'右題字在西湖山後,正書'卓玉峯'三字,字大徑三尺許,似顏書《逍遙樓》體,兩旁款字甚小。謹案:福唐,今福建福清縣地。"(清光緒《海陽縣志》,台灣成文出版社1967年影印本,第305頁)

清顧祖禹《讀史方輿紀要》卷九十六《福建二》:"福清縣,府廣南百二十里。東北至長樂縣百里,西南至興化府百二十里。本長樂縣地,唐聖曆二年析置萬安縣,天寶初改曰福唐。五代梁開平二年王氏改為永昌縣,唐同光初復曰福唐,長興四年王氏又改曰福清縣。《志》云:石晉天福七年避諱,改福唐曰南臺,蓋不知閩之改為福清而遙改也。宋仍為福清縣,屬福州,元曰福清州,明朝洪武四年復為縣。今編戶百二十三里。"(顧祖禹《讀史方輿紀要》,中華書局2005年版,第4395頁)

今按:據陳維賢《〈潮州西湖山志·石刻〉校正》附《已佚碑刻目錄》記此題字於解放初佚。(《韓山師專學報》1990年第1期)

梁立儀等題名 (存。正書,在湖山側《拓路記》右)

宋熙甯四年夏五月二十日,屯田郎中知軍州事何延世茂之、殿中丞通判軍州事畢仲達學通[1]、太子中舍前知漳州龍溪縣古宗說夢臣、權梅州軍事推官梁立儀定甫同游西湖,立儀謹題。〔畢仲達、梁立儀,並見《阮志·職官表》。延世,《阮志》作"廷世"。古宗說,未詳。(《縣志》)〕

鍔按:畢仲達,乃畢士安曾孫,代州雲中人,見《宋史·士安傳》。《阮志》、《府志》"職官表"於仲達皆缺其籍貫,茲據《宋史》補錄之。"延世",《阮志》雖作"廷世",但"職官表·年次無考"間有"何延世,知連州事",而連州大雲洞又有"熙甯元年知軍州事懋之"題名,以此知《表》作"廷世"乃版誤也。據大雲洞題名,延世知連州在熙甯元年，並可正《阮志》年次無考之失。又，《府志·選舉表》有"古宗悅，舊程鄉人，皇祐中三禮出身，累官殿中丞"，疑即此碑之"古宗說"，"說"與"悅"古通用，"宗說"命名乃用高宗夢傅說事，故字"夢臣"。

【校勘】

[1] 學通　清順治《潮州府志》、陳維賢《〈潮州西湖山志·石刻〉校正》據石刻原文作"景通"。

[2] 權梅州　清順治《潮州府志》、陳維賢《〈潮州西湖山志·石刻〉校正》據石刻原文俱無"權"。

【箋證】

清順治《潮州府志》卷九《古蹟部》"西湖題名"條："宋熙寧四年夏五月二十日，屯田郎中知軍州事何延世茂之、殿中丞通判軍州事畢仲達景通、太子中舍前知漳州龍溪縣古宗悅夢臣、梅州軍事推官梁立儀定甫同游西湖。立儀謹題。"（清順治《潮州府志》，饒宗頤編集《潮州志匯編》第三部，香港龍門書店 1965 年影印本，第 413頁）

《宋史·畢士安傳》："畢士安，字仁叟，代州雲中人"，"子世長至衛尉卿，慶長至大府卿"，"曾孫仲達、仲偃仕至郡守。"（《宋史》，中華書局 2000 年版，第 7766—7769 頁）

明嘉靖《潮州府志》卷一《地理志·海陽》"古宗悅墓"條："古宗悅墓，在縣東南十里龜潭。"（明嘉靖《潮州府志》，饒宗頤編集《潮州志匯編》第二部，香港龍門書店 1965 年影印本，第 69 頁）

清乾隆《潮州府志》卷二十六《選舉表上》："宋皇祐癸巳：古宗悅，舊程鄉人，三禮出身，累官殿中丞、勳騎都尉"。（清乾隆《潮州府志》，《廣東歷代方志集成》潮州府部四，嶺南美術出版社2009 年影印本，第 241 頁）

清光緒《海陽縣志》卷三十《金石略一》"梁立儀題名"條："《梁立儀題名》：'宋熙寧四年夏五月二十日，屯田郎中知軍州事何延世茂之、殿中丞通判軍州事畢仲達學通、太子中舍前知漳州龍溪縣古宗說夢臣、權梅州軍事推官梁立儀定甫同游西湖，立儀謹題。’右題名在湖山側《拓路記》右，正書。謹案：畢仲達、梁立儀，並見《阮志‧職官表》。延世，《阮志》作‘廷世’。古宗說，未詳。”（清光緒《海陽縣志》，台灣成文出版社 1967 年影印本，第 305 頁）

黃挺、馬明達《潮汕金石文徵》（宋元卷）卷一“梁立儀題名”條按云：“古宗悅，亦見《阮志‧選舉表》，云是古成之子，並見潮州、嘉應二《府志》。此碑古宗說署銜‘前知漳州龍溪縣’，考嘉靖《龍溪縣志》卷五《官師志》，古宗說誤作古宗統，蓋以形近而訛，據改。《志》載，宗說宋神宗熙寧元年戊申（1068）二月以太子中舍來任知縣，歷己酉、庚戌，至四年辛亥（1071）四月，方由李上儐接任。此《題名》紀年為熙寧夏五月，則游湖之時，宗說離任。”〔《潮州金石文徵》（宋元卷），廣東人民出版社 1999 年版，第 43—44 頁〕

今按：陳維賢《〈潮州西湖山志‧石刻〉校正》附《已佚碑刻目錄》記此刻“文化大革命”期間佚。（《韓山師專學報》1990 年第 1 期）

盧侗題字（存，隸書，下三字正書，在湖山濱湖石上）

湖平。盧侗書。

【箋證】

陳維賢《〈潮州西湖山志‧石刻〉校正》“盧侗題字”條：“‘湖平’乃林嶧湖平亭舊址題字，無款。盧侗題名因同在一石上，遂誤把‘盧侗書’三字為‘湖平’題款。”附《已佚碑刻目錄》記此刻“文化大革命”期間佚。（《韓山師專學報》1990 年第 1 期）

盧侗題名

太子中舍人致仕范陽盧侗元伯、通判州事魯國夏旼粹翁、從事南陽仇公著晦之，夏五月壬寅避暑西湖艤舟蓮華峰[1]之東，徜徉容與，極暮乃歸。時[2]改元元豐之歲。[3]〔侗，邑人，舊《志》有傳。此稱“范陽”，蓋自題其氏族，猶《保母碑》文稱“瑯琊王獻之”例也。夏旼，《阮志》失載。（《縣志》）〕

【校勘】

［1］蓮花峰　陳維賢《〈潮州西湖山志·石刻〉校正》據石刻原文作"蓮華峰"。

［2］時　陳維賢《〈潮州西湖山志·石刻〉校正》據石刻原文作"實"。

［3］時改元元豐之歲　陳維賢《〈潮州西湖山志·石刻〉校正》據石刻"末款應加上'盧侗書'三字。"

【箋證】

清雍正《海陽縣志》卷七《人物》"盧侗"條："盧侗，子元伯，讀書西湖山，通經術尤邃于易，自為訓，及門日眾五應鄉薦。皇祐五年，始以恩澤薦授本州長史。嘉祐中，余靖、蔡襄交薦，調歸善簿。治平初，蔡抗復以經學薦召對授國子直講。熙寧初，力言新法，不便求外，補知柳循二州，以太子中舍致仕，立祭田、大潭塘祀先人，子孫能世其學。貢生盧文杰、廩生盧琮、盧豐皆其裔云。"（清雍正《海陽縣志》，《廣東歷代方志集成》潮州府部一一，嶺南美術出版社2009年影印本，第326頁）

清光緒《海陽縣志》卷三十《金石略一》"盧侗題名"條："《盧侗題名》：'太子中舍人致仕范陽、盧侗元伯、通判州事魯國夏旼粹翁、從事南陽仇公著晦之夏五月壬寅避暑西湖，艤舟蓮華峰之東，徜徉容與，極暮乃歸，時改元，元豐之歲。'右題名在濱湖石，'湖平'二字之下，正書。謹案：侗，邑人，舊志有傳，此稱'范陽'，蓋自題其氏族，猶《保母磚》文稱'瑯琊王獻之'例也。夏旼，《阮志》失載。"（清光緒《海陽縣志》，台灣成文出版社1967年影印本，第306頁）

陳維賢《〈潮州西湖山志·石刻〉校正》："末款應加上'盧侗書'三字。"附《已佚碑刻目錄》記此刻"文化大革命"期間佚。（《韓山師專學報》1990年第1期）

海陽縣社壇禁示（存。正書，在湖山上路傍，此刻《縣志》失載）

海陽縣社壇曉示人知稟：

一不得狼藉[1]損壞屋宇壇牆；一不得四畔掘打山石及作坟穴焚化[2]屍首；一不得放縱牛馬踐踏道路。元豐六年二月二十日。

　　鍔按：社為五土之神，與主百穀之稷神並重，自天子至於庶人，皆得祭之。宋制社稷，自京師至州縣，皆有其祀，社壇廣五丈高五尺，稷壇在西如其制。（見《宋史‧禮志》。）海陽宋時社壇地址，考之府、縣《志》，已莫詳所在。此碑於癸亥春間掘地出土，乃知宋時社壇，實在湖山也。石刻雜體，見於前人著錄者甚顆，惟《禁約》一類，其拓本絕少概見。長洲葉昌熾著《語石》一書，蒐羅考訂，頗為宏博，而以宋慶元《吳學義廩規約》（在江蘇吳縣）、金大安三年《禁約》（在山東臨朐）及《經畧范公勸諭》（在廣西臨桂）三種，為今告示勒石之濫觴，不知潮州西湖尚有元豐《社壇禁示》一碑也。

【校勘】

[1] 狼藉　陳維賢《〈潮州西湖山志‧石刻〉校正》據石刻原文作“莨藉”。

[2] 焚化　陳維賢《〈潮州西湖山志‧石刻〉校正》據石刻原文作“燒化”。

【箋證】

《宋史‧禮志五》：“社稷，自京師至州縣，皆有其祀。歲以春秋二仲月及臘日祭太社、太稷。州縣則春秋二祭，刺史、縣令初獻，上佐、縣丞亞獻，州博士、縣簿尉終獻。如有故，以次官攝。若長吏職官或少，即許通攝，或別差官代之。牲用少牢，禮行三獻，致齋三日。其禮器數：正配坐尊各二，籩、豆各八，簠、簋各二，俎三。從祀籩、豆各二，簠、簋、俎各一。太社壇廣五丈，高五尺，五色土為之。稷壇在西，如其制。社以石為主，形如鐘，長五尺，方二尺，剡其上，培其半。四面宮垣飾以方色，面各一屋，三門，每門二十四戟，四隅連飾罘罳，如廟之制，中植以槐。其壇三分宮之一，在南，無屋。慶曆用羊、豕各二，正配位籩、豆十二，山罍、簠、簋、俎二，祈報象尊一。”（《宋史》，中華書局2000年版，第1669頁）

　　陳維賢《〈潮州西湖山志‧石刻〉校正》附《已佚碑刻目錄》此石刻“文化大革命”期間佚。（《韓山師專學報》1990年第1期）

慈懿大師塔文（存。正書，在湖山陰石上，去蜈蚣石百餘步。此刻《縣志》失載）

慈懿大師塔

故僧正慈懿大師，法名惠瑋，字子玉，僕陽氏之族也。沖幼出家，二十受具，不數年間，預于僧職之列。迨三十稔，乃冠于曹。後一紀餘，以承□□□□國賜之寵，既而知□，人以謂賢。俗壽七十，僧臘五十有二。元豐甲子春三月二十二日示□圓寂。□乙丑秋五月二十九日，骨葬于此。小師僧道勝、道英、惠照、顯機、道圓、道高、道鏡請識于僧，故直書之云耳。嗣祖沙門契贇誌。

鍔按：右塔文"慈懿大師塔"五字橫列。下文共十行，行十四字。慈懿乃謚號。府、縣《志》及《宋高僧傳》、《五燈會元》俱無惠瑋名。據塔文知其俗姓濮陽，"濮陽"復姓，望出平陵，以地為氏，三國時有濮陽興，蓋高陽帝之後也。僧正，僧官也。《僧史畧》云："僧正者何？正，政也，自正正人克敷政令。以比丘無法，設有德望者以法繩之，令歸於正，故曰'僧正'也。僧正之官，設自後秦姚興。宋時州屬置僧正一人，掌釋教之事，選精通經典、戒行端潔者充之。"今日本尚有"大僧正"其名，以"僧正"為僧官，故下文云"預於僧職之列"。受具，謂受具足戒也。《行事鈔》云："十僧受具是其例。"元豐甲子，卽宋神宗元豐七年，"示"下"×"字當是"眾"字之殘文。圓寂，謂圓滿諸德寂滅諸惡，釋氏謂僧死曰"圓寂"，又曰"涅槃"，亦曰"示滅"。又，"沙門"乃出家者之都稱，說具《翻譯名義集》。"小師僧"乃弟子之別號。"嗣祖"謂弟子嗣其師祖之法，禪家特有之術語也。道勝以下諸僧及契贇，皆無考。

【箋證】

宋釋贊寧《大宋僧史略》卷中"立僧正（尼正附）"："'僧正'者何？正，政也。自正正人，克敷政令故云也。蓋以比丘無法，如馬無轡勒，牛無貫繩，漸染俗風，將乖雅則，故設有德望者，以法而繩之，令歸於正，故曰'僧正'也。此僞秦僧䂮為始也（或曰道䂮）。東晉遷都，蔑聞此職。至宋世乃立沙門都，又以尼寶賢為僧正。文帝孝武皆崇重之，次有號法主者，如釋道猷，生公之弟子也。文帝問慧觀曰：'頓悟義誰習之。'答曰：'道猷。'遂召入。至孝武即位，敕住新安寺，為鎮寺法主。又敕法瑗為湘宮寺法主。詳其各寺同名，疑非統正之任。又升明中，以法持為僧正。大明中，以道溫為都邑僧正。永明中，敕長幹寺玄暢同法獻為僧主，分任南北兩岸。暢後被敕往三吳，使紏繩二眾。齊末以法悅為僧主，住正覺寺。梁祖歸心佛教，深入玄樞，慎選德人，以充僧首，則法超為都邑僧正。普通六年，敕法雲為大僧正，吏力備足。又慧令亦充此職焉。所云僧主者，猶僧官也，蓋偏地小正小統之名也。如闍那崛多，此言志德。北印度人周朝譙王宇文儉鎮蜀，請以同行，至彼任益州僧主，住龍淵寺焉。南朝慧基，姓偶，錢塘人，依求那三藏於蔡州，受戒後化行越土，尋敕為僧主，掌任十城，東土僧主之始也。歷觀諸朝，多是諸侯立僧正也。梁雖大國，亦用此名，但加'大'字以別之。今天下每州置一員，擇德行才能者充之，不然則闕矣。"（宋釋贊寧《大宋僧史略》，《續修四庫全書》第 1286 冊，上海古籍出版社 1996 年版，第 675 頁）

　　黃挺、馬明達《潮汕金石文徵》（宋元卷）卷一《北宋》"慈懿大師塔文"條："《塔文》云，惠璋'預于僧職之列，迨三十稔，乃冠于曹'。是謂惠璋年二十即選授為僧官，歷三十年成為潮州僧正司僧正官。石刻下文又云，'後一紀餘，以承□□□□國賜之寵，既而知□，人以謂賢'。此句雖字有殘泐，而似可以意補之。上揭謝白書謂趙宋時，'極盛行大師、禪師號的封賜，僧徒亦視此甚重'。惠璋慈懿大師之號，自石刻所稱'國賜之寵'觀之，應是封賜。上泐四字當是'慈懿大師'。又宋時僧官官制也用朝廷命官之法，官號與差遣分離。若有官號而無'知教門事'、'管干教門事'、'領教門事'等差遣名號，則無管理實務之實權。上引石刻文'知'字下所泐當是'事'字。若此推斷無誤，惠璋在循資取得潮州僧正之官號后十餘年，受'慈懿大師'封號之賜，旋又得到知潮州僧司事之實差。"〔黃挺、馬明達《潮州金石文徵》（宋元卷），廣東人民出版社 1999 年版，第 54 頁〕

　　陳維賢《〈潮州西湖山志‧石刻〉校正》附《已佚碑刻目錄》："慈懿大師塔文，早年已佚。"（《韓山師專學報》1990 年第 1 期）

元祐石塔記（存。正書，在湖山南巖上）

安志周祐重建寶塔，元祐丙寅歲。

周祐、陳默、蔡宥同建石塔，大宋元祐二年記。〔二刻相距不數武，旁有建塔醵錢題名，字多漫滅，不可錄。丙寅即元祐元年，其二年乃丁卯也。（《縣志》）〕

【箋證】

清光緒《海陽縣志》卷三十《金石略一》"元祐石塔記"條："'安志周祐重建寶塔，元祐丙寅歲。''周祐、陳默、蔡宥同建石塔，大宋元祐二年記。'右刻二皆在湖山巔西巖上，正書，二刻相距不數武，旁有建塔醵錢題名，字多漫滅，不可錄。謹案：丙寅即元祐元年，其二年乃丁卯也。"（清光緒《海陽縣志》，台灣成文出版社1967年影印本，第306頁）

黃挺、馬明達《潮汕金石文徵》（宋元卷）卷一"建石塔題記二則"條："其一佚，其一存。在西湖山南巖雷臺石上，高一百釐米，寬九十釐米，直書，四行，前三行四字，末行五字。字大二十釐米見方，楷書陰刻。"〔黃挺、馬明達《潮州金石文徵》（宋元卷），廣東人民出版社1999年版，第57頁〕

今按：《饒志》依光緒《海陽縣志》，唯改"西巖"作"南巖"。又，陳維賢《〈潮州西湖山志·石刻〉校正》附《已佚碑刻目錄》題記其一於"文化大革命"期間佚。（《韓山師專學報》1990年第1期）

王持正題名（存。正書，在湖山東北隅壽安岩題字下，此刻《縣志》失載）

括蒼鮑公發，龍溪王萃伯，長樂鄭時可、方南功，郡人陳濟叔、王希醇，大梁沈叔思，鵝城陳鼎臣，同飲李公亭，因遊壽安巖。元祐八年二月十六日，大名王持正題。

【箋證】

黃挺、馬明達《潮汕金石文徵》（宋元卷）卷一《北宋》"王持正題名"條："存。在潮州西湖山壽安巖東側，北向。摩厓，長一百六十五釐米，寬一百三十釐米。六行，行十字，末行十一字，字徑約

十四乘以十四釐米。正書。"〔黃挺、馬明達《潮州金石文徵》（宋元卷），廣東人民出版社 1999 年版，第 67 頁〕

今按：題名今存湖山壽安巖東側，原文為："括蒼鮑公發，龍溪王萃伯，長樂鄭時可、方南功，郡人陳濟叔、王希醇，大梁沈叔恩，鵝城陳鼎臣，同飲李公亭，因游壽安岩，元祐八年二月十六日，大名王持正題。"石刻"遊"作"游"。

建中靖國題名記（存。正書，在湖山頂石上，此刻《縣志》失載）

性之、特才、君美、君倚、仲謀、公序預焉。建中靖國元年四月念七日誌。

鍔按：右題名共三行，行八字，性之、特才、君美、君倚、仲謀、公序，當時同遊時六人之別字。古石刻隱姓名，稱字者甚多，如《雲台金石記》宋四士題名，其例也。細繹文義，"性之"上疑有闕文。

【箋證】

陳維賢《〈潮州西湖山志·石刻〉校正》："此石現存北巖上，早先被採石者鑿去一半，殘存一半，邊緣尚有半截字，無法辨出全文，故鍔按'疑有闕文'云。性之等尚有題名石刻在今涵碧樓右後方石上，《西湖山志》失載。"附《已佚碑刻目錄》記此刻"文化大革命"期間佚。（《韓山師專學報》1990 年第 1 期）

壽安巖題字（存。正書，在湖山東北隅濱湖石壁，字大徑尺，右旁欵字甚小）

壽安巖。紹興戊寅二月□□□[1]，延陵吳袚書。

鍔按：吳袚，各書無考。"戊寅"，乃紹興二十八年也。

【校勘】

[1] 二月□□□　陳維賢《〈潮州西湖山志·石刻〉校正》據石刻原文作"三月住（或'僧'）隆慶應齊重立"。

【箋證】

清光緒《海陽縣志》卷三十《金石略一·宋》"壽安巖題字"

條："'壽安巖。紹興戊寅。'右題字在西湖山東北隅濱湖石壁，正書，字大徑尺，旁款字甚小，僅存'紹興戊寅'四字。其石下半崩裂，有詩二句云：'有客重來山柏翠，何人不愛洞壺清？'亦正書，無年月、款識。謹案：《府志》云：此本一巨石，康熙間一夕風雨，裂其半，內一半如壁，有句云爾。"（清光緒《海陽縣志》，台灣成文出版社 1967 年影印本，第 307 頁）

又，卷四十六《雜錄》："康熙年間，湖山有巨石，一夕風雨，裂其半，內一半如壁，有句云：'有客重來山柏翠，何人不愛洞壺清？'若新鑴者。"（同上書，第 451 頁）

曹騰騑、黃道欽主編《廣東摩崖石刻》"吳袚書壽安巖"條："壽安巖。紹興戊寅三月住隆慶應齊重立。延陵吳袚書。摩崖在潮州市葫蘆山壽安巖洞口上端。高 0.70 米，寬 0.50 米。楷書，字徑 0.10 米。南宋紹興戊寅為紹興二十八年，公元 1158 年。吳袚，延陵人，其傳不詳。"（《廣東摩崖石刻》，廣東人民出版社 1998 年版，第 81 頁）

黃挺、馬明達《潮汕金石文徵》（宋元卷）卷二《南宋一》"壽安巖題字"條："壽安巖題字，紹興二十八年，1158。紹興戊寅三月住隆慶應齊重立。壽安巖。延陵吳袚書。""今此刻在湖山東北山麓，距湖已遠，位置與《縣志》所紀者不同。'壽安巖'三字，字型略長，約五十乘以七十釐米。兩旁款字約十釐米見方，雖有殘泐，尚可辨識。"并言："饒先生即因唐《記》立說，然此說猶有可商"，"是寺因巖得名，非巖之名由於寺"，以饒所言之"壽安巖"石刻當為戊寅即紹興二十八年重建寺院時題額，非題巖而乃題寺，蓋饒將壽安巖與題壽安寺之"壽安巖"混同一說。〔黃挺、馬明達《潮州金石文徵》（宋元卷），廣東人民出版社 1999 年版，第 92—93 頁〕

放生池記 （佚。文見"藝文"門）

石刻在□□，碑石已佚，今據《張志》錄之。〔謹案：曾造，贛州人，見《阮通志》。"海陽令張某"，無考。《金石錄》：唐肅宗詔天下臨池帶郭處置放生池凡八十一所，所稱設唐舊迹，當即指此。惟《張志》載此記為真德秀撰。考《宋史》德秀本傳，慶元五年進士，而此記作於乾道元年，由慶元上距乾道蓋三十四年矣，其時德秀計當在童稚，且德秀終身未嘗至潮，《記》中"老臣居枕江湄，時樂斯樂"等語，殆不可解，其不出德秀所撰明甚。又，許鶩《重闢西湖記》云："西湖，古放生池也，歲月既久，湖則莽為蔬蹊，榛棘叢生，蓋童然一山矣。"許《記》作於慶元五年，亦不應此三十四年中十里之湖倏成榛莽。且曾造之重闢、德秀之撰記，鶩概不復敘述，而但曰"古放生池"，已也反覆考證，疑竇滋多，以宋、元金石著錄甚稀，《記》文明言"墾石刻名"，又云"特書於石"。姑補錄之，俟後之君子詳考焉。（《縣志》）〕

　　鍔按：《縣志》據《宋史·真德秀傳》證明此記非德秀所撰，語甚明覆，但謂記作於乾道元年，則殊不然。按《記》中"乾道乙酉守臣曾造來蒞茲邦，政事條舉，期年而治（《縣志》'治'誤作'至'）"，乙酉為乾道元年，《記》既云至潮期年，則作記刻石當在曾造蒞任一年之後，非作於乙酉灼然甚明。又，考《宋史·孝宗紀》，曾造知潮州，乾道六年五月丁丑以犯藏帶貸命南雄州編管。據此則曾造治潮之績畧可知矣，記謂政事條舉，期年而治，殆作者阿好之言。溫先生廷敬曰："此記疑劉昉所作。"又云："韓山之麓，舊有東湖，此放生池疑即東湖，非西湖。"鍔按：溫先生言是也。蓋唐時，潮州放生池實為今之西湖，殆宋紹興詔設唐舊跡置放生池，是時西湖放生池舊已湮廢，至乾道間乃別就城東地以闢之。記中言"潮於西山之麓湮湖餘壞，僅存步畝"，此敘唐時放生池至宋湮塞之故也。後文言"守臣曾造來蒞茲邦乃詢元者有臨江立界之意，命邑令張某相所以易之"，所謂"相所以易之"者即不就舊跡而別尋建闢之地也。又云"為城之東清江浩漫遠流，而眾會晝夜之流混混不停，于是即其要津，累塞建閣，以際泓深礨石，刻名於其側，揭標上下共十里"，此則明言建池於城東矣。因唐宋放生池實不同地，故許鶩《重闢西湖記》不敘述此文，及倡修之曾造，《縣志》以此記有"西山之麓，湮湖餘壞"語，遂誤唐宋放生池舊址，皆為今之西湖，而致疑於許鶩之重闢，不應三十年中，十里之湖倏然成榛莽。此皆考之未審也。至此文定為劉昉撰者，據《縣志·選舉表》，昉實徽宗宣和三年進士，官至龍圖閣學士、湖南安撫使。其行實雖可考，而昉記作於乾道間，以年數推之，是時昉或致仕家居。又，昉為邑之東津人，居與東湖相近，證以記中"老臣居枕江湄，時樂斯樂"語，謂此文為昉作者，當屬可信也。茲仍錄其文，而附載溫先生說以備考。

【箋證】

清光緒《海陽縣志》卷三十《金石略一》"放生池記"條："石刻在□□，碑石已佚，今據《張志》錄之。謹案：曾造，贛州人，見《阮通志》。'海陽令張某'，無考。《金石錄》：唐肅宗詔天下臨池帶郭處置放生池凡八十一所，所稱設唐舊迹，當卽指此。惟《張志》載此記為真德秀撰。考《宋史·德秀本傳》，慶元五年進士，而此記作於乾道元年，由慶元上距乾道蓋三十四年矣，其時德秀計當僅在童稚，且德秀終身未嘗至潮，《記》中'老臣居枕江湄，時樂斯樂'等語，殆不可解，其不出德秀所撰明甚。又，許驀《重闢西湖記》云：'西湖，古放生池也，歲月既久，湖則莽為蔬蹊，榛棘叢生，蓋童然一山矣。'許記作於慶元五年，亦不應此三十四年中，十里之湖倏成榛莽。且曾造之重闢、德秀之撰記，許驀概不復敘述，而但曰'古放生池已也'，反覆考證，疑竇滋多，以宋、元金石著錄甚稀，《記》文明言'礱石刻名'，又云'特書於石'。姑補錄之，俟後之君子詳考焉。"（清光緒《海陽縣志》，台灣成文出版社 1967 年影印本，第 307—308 頁）

黃挺、馬明達《潮汕金石文徵》（宋元卷）卷二"放生池記"條指出劉昉卒於紹興二十二年（1152 年），去乾道元年（1165）十三載，可知記定非劉昉作。并佐以材料證明乃王大寶所作："《大典》卷 5345 '潮州府三·文章'部載《放生池記》，作者著明為王大寶。按：王大寶（1094—1170）字元龜，潮州海陽人，南宋初主戰派名臣，《宋史》卷 386 有傳"，"《放生池記》作於乾道二年（1166），時大寶致仕家居，年七十三歲，與記中'老臣'自稱相合。而'居枕江湄，時樂斯樂'一語，正見大寶淡泊名利、忘懷窮通，《四朝名宦言行別錄》所云'自入仕四十三年，居官僅七稔。閒居，權要素所知者，一部通問'，可作注腳。"〔黃挺、馬明達《潮汕金石文徵》（宋元卷），廣東人民出版社 1999 年版，第 100 頁〕

今按：《永樂大典》卷五千三百四十五《潮州府部·文章》載："王大寶《放生池記》。"當是有關《放生池記》的最早文獻記載。而《潮中雜紀》卷八《藝文志·碑目下》言："《放生池記》，真德秀撰。"不知何據，清順治《潮州府志》、康熙《潮州府志》亦作"真德秀撰"，當沿襲《潮中雜紀》而來。清光緒《海陽縣志》卷三十《金石略》錄全文，未著錄作者之名。故《饒志》有所辨析。又，據陳維賢《〈潮州西湖山志·石刻〉校正》所附《已佚碑刻目錄》記此刻解放前佚。(《韓山師專學報》1990 年第 1 期)

傅之緒等題名（存。正書，在湖山後蒙齋上）

臨江傅之緒元餘、潁昌宋敷審言、長樂劉凱伯和，隆興甲申仲夏十有六日同游。

鍔按：傅之緒、宋敷無考。劉凱，紹興末知潮州軍州事，見《阮通志》。甲申，乃隆興二年也。

【箋證】

清光緒《海陽縣志》卷三十《金石略一·宋》"傅之緒等題名"條："傅之緒等題名：'臨江傅之緒元餘、潁昌宋敷審言、長樂劉凱伯和，隆興甲申仲夏十有六日同游。'右題名在湖山後蒙齋上，正書。"（清光緒《海陽縣志》，台灣成文出版社 1967 年影印本，第 308 頁）

陳維賢《〈潮州西湖山志·石刻〉校正》附《已佚碑刻目錄》記此刻解放初佚。(《韓山師專學報》1990 年第 1 期)

趙耕老等題名（存。正書，在湖山後蒙齋遺址）

趙耕老、葉昭文、林□廣[1]、李常夫，淳熙戊戌三月上澣[2]，重集餞春。

【校勘】

[1] 林□廣 《潮汕金石文徵》（宋元卷）據石刻作"林仁廣"。

[2] 上澣 《潮汕金石文徵》（宋元卷）據石刻作"下澣"。

【箋證】

清光緒《海陽縣志》卷三十《金石略一》"趙耕老等題名"條："趙耕老、葉昭文、林□廣、李常夫，淳熙戊戌三月下澣重集餞春。

（右題名在湖山後蒙齋遺址，正書。）謹案：戊戌為淳熙五年。"（清光緒《海陽縣志》，台灣成文出版社 1967 年影印本，第 308 頁）

黃挺、馬明達《潮汕金石文徵》（宋元卷）卷二"趙耕老題名"條："北京圖書館藏有此題名拓本，高一百釐米，寬六十八釐米，共四行，行六子，四周加寬線，無闕字。""《題名》在蒙齋舊址，其地為南宋時湖山遊覽勝地。"〔《潮汕金石文徵》（宋元卷），廣東人民出版社 1999 年版，第 119 頁〕

陳維賢《〈潮州西湖山志·石刻〉校正》附《已佚碑刻目錄》記此刻解放初佚。（《韓山師專學報》1990 年第 1 期）

今按：《饒志》依清光緒《海陽縣志》過錄，改"下澣"為"上澣"。《潮汕金石文徵》（宋元卷）據北京圖書館拓本過錄原文，闕字作"仁"字，"上澣"作"下澣"，與清光緒《海陽縣志》一致。

黃泰之西湖詩（存。隸書，篆額，在湖山後蒙齋舊址半埋土中，詩見"藝文"門）
蒙齋留題

淳熙庚子首春，建安謝景（闕）、黃泰之、荊谿李壽翁同游，二公命記前因，同泰之作。（闕）〔蒙齋，在湖山陂，信安令鄭沂讀書之堂，有水石之勝。（《輿地紀勝》）鄭沂，邑人，大觀三年特奏，見《周志·選舉表》。黃泰之，無攷。（《縣志》）〕

鍔按：《阮通志·宦績》錄："黃定，字泰之，永福人，乾道中進士第一，累官知潮州，為政務剗惡蘇瘵，潮民德之。"而《職官表》黃定知潮州事在乾道末年。此西湖詩作於淳熙庚子（即淳熙七年），距黃定之任州事不過數年，詩中"自我來古瀛"，又云"何妨卜再游"，足證作者居潮之非一日。所謂"泰之"，當是黃定無疑。《縣志》云"無攷"，蓋核之未審也。又按：《府志》淳熙中潮州通判有謝顥，建寧人。此"建安謝景"，疑本作"建寧謝顥"，因刻文年久，"寧"字下半及"顥"字偏旁剝蝕不明，椎拓者遂訛為建安謝景也。

【箋證】

宋王象之《輿地紀勝》卷一百《廣南東路·潮州府》"景物上"

條："蒙齋，以水石之勝，故信安令鄭君沂讀書之室也，在湖山。"
（宋王象之《輿地紀胜》，中华书局 1992 年版，第 3108 頁）

清光緒《海陽縣志》卷三十《金石略一》"黃泰之西湖詩"條：
"蒙齋留題。淳熙庚子首春，建安謝景（闕）、黃泰之、荊谿李壽翁
同游，二公命記前因，同泰之作（闕）。'自我來古瀛，訪幽得蒙泉。
款陪謝東山，況有李謫仙。舉杯笑談適，捫蘿步武□。何妨卜再游，
及此春事前。'蒙齋，在海陽西。（《一統志》）蒙齋，在湖山坡，信
安令鄭沂讀書之堂，有水石之勝（《輿地紀勝》）。右刻在湖山後。蒙
齋舊址額四字，篆書；下序文及詩，隸書。因半埋土中，不能盡錄，
鄭沂，邑人，大觀三年特奏，見《周志·選舉表》，黃泰之，無攷。"
（清光緒《海陽縣志》，台灣成文出版社 1967 年影印本，第 308 頁）

黃挺、馬明達《潮汕金石文徵》（宋元卷）卷二"蒙齋留題詩並
序"條："考建安為建寧府屬縣，也是建寧府別稱，見《方輿紀勝》
卷十一'福建路·建寧府'。《方輿紀勝》作者建寧府崇安人，而此
書宋刻本署'建安祝穆和父編'。以此例之，謂'安'字是'寧'字
蝕訛，實誤。謂'景'字為'顥'字之訛，亦誤。嘉靖《潮州府志》
卷五載'謝顥，字景商'，依此刻黃定稱'泰之'類推，'謝景'應
是'謝景商'之闕文。'商'字之下，又闕黃定籍貫二字。"〔《潮汕
金石文徵》（宋元卷），廣東人民出版社 1999 年版，第 121 頁〕

陳維賢《〈潮州西湖山志·石刻〉校正》附《已佚碑刻目錄》記
此刻解放初佚。（《韓山師專學報》1990 年第 1 期）

王承父題名（存。前刻正書，後刻行書，俱在湖山湖蒙泉上）

淳熙辛丑五月廿六，□□候叔平奉帥□戎至郡，西明王承父同為
此游。

後七日，承父復攜家來游。

【箋證】

清光緒《海陽縣志》卷三十《金石略一》"王承父題名"條：
"'淳熙辛丑五月廿六，□□候叔平奉帥□戎至郡，西明王承父同為
此游。''後七日承父復攜家來游。'右題名二在湖山湖蒙泉上，前刻

正書，後刻行書。”（清光緒《海陽縣志》，台灣成文出版社 1967 年影印本，第 308 頁）

　　黃挺、馬明達《潮汕金石文徵》（宋元卷）卷二“王承父題名二則”條：“北京圖書館藏有題名其一拓片，高一百五釐米，寬七十三釐米，共四行，前三行行八字，末行六字。”《潮汕金石文徵》（宋元卷）據北京圖書館藏拓本過錄本文，“□□候叔平奉帥□戎至郡”為“□安候叔平奉帥□□戎至郡”。《潮汕金石文徵》（宋元卷）考王承父生平：“王承父，《縣志》及《西湖山志》俱失考。按：嘉靖《潮州府志》卷五《官師志》宋通判淳熙間有‘王正公，字承父，明州人’。正公，樓鑰《攻媿集》卷一百《王公墓志銘》、《永樂大典》卷五三四三《潮州府一·橋道》作正功。承父，《王公墓志銘》作承甫。”〔《潮汕金石文徵》（宋元卷），廣東人民出版社 1999 年版，第 122 頁〕

　　陳維賢《〈潮州西湖山志·石刻〉校正》附《已佚碑刻目錄》記此刻解放初佚。（《韓山師專學報》1990 年第 1 期）

濮邸題名（存。正書，在湖山後）

　　淳熙丙午中秋，濮邸趙中德具伊蒲游蒙齋，同光孝瑩老受首座欽善福葉萬□□書記，登卓玉，上深秀，汲泉淪茗，步月而歸。〔光孝寺在北關外，舊《志》謂元至元間建，觀此則宋時已有此刹。趙中德，見《宋史·宗室表》。（《縣志》）〕

【箋證】

　　清康熙《海陽縣志》卷三《寺觀》“光孝寺”條：“光孝寺，即報恩寺，在北關外，元至元二十三年建，今廢。”（清康熙《海陽縣志》，《廣東歷代方志集成》潮州府部一一，嶺南美術出版社 2009 年影印本，第 115 頁）

　　清雍正《海陽縣志》卷八《寺觀》“光孝寺”條：“光孝寺，即報恩寺，在北關外，元至元間建，康熙辛酉冬知府林杭學、知縣劉永、訓導麥天縱捐俸仝住持僧雪吟重建，禪堂易名梅園禪院。”（清雍正《海陽縣志》，《廣東歷代方志集成》潮州府部一一，嶺南美術

出版社 2009 年影印本，第 393 頁）

清光緒《海陽縣志》卷三十《金石略一》"濮邸題名"條："'淳熙丙午中秋，濮邸趙中德具伊蒲游蒙齋，同光孝瑩老受首座欽善福業萬□□書記，登卓玉，上深秀，汲泉瀹茗，步月而歸。'右題名在湖山後，正書。謹案：光孝寺在北關外，舊《志》俱謂元至元間建，觀此則宋時已有此剎。趙中德，見《宋史·宗室表》；蒙齋、卓玉峯，見上；深秀，不可攷。"（清光緒《海陽縣志》，台灣成文出版社 1967 年影印本，第 308 頁）

陳維賢《〈潮州西湖山志·石刻〉校正》附《已佚碑刻目錄》記此刻解放初佚。（《韓山師專學報》1990 年第 1 期）

黃景圭題名（存。隸書，在湖山後蒙齋上）

淳熙丁未清明，郡守臨漳黃景圭，領梅守三山王茂□，通守永嘉蔣子□，教授三山張□□，來游終日。〔《阮通志·職官表》：淳熙中通判潮州蔣韶，溫州人。與石刻中所稱"蔣子□"者姓里皆合，疑卽其人。又有知潮州軍州事黃杞，漳州人。漳州在宋為福建路，臨漳則河北西路相州也。疑"景圭"卽杞字，《阮志》特誤"臨漳"作"漳州"耳。王、張二人無考。（《縣志》）〕

【箋證】

清光緒《海陽縣志》卷三十《金石略一》"黃景圭題名"條："'淳熙丁未清明，郡守臨漳黃景圭，領梅守三山王茂□，通守永嘉蔣子□，教授三山張□□，來游終日。'右題名在湖山後蒙齋上，隸書。謹案：《阮通志·職官表》淳熙中通判潮州蔣韶，溫州人。與石刻中所稱'蔣子□'者姓、里皆合，疑卽其人。又有知潮州軍州事黃杞，漳州人。漳州在宋為福建路，臨漳則河北西路相州也。疑'景圭'卽杞字，《阮志》特誤'臨漳'作'漳州'耳。王、張二人，無攷。"（清光緒《海陽縣志》，台灣成文出版社 1967 年影印本，第 309 頁）

黃挺、馬明達《潮汕金石文徵》（宋元卷）卷二"黃景韋題名"條："嘉靖《潮州府志》載宋知州事，淳熙間有'黃杞，字景韋，漳州人，嘗拔田以供士'。嘉靖《建寧府志》卷六《名宦》有黃杞傳，謂杞'字景韋，漳州人，以蔭補寧化尉，改浦城縣，有清介聲，累遷知潮州'。兩《志》俱稱黃杞是漳州人，與道光《廣東通志》相同。漳州在宋代也別稱臨漳，見《方輿勝覽》卷十三，省、府志書，未曾有誤。黃杞字，上引兩《志》作'景韋'，《縣志》與《西湖山志》著錄作'景圭'，蓋原刻隸書，'韋'、'圭'二字形近，且石刻漶殘，故致誤訛。今據志書正之。"〔《潮汕金石文徵》（宋元卷），廣東人民出版社1999年版，第126頁〕

陳維賢《〈潮州西湖山志·石刻〉校正》附《已佚碑刻目錄》記此刻解放初佚。（《韓山師專學報》1990年第1期）

劉坦之詩刻 （未見。在西湖山。詩見"藝文"門）

鍔按：劉坦之，字平子。紹熙間，以使事經行至潮。是詩刻石，在紹熙元年九月十四日。

林嶠重闢西湖詩 （存。隸書，在西湖濱釣臺上石壁，慶元五年六月立）

《周志》：嶠，福州人，慶元中知潮州軍州事，有惠政，祀名宦。嶠，《阮志》作標，當從石刻正誤，潮中舊有"鳳嘯湖平"之讖，玩結句詩意，證以許騫《記》文，知宋時已有之矣。（《縣志》）

【箋證】

清光緒《海陽縣志》卷三十《金石略一》"林嶠重闢西湖詩"條："右刻在西湖濱釣臺上石壁，隸書。謹案：潮中舊有'鳳嘯湖平'之讖，玩結句詩意，證以許騫《記》文，知宋時已有之矣。"（清光緒《海陽縣志》，台灣成文出版社1967年影印本，第310頁）

黃挺、馬明達《宋元金石文征》（宋元卷）卷二"重闢西湖詩"條："其實，石刻於"文化大革命"中被炸，而尚未全毀，殘存部分款二百二十釐米，高七十五釐米，剩殘文三十二行。隸書，其體頗近泰山經石峪。據殘刻可推知原刻正文十行，行十一字，字大十九乘以十四釐米。末行題款似為十四字，字徑稍小。"〔黃挺、馬明達《潮汕金石文徵》（宋元卷），廣東人民出版社1999年版，第139頁〕

陳維賢《潮州西湖山志·石刻》校正》"林嶠重闢西湖詩"條：

"石刻末尚有題款'重闢西湖,慶元五年六月日,三山林嶧書'十六個字。"附《已佚碑刻目錄》記此刻"文化大革命"期間佚。(《韓山師專學報》1990 年第 1 期)

今按:此刻今存湖山南麓,殘存部分文字頗多異文,詳見"藝文"門所錄林嶧《重闢西湖詩》。

林嶧蒙齋詩(存。正書,在湖山後卓玉峰石旁,詩見"藝文"門)

蒙齋小飲,郡守三山林嶧。

【箋證】

清光緒《海陽縣志》卷三十《金石略一》"林嶧蒙齋詩"條:"右刻在湖山後卓玉峯石旁,正書。"(清光緒《海陽縣志》,台灣成文出版社 1967 年影印本,第 310 頁)

據陳維賢《〈潮州西湖山志·石刻〉校正》附《已佚石刻碑目》,此刻解放初佚。(《韓山師專學報》1990 年第 1 期)

許騫重闢西湖記(存。正書,篆額,在湖山放生池石左側,摩厓,慶元五年七月立。文見"藝文"門)

從直郎新簽南恩州軍事判官廳公事許騫謹記,門生迪公郎潮州錄事參軍林克忠謹書。〔按:許騫,申八世孫,紹熙五年進士,仕至南恩簽判。《阮志·金石署》別載騫《惠州重建西新橋記》,結銜題"惠州軍事推官",而《職官表》不載其名。(《縣志》)〕

鍔按:碑高二丈,廣一丈二尺,共二十三行,行二十七字,記末"克忠"下《縣志》闕"謹書"二字。《粵大記》、《萬姓統譜》、《省志》、《府志》皆以騫登紹興四年進士,《縣志》作五年,不知何據。騫,《府志》無傳,惟《潮陽縣志·雜述》稱其居官有守,遇事不詭隨,卒年三十九,則騫一誠樸篤實君子也。此碑署"銜稱從直郎新簽南恩州軍事通判廳公事",考《宋史·職官表》無"從直郎",《梁溪漫志》載崇寧初依鄧洵武請"換防團推官監判官"為"從事郎",此"從直郎"疑是"從事郎"之誤。《惠州西新橋記》結銜正作"從事郎"。

【箋證】

清光緒《海陽縣志》卷三十《金石略一》"重闢西湖記 篆額"條："右刻在湖山放生石左側摩厓，正書。謹案：許驀，申八世孫，紹熙五年進士，仕至南恩州簽判，《阮志·金石畧》別載驀《惠州重建西新橋記》，結銜'惠州軍司推官'，而《職官表》不載其名。"（清光緒《海陽縣志》，台灣成文出版社 1967 年影印本，第 311 頁）

黃挺、馬明達《潮汕金石文徵》（宋元卷）卷二"重闢西湖記"條："石刻在潮州西湖山中段南麓摩厓，高四百三十六釐米，寬三百三十五釐米。額篆體橫書，字大三十八乘以二十五釐米；文楷體直書，二十三行，行二十七字，字大約十二點五釐米見方。"〔《潮州金石文徵》（宋元卷），廣東人民出版社 1999 年版，第 134 頁〕

明隆慶《潮陽縣志》卷四《選舉表》"進士·宋紹熙四年"："許驀、許宣（驀之弟），俱申之八世孫。"（明隆慶《潮陽縣志》，《廣東歷代方志集成》潮州府部一三，嶺南美術出版社 2009 年影印本，第 44 頁）

清嘉慶《潮陽縣志》卷十四《選舉》"進士·宋紹熙四年"："許驀，正奏第五甲，惠州府推官；許宣，驀弟，俱申八世孫，第二甲。"（清嘉慶《潮陽縣志》，《廣東歷代方志集成》潮州府部一四，嶺南美術出版社 2009 年影印本，第 238 頁）

清光緒《潮陽縣志》卷十五《選舉表》"進士·宋紹熙四年"："許驀，申八世孫，正奏第五甲，官南恩僉幕。有傳。"（清光緒《潮陽縣志》，《廣東歷代方志集成》潮州府部一五，嶺南美術出版社 2009 年影印本，第 224 頁）

又，卷十七《人物列傳》"文苑·宋"："許驀。漕使申之八世孫也。（《廣東黃志》）好獵古艷，持論能見其大。（據《藝文》、《西湖記》）登紹熙四年進士乙科，為惠州府推官，調南恩僉幕。（《廣東黃志》）慶元乙未太守林嶧、郡丞廖德明重闢西湖，驀為之記，有云：'鱗介羽毛，涵濡聖澤，則於是湖樂在君；春風滿城，與民熙熙陶陶，鳴儔祿賞，藻野緖川，則於是湖樂在民。'論者謂得范希文《岳陽樓》筆意。（《記》詳《通志》）驀居官有守，遇事不詭隨，以從仕

郎終。(《廣東黃志》) 祀鄉賢。"(同上書,第298頁)

今按:《重闢西湖記》石刻今存潮州市地震局旁。據筆者測量,石刻高四百二十釐米,寬三百三十五釐米,正文字大十三釐米見方。石刻原文"從直郎"作"從事郎",或因訛錄而有按語之疑。異文詳見"藝文"門校記。

林嶠西湖亭題字

放生 (存,隸書,在湖濱石上)

湖平 (存,隸書,在湖濱石上)

倒景 (存,隸書,在湖山之麓。《縣志》云已佚,今始發見。)

【箋證】

清光緒《海陽縣志》卷三十《金石略一》"林嶠西湖亭題字"條:"'放生(篆書)'、'湖平(隸書)'、'倒景'右題字在濱湖石上,'倒景'二字已佚,餘存。今據騫《記》補錄之。"(清光緒《海陽縣志》,台灣成文出版社1967年影印本,第311頁)

陳維賢《〈潮州西湖山志·石刻〉校正》"林嶠西湖亭題字"條:"漏'雲路'亭題字,四亭題字皆為隸書。"附《已佚碑刻目錄》記此刻"文化大革命"期間佚。(《韓山師專學報》1990年第1期)

黃騰輝、黃道欽《廣東摩崖石刻》"宋林嶠題字"條:"宋林嶠題字'放生'。磨崖在潮州市葫蘆山中麓。高0.80米,寬0.54米。隸書,字徑0.45米。約鐫於南宋慶元年間,即公元1195—1200年。林嶠,福州(今福建福州)人,南宋慶元年間任潮州知府。他重闢西湖,建放生、湖平、倒景三亭於山麓。"(《廣東摩崖石刻》,廣東人民出版社1998年版,第85頁)

黃挺、馬明達《潮汕金石文徵》(宋元卷)卷二《南宋一》"林嶠西湖亭題字"條:"'放生'二字,字大三十七乘以五十四釐米。'倒影'二字,字大二十一乘以三十一釐米。"〔黃挺、馬明達《潮州金石文徵》(宋元卷),廣東人民出版社1999年版,第140頁〕

林會湖山題字

雁塔。三山林會書。（存。正書二字，縱橫各四五尺，欵小字，在西湖濱路旁石壁。）

平湖。三山林會書。（存。正書二字，徑尺許，欵小字，在濱湖石上。）

蒙泉。三山林會書。（佚。在湖山後，《縣志》據《粵東金石畧》補錄。）〔按：《周志·職官表》：會，福州人，開禧間知潮州軍事。此三刻雖無年月，當是開禧時刻矣。又，湖邊石磯下有刻字，正書，今已為巨浸所沒，秋冬水涸，觀之有開禧年號，考《西湖記》，疑此是倒景亭地。（鍔按：是時倒景亭題字尚未發現，故《西湖記》有此推度。其實倒景亭在湖山之麓，去湖邊石磯下尚遠也。）蓋湖當宋時僅得今之半，故湖邊猶多勝蹟，後因城北隄潰遂決成巨浸，一望汪洋矣。（《縣志》）〕

【箋證】

清光緒《海陽縣志》卷三十《金石略一》"林會湖山題字"條："鴈塔。三山林會書。（右題字在西湖濱路旁石壁，'鴈塔'二字正書，縱橫各四五尺，款小字。）蒙泉。三山林會書。（右題字在湖山後，今佚。據《粵東金石略》補錄。）平湖。三山林會書。（右題字在濱湖石上，'平湖'二字正書，徑尺許，款小字。謹案：《周志·職官表》：會，福州人，開禧間知潮州軍事，此三刻雖無年月，當是開禧時刻矣。又湖邊石磯下有刻字，正書，今已為巨浸所沒，秋冬水涸，觀之有開禧年號。考《西湖記》疑此是倒景亭地。蓋湖當宋時僅得今之半，故湖邊猶多勝蹟，後因城北隄潰遂決成巨浸，一望汪洋矣。）"（清光緒《海陽縣志》，台灣成文出版社 1967 年影印本，第 311 頁）

陳維賢《〈潮州西湖山志·石刻〉校正》"林會湖山題字"條："'平湖'二字徑在一米以上，面天，下為《重闢西湖詩》。"附《已佚碑可刻目錄》："林會湖山題字'雁塔'、'平湖'，'文化大革命'期間佚。"（《韓山師專學報》1990 年第 1 期）

趙希逢修威惠廟題記（未見。正書，在湖山上活人洞左）

威惠廟日就圮壞，邦人無有□[1]其實者，玉牒希逢[2]畢力就事，以嘉定壬申三月朔日興役，逾年春告成。敬書以誌歲月。六弟希䄣[3]書。〔趙希逢，見《宋史宗·世系表》，而無希䄣名。威惠廟，《舊志》不載。（《縣志》）〕

　　鍔按：錢大昕《金石文目錄》"希逢"作"希蓬"，"希䄣"作"希檾"，與此互異，考《宋史·宗室世系表》，俱無希䄣、希檾名，而希逢、希蓬則并有之，惜石刻已佚，莫由考其是非也。但《世系表》"希"字行輩，其偏旁多從"禾"者，如希秅、希种、希積、希穟，不一而足，若以此例之，似《金石目》作"希檾"為是。威惠廟，說見前"古蹟"門。

【校勘】

[1]　有□　陳維賢《〈潮州西湖山志·石刻〉校正》據石刻原文作"有身"。

[2]　希逢　陳維賢《〈潮州西湖山志·石刻〉校正》據石刻原文作"希蓬"。

[3]　希䄣　陳維賢《〈潮州西湖山志·石刻〉校正》據石刻原文作"希檾"。

【箋證】

　　清錢大昕《潛研堂金石文字目錄》卷六："趙希逢《修威惠廟題記》，趙希檾撰。正書。嘉定六年春。在潮州府西湖山上。"（《嘉定錢大昕全集》第六冊，江蘇古籍出版社 2006 年版，第 140 頁）

　　清翁方綱著，歐廣勇、伍慶錄補註《粵東金石略補註》卷九《潮州府金石》"西湖山諸刻·〔增補〕宋希蓬修威惠廟題記"條："宋趙希蓬修威惠廟題記：'威惠廟日就圯壤，邦人無有身其責者，玉牒希蓬畢力就事。以嘉定壬申三月朔日興役，逾年春告成，敬書以誌歲月。六弟希檾書。'刻於葫蘆山北巖，楷書，高一米，寬一點二三米，保存尚好。《西湖山志》'趙希蓬修威惠廟題記'條注：'趙希蓬見《宋史·宗世系表》，而無希檾。威惠廟，《舊志》不載。'"（清翁方綱著，歐廣勇、伍慶錄補註《粵東金石略補註》，廣東人民出版社 2012 年版，第 344 頁）

　　清光緒《海陽縣志》卷三十《金石略一》"趙希逢題記"條："'威惠廟日就圯壤，邦人無有□其責者，玉牒希逢畢力就事，以嘉定壬申三月朔日興役，逾年春告成，敬書以誌歲月。六弟希檣書。'

右刻在湖山上活人洞左，正書。趙希逢見《宋史·宗世系表》，而無希樻名。威惠廟，《舊志》不載。"（清光緒《海陽縣志》，台灣成文出版社 1967 年影印本，第 311 頁）

今按：此題記今存，在西湖山北麓活人洞題字右。饒鍔或未目驗石刻原文，依光緒《海陽縣志》過錄，故致誤數字。

趙清卿西湖山詩（存，行書，在湖山背，詩見"藝文"門）

嘉定丁丑重陽前三日，郡丞趙清卿攜家來游。

按：丁丑為嘉定十年。清卿，《周府志·職官表》漏。（《縣志》）

【箋證】

清光緒《海陽縣志》卷三十《金石略一》"趙清卿西湖山詩"條："趙清卿西湖山詩：'趁得文書一日閒，搘筇直上翠微間。松風吹面輕輕度，泉溜通渠滴滴潺。亂石傍羅葦玉府，浮圖雙峙小金山。鳳池蚤晚須重到，莫把柴門取次關。嘉定丁丑重陽前三日，郡丞趙清卿攜家來游。'右刻在湖山背，行書。"（清光緒《海陽縣志》，台灣成文出版社 1967 年影印本，第 312 頁）

陳維賢《〈潮州西湖山志·石刻〉校正》附錄《已佚石刻碑目》記此刻解放初佚。（《韓山師專學報》1990 年第 1 期）

陳宗信等題名（存。隸書，在湖山後石壁）

春事方殷，幕府多暇，寶□陳宗信誠甫拉同官三山林倚敬輿、拱辰君錫、陳夢庚景長、雲老祥甫、清源高行義正甫、玉牒□夫仲堅，詰朝而往，薄春而歸。寶慶丙戌仲月二日。

【箋證】

清光緒《海陽縣志》卷三十《金石略一》"陳宗信等題名"條："'春事方殷，幕府多暇，寶□陳宗信誠甫拉同官三山林倚敬輿、拱辰君錫、陳夢庚景長、雲老祥甫、清源高行義正甫、玉牒□夫仲堅，詰朝而往，薄春而歸。寶慶丙戌仲月二日。'右題名在湖上後石壁上，隸書。"（清光緒《海陽縣志》，台灣成文出版社 1967 年影印本，第

312 頁）

陳維賢《〈潮州西湖山志・石刻〉校正》附錄《已佚石刻碑目》記此刻解放初佚。（《韓山師專學報》1990 年第 1 期）

淳祐題名記 (存。並正書，在湖山北壽安巖上)

海陽縣甲辰進士題名

紀善甫 (甲科六人)、柯起龍 (第三甲第二名[1])、徐源 (別試所第四甲)、趙希逸。越明年，始書於山間[2]。邑宰清源陳純仁主席斯集，同年三山張偉以捧檄與焉。

淳祐丁未進士題名

蔡渤 (第二甲)、彭拱辰 (上舍第三甲)、陳昭錫 (第四甲)、王桂[3]、周霆震、□□□[4]、楊更、金亮[5]。是年，潮之奏名者皆海陽人，視他舉為盛。秋，詔主文劉木護篆臨賁，陳純仁重董席。

淳祐庚戌題名[6]

林亨甫[7]、陳昌言、趙希真。嗣歲孟秋季澣，邑宰清源卓夢卿董斯席。

鍔按：甲辰為淳祐四年，丁未為淳祐七年，庚戌為淳祐十年。陳純仁，亦見金石石刻。卓夢卿，《縣志・職官表》失載，《阮通志》祇言景定二年為提舉市舶，不詳為海陽令，此刻足補兩志之闕也。劉木，里爵無考。紀善甫，《通志》作淳祐元年一甲進士。林亨甫，《潮陽縣志》作淳祐七年優等正奏。陳昌言，《通志》作"昌元"，《縣志》作淳祐十一年五甲進士，皆誤，當據石刻糾正之。又按：《府志》淳祐七年進士共八人，中有麥進成，饒平人，此□□□當是"進成"無疑。《縣志・金石署》載此碑殊多闕誤，如"希逸"作"希逢"，"庚戌"作"壬戌"，反據《周志》以訂石誤，不知石刻原不誤也。又，文中"重董希"，猶言再主席也，《縣志》"席"訛作"庠"，則不詞矣。又，"嗣歲孟秋"以下皆闕，茲據石刻補錄之。

【校勘】

[1] 第二名　陳維賢《〈潮州西湖山志·石刻〉校正》據石刻原文作"第二人"。

[2] 山間　陳維賢《〈潮州西湖山志·石刻〉校正》據石刻原文作"山閣"。

[3] 王桂　陳維賢《〈潮州西湖山志·石刻〉校正》據石刻原文作"王桂同甲"。

[4] □□□　陳維賢《〈潮州西湖山志·石刻〉校正》據石刻原文云："張榜（二字小，附周霆震下，即張周徵榜也。"

[5] 金亮　陳維賢《〈潮州西湖山志·石刻〉校正》據石刻原文作"余亮"。

[6] 庚戌題名　陳維賢《〈潮州西湖山志·石刻〉校正》據石刻原文作"庚戌進士題名"。

[7] 林亨甫　陳維賢《〈潮州西湖山志·石刻〉校正》據石刻原文作"林亨甫省試優等"。

【箋證】

清光緒《海陽縣志》卷三十《金石略一》"淳祐題名記"條："'海陽縣甲辰進士題名：紀尚甫、柯起龍、徐源、趙希逢。越明年，始□于山間。邑宰清源陳純仁主席斯集，同年三山張□以捧檄與焉。''淳祐丁未進士題名：蔡渤（第二甲）、彭拱辰（上舍第三甲）、陳昭錫（第□甲）、王桂、周霆震、□□□、楊更、金亮。是年，潮之奏名者□□海陽人，視他舉為盛。秋，詔主文劉木護篆□貢，陳純仁重董庠。''淳祐壬戌題名：林亨甫、陳昌言、趙希真。□歲孟秋（餘闕）。'右題名記在湖山北壽安巖上，正書。謹案：趙希逢，《周志·選舉表》作希逸，甲辰為淳祐四年，丁未為淳祐七年，淳祐無壬戌。《周志·選舉表》作庚戌，石刻疑誤。"（清光緒《海陽縣志》，台灣成文出版社 1967 年影印本，第 312 頁）

陳維賢《〈潮州西湖山志·石刻〉校正》附《已佚石刻碑目》記此刻"文化大革命"期間佚。（《韓山師專學報》1990 年第 1 期）

黃挺、馬明達《潮汕金石文徵》（宋元卷）卷二《南宋一》"淳祐進士題名記三則"條："陳淳仁，民國《潮州志·職官志》謂淳祐四年知海陽縣，亦云'據金山題名石刻補'。今檢所見金石著錄，金山無純仁題名之刻。饒先生當日或嘗見之。卓夢卿，字景說，泉州人。紹定五年（1232）進士。寶祐五年（1257）以國子博士除秘書郎。見《南宋館閣續錄》卷八。復遷直寶章閣廣南提舉市舶，見

《後村大全集》卷六十四。據此題記可知卓夢卿淳祐十年（1250）知海陽縣事，載入為秘書郎前五年也。陳昌言，嘉靖《潮州府志·選舉志》訛作'陳昌玄'，順治《潮州府志·科名部》仍作'昌言'，不誤。道光《廣東通志》作'昌元'，乃誤從訛本，又改諱字。《宋詩紀事·補遺》卷七十收其詩，有小傳云：'陳昌言，海陽人，淳祐進士。由宣教郎官至制僉。'制僉者，節度使判官之別稱。"〔黄挺、馬明達《潮州金石文徵》（宋元卷），廣東人民出版社1999年版，第176—177頁〕

陳煒等題名（存，正書，在西湖山放生池石側）

寶祐甲寅季夏中澣，郡守莆陽陳煒光仲、郡丞合沙黄耆成甫，領僚屬清源王衡翁宏道[1]、呂大圭圭叔，合沙姚震時東起，臨漳余繼祖善夫，合沙陳長孺元善，莆陽方敬子景行，永嘉趙必淄其道，合沙趙崇珣貴璞，延平陳綱宏父，柯山趙孟璿君玉，臨漳陳泰興時可，合沙黄安汝行可，四明陸汝能[2]舜卿，曲江鄺雋時杰，臨安史必大彥洪，三陽林朝瑞廷卿，臨漳謝士立可貴，合沙趙汝踢文叟、葉洽德潤，貴陽[3]趙孟基君厚泛舟同游。時清源陳起龍震叔、莆陽陳蕎德芳[4]、陳琰玉汝、合沙陳林景山捧檄預集。因題名記歲月於湖平之石壁。〔案：陳煒、黄耆、王衡翁，並見《阮志·職官表》，惟載煒慶元中知潮州軍事，衡翁寶慶中知海陽縣事。慶元、寶慶皆無甲寅，據此知"甲寅"乃寶祐二年，阮《表》誤也，當從石刻証正。（《縣志》）〕

【校勘】

［1］王衡翁宏道　陳維賢《〈潮州西湖山志·石刻〉校正》據石刻原文作"王衙翁弘道"。

［2］陸汝能　陳維賢《〈潮州西湖山志·石刻〉校正》據石刻原文作"睦汝能"。

［3］貴陽　陳維賢《〈潮州西湖山志·石刻〉校正》據石刻原文作作"莆陽"。

［4］陳蕎德芳　陳維賢《〈潮州西湖山志·石刻〉校正》據石刻原文作"洪蕎德芳"。

【箋證】

清順治《潮州府志》卷九《古蹟部》"湖平石壁題名"條："寶

祐甲寅季夏中澣，郡守莆陽陳煒光仲，郡丞合沙黄耇成甫，領僚屬清源王道翁弘道、呂大圭圭叔，合沙姚震特東起，臨漳余繼祖善夫，合沙陳長孺元善，莆陽方敬子景行，永嘉趙必溜其道，合沙趙崇珣貴璞，延平陳綱宏宏父，柯山趙孟瑢君玉，臨漳陳泰興時可，合沙黄安汝行可，四明睦汝能舜卿，曲江酈雋時杰，臨安史必大君洪，三陽林朝瑞廷卿，臨漳謝士立可貴，合沙趙汝踘文叟、葉洽德潤，莆陽趙孟慕君厚泛舟同游。時清源陳起龍震叔，莆陽洪崒德芳、陳琰玉女、合沙陳材景山捧檄預集，因題名記歲月於湖平之石壁。"（清順治《潮州府志》，饒宗頤編集《潮州志匯編》第三部，香港龍門書店1965年版，第437頁）

清光緒《海陽縣志》卷三十《金石略一》"陳煒等題名"條："'寶祐甲寅季夏中澣，郡守莆陽陳煒光仲，郡丞合沙黄耇成甫，領僚屬清源王衡翁宏道、呂大圭圭叔，合沙姚震時東起，臨漳余繼祖善夫，合沙陳長孺元善，莆陽方敬子景行，永嘉趙必溜其道，合沙趙崇珣貴璞，延平陳綱宏父，柯山趙孟璿君玉，臨漳陳泰興時可，合沙黄安汝行可，四明睦汝能舜卿，曲江酈雋時杰，臨安史必大彥洪，三陽林朝瑞廷卿，臨漳謝士立可貴，合沙趙汝踘文叟、葉洽德潤，貴陽趙孟基君厚泛舟同游。時清源陳起龍震叔，莆陽陳蕃德芳、陳琰玉汝，合沙陳林景山捧檄預集。因題名記歲月於湖平之石壁。'右題名在湖山放生石側，正書。謹案：陳煒、黄耇、王衡翁並見《阮志》，《職官表》惟載煒慶元中知潮州軍事，衡翁寶慶中知海陽縣事，慶元、寶慶皆無甲寅，據此知甲寅乃寶祐二年，阮《表》誤也，當從石刻訂正。"（清光緒《海陽縣志》，台灣成文出版社1967年影印本，第312頁）

黄挺、馬明達《潮汕金石文徵》（宋元卷）卷三："石刻高二百一十八釐米，寬一百三十七釐米，楷體直書，十二行，行十七字，字大約十釐米見方。陳煒（1192—1268），字光仲，莆田人。嘉定十三年（1220）進士，歷台州推官，知永福縣，改泰和，皆有政聲。淳祐初（1241）為監察御史，二年（1242）除廣東轉運判官，以劾潮守，觸宰相怒，罷漕。閒居十年，至是年（1254）方起家牧潮。在潮復多善政。見《後村大全集》卷一百六十五《陳光仲常卿墓志

銘》。”〔黄挺、馬明達《潮州金石文徵》（宋元卷），廣東人民出版社 1999 年版，第 185—186 頁〕

陳維賢《〈潮州西湖山志·石刻〉校正》：“按：陳泰興為陳植第三子，宋明經，受元薦辟為校書郎。見《雲霄廳志·選舉》。”（《韓山師專學報》1990 年第 1 期）

今按：此刻今存西湖山中段南麓今潮州市地震局旁，石刻高二百一十釐米，款一百三十五釐米，共十二行，行十八字，字約九釐米見方。《饒志》依光緒《海陽縣志》過錄，改“陸汝能”作“睦汝能”，是也。

陳煒、黃耆湖平唱和詩（存。正書，在湖山放生池石下，詩見“藝文”門）

退庵老人莆田陳煒題。松齋三山黃耆拙守以公餘同監郡攜家為湖平避暑之集，從而唱和，因紀於石。寶祐甲寅季夏。

【箋證】

清光緒《海陽縣志》卷三十《金石略一》“陳煒、黃耆湖平唱和詩”條：“‘人心未必似湖平，一水于人底樣清。萬怪虎蹲昂石壁，千年鼉去屹金城。朱旛影裏繡屏好，綠蓋香中畫舫行。況是蘭階映村館，揭來此日共登瀛。退庵老人莆田陳煒題。’‘山光湖水接天，撲鼻荷香氣味清。賢守泛舟臨野渡，蔀庇喧頌偏嚴城。插峯高閣同登賞，出岸涼輿逐隊行。雁鶩抽身羞老吏，賴共提挈上蓬瀛。松齋三山黃耆拙守以公餘同監郡攜家為湖平避暑之集，從而唱和，因紀於石。寶祐甲寅季夏。’右刻在湖山放生石刻下，正書。”（清光緒《海陽縣志》，台灣成文出版社 1967 年影印本，第 312—313 頁）

今按：此刻今存，在西湖山南麓潮州市地震局旁，因年久部分字跡較難辨認，異文詳見“藝文”門校記。

林光世飲公車記（存。正書，在湖山巔活人洞左）

寶祐戊午大比，既上賢能書，郡守莆田林光世逢聖，偕董試仙遊陳豹孫子文、校文三山孫鼎來甲父、番禺鄭得助子順、清源林時遇仲剛、昭武廖熙介夫、南海鄭福元君慶、南昌劉光伯持謙，會飲于此。

時郡博士溫陵趙崇禮[1]性之校文歸預焉。期而不至者，貳車三山陳元鳳儀叔。

　　鍔按：鄭得助，《廣州府志·選舉表》作南海人，與此異；趙崇禮，《圖書集成·職方典》引舊《府志》作“崇郭”。

【校勘】

[1] 崇禮　陳維賢《〈潮州西湖山志·石刻〉校正》據石刻原文作“崇郭”。

【箋證】

　　清順治《潮州府志》卷九《古跡部》“湖山題名”條：“寶祐戊午大比，既上賢能書，郡守莆田林光世逢聖，偕董試仙遊陳豹孫子文，校文三山孫鼎來甲父、番禺鄭得助子順、清源林時遇仲剛、昭武廖熙介夫、南海鄭福元君慶、南昌劉光伯持謙，會飲于此。時郡博士溫陵趙崇郭性之校文歸預焉。期而不至者，貳車三山陳元鳳儀叔。”（清順治《潮州府志》，饒宗頤編集《潮州志匯編》第三部，香港龍門書店1965年版，第414頁）

　　清陳夢雷《欽定古今圖書集成·方輿彙編·職方典》一千三百三十九卷《潮州府古跡考一》“湖山題名”條：“宋寶祐戊午大比，既上賢能書，郡守莆田林光世逢聖，偕董試仙遊陳豹孫子文，校文三山孫鼎來甲父、番禺鄭得助子順、清源林時遇仲剛、昭武廖熙介夫、南海鄭福元君慶、南昌劉光伯持謙，會飲於此。時郡博士溫陵趙崇郭性之校文歸預焉。期而不至者，貳車三山陳元鳳儀叔。”（《欽定古今圖書集成》第一六六冊，中華書局1934年版，第69頁）

　　清光緒《海陽縣志》卷三十《金石略一》“林光世飲公車記”條：“‘寶祐戊午大比，既上賢能書，郡守莆田林光世逢聖，偕董試仙游陳豹孫子文，校文三山孫鼎來甲父、番禺鄭得助子順、清源林時遇仲剛、昭武廖熙介夫、南海鄭福元君慶、南昌劉光伯持謙，會飲于此。時郡博士溫陵趙崇禮性之校文歸預焉。期而不至者，貳車三山陳元鳳儀叔。’右刻在湖山巔活人洞左，正書。”（清光緒《海陽縣志》，台灣成文出版社1967年影印本，第313頁）

　　陳維賢《〈潮州西湖山志·石刻〉校正》附《已佚碑刻目錄》記

此刻"文化大革命"期間佚。(《韓山師專學報》1990 年第 1 期)

林光世《濬湖銘》(存。正書,在湖山濱湖石上摩厓,開慶元年立。銘見"藝文"門)

濬湖銘〔案:《阮志·職官表》,光世姓林,莆田人,寶祐間知潮州軍事。證以前寶祐戊午石刻,不誤。據此定為林光世撰。戊午為寶祐六年,踰年卽開慶矣。《閩書》云:"光世,寶祐間自將作出知潮州,開慶元年召為都官郎中,入為司農少卿兼史館。"則"叨恩召還",正召為都官郎中事也。《張志》亦錄此文。中間"虎拜喬嵩"作"高嵩","斯焉會通"作"斯為",皆當從石刻。惟"毋忘眾翁"作"衰翁",核其大義,則舊《志》差長。至"導合眾流,至於坤宮"《張志》作"泮宮",據《周志》,宋時州學在湖山麓,尤當倒從《張志》。然州學以元祐四年徙州治之南隅,由開慶逆推,距百七十餘年,《記》中云云,蓋就故址也。竊疑石刻本作"衰"作"泮",久漫漶耳。(《縣志》)〕

鍔按:此刻錢大昕《金石文目錄》作林光世四言詩,是前人金石著錄已考定為光世撰矣。銘中"至於坤宮"句,《縣志》據宋時州學在西湖,以《張志》作"泮宮"為是,並謂州學以元祐四年徙州治之南隅,考《周志》州學以元祐四年遷湖山之麓,至七年始徙州治之南,《縣志》蓋誤以遷湖山之年為徙州治之年也。

【箋證】

清錢大昕《潛研堂金石文字目錄》卷六:"林光世四言詩,正書。開慶元年。在潮州府西湖石上。"(《嘉定錢大昕全集》第六冊,江蘇古籍出版社 2006 年版,第 148 頁)

清光緒《海陽縣志》卷三十《金石略一》"林光世濬湖銘"條:"右刻在湖山濱湖石上摩厓,正書。謹案:《阮志·職官表》,光世姓林,莆田人,寶祐間知潮州軍事。證以前寶祐戊午石刻,不誤。據此定為林光世撰。戊午為寶祐六年,踰年卽開慶矣。《閩書》云,光世寶祐間自將作出知潮州,開慶元年召為都官郎中,入為司農少卿兼史館。則'叨恩召還',正召為都官郎中事也。《張志》亦錄此文。中間'虎拜喬嵩'作'高嵩','斯焉會通'作'斯為',皆當從石刻。惟'毋忘眾翁'作'衰翁',核其大義,則舊志差長。至'導合眾流,至於坤宮'《張志》作'泮宮',據《周志》,宋時州學在湖山麓,尤當倒從《張志》。然州學以元祐四年徙州治之南隅,由開慶逆推，距百七十餘年，《記》中云云，蓋就故址也。竊疑石刻本作'衰'作'泮'，久漫漶耳。"（清光緒《海陽縣志》，台灣成文出版社 1967 年影印本，第 313 頁）

陳維賢《〈潮州西湖山志·石刻〉校正》："石刻原文無'濬湖銘'題目。"附《已佚石刻碑目》記此刻"文化大革命"期間佚。（《韓山師專學報》1990 年第 1 期）

浚湖衛城局出錢記（存，正書、行書不等，在湖山濱湖石上）
浚湖衛城局

今且[1]買到湖頭田園添浚湖產錢數十頃[2]。

王宅田坐錢六百七十二[3]貫足，該共錢[4]四十八文三分[5]六釐五毫。倪宅田坐錢一百四十二[6]貫足，該共錢[7]二十九文。林宅田坐錢一千一百貫足，該錢[8]一百八十一文。黃宅田坐錢一十二貫足，該產錢二百文[9]。陳宅[10]田坐錢四百七十貫足，該產錢六十五文。施宅[11]田坐錢五十二貫足，該產錢一十文。夏宅田園[12]一百七十一貫足，產錢三十文[13]。（上七行橫列在上層。）趙宅田坐錢五十貫足，該產錢八文。林宅田坐錢[14]一百六十貫足，產錢三十二文[15]。趙宅田錢一百四十貫足，產錢三十二文。謝家田錢一百[16]一十九貫足，產錢三十五文。鄭家田錢四百六十二貫足，產錢六十三文。楊家田園錢五十五貫足，產錢五文。盧家園[17]四十一貫足，產錢六文。（上七行橫列在下層。）以上共坐錢三阡柒百單八貫文足，總產錢五百叁十四文五分六釐五毫。已照簿[18]銷豁，其上手契書毀抹、併案卷用汀盪□封[19]寄軍資庫訖。

右具在前。

開慶元年八月[20]浚湖修造[21]張坦李、監督迪功郎潮州潮陽縣主簿權司法兼簽廳林、監修[22]迪功郎奏辟潮州節制司準備差遣兼簽廳胡、監督文林郎判惠州[23]軍事陞用[24]兼本州簽廳趙、監督文林郎新知韶州乳源縣主管勸農公事兼軍正趙、知郡節制國史刑部林。〔右刻皆記買田浚湖之事，曰"貫"者當是交子、會子鈔也。曰"足"者非省也。《周志·職官表》：寶祐、開慶時，林光世知郡事。此末行題銜當卽光世矣。（《縣志》）〕

鍔按：《說文》："貫，錢貝之貫。"《文獻通考》："建中元年九月，戶部侍郎韓洄上言：江淮錢監，歲共鑄錢四萬五千貫，輸於京師，度工用轉送之費，每貫計錢二千，是本倍利也。洛源故監歲共籌錢七萬二千貫，度用工轉送之費，每貫計九百，則浮本矣。"據此則唐時通例，以千錢為一貫也。《宋史·食貨志》不明言每貫錢若干，大約當承唐例。《縣志》謂為交子會子鈔，誤矣。此刻言錢若干貫者，《容齋三筆》太平興國二年始詔民間緡錢定以七十七為百，自是以來天下承用公私出納皆然，故名"省錢"。此云足蓋足百不省也。"阡"與"仟"通，借字。坐錢、產錢不見他碑。考宋時錢幣，名目繁多，據《夷堅志》所載，有光錢、糙錢、毛錢、沙錢之別。意此坐錢、產錢，必亦當時錢幣之一種也。盞，小檟也。氵，疑是"漆"之殘文。監修、題名，凡六人，結銜云兼簽糜者三人。考州郡簽廳舊謂之都廳，宣和辛丑書省公相廳改為都廳，始詔路更都廳為簽廳。而《宋史·職官志》云："小郡推、判官不並置，或以判官兼司法，或以推官兼支使。嘉定二年，臣僚官言：'州郡有職官以供簽廳之職，或非才不勝任，則按刺易置可也，今乃差兼簽廳者動輒三兩員，與添差何異？乞將諸州郡所差兼簽廳官並行住罷。'從之。"此碑立於開慶元年，在罷兼簽廳官之後，何以碑尚云爾？殊與史志不合。

【校勘】

[1] 今且　陳維賢《〈潮州西湖山志·石刻〉校正》作"今具"。

[2] 十項　陳維賢《〈潮州西湖山志·石刻〉校正》作"下項"。

[3] 七十二　陳維賢《〈潮州西湖山志·石刻〉校正》"貳十七"。

[4] 共錢　陳維賢《〈潮州西湖山志·石刻〉校正》作"產錢"。

[5] 三分　陳維賢《〈潮州西湖山志·石刻〉校正》作"五分"。

[6] 四十二　陳維賢《〈潮州西湖山志·石刻〉校正》作"四十九"。

[7] 該共錢　陳維賢《〈潮州西湖山志·石刻〉校正》作"該產錢"。

[8] 該錢　陳維賢《〈潮州西湖山志·石刻〉校正》作"該產錢"。

[9] 二百文　陳維賢《〈潮州西湖山志·石刻〉校正》作"貳文"。

[10] 陳宅　陳維賢《〈潮州西湖山志·石刻〉校正》作"陳家"。

[11] 施宅　陳維賢《〈潮州西湖山志·石刻〉校正》作"施家"。

[12] 夏宅田園　陳維賢《〈潮州西湖山志·石刻〉校正》作"夏侯宅田園坐"。

[13] 三十文　陳維賢《〈潮州西湖山志·石刻〉校正》作"二十文"。

[14] 林宅田坐錢　陳維賢《〈潮州西湖山志·石刻〉校正》作"林宅田錢"。

[15] 三十二文　陳維賢《〈潮州西湖山志·石刻〉校正》作"三十文"。

[16] 謝家田錢一百　陳維賢《〈潮州西湖山志·石刻〉校正》作"謝家田錢二百"。

[17] 盧家園　陳維賢《〈潮州西湖山志·石刻〉校正》作"盧家園錢"。

[18] 已照簿　陳維賢《〈潮州西湖山志·石刻〉校正》作"已帖簿廳"。

[19] 用汩盂□封　陳維賢《〈潮州西湖山志·石刻〉校正》作"用漆盂乘貯"。

[20] 八月　陳維賢《〈潮州西湖山志·石刻〉校正》作"八月日"。

[21] 修造　陳維賢《〈潮州西湖山志·石刻〉校正》作"修造司"。

[22] 判惠州　陳維賢《〈潮州西湖山志·石刻〉校正》作"新惠州"。

[23] 陞用　陳維賢《〈潮州西湖山志·石刻〉校正》作"推官"。

【箋證】

清光緒《海陽縣志》卷三十《金石略一》"浚湖衛城局勒石"條："'浚湖衛城局，……右刻在湖山濱湖石上，正書、行書不等。皆記買田浚湖之事，曰貫者當是交子、會子鈔也，曰足者非省也。謹案：《周志·職官表》寶祐開慶時林光世知郡事，此末行題銜當即光世矣。"（清光緒《海陽縣志》，台灣成文出版社 1967 年影印本，第 314 頁）

宋馬端臨《文獻通考》卷八《錢幣考一》："建中元年九月，戶部侍郎韓洄上言：'江淮錢監，歲共鑄錢四萬五千貫，輸於京師，度工用轉送之費，每貫計錢二千，是本倍利也。今商州有紅崖冶出銅益多，又洛源監久廢不理。請增工鑿山以取銅，興洛源故監，置十鑪鑄之，歲計出錢七萬二千貫，度用工轉送之費，每貫計九百，則浮本矣。其江淮七監請皆停罷。'從之。"（《文獻通考》，中華書局 2011 年版，第 215 頁）

《宋史》卷一百六十七《職官志七》："'幕職官，簽書判官廳公事，兩使、防、團、軍事推判官，節度掌書記，觀察支使'掌裨贊郡政，總理諸案文移，斟酌可否，以白於其長而罷行之。凡員數多寡，視郡小大及職務之煩簡。初，政和改簽書判官廳公事為司錄，建炎初復舊。凡節度推、判官從軍額，察推及支使從州、府名。凡諸州減罷通判處，則升判官為簽判以兼之。小郡推、判官不並置，或以判官兼司法，或以推官兼支使。亦有並判官窠闕省罷，則令祿參兼管。凡要郡簽判及推官皆堂除，餘吏部使闕，二廣間許監司辟差。紹熙元年，臣僚言：'廣西奏擬簽判，多恩科癃老，乞行下轉運司，不許差年六十以上昏眊之人。'嘉定二年，臣僚言：'監司有干官，州郡有職官，以供簽廳之職，或非才不勝任，則按刺易置可也。今乃差兼簽廳者動軏三兩員，或四五員，其為冗費，與添差何異？乞將諸州郡所差兼簽廳官並行住罷。'從之。"（《宋史》，中華書局 2000 年版，第 2664 頁）

陳維賢《〈潮州西湖山志·石刻〉校正》："以上自'王宅'至'夏侯宅'共七行，自右至左橫列在上層。以上自'趙宅'至'盧家'共七行，自右至左省橫列在下層。錢，亦稱省阡。《通考·田賦考》：'五代漢三司王章，聚斂刻急，舊錢出入皆以八十為陌，章始令入者八十，出者七十七，謂之省陌。'坐錢，即歸坐或坐受田園之錢。產錢，即田賦錢。《揭陽縣志·田賦》：宋'正賦以田畝曰苗米，其雜賦以地宅曰產錢。'《雲霄廳志·田賦》：'宋太平興國中，遣使均福建田，稅以土田高下，定出產錢。'關於兼簽廳官於嘉定二年已罷問題，按至開慶元年，已距半個世紀，中間或已恢復，當以石刻為正。"附《已佚碑刻目錄》記該刻"文化大革命"期間佚。（《韓山師專學報》1990 年第 1 期）

李夢呂等題名 (存。正書，在湖山上彭西川墓旁，以下四刻，《縣志》皆失載)

景定壬戌，循陽李夢呂遷潮州。咸淳乙丑秋，被旨放還[1]。郡人柯治鳳、王柄發、林景泰、洪禧、王龔祖、林南一等，為公祖道[2]門。碣而誌之，敬麗於李君鄉守黃公汝礪石壁之左。

鍔按：右刻共七行，行八字，凡題名八人。李夢呂，見《阮通志·選舉表》，寶祐四年翰林博士。又，《羅浮志》云："夢呂循州人，號鼇湖，官至簽判。"此碑言其遷潮州，又云"被旨放還"，則夢呂必為官於潮也。因《周志》不載，故莫從徵實。碑末行又云"敬麗於李君鄉守黃公汝礪石壁之左"，似汝礪嘗知龍川府事者。《阮志·職官表》[1]亦不載。惟龍川白雲嵒有陳偶題名，云："同田曹外郎黃汝礪游白雲嵒。"是汝礪官龍川不過為曹椽之職，非為郡守也。餘柯治鳳等皆無攷。

【校勘】

[1] 放還　陳維賢《〈潮州西湖山志·石刻〉校正》作"放便"。

[2] 為公祖　陳維賢《〈潮州西湖山志·石刻〉校正》作"為公"。

【箋證】

清道光《廣東通志》卷六十六"天聖二年甲子進士"："王汝礪，龍川人，又見《長樂志》，工部尚書，白雲巖碑作姓黃。（清道光《廣東通志》，《續修四庫全書》第669冊，上海古籍出版社2003年版，第291頁）實與題名"黃公汝礪"當為一人，《阮志》訛誤。

陳維賢《〈潮州西湖山志·石刻〉校正》："按：石刻共七行，行九字。黃汝礪在下文被誤作'黃弼'。其題名石刻下方，有'龍川後學李夢呂為郡先正黃使君拂壁'題記，則汝礪官至郡守無疑。此題記《西湖山志》失載。"附《已佚碑刻目錄》記此刻"文化大革命"期間佚。（《韓山師專學報》1990年第1期）

黃挺、馬明達《潮汕金石文徵》（宋元卷）："李夢呂除見載于上二《志》外，《寶祐四年登科錄》云：'李夢呂，字純翁，循州龍川人。長於《易》。年二十四，登寶祐四年五甲第一百五十三名進士。'楊載鳴纂嘉靖《惠州府志·選舉表》又云：'李夢呂，寶祐四年文天祥榜進士，僉判，龍川人。'此刻為咸豐元年乙丑（1265）秋李夢呂自潮州落職，將歸龍川之日所題。……田曹外郎為屯田員外郎之別稱。《西湖山志》以為州郡曹掾之職，實誤。洪邁《容齋四筆》'官稱別名'條云：'唐人好一它名標榜官稱……屯田為田曹，水部為水曹。'今以此刻觀，非惟唐人有是嗜好，宋人猶乃爾也。又宋初官制，寄祿官階與職事差遣分離，至皇祐時殆然。田曹外郎乃以前代職事為寄祿官階，不妨其以郡守實授職事差遣也。"〔黃挺、馬明達《潮州金石文徵》（宋元卷），廣東人民出版社1999年版，第198—199頁〕

咸淳開路記（存。正書，在湖山東北隅壽安巖石上）

咸淳己巳下元日，冷官彭肖龍開路。

鍔按：己巳為咸淳五年，彭肖龍不知何許人。題銜稱冷官者，《朝野類要》云："冷官凡緩慢優閒之職是也。因杜子美詩云'廣文先生官獨冷'，後人遂專以號教官。"考宋於慶曆四年詔諸路州君監，各令立學，學者二百人以上，許更置縣學。自是州郡莫不有學，始置教官，肖龍時必為郡學教授，故題銜稱冷管也。《周志》失載。

【箋證】

宋趙升《朝野類要》卷二"冷官"條："冷官，凡緩慢、優閒之職是也。因杜字美詩云'廣文先生官獨冷'，後人遂專以號教官。"（《朝野類要》，商務印書館1939年版，第20頁）

黄挺、馬明達《潮汕金石文徵》（宋元卷）卷三"咸淳開路記"條："刻在潮州西湖山東北隅'壽安巖'石刻東側。摩厓，面積約七十乘以三十釐米，正書豎刻，字大約八厘米見方。嘉靖《潮州府志》卷六《選舉志》宋特奏進士景定三年（1262）有彭少龍者，疑即此《記》之彭肖龍。若如是，則肖龍潮州人，冷官自謂所任為緩慢悠閒之職，非必即潮州郡學教授。"〔黄挺、馬明達《潮州金石文徵》（宋元卷），廣東人民出版社1999年版，第203頁〕

今按：此石刻存西湖山北麓"王持正題名"左，《饒志》錄文無誤。

陳憙題名（存。正書，在湖山放生池石陳煒詩刻下）

乙亥改元季夏，男憙捧檄督餉抵潮，重遊於此。謹拜手先子退庵，摩石拂□[1]。時偕行莆陽方大年、吳首登、蔡□[2]、吳鳳舉、溫陵顧岱也。

鍔按：石刻共七行，行八字。凡題名六人，皆無考。惟據刻文"男憙"及"先子退庵"語知憙乃陳煒之子。其云"捧檄督餉抵潮"，蓋因差至此也。碑首不載年號，僅云"乙亥改元"，考《宋史·度宗紀》，帝崩於咸淳十年甲戌。明年乙亥，帝㬎改元德祐。此云"乙亥改元"，以《宋史》證之，當是德祐元年也。

【校勘】

[1] 拂□ 陳維賢《〈潮州西湖山志·石刻〉校正》作"拂塵"。

[2] 蔡□ 陳維賢《〈潮州西湖山志·石刻〉校正》作"蔡岊"。

【箋證】

黃挺、馬明達《潮汕金石文徵》（宋元卷）卷三"陳憲題名"條："正書豎刻，共七行，行八字，末行餘三字，字大七釐米見方。今前二行為墻垣所覆蓋。陳憲為煒長子，劉克莊《後村大全集》卷二百六十五《陳光仲常卿墓志銘》云：'（煒）子四人，長憲（挺按：《集》中憲字下從土），文林郎、南雄州戶錄。'《墓志銘》作于咸淳四年戊辰（1268）陳煒卒後，距德祐元年（1275），星歷七週。不知德祐初元，陳憲又遷任何職。憲興、化莆田人，偕行五人，皆與有鄉誼也。"〔黃挺、馬明達《潮州金石文徵》（宋元卷），廣東人民出版社 1999 年版，第 216 頁〕

今按：此石刻今存，在西湖山潮州市地震局旁，石刻共七行，行八字，末行五字，字大八釐米見方。

黃弼等題名（存。正書，在湖山頂彭西川墓上）

已歲孟秋閏月，詠公雅江夏黃弼、長沙歐陽昌、高陽□□誨伯季立會飲此亭，奉命題石壁。

鍔按：石刻共六行，行六字，筆畫古樸，絕似元祐石塔，雖不著時代，以字考之，當係宋刻無疑，云會飲此亭，謂李公亭也。

【箋證】

陳維賢《〈潮州西湖山志·石刻〉校正》："黃弼等題名。此刻應改正為《黃汝礪等題名》，因原石被鑿鍛為二截，《西湖山志》只抄其一截，故文理不順，且誤作'黃弼題名'。現重抄全文如下：'皇祐癸巳歲孟秋閏月，趙郡□詠公雅、江夏黃汝礪□弼、長沙歐陽昌言禹臣、高陽許聞誨伯述、聞一季立，會飲此亭，聞誨奉命題石壁。'又，斷石下截末有題字二行，即李夢呂拂壁題記。許聞誨、聞一，為許申孫，許因子。聞誨登進士（《潮州府志·選舉表》失載），官大理寺正卿，子玨，尚英宗女德安公主。聞一，皇祐元年進士，官刑部郎中，字勘，元符進士。"附《已佚碑刻目錄》記此刻"文化大革命"期間佚。（《韓山師專學報》1990 年第 1 期）

潮州西湖山志卷七

石刻下

元

元公書院西湖田記 （未見。此刻《縣志》失載）

元公書院西湖田記，邵舜生撰，正書。元統三年十二月立，在潮州府西湖上，今謂之放生池。（錢大昕《金石文目錄》）

鍔按：元公書院舊稱"元公祠"，以祀濂溪、橫渠、二程、晦庵四先生，在郡學右，王源重建。《元公祠碑》云："祠因淳祐間為公遠孫梅叟所建，故曰元公書院，立山長，聚徒教授，置瞻學田若干。"據此，則西湖田建置必在改書院時，而祠改書院，《阮通志》云在元至正間，此記作於元統三年，在至正改書院之前，與《志》不合。考元統並無三年，疑元統乃至正之譌，惜記已佚，《通志》、《縣志》金石署亦概不著錄，末由徵其舛誤，茲據錢氏《金石目》載之，以俟博雅者考焉。

【箋證】

清錢大昕《潛研堂金石文字目錄》卷八"《元公書院西湖田記》"條："《元公書院西湖田記》，邵舜生撰，正書。元統三年十二月立。在潮州府西湖上，今謂之放生池。"（《嘉定錢大昕全集》第六冊，江蘇古籍出版社 2006 年版，第 187 頁）

清孫星衍《寰宇訪碑錄》卷十二載："放生池《元公書院西湖田

記》，邵舜生撰。正書。元統三年十二月。廣東潮陽。"（《歷代碑誌叢書》第 23 冊，江蘇古籍出版社 1998 年版，第 494 頁）

黃挺、馬明達《潮汕金石文徵》（宋元卷）卷四"元公書院西湖田記"條："據《大典》所載姚然（達泉）《重建元公書院記》，早在世祖至元二十九年（壬辰），路總管陳祐就'移廟而為書院'，陳祐還曾'捐己宅充廣之'，則元公書院之恢復在至元間，而非至正間，《阮志》可能有魯魚之訛，抑或因未見姚然碑記之故。元統三年則可能是二年之誤。"〔黃挺、馬明達《潮州金石文徵》（宋元卷），廣東人民出版社 1999 年版，第 319 頁〕

明

洪武甲子題名記（存，正書，在湖山濱湖石上。此刻《縣志》失載）

皇明洪武甲子科題名記：陳文復、陳亮、楊璧[1]、蔡福南、林遜。

鍔按：洪武甲子，即洪武十七年也。《明會典》云："洪武六年，詔科舉暫且停罷，別令有司察賢才，必以德行為本，文藝次之。十七年，頒行科舉成式，凡三年大比，舉人不拘額數，從實充貢。"是科海陽中式共五人，即右題名記是也。陳文復等，俱見《縣志·選舉表》。

【校勘】

[1] 楊璧　陳維賢《〈潮州西湖山志·石刻〉校正》、《廣東碑刻集》作"楊璧"。

【箋證】

清光緒《海陽縣志》卷十四《選舉表三》"明洪武朝進士"："林遜，閩縣丞升福清知縣，祀鄉賢，有傳，《周志》作潮陽人，《張志》佚，今據海陽鄉祀征補"；"蔡福南，翰林院檢討，已上十八年乙丑科"；"楊璧，刑部郎中，有傳，二十四年辛未科。""明洪武朝舉人"："陳文復，安慶教授升戶科給事中"；"陳亮，進賢教諭。"（清光緒《海陽縣志》，台灣成文出版社 1967 年影印本，第 93 頁）

譚棣華等編《廣東碑刻集》"皇明洪武甲子科題名記"條："皇明

洪武甲子科題名記：陳文復、陳亮、楊璧、蔡福南、林遜。"（譚棣華等編《廣東碑刻集》，廣東高等教育出版社 2001 年版，第 242 頁）

今按：題名今存，在湖山濱湖石"公園"題名上。

永樂題名記（存，正書，在西湖山東王漢立石碑後）

會試同登。（四字題額）皇明永樂辛卯科題名：阮瑄（海陽人，乙未進士，大理寺右詳事[1]）、洪廉（揭陽人，乙未進士）、鄭士庶（海陽人，乙未進士，御史[2]，甲午科舉人）

案：《周府志·選舉表》辛卯為永樂九年，鄉試阮瑄、洪廉同榜，則書辛卯題名者殆為阮瑄、洪廉記，故鄭士庶下另泐"甲午舉人"以別之。甲午，乃永樂十二年也。又案，《表》中鄭士庶、阮瑄會試列永樂十三年乙未陳循榜，而洪廉會試乃列永樂十六年戊戌李騏榜，其洪廉名下又注云"乙未會試"，不免參差然。據石刻所泐，洪廉為乙未進士，列之戊戌榜，蓋《志表》之誤耳。（《縣志》）

【校勘】

[1] 大理寺右詳事　陳維賢《〈潮州西湖山志·石刻〉校正》作"大理寺左寺左評事"。

[2] 御史　陳維賢《〈潮州西湖山志·石刻〉校正》作"湖廣御史"。

【箋證】

清順治《潮州府志》卷五"選舉志·進士·明"："永樂乙未陳循榜：海陽鄭士庶，仕御史，原籍浙江，兄士廉，任潮州府學教授，因占籍焉；阮瑄，仕大理寺評事。"（清順治《潮州府志》，饒宗頤編集《潮州志匯編》第三部，香港龍門書店 1965 年版，第 307 頁）

又，"永樂戊戌李騏科：揭陽洪廉，乙未會試，仕御史。"（同上書，第 307 頁）

清光緒《海陽縣志》卷三十一《金石略二·明》"永樂題名記"條："'會試同登（四字題額）。皇明永樂辛卯科題名：阮瑄（海陽人，乙未進士，大理寺右詳事。）、洪廉（揭陽人，乙未進士。）、鄭士庶（海陽人，乙未進士，御史，甲午科舉人。）'右題名記載西湖山東王漢立石碑後，正書。案：《周府志·選舉表》辛卯為永樂九年，鄉試阮瑄、洪廉同榜，則書辛卯題名者殆為阮瑄、洪廉記，故鄭士庶下另泐'甲午舉人'以別之。甲午，乃永樂十二年也。又案，表中鄭士庶、阮瑄會試列永樂十三年乙未陳循榜，而洪廉會試乃列永樂十六年戊戌李騏榜，其洪廉名下又注云‘乙未會試’，不免參差然，據石刻所泐，洪廉為乙未進士，列之戊戌榜，蓋《志·表》之誤耳。”（清光緒《海陽縣志》，台灣成文出版社 1967 年影印本，第 319 頁）

陳維賢《〈潮州西湖山志·石刻〉校正》附《已佚碑刻目錄》記此刻“文化大革命”期間佚。（《韓山師專學報》1990 年第 1 期）

王源除怪石記[1] （存，正書，在湖山絕頂。今石倒臥，記文半沒土中）

明宣德[2]乙卯，源奉敕[3]祛除民害，指揮李侯通、陸侯雄等[4]簽曰：“城西屹立二石，一大數十圍[5]，高數丈，一僅及其半[6]，世號二蟾蜍。形家以白虎瞰城[7]，主囂訟火災[8]，欲去之[9]，雖千夫力不能勝[10]。”源曰：“昌黎驅鱷[11]，吾能除此。”臘月[12]既望，命檢校謹孚典史王禮、驛丞秦祖、糧老彭剡[13]等率百人撲碎[14]，琢為[15]廣濟橋用，其下有[16]一石盤，盤下有[17]一白物，眉目鼻類人形，是其[18]為之作妖明矣。父老曰：“此旁邊一石[19]，常自露出上有‘囘風’字[20]”，民以為怪，因有‘惡俗去美風囘’之謠以壓之[21]，今公除此石[22]，不閱月，火訟息，其與昌黎驅鱷無異。”源謝而鑱諸石。是時正統元年七月七日，龍巖王源啓澤韋庵題。〔案：王源號韋庵，宣德間任潮州府，見《周志·職官表》。元年為玄宗丙辰之歲。（《縣志》）〕

【校勘】

[1] 王源除怪石記　陳維賢《〈潮州西湖山志·石刻〉校正》作“王韋庵《除怪石記》　千戶王鋼、鎮撫陳明”。

[2] 明宣德　陳維賢《〈潮州西湖山志·石刻〉校正》無“明”。

[3] 奉敕　陳維賢《〈潮州西湖山志·石刻〉校正》作“奉敕守潮”。

[4] 指揮李侯通、陸侯雄等　陳維賢《〈潮州西湖山志·石刻〉校正》作“指揮賴榮、李通、陸雄、沙鐸、陸忠、學官張策、袁均哲、程品”。

[5] 數十圍　陳維賢《〈潮州西湖山志·石刻〉校正》作“數十尋”。

[6] 一僅及其半　陳維賢《〈潮州西湖山志·石刻〉校正》作“一僅半”。

[7] 形家以白虎瞰城　陳維賢《〈潮州西湖山志·石刻〉校正》作“地理家以白虎上守”。

[8] 主囂訟火災　陳維賢《〈潮州西湖山志·石刻〉校正》作“囂訟不寧”。

[9] 欲去之　陳維賢《〈潮州西湖山志·石刻〉校正》作“先欲去者”。

〔10〕雖千夫力不能勝　陳維賢《〈潮州西湖山志·石刻〉校正》作"千夫力不勝"。

〔11〕驅鱷　陳維賢《〈潮州西湖山志·石刻〉校正》作"除鱷"。

〔12〕臘月　陳維賢《〈潮州西湖山志·石刻〉校正》作"臈月"，同。

〔13〕謹孚典史王禮、驛丞秦祖、糧老彭剡　陳維賢《〈潮州西湖山志·石刻〉校正》作"譚孚典史王禮、大使徐先應、馹丞秦祖、司獄鍾雍白、糧老彭釗、許懋、余馬瑤、陳冶、程進、謝子魯、陳實"。

〔14〕撲碎　陳維賢《〈潮州西湖山志·石刻〉校正》作"僕碎"。

〔15〕琢為　陳維賢《〈潮州西湖山志·石刻〉校正》作"琢畀"。

〔16〕其下有　陳維賢《〈潮州西湖山志·石刻〉校正》作"其下坐"。

〔17〕盤下有　陳維賢《〈潮州西湖山志·石刻〉校正》無"有"。

〔18〕是其　陳維賢《〈潮州西湖山志·石刻〉校正》作"吁誰"。

〔19〕此旁邊一石　陳維賢《〈潮州西湖山志·石刻〉校正》作"此旁近掘一石"。

〔20〕常自露出上有"同風"字　陳維賢《〈潮州西湖山志·石刻〉校正》作"有'回風石'三字"。

〔21〕民以為怪，因有"惡俗去美風同"之謠以壓之　陳維賢《〈潮州西湖山志·石刻〉校正》作"人有惡俗去美風回之謠"。

〔22〕今公除此石　陳維賢《〈潮州西湖山志·石刻〉校正》作"王侯除此"。

〔23〕"不閱月火訟息，其與昌黎驅鱷無異。"源謝而鑱諸石。是時正統元年七月七日，龍巖王源啓澤韋庵題　陳維賢《〈潮州西湖山志·石刻〉校正》作"俗易而郡人永寧，□□請記，旁有石天然一碑，知府王源命匠刻於石……（下一行上半截埋土中，約十多字）林旺，書丹吳麟"。

【箋證】

清順治《潮州府志》卷九《古蹟部》"王源除怪石"條："宣德乙卯，源奉敕祛除民害，指揮李侯通、陸侯雄等簽曰城西屹立二石，一大數十圍，高數丈，一僅半，世號二蟾蜍。地理家以白虎上主囂訟火災，先欲去者，千夫力不能勝，源曰：'昌黎驅鱷，吾能除此。'臘月既望，命檢校謹孚、典史王禮、驛丞秦祖等、糧老彭剡等率百人仆碎，琢為廣濟橋用，其下坐一石盤，盤下白物，眉目鼻類人形，叩誰為之，作妖明矣。父老曰：'此旁近一石自露，上有'同風'字，民有'惡俗去美風同'之謠，今公除此石，不閱月，火訟息，其與昌黎驅鱷無異。'源謝而鑱諸石。是時正統元年七月七日，龍巖王源啓澤韋菴題。"（清順治《潮州府志》，饒宗頤編集《潮州志匯編》第三部，香港龍門書店 1964 年版，第 437 頁）

清光緒《海陽縣志》卷三十一《金石略二·明》"王源除怪石記"條："明宣德乙卯，源奉敕祛除民害，指揮李侯通、陸侯雄等簽曰城西屹立二石，一大數十圍，高數丈，一僅及其半，世號二蟾蜍。行家以白虎瞰城，主囂訟火災，欲去之，雖千夫力不能勝，源曰：'昌黎驅鱷，吾能除此。'臘月既望，命檢校謹孚典史王禮、驛丞秦祖、糧老彭剡等率百人撲碎，琢為廣濟橋用，其下有一石盤，盤下有一白物，眉目鼻類人形，是其為之作妖明矣。父老曰：'此旁邊一石常自露出，上有'同風'字，民以為怪，因有'惡俗去美風同'之謠以壓之，今公除此石，不閱月，火訟息，其與昌黎驅鱷無異。'源謝而鑱諸石。是時正統元年七月七日，龍巖王源啓澤葦庵題。右刻在西湖山絕頂，正書。今石倒臥，記文半沒土中，茲從《張志》備錄。謹案：王源號葦庵，宣德間任潮州府，見《周志·職官表》，元年為玄宗丙辰之歲。"（清光緒《海陽縣志》，台灣成文出版社 1967 年影印本，第 319 頁）

《明史·王源傳》："王源，字啟澤，龍岩人。永樂二年擢進士，授庶起士。改深澤知縣。……英宗踐阼，擇廷臣十一人為知府，賜宴及敕，乘傳行。源得潮州府。城東有廣濟橋，歲久半圮壞，源斂民萬金重築之。以其餘建亭，設先聖、四配、十哲像。刻《藍田呂氏鄉約》，擇民為約正、約副、約士，講肄其中，而時偕僚寀董率焉。西湖山上有大石為怪，源命鑿之，果獲石骷髏，怪遂息。乃琢為碑，大書"潮州知府王源除怪石"。會杖一民死，民子訴諸朝，並以築橋建亭為塑罪。逮至京，罪當贖徒。塑人相率叩闍，乃複其官。久之，乞休。潮人奏留不獲，祠祀之。"（《明史》，中華書局 2000 版，第 4076—4077 頁）

陳維賢《〈潮州西湖山志·石刻〉校正》："此石被鑿斷為二截，上截十三行，行十四字，倒臥地上，末行埋土中，下截每行六字，字皆完好。"附《已佚碑刻目錄》記此刻"文化大革命"期間佚。（《韓山師專學報》1990 年第 1 期）

王源除怪石詩 （存。正書，在湖山絕頂，此刻《縣志》失載）

《除怪石詩》："駢立西山為患久，俄然仆碎不終朝。一雙石笋根除滅，百世妖氛氣盡消。鳳士[1]頓回淳古俗，軍民齊唱太平謠。從今正應三陽識，衮衮公卿佐聖朝。”正統元年七月七日，王源啓澤韋庵題。

【校勘】

[1] 鳳士　陳維賢《〈潮州西湖山志·石刻〉校正》作“風土”。

【箋證】

陳維賢《〈潮州西湖山志·石刻〉校正》：“詩刻係隸書，非正書。”附《已佚碑刻目錄》記此刻“文化大革命”期間佚。（《韓山師專學報》1990 年第 1 期）

王侯除石記（存，行書，在湖山絕頂，此刻《縣志》失載）

郡城之西山巔有石二，高十餘丈，大數十圍……呼之[1]，主潮人囂訟，前守宰欲除之，不克，去冬八……敕[2]守潮之初訟諜紛紛，動以數百公詢其故，父老曰：此石[3]未除，斯物為怪久矣，邇者上下[4]一石自……惡俗去[5]美風回之謠，請除之，公卽遣人□十力……振里[6]閭，不閱月，大訟息[7]而民安，非公之力乎，潮……侯通[8]孫侯渝[9]陸侯雄侯忠欲嘉其事，余曰昔……遭惡鱷[10]患，嘗咄嗟而除之，非為鱷也，為民也，其……炳烺烺[11]至今，廟養於潮千載如一日矣，嗚呼……殊一物[12]耳。然在上有[13]常處啖食有厭足人尤……[14]

鍔案：此記原文頗長，府、縣《志》皆不載，今可見祇首十二行，共一百八十字，其後尚有十一二行及前行，下截悉為墳土掩蔽，卽撰記人姓名亦無從窺識，特誌於此，以俾留心鄉文獻者知斯石之所在而考發焉。

【校勘】

[1] 大數十圍……呼之　陳維賢《〈潮州西湖山志·石刻〉校正》作“十尋，形類蟾蜍，人以怪石呼之”。

[2] 去冬八……敕　陳維賢《〈潮州西湖山志·石刻〉校正》作“去冬八閩龍岩王公奉……敕”。

[3] 父老曰：此石　陳維賢《〈潮州西湖山志·石刻〉校正》作“父老曰民爭訟火災蓋由此石”。

［4］邏者上下　陳維賢《〈潮州西湖山志·石刻〉校正》作"邏者山下"。

［5］一石自……惡俗去　陳維賢《〈潮州西湖山志·石刻〉校正》作"一石自露，上有回風字民有惡俗去"。

［6］人□十力……振里　陳維賢《〈潮州西湖山志·石刻〉校正》作"人數十力，輒動其石自僕，聲振里"。

［7］大訟息　陳維賢《〈潮州西湖山志·石刻〉校正》作"火訟息"。

［8］潮……侯通　陳維賢《〈潮州西湖山志·石刻〉校正》作"潮衛指揮使賴侯榮、李侯通"。

［9］孫侯渝　陳維賢《〈潮州西湖山志·石刻〉校正》作"孫侯瑜"。

［10］昔……遭惡鱷　陳維賢《〈潮州西湖山志·石刻〉校正》作"昔者韓昌黎守郡時，遭惡鱷"。

［11］其……炳烺烺　陳維賢《〈潮州西湖山志·石刻〉校正》作"其功德在人耳目烺烺"。

［12］嗚呼……殃一物　陳維賢《〈潮州西湖山志·石刻〉校正》作"嗚呼，鱷之暴不過害一人，殃一物"。

［13］在上有　陳維賢《〈潮州西湖山志·石刻〉校正》作"居止有"。

［14］人尤……　陳維賢《〈潮州西湖山志·石刻〉校正》作"人猶得以避之，故其患也小，豈若怪石巍然屹立城西，而兆一郡之兇，為斯民累世之患，孰得而避之哉！則其為患也，不既大乎！今王公除此，與昌黎除鱷，功齊而力倍之，可謂能繼其美矣。賴侯等曰：'然。'遂勒諸石，俾後之君子登覽於茲者，當有感於斯文。潮州衛指揮淮右王禎書"。

【箋證】

陳維賢《〈潮州西湖山志·石刻〉校正》："此記與《除怪石詩》同一石壁，在詩之後面。'王侯除石記'為原碑標題。記後為朱鼎《除恠石詩》，《西湖山志》失載，全詩見《〈潮州西湖山志·石刻〉補遺》。"附《已佚石刻碑目》記此碑"文化大革命"期間佚。（《韓山師專學報》1990年第1期）

今按：王禎，省、府、縣志均未載。從石刻題署可知王禎為淮右人，淮右即淮西，宋時在江淮之間設淮南東路和淮南西路，淮南西路稱為淮右。明郭棐《粵大記》："隆慶四年正月，倭寇廣海衛，城陷，指揮王禎、鎮挺周秉唐、百戶何蘭死之。"（《粵大记》下冊，廣東人民出版社2014年版，第917頁）《粵大記》中王禎當與題記"潮州衛指揮淮右王禎"為同一人。可知隆慶四年（1570）王禎在任潮州衛指揮，此記作於其任期間。《饒志》所錄頗多闕文，茲據《〈潮州西湖山志·石刻〉校正》等校補如下："郡城之西山巔有石二，高十餘丈，大數十圍十尋，形類蟾蜍，人以怪石呼之呼之。主潮人嚻訟，前守宰欲除之，不克。去冬八，閩龍巖王公奉敕守潮之初，訟諜紛紛，動以數百，公詢其故，父老曰民爭訟火災蓋由此石未除，斯物為怪久矣，邇者山下一石，自露，上有回風字，民有惡俗去美風回之謠，請除之。公卽遣人數十力，輒動其石自仆，聲振里間。不閱月，火訟息而民安，非公之力乎，潮衛揮使賴侯樂、李侯通、孫侯瑜、陸侯雄、侯忠欲嘉其事，余曰昔者韓昌黎守郡時，遭惡鰐患，嘗咄嗟而除之，非為鱷也，為民也，其功德在人耳目炳烺烺至今，廟養於潮千載如一日矣，嗚呼，鰐之暴不過害一人，殃一物耳然居止有常處啖食有厭足人尤人猶得以避之，故其為患也小，豈若怪石巍然屹立城西，而兆一郡之兇，為斯民累世之患，孰得而避之哉！則其為患也，不既大乎！今王公除此，與昌黎除鰐，功齊而力倍之，可謂能繼其美矣。賴侯等曰：'然。'遂勒諸石，俾後之君子登覽於茲者，當有感於斯文。潮州衛指揮淮右王禎書。"

王源湖山題字
仰山石。王韋庵書。（存。正書，在湖山絕頂）

【箋證】
陳維賢《〈潮州西湖山志·石刻〉校正》："'仰山石'三字為隸書，非正書，字大徑約一公尺。"附《已佚碑刻目錄》記此刻"文化大革命"期間佚。（《韓山師專學報》1990 年第 1 期）

義冢（王韋庵書，存，正書，在濱湖石上，正統五年七月望後吉日）

【箋證】
陳維賢《〈潮州西湖山志·石刻〉校正》所附《已佚石刻碑目》記此刻解放初佚。（《韓山師專學報》1990 年第 1 期）

王源義冢記（存，正書，在濱湖石上，摩厓，此刻《縣志》失載）

廣東潮州府知府[1]（以下缺）海[2]（以下缺）。宣德十年□子上任[3]，遷謁諸祠於西北□□□□□□□父老曰：孤貧泊外境僑死不得以禮葬□□□□□□□□，歲久以致白骨遷山阿，塗人莫不為之慘切□□□□□云：兆矣，奈何余曰若盍收瘞之，咸曰不敢擅□□□□□，有喪令都鄙相助作墳塋以禮，乃命作義塚□□□□□記天然碑，予曰生者養死者，藏人之道也。生不得養，死不得藏，有司之責也。□義士[4]能體上官之心，不負□□□□□子弟遷收遺骸使數百年免暴露於荒郊之外，□□□□□，其呻吟之慘，生者無扎瘞之虞，是生得其養，□□□□□□用心亦仁矣乎！時正統八年夏四月[5]，潮州衛指揮賴終[6]、潮州府推官張塤、海陽丞江儀鳳、專王□[7]等刻石。

作塚收瘞遺骸郡人：李趙養、吳貫養、鄭驥、楊瑤、劉金妙、柯真成、葉智、曾勇[8]、林玄祐、陳鸞、沈汪、劉垓、謝景祥、陳佛瑤[9]

鍔按：石碑共十二行，行廿三字，碑文下半字皆殘泐不可辨，第一行知府下姓名闕佚。據文中宣德十年上任，語核之《周志·職官表》，王源於宣德十年為潮州知府，至正統十年去任，此碑立於正統八年，在王源任內，與《志表》年次相合。義冢創於正統五年，題字實為源書，蓋越三年始立石記其事耳。張塤，鄱陽人，正統間為潮州府推官，見《周志·職官表》。江儀鳳，開元人，正統間為海陽縣丞，見《縣志·職官表》。賴終無考。按：正統五年府學碑陰題名有潮州衛指揮賴榮，字宗武，福建沙縣人，"賴終""賴榮"不知同一人否，《通志》、《周志》俱失載，據碑可補其缺也。"王□"上"專"字，其左旁已損泐，疑是"簿"之殘文，上當有"主"字。《縣志·職官表》正統間主簿有王燦，字文煥，貴州人，此"王□"或即其人歟。

【校勘】

[1] 知府 陳維賢《〈潮州西湖山志·石刻〉校正》作"知府龍巖"。

[2] 海　陳維賢《〈潮州西湖山志·石刻〉校正》作"海陽縣縣丞三衢"。

[3] 十年□子上任　陳維賢《〈潮州西湖山志·石刻〉校正》作"十年冬予上任"。

[4] □義士　陳維賢《〈潮州西湖山志·石刻〉校正》作"今義士"。

[5] 夏四月　陳維賢《〈潮州西湖山志·石刻〉校正》作"夏四月初吉"。

[6] 賴終　陳維賢《〈潮州西湖山志·石刻〉校正》作"賴榮"。

[7] 專王□　陳維賢《〈潮州西湖山志·石刻〉校正》作"簿王璨"。

[8] 曾勇　陳維賢《〈潮州西湖山志·石刻〉校正》作"曾男"。

[9] 陳佛瑤　陳維賢《〈潮州西湖山志·石刻〉校正》作"陳佛瑤、蔡博、陳璲、吳□、許□"。

【箋證】

明嘉靖《潮州府志》卷五《官師志》"大明推官"："張塤，鄱陽人，正統七年任。"（明嘉靖《潮州府志》，饒宗頤編集《潮州志匯編》，香港龍門書店 1965 年影印本，第 116 頁）

又，卷五《官師志》"大明海陽縣縣丞"："江儀鳳，開化人，正統七年任。"（同上書，第 121 頁）

又，卷五《官師志》"大明海陽縣主簿"："王璨，貴州人，正統間任。"（同上書，第 121 頁）

陳維賢《〈潮州西湖山志·石刻〉校正》附《已佚石刻碑目》記此刻"文化大革命"期間佚。（《韓山師專學報》1990 年第 1 期）

嘉靖辛卯鄉試題名記（附章曰慎題刻。存。正書，在西湖山雁塔石上）
皇明嘉靖辛卯科鄉試題名

胡一化（解元，揭陽人）、薛雍（經魁，饒平人）、章熙（經魁，海陽人，甲辰進士）、陳天資（經魁，饒平人，乙未進士）、林大欽（亞魁，海陽人，壬辰狀元）、陳大同（亞魁，海陽人）、陸錦（海陽人）、王朝科（海陽人）、盛若樹（海陽人）、林松（揭陽人，辛丑進士）、鄭有周（揭陽人，乙未進士）、王樹（饒平人）、洪良弼（揭陽人）、鄭廣文（潮陽人）、鄭紹烑（潮陽人）、韋紹（海陽人）、蔡大用（海陽人，乙未進士）、黃棐（海陽人）、唐有寶（揭陽人）、黃國卿（揭陽人，甲辰進士）、陳忠（潮陽人）、陳昌言（揭陽人，甲辰進士）、鄭一統（潮陽人[1]，乙未進士）

章曰慎題刻

嘉靖辛卯科，先大夫西峯公同升之士我潮二十三人[2]。時監臨直指吳公特豎坊牌於郡治題曰"彩鳳聯飛"，蓋彬彬然[3]稱盛也。後燬于火，邦人惜之。不佞慎慨前修之不作，懼文獻之無徵，嘗議復之，而未能焉。頃因創修南巖，歷探古蹟，宋、元科名偏題崖石，遂請諸郡公題名雁塔之側，公慨然許之。迺與年家子（薛君虞林、王君文明、黃君□□、韋君與古[4]）等相度工費，共襄厥事。是役也豈徒侈一時之盛，抑俾邦之士有所興起哉！萬曆甲午春，海陽章曰慎謹識。〔案：《府志·選舉表》是科有王鵬，海陽人，由新會訓導中式，官玉山知縣，共二十四人，與此刻二十三人互異。王鵬名亦見《張志》，戴《志》、黃《志》失載。（《縣志》）〕

鍔按：鄭一統，《通志》、《府志》皆作揭陽人，《潮陽志·選舉表》嘉靖辛卯科亦無一統名，石刻作潮陽人，與《志》不符。

【校勘】

[1] 潮陽人　陳維賢《〈潮州西湖山志·石刻〉校正》作"揭陽人"。
[2] 二十三人　陳維賢《〈潮州西湖山志·石刻〉校正》作"二十有三人"。
[3] 彬彬然　陳維賢《〈潮州西湖山志·石刻〉校正》無"然"。
[4] 韋君與古　陳維賢《〈潮州西湖山志·石刻〉校正》作"韋君與玄"。

【箋證】

明嘉靖《潮州府志》卷六《選舉志》"皇明嘉靖十年二十三人"條："胡一化（解元，揭陽人）、薛雍（經魁，饒平人）、章熙（經魁，海陽人，甲辰進士）、陳天資（經魁，饒平人，乙未進士）、林大欽（亞魁，海陽人，壬辰狀元）、陳大同（亞魁，海陽人）、陸錦（海陽人）、王朝科（海陽人）、盛若樹（海陽人）、林松（揭陽人，辛丑進士）、鄭有周（揭陽人，乙未進士）、王樹（饒平人）、洪良弼（揭陽人）、鄭廣文（潮陽人）、鄭紹烋（潮陽人）、韋紹（海陽人）、蔡大用（海陽人，乙未進士）、黃棐（海陽人）、唐有寶（揭陽人）、黃國卿（揭陽人，甲辰進士）、陳忠（潮陽人）、陳昌言（揭陽人，甲辰進士）、鄭一統（潮陽人，乙未進士）。"（明嘉靖《潮州府志》，饒宗頤編集《潮州志匯編》第二部，香港龍門書店1965年影印本，第143頁）

清光緒《海陽县志》卷三十一《金石略二·明》"嘉靖辛卯鄉試題名記"條："右題名記在西湖山鹰塔石上，曰慎題識附右，正書。謹《府志·選舉表》是科有王鵬，海陽人，由新會訓導中式官玉山知縣，共二十四人，與此刻二十三人互異，王鵬名亦見《張志》，《戴志》、《黄志》失載。"（清光緒《海陽縣志》，台灣成文出版社1967 年影印本，第 327 頁）

陳維賢《〈潮州西湖山志·石刻〉校正》附《已佚石刻碑目》記此刻"文化大革命"期間佚。（《韓山師專學報》1990 年第 1 期）

嘉靖甲午題名記（存。正書，在湖山雁塔石右）
皇明嘉靖甲午科題名

饒相（經魁，大埔人，乙未進士）、林時雨（饒平人）[1]、姚學古（潮陽人）、趙時舉（揭陽人）[2]、謝承志（海陽人）、毛紹齡（海陽人）、林大有（潮陽人，戊戌進士）、林一夛（揭陽人）、謝琳（海陽人）、鄭天憲（潮陽人）[3]、鄭臣（海陽人）、陳潔（饒平人）、陳繼英（海陽人）、陳鑰（潮陽人）。〔案：趙時舉，《周志》作饒平人，與記作揭陽人互異。（《縣志》）〕

鍔按：鄭天憲，《周府志》作揭陽人，與石刻作潮陽人異。

【校勘】

[1] 林時雨（饒平人） 陳維賢《〈潮州西湖山志·石刻〉校正》作"林時雨（饒平人，經魁）"。

[2] 趙時舉（揭陽人） 陳維賢《〈潮州西湖山志·石刻〉校正》作"趙時舉（饒平人，庚戌進士）"。

[3] 鄭天憲（潮陽人） 陳維賢《〈潮州西湖山志·石刻〉校正》作"鄭天憲（揭陽人）"。

【箋證】

明嘉靖《潮州府志》卷六《選舉志·皇明》"嘉靖十三年"條："嘉靖十三年十四人：鄭臣（雩都教諭），陳繼英（崇義教諭），謝承志、毛紹齡（衡山知縣），謝琳（俱海陽人），姚學古、陳鑰（知縣），林大有（戊戌進士，戶部主事，贈父惠如其官。俱潮陽人），林一夛、鄭天憲（俱揭陽人），林時雨（經魁），趙時舉、陳潔（俱饒平人），饒相（經魁，乙未進士，戶部郎中，大埔人）。"（明嘉靖《潮州府志》，香港龍門書店 1965 年影印本，第 143 頁）

清光緒《海陽县志》卷三十一《金石略二》"嘉靖甲午題名記"條："'皇明嘉靖甲午科題名：饒相（經魁，大埔人，乙未進士）、林時雨（饒平人）、姚學古（潮陽人）、趙時舉（揭陽人）、鄭臣（海陽人）、陳潔（饒平人）、陳繼英（海陽人）、陳鑰（潮陽人）、謝承志（海陽人）、毛紹齡（海陽人）、林大有（潮陽人，戊戌進士）、林一豸（揭陽人）、謝琳（海陽人）、鄭天憲（潮陽人）。'右題名記在湖山雁塔石右，正書。謹案：趙時舉，《周志》作饒平人，與《記》作'揭陽'互異。"（清光緒《海陽縣志》，台灣成文出版社 1967 年影印本，第 328 頁）

今按：陳維賢《〈潮州西湖山志·石刻〉校正》據石刻原文校勘無誤，則《縣志》與饒鍔所存疑處可釋。

嘉靖丁酉科題名記（附李思悅題刻。存。正書，在湖山雁塔石後）

皇明嘉靖丁酉科題名

林光祖（經魁，揭陽人，甲辰會元[1]）、柯文紹（亞魁，海陽人）、成子學（亞魁，海陽人，甲辰進士）、何大章（海陽人）、許守愚（揭陽人）、蘇志仁（海陽人，甲辰進士）、盛若林（海陽人，戊戌進士）、陳學乾（揭陽人）、陳瑞龍（潮陽人，庚戌進士）、莊元吉（海陽人）、楊惟執（揭陽人）、洪先志（海陽人）、謝勳（程鄉人）、王弼（海陽人）、蕭大鈞（海陽人）、陳師淑（海陽人）、林繼述（潮陽人）、陳介（海陽人）、李士標[2]（潮陽人）、林汝桂（揭陽人）、魏志簡（海陽人）、李一莊（海陽人）、李宜允（揭陽人）

李思悅題刻

嘉靖丁酉科，潮同登者廿三人，先君附焉。舊制：舉人有坊，資助其建額以垂永久[3]，朝廷待士隆矣。顧士以計偕，費並其坊，資用悉由是，額未建，遂成缺典。萬曆癸巳間，郡公祖政暇游湖山，得宋、元朝登科記並[4]雁塔，因慨今潮士之無徵，命依此故事為之，意甚盛也[5]。丁酉科題名不傳，諸子孫能缺[4]然乎？遂刻[7]其氏籍。以萬曆甲午三月初二日勒[8]石為記。碑在雁塔之後，卓立可垂不朽焉[9]。李子思悅識。

　　鍔按：《通志》、《府志》、《潮陽志》"李士標"皆作"李大標"，與石刻異。李思悅，題名中一莊子，嘉靖丙辰進士，《縣志》有傳。

【校勘】

[1] 甲辰會元　陳維賢《〈潮州西湖山志・石刻〉校正》作"甲辰會魁"。

[2] 李士標　明嘉靖《潮州府志》、清順治《潮陽縣志》卷十七《循吏七》"李大標傳"、陳維賢《〈潮州西湖山志・石刻〉校正》皆作"李大標"。

[3] 垂永久　陳維賢《〈潮州西湖山志・石刻〉校正》作"垂名永久"。

[4] 並　陳維賢《〈潮州西湖山志・石刻〉校正》作"併"。

[5] 其盛也　陳維賢《〈潮州西湖山志・石刻〉校正》作"甚盛矣"。

[6] 缺　陳維賢《〈潮州西湖山志・石刻〉校正》作"恝"。

[7] 刻　陳維賢《〈潮州西湖山志・石刻〉校正》作"列"。

[8] 勒　陳維賢《〈潮州西湖山志・石刻〉校正》作"鑿"。

[9] 不朽焉　陳維賢《〈潮州西湖山志・石刻〉校正》無"焉"。

【箋證】

　　明嘉靖《潮州府志》卷六《選舉志・明》"嘉靖十六年"條："嘉靖十六年二十三人：蘇志仁（甲辰進士，見任池州推官）、成子學（甲辰進士，見任峽江知縣）、盛若林（端明之孫，若樹之兄，戊戌進士，見任戶部郎中。封父瀚如其官）、魏志簡、王弼、陳師淑、李一莊、陳介、蕭大鈞、莊元吉、洪先志、柯文紹、何大章（俱海陽人）、陳瑞龍、林繼述、李大標（俱潮陽人），林光祖（文之子，經魁，甲辰進士，見任刑部主事），許守愚、陳學乾、楊惟執、林汝桂、李宜允（俱揭陽人），謝勳（程鄉人）。"（明嘉靖《潮州府志》，香港龍門書店1965年版，第143—144頁）

　　清光緒《海陽縣志》卷三十一《金石略二・明》"嘉靖丁酉科題名記"條："'皇明嘉靖丁酉科題名：林光祖（經魁，揭陽人，甲辰會元）、柯文紹（亞魁，海陽人）、成子學（亞魁，海陽人，甲辰進士）、何大章（海陽人）、許守愚（揭陽人）、蘇志仁（海陽人，甲辰進士）、盛若林（海陽人，戊戌進士）、陳學乾（揭陽人）、陳瑞龍

（潮陽人，庚戌進士）、莊元吉（海陽人）、楊惟執（揭陽人）、洪先志（海陽人）、謝勳（程鄉人）、王弼（海陽人）、蕭大鈞（海陽人）、陳師淑（海陽人）、林繼述（潮陽人）、陳介（海陽人）、李士標（潮陽人）、林汝桂（揭陽人）、魏志簡（海陽人）、李一莊（海陽人）、李宜允（揭陽人）。'嘉靖丁酉科，潮同登者廿三人，先君附焉。舊制：舉人有坊，資助其建額以垂永久，朝廷待士隆矣。顧士以計偕，費並其坊，資用悉由是，額未建，遂成缺典。萬曆癸巳間，郡公祖政暇游湖山，得宋元朝登科記並雁塔，因慨今潮士之無徵，命依此故事為之，意甚盛也。丁酉科題名不傳，諸子孫能缺然乎？遂刻其氏籍。以萬曆甲午三月初二日勒石為記。碑在雁塔之後，卓立可垂不朽焉。李子思悅識。'右題名記在雁塔石後，李思悅識，附左，正書。"（清光緒《海陽縣志》，台灣成文出版社 1967 年影印本，第 329 頁）

陳維賢《〈潮州西湖山志·石刻〉校正》附《已佚石刻碑目》記此刻"文化大革命"期間佚。（《韓山師專學報》1990 年第 1 期）

劉魁西湖詩刻（存。前刻在南巖"古瀛洞天"石壁下，草書。後刻在湖山東北隅活人洞左，行書，詩見"藝文"門）

泛舟西湖。廬陵晴川劉魁書，時同游者，石首長溪鄭子宗古，武寧雲山彭子鳳儀也。

又一首。大明嘉靖己亥春，廬陵晴川劉魁[1]。〔案：劉魁，字煥吾，泰和人，嘉靖中任潮州同知，見《阮通志·職官表》。後以諫繫獄死，隆慶初贈卹如制，《明史》有傳。（《縣志》）〕

鍔按：己亥為嘉靖十八年，前刻同游石首鄭子宗古，《縣志》"鄭子"作"劉子"。考《周志·職官表》嘉靖十三年，潮州知府為鄭宗古，字本醇，石首人，是宗古姓鄭，非姓劉也。《縣志·金石畧》作"劉"者，摹勒之誤耳。彭鳳儀，武寧監生，嘉靖間為潮州通判，亦見《周志·職官表》。

【校勘】

[1] 劉魁　陳維賢《〈潮州西湖山志·石刻〉校正》作"劉魁題"。

【箋證】

清光緒《海陽县志》卷三十一《金石略二·明》"劉魁西湖詩刻"條："《泛舟西湖》：'有客攜壺出西郭，滿前紅紫盡堪憐。一篙春水豈難渡，幾箇沙鷗來傍船。月影雲根時自好，山光草色翠相連。前川花柳偷閒者，此樂能無似上元。''閒來結伴上湖船，況是春光未暮天。燕子飛來依稚堞，蛋人時復進魚鮮。雩風沂浴狂堪想，智水仁山妙不傳。悟到天機隨處活，閒將光景日流連。廬陵晴川劉魁書，時同游者石首長溪劉子宗古、武□雲山彭子鳳儀也。'右刻在南巖'古瀛洞天'石壁下，草書。謹案：劉魁，字煥吾，泰和人，嘉靖中任潮州同知，見《阮通志·職官表》。後以諫擊獄死，隆慶初贈郵如制。《明史》有傳。"（清光緒《海陽縣志》，台灣成文出版社1967年影印本，第328頁）

曹騰騑、黃道欽《廣東摩崖石刻》"明劉魁《泛舟西湖》詩"條："劉魁《泛舟西湖》：有客攜壺出西郭，滿前紅紫盡堪憐。一篙春水豈難渡，幾箇沙鷗來傍舡。月影雲根時自好，山光草色翠相連。前川花柳偷閒者，此樂能無似上元。（其一）閒來結伴上湖舡，況是春光未暮天。燕子飛來依雉堞，蛋人時復進魚鮮。雩風沂浴狂堪想，智水紅山妙不傳。悟到天機隨處活，閒將光景日流連。（其二）廬陵晴川劉魁書，時同游者石首長溪劉子淙，古武□雲彭子鳳儀也。'草書。磨崖在潮州市葫蘆山南巖。高1.50米，寬3.30米。草書，字徑0.14米。約鎸於明嘉靖間（1522—1566）。劉魁字煥吾，一字晴川，江西泰和人。正德舉人，嘉靖中任潮州同知，後升工部員外郎，以諫興土木繫獄。尋釋歸，隆慶初卒。"（曹騰騑、黃道欽《廣東摩崖石刻》，廣東人民出版社1998年版，第129頁）

陳維賢《〈潮州西湖山志·石刻〉校正》："泛舟西湖（半）殘。"附《已佚石刻碑目》記此刻"文化大革命"期間佚。（《韓山師專學報》1990年第1期）

嘉靖庚子科題名記（存。正書，在濱湖石上。此刻《縣志》失載）
皇明嘉靖庚子題名（篆額）
蕭來鳳（潮陽人，解元）、林繼習（潮陽人，亞魁）、吳書紳（揭陽人）、黃

榜（海陽人）、**郭維藩**（揭陽人，甲辰進士）、**劉子興**（海陽人，辛丑進士）、**王宗舜**（潮陽人）、**夏建中**（海陽人）、**賀一弘**（大埔人）、**龍興**（海陽人）、**劉沛**（海陽人）、**陳一元**（海陽人）、**郭大鯤**（海陽人）[1]、**余宗沂**（饒平人）、**陳學可**（海陽人）、**蕭端蒙**（潮陽人，辛丑進士）、**蔡若中**（揭陽人）。

鍔按：郭大鯤，辛丑進士，石刻不載。賀一弘，《周志》作"一浤"，《大埔志》作"一宏"。

【校勘】

［1］郭大鵬（海陽人）　陳維賢《〈潮州西湖山志·石刻〉校正》作"郭大鵬（海陽人，辛丑進士）"。

【箋證】

明嘉靖《潮州府志》卷六《選舉志》"大明"："嘉靖十九年十七人：黄榜、劉子興（辛丑進士，見任兵部主事。封父宗保如其官）、劉沛、郭大鯤（辛丑進士，南靖知縣，見《人物志》）、龍興（通州學正）、夏建中、陳一元（蠡縣教諭）、陳學可（俱海陽人）、蕭來鳳（解元）、林繼習、王宗舜、蕭端蒙（與成之子，辛丑進士，見任御史（俱潮陽人），吴書紳、郭維藩（甲辰進士，見任袁州教授），蔡若中（俱揭陽人），余宗沂（饒平人），賀一弘（大埔人）。"（明嘉靖《潮州府志》，饒宗頤編集《潮州志匯編》第二部，香港龍門書店1965年影印本，第144頁）

譚棣華等編《廣東碑刻集》"皇明嘉靖庚子科題名"條："皇明嘉靖庚子科題名：蕭來鳳：潮陽人，解元。龍興：海陽人。林繼習：潮陽人，亞魁。劉沛：海陽人。吴書紳：揭陽人。陳一元：海陽人。黄榜：海陽人。郭大鯤：海陽人，辛丑進士。郭維藩：揭陽人，甲辰進士。余宗沂：饒平人。劉子興：海陽人，辛丑進士。陳學可：海陽人。王宗舜：潮陽人。蕭端蒙：潮陽人，辛丑進士。夏建中：海陽人。蔡若中：揭陽人。何澤弘：大埔人。"（譚棣華等編《廣東碑刻集》，廣東高等教育出版社2001年版，第242頁）

今按：此題記今存，在西湖山濱湖石上。《饒志》云郭大鯤"石刻不載"，實則石刻原文作"郭大鯤（海陽人，辛丑進士）"。

嘉靖癸卯題名記（存，正書，在雁塔石後）

皇明嘉靖癸卯科題名（篆額）

蕭敬德（經魁，潮陽人）、鄭國臣（亞魁，海陽人）、陳獻經（揭陽人）、陳以鼎（饒平人）、蔡汝漢（饒平人）、余磐（饒平人）、廖湖[1]（海陽人）、陳一儲（潮陽人）、陳一松（海陽人，丁未進士）、陳至言（海陽人）、謝光業（揭陽人）、林大春（潮陽人，庚戌進士）、陳至德（潮陽人）、林子峻（海陽人）、張星（饒平人）[2]。

【校勘】

[1] 廖湖　明嘉靖《潮州府志》作"廖瑚"。

[2] 張星（饒平人）　明嘉靖《潮州府志》作"張星（海陽人）"。

【箋證】

明嘉靖《潮州府志》卷六《選舉志·明》"嘉靖二十二年"條："嘉靖二十二年十五人：鄭國臣、林子峻、張星、廖瑚、陳一松（丁未進士）、陳至言（宗器之子），俱海陽人。"（第 144 頁）

清光緒《海陽县志》卷三十一《金石略二·明》"嘉靖癸卯題名記"條："'皇明嘉靖癸卯科題名（篆額）：蕭敬德（經魁，潮陽人）、鄭國臣（亞魁，海陽人）、陳獻經（揭陽人）、陳以鼎（饒平人）、蔡汝漢（饒平人）、余磐（饒平人）、廖湖（海陽人）、陳一儲（潮陽人）、陳一松（海陽人，丁未進士）、陳至言（海陽人）、謝光業（揭陽人）、林大春（潮陽人，庚戌進士）、陳至德（潮陽人）、林子峻（海陽人）、張星（饒平人）。'右題名記在雁塔石後，正書。此刻與上諸刻，相距各數武。"（清光緒《海陽縣志》，台灣成文出版社 1967 年影印本，第 329 頁）

今按：陳維賢《〈潮州西湖山志·石刻〉校正》附《已佚石刻碑目》記此刻"文化大革命"期間佚。

郭春震題記（存。正書，在湖山絕頂，其半埋土中）

湖山勝覽。嘉靖二十六年丁未春三月吉，潮州府知府郭春震、通判陳令、推官林庭㻫同題。湖山今昔號稱佳麗云。仲秋之廿七日，一泉少府李子仁至自惠州，余與寄山王子貴攜壺觴艤舟金山之麓，邀李子從舟登茲山，及其巔則灑然忘塵跡，遂竟日之夕始還。先民所稱[1]勝遊非耶？嗟二三子東南之人[2]也，乃傾蓋同游，樂而至此，可無記[3]哉，前游者巽齋陳子令、虛江林子庭㻫而余則凡再云。丁未九月[4]萬安郭春震識。

鍔按：郭春震，字以亨，江西萬安，進士，嘉靖二十四年任潮州知府。林廷㻫，閩縣進士，嘉靖間為潮州府推官。陳令，龍溪舉人，嘉靖間為潮州通判。並見《周志·職官表》。李仁，晉江人，嘉靖二十三年任惠州推官，見《惠州府志》。

【校勘】

[1] 所稱　陳維賢《〈潮州西湖山志·石刻〉校正》作"所謂"。

[2] 之人《饒志》作"之入"，據陳維賢《〈潮州西湖山志·石刻〉校正》改。

[3] 無記　陳維賢《〈潮州西湖山志·石刻〉校正》作"無紀"。

[4] 丁未九月　陳維賢《〈潮州西湖山志·石刻〉校正》作"丁未九月九日"。

【箋證】

清光緒《海陽县志》卷三十一《金石略二·明》"郭春震題記"條："'湖山勝覽。嘉靖二十六年丁未春三月吉。潮州府知府郭春震、通判陳令、推官林庭㻫同題。湖山今昔號稱佳麗云。仲秋之廿七日，一泉少府李子仁至自惠州，余與寄山王子貴攜壺觴艤舟金山之麓，邀李子從舟登茲山，及其巔則灑然忘塵跡，遂竟日之夕始還，先民所稱勝遊非耶？嗟二三子東南之人也，乃傾蓋同游，樂而至此，可無記哉，前游者巽齋陳子令、虛江林子庭㻫而余則凡再云。丁未九月萬安郭春震識。'右題記在湖山絕頂，正書。'湖山勝覽'四大字橫行，年款首尾直行，後刻勒其下，其半埋土中，茲從《張志》備錄。"（清光緒《海陽縣志》，台灣成文出版社1967年影印本，第329頁）

今按：據陳維賢《〈潮州西湖山志·石刻〉校正》附《已佚碑刻目

錄》記此刻"文化大革命"期間佚。(《韓山師專學報》1990 年第 1 期)

章熙《游湖山記》（存，正書，在湖山南巖內石壁，文見"藝文"門）

《遊湖山記》，郡人章熙撰。〔案：熙，嘉靖二十三年甲辰進士，官廣西簽事，見《周志·選舉表》。(《縣志》)〕

【箋證】

清光緒《海陽县志》卷三十一《金石略二》"章熙《游湖山記》"條："右刻在西湖山南巖內石壁上，正書。謹案：熙，嘉靖二十三年甲辰進士，官廣西簽事，見《周志·選舉表》。楊一溪、林閒雲、陳松嶺三人，無攷。"（清光緒《海陽縣志》，台灣成文出版社 1967 年影印本，330 頁）

嘉靖辛酉科題名記（存，正書，在湖山巖石上，摩厓）
大明嘉靖辛酉科題名

吳與言（大埔人，乙丑進士）[1]、唐伯元（饒平人，萬曆甲戌進士）[2]、鄒迪（海陽人）[3]、林喬松（海陽人）[4]、劉興學（海陽人）[5]、陳一厚（程鄉人）[6]、黃希哲（海陽人）、黃瑚（揭陽人）[7]

【校勘】

[1]　吳與言（大埔人，乙丑進士）　陳維賢《〈潮州西湖山志·石刻〉校正》作"吳與言（大埔人，乙丑進士，四川按察司副使）"。

[2]　唐伯元（饒平人，萬曆甲戌進士）　陳維賢《〈潮州西湖山志·石刻〉校正》作"唐伯元（澄海人，萬曆甲戌進士，司丞）"。

[3]　鄒迪（海陽人）　陳維賢《〈潮州西湖山志·石刻〉校正》作"鄒迪（海陽人，中書舍人）"。

[4]　林喬松（海陽人）　陳維賢《〈潮州西湖山志·石刻〉校正》作"林喬松（澄海人，安寧知州）"。

[5]　劉興學（海陽人）　陳維賢《〈潮州西湖山志·石刻〉校正》作"劉興學（海陽人，將樂知縣）"。

[6]　陳一厚（程鄉人）　陳維賢《〈潮州西湖山志·石刻〉校正》作"陳一厚（程鄉人，遷江知縣）"。

[7]　黃瑚（揭陽人）　陳維賢《〈潮州西湖山志·石刻〉校正》作"黃瑚（揭陽人，

太和知縣)"。

【箋證】

譚棣華等編《廣東碑刻集》"大明嘉靖辛酉科題名"條："大明嘉靖辛酉科題名：吳興言：四川按察使副使，大埔人，乙丑進士。唐伯元：司丞，澄海人，甲戌進士。鄒迪：海陽人，中書舍人。林喬松：澄海人，安寧知州。劉興學：海陽人，將樂知縣。陳一厚：程鄉人，遷江知縣。黃希哲：海陽人。黃瑚：揭陽人，太和知縣。"（譚棣華等編《廣東碑刻集》，廣東高等教育出版社 2001 年版，第 243 頁）

今按：此題記光緒《海陽縣志》"金石略"未載。"辛酉"，即明嘉靖四十年（1561）。

彭西川墓詩（存。正書，在湖山大石樓上，詩見"藝文"門）

嘉靖戊申孟秋吉日，七十二歲[1]西川彭高自況[2]。

鍔按："戊申"為嘉靖二十七年，彭高見"人物"門。

【校勘】

[1] 七十二歲　陳維賢《〈潮州西湖山志·石刻〉校正》作"七十二壽"。
[2] 自況　陳維賢《〈潮州西湖山志·石刻〉校正》作"自況也"。

【箋證】

陳維賢《〈潮州西湖山志·石刻〉校正》："石刻原文無'自題墓竭'四字。"附《已佚石刻碑目》記此刻"文化大革命"期間佚。（《韓山師專學報》1990 年第 1 期）

隆慶庚午題名記（存。正書，在湖山巖石上）

皇明隆慶庚午科題名[1]

許岸（經魁，海陽人）、周篤棐（亞魁，潮陽人）、沈希傑（澄海人）、謝安嶽（海陽人）、曾養志（潮陽人）[2]、陳時進（海陽人）、楊向榮（海陽人）、楊瀧（大埔人）、朱廣章（饒平人）、夏宏（海陽人）、宋茂柏（海陽人）、林有聲（潮陽人）、李子衍（揭陽人）

鍔按：《縣志・金石畧》缺林有聲、李子衍二人。曾養志，《周志》作澄海人，而《澄海志・選舉表》亦有其名，與石刻作"潮陽人"互異。

【校勘】

[1] 庚午科　陳維賢《〈潮州西湖山志・石刻〉校正》作"庚午科鄉試題名"。

[2] 曾養志（潮陽人）　陳維賢《〈潮州西湖山志・石刻〉校正》作"曾養志（澄海人）"。

【箋證】

清光緒《海陽县志》卷三十一《金石略二》"隆慶庚午題名記"條："隆慶庚午題名記：'許岸（經魁，海陽人）、周篤棐（亞魁，潮陽人）、沈希傑（澄海人）、謝安嶽（海陽人）、曾養志（潮陽人）、陳時進（海陽人）、楊向榮（海陽人）、楊瀧（大埔人）、朱廣章（饒平人）、夏宏（海陽人）、宋茂柏（海陽人）。'右題名記在湖山巖石上，正書。謹案：《周志・選舉表》有林有聲（潮陽人）、李子衍（揭陽人），共一十三名。此刻僅十一名，疑字刻漫滅。"（清光緒《海陽縣志》，台灣成文出版社 1967 年影印本，第 331 頁）

陳維賢《〈潮州西湖山志・石刻〉校正》："庚午科題名"當為"庚午科鄉試題名"；"曾養志潮陽人"當為"曾養志澄海人"。附《已佚石刻碑目》記此刻"文化大革命"期間佚。（《韓山師專學報》1990年第 1 期）

周宏鑰詩刻 （存。行書，在湖山雁塔左，摩崖，詩見"藝文"門）

《張明府廷時邀同蔡孝廉則聘、唐符丞仁卿、謝太學易之泛舟西湖》三首。萬曆[1]癸巳秋七月，楚西陵周宏鑰[2]書，新安舒志學立石。〔案：周宏鑰，《阮通志》作"宏淪"，《周志》作"宏棆"，麻城，進士，萬曆二十二年由主事謫澄海縣典史，《宦蹟》有傳。詩刻著"癸巳"，為萬曆二十一年，《阮志》作二十二年，誤也。（《縣志》）〕

【校勘】

[1] 萬曆　陳維賢《〈潮州西湖山志・石刻〉校正》作"皇明萬曆"。

[2] 宏鑰　林大川《西湖記》、陳維賢《〈潮州西湖山志·石刻〉校正》作"宏榆"。

【箋證】

清光緒《海陽县志》卷三十一《金石略二》"周宏鑰詩刻"條："《張明府廷時邀同蔡孝廉則聘、唐符丞仁卿、謝太學易之泛舟西湖》三首：'南國風流不乏賢，角巾同上泛湖船。花開十里看山色，拾得青萍當酒钱。''層層雁塔抱城隅，片片龍鱗砌玉壺。牛笛夕陽山外樹，小橋盡處是西湖。''石門草徑釣魚舟，水色嵐煙似舊遊。記得飛來峯下路，波臣曾泛武林秋。'萬曆癸巳秋七月，楚西陵周宏鑰書。新安舒志學立石。'右刻在西湖山雁塔左，摩厓，行書。謹案：周宏鑰，《阮通志》作'宏淪'，《周志》作'宏榆'，麻城，進士，萬曆二十二年由主事謫澄海縣典史，《宦蹟》有傳。詩刻著'癸巳'，為萬曆二十一年，《阮志》作二十二年，誤也。"（清光緒《海陽縣志》，台灣成文出版社1967年影印本，第338頁）

陳維賢《〈潮州西湖山志·石刻〉校正》："按：'弘榆'為正，各志皆誤。舒志學，江南黟縣舉人，知海陽縣事。"附《已佚碑目錄》記此刻"文化大革命"期間佚。（《韓山師專學報》1990年第1期）

萬曆壬午題名記（存，正書，在湖山東北隅石壁，今石橫倒。此刻《縣志》失載）

大明萬曆壬午科

蔡德璋[1]、黃仕鳳[2]、張鳳翼（澄海人，國子監博士）、黃文炳（海陽人、兵部司務）、林熙春（海陽人，癸未進士，工科都給事中）、黃琮[3]、詹一惠[4]、陳駿惠[5]、吳正偉[6]、□□□[7]、□□□[8]、□□明[9]

鍔按：石刻字多損泐，據《周志·選舉表》，是科潮州中式十一人，此刻末三名已磨滅者，即程應龍、許時謙、姚淑明也。"明"字尚依稀可辨，但題名中別有張鳳翼共十二人，而《周志》、《澄海志》俱失載，後有修志者當據石刻以補之。

【校勘】

[1] 蔡德璋　陳維賢《〈潮州西湖山志·石刻〉校正》作"蔡德璋（經魁，澄海人）"。

［2］黄仕鳳　林大川《西湖記》、陳維賢《〈潮州西湖山志·石刻〉校正》作"黄仕鳳（揭陽人）"。

［3］黄琮　陳維賢《〈潮州西湖山志·石刻〉校正》作"黄琮（饒平人）"。

［4］詹一惠　陳維賢《〈潮州西湖山志·石刻〉校正》作"詹一惠（惠來人）"。

［5］陳駿惠　陳維賢《〈潮州西湖山志·石刻〉校正》作"陳駿惠（澄海人）"。

［6］吴正偉　陳維賢《〈潮州西湖山志·石刻〉校正》作"吴正偉（經魁，潮陽人）"。

［7］□□□　陳維賢《〈潮州西湖山志·石刻〉校正》作"程應龍（潮陽人）"。

［8］□□□　陳維賢《〈潮州西湖山志·石刻〉校正》作"許時謙（饒平人，建寧府推官）"。

［9］□□明　陳維賢《〈潮州西湖山志·石刻〉校正》作"姚淑明（潮陽人）"。

【笺證】

曹騰騑、黄道欽《廣東摩崖石刻》"明萬曆科舉題名"條："大明萬曆壬午科：'蔡德璋：經魁，澄海人。黄士鳳：揭陽人。張鳳翼：澄海人，國子監博士。黄文炳：海陽人，兵部司務。林熙春：海陽人，癸未進士，工部給事中。黄琮：饒平人。詹一惠：惠來人。陳駿惠：澄海人。吴正偉：經魁，潮陽人。程應龍：潮陽人。許時謙：饒平人，建寧府推官。姚淑明：潮陽人。'磨崖在潮州市葫蘆山北巖。高1.95米，寬2.33米。楷書，字徑0.15米。明萬曆壬午為萬曆十年，公元1582年。"（曹騰騑、黄道欽《廣東摩崖石刻》，廣東人民出版社1998年版，第141頁）

譚棣華等編《廣東碑刻集》"大明萬曆壬午科題名"條："大明萬曆壬午科題名：蔡德璋：經魁，澄海人。黄士鳳：揭陽人。張鳳翼：澄海人，國子監博士。黄文炳：海陽人，兵部司務。林熙春：海陽人，癸未進士，工科部給事中。黄琮：饒平人。詹一惠：惠來人。陳駿惠：澄海人。吴正偉：經魁，潮陽人。程應龍：潮陽人。許時謙：饒平人，建寧府推官。姚淑明：潮陽人。"（譚棣華等編《廣東碑刻集》，廣東高等教育出版社2001年版，第243頁）

今按：此題名今存，在西湖山東北麓石上。

壽安寺題壁（存，行書，在湖山壽安寺東石壁。詩見"藝文"門）

大明萬曆癸巳重九後九日，偕郡丞莊誠、别駕王家相、沈有光，司理王楡，諸同舍闔郡縉紳唐尚寶伯元、李民部思悅、州守王文明、孝廉蔡德璋、郭有漸[1]、吳時亨、曾用升、謝猷、李服玄、林馨椿經始重新湖山壽安寺，因同游諸峯古洞。蘄水徐一唯。

潮中縉紳[2]諸孝廉並鄉耆父老欲復浮圖舊基建壽安寺，以壓湖上妖氣[3]，而諸冢纍纍，刺史心溪徐公以下咸議遷而棺瘞之，因次公韻一律。成都莊誠。〔案：徐一唯，進士，潮州知府。莊誠，舉人，海防同知，俱萬曆十八年任，見《周志》。（《縣志》）〕

鍔按：王家相，莆田官生，萬曆十九年任潮州府督糧通判。沈有光，吳江儒生，萬曆十九年任潮州府捕盜通判。王楡，羅田舉人，萬曆二十年任潮州府推官，並見《周志·職官表》。王文明，澄海嘉靖甲子舉人，官路南知州。蔡德璋，澄海人，萬曆壬午舉人，官武緣知縣。吳時亨，海陽人，萬曆乙酉舉人，官鄢都知縣。曾用升，海陽人，萬曆辛丑進士，官尚寶司少卿。謝猷，海陽人，萬曆戊子舉人，官臨武知縣。李服玄，澄海人，萬曆辛卯舉人。林馨椿，海陽人，萬曆戊子舉人，官恭城知縣。俱見《周志·選舉表》。郭有漸，《周志》失載。唐伯元見"人物"門。

【校勘】

[1] 郭有漸　陳維賢《〈潮州西湖山志·石刻〉校正》作"鄭育漸"，《饒志》誤。

[2] 潮中縉紳　陳維賢《〈潮州西湖山志·石刻〉校正》作"潮郡中縉紳"。

[3] 湖上妖氣　陳維賢《〈潮州西湖山志·石刻〉校正》作"湖上妖氛"。

【箋證】

清光緒《海陽县志》卷三十一《金石略二·明》"壽安寺題壁"條："《大明萬曆癸巳重九後九日，偕郡丞莊誠，別駕王家相、沈有光，司理王楡，諸同舍闔郡縉紳唐尚寶伯元、李民部思悅、州守王文明、孝廉蔡德璋、郭有漸、吳時亨、曾用升、謝猷、李服玄、林馨椿經始重新湖山壽安寺，因同游諸峯古洞》：'壽安廢寺幾經秋，我輩前來一借籌。須信山靈原有數，更知人傑自無休。湖平□應甲兼第，鳳嘯書占公與侯。漫道昌黎排佛骨，大顛何地不同游。蘄水徐一唯。'《潮州縉紳諸孝廉並鄉耆父老欲復浮圖舊基建壽安寺，以壓湖上妖氣，

而諸冢纍纍,刺史心溪徐公以下咸議遷而棺瘞之,因次公韻一律》:
'浮圖廢址幾春秋,佛屋而今又載籌。今古靈原渾不息,滄桑世態總
無休。玉魚往卜千家壟,金盌今矜萬石侯。好事不妨同澤及,年來無
憾此邊游。成都莊誠。'右刻在湖山壽安寺石壁,行書。謹案:徐一
唯,進士,潮州知府。莊誠,舉人,海防同知,俱萬曆十八年任,見
《周志》。"(清光緒《海陽縣志》,台灣成文出版社 1967 年影印本,
第 340 頁)

今按:此題記今存,在西湖山壽安寺右石壁。

章曰慎讀易山房題記（存。正書,在湖山天然洞石壁）

皇明萬曆癸巳冬,郡人章曰慎因修南巖肇闢此洞為讀書避暑之
所,載稽往哲黃程、盧侗二前輩[1]結廬湖山,豈得獨專其勝乎。臘月
望日記。

【校勘】

[1] 前輩　石刻原文作"先輩"。

【箋證】

今按:此題記今存西湖山關帝廟石刻上。

章曰慎湖山詩刻（存,正書,在湖山石塔側,詩頗漫逸,大半損泐,詩見"藝
文"門。此刻《縣志》失載）

萬曆己亥春少峯章曰慎識。

【箋證】

陳維賢《〈潮州西湖山志·石刻〉校正》:"按:詩刻即《移疾言
懷》及《七夕泛洱水歌》,《西湖山志·藝文》未錄。二詩見《〈潮
州西湖山志·石刻〉補遺》。"附《已佚石刻碑目》記此刻"文化大
革命"期間佚。(《韓山師專學報》1990 年第 1 期)

南巖唱和詩（存。行書,在南巖內石壁）

甲午元宵前五日偕莊致庵貳守、王繩檗別駕赴章少峯別駕南巖之

酌，時唐曙台尚寶、李仰山計部同作主人。蘄水徐一唯。

又次莊貳守韻一首
贗徐太守、心溪翁登南巖與章少峯諸君韻。成都莊誠。

又賡章少峯韻一首
開歲十日同李計部唐尚寶奉陪諸郡公南巖落成二首。海陽章
曰慎。

又奉和徐心翁使君枉過南巖小酌留題佳韻一首

又奉和莊致庵貳守留題小洞之作一首

又春日承諸郡公招同李仰山唐曙台泛舟西湖用前韻二首

【箋證】
清光緒《海陽县志》卷三十一《金石略二·明》"南巖唱和詩"
條："右徐一唯、莊誠、章曰慎三人唱和詩刻皆在南巖內石壁，行書。
謹案：南巖古為榛莽之所，狐兔穴焉。至萬曆史間章曰慎始闢其勝，
名曰'南巖'，即今青牛洞。"（清光緒《海陽縣志》，台灣成文出版
社1967年影印本，第341頁）今按：頗有異文，見"藝文"門。

神宗御書 （存，行書，在湖山壽安寺後石壁上）
蒼松古柏。萬曆乙未夏吉。〔"蒼松古柏"四字橫列，大約七寸許，"萬曆"
數小字直行，其左行尚有"御書碧雲寺"五字，不錄此字，疑由碧雲寺椎拓而摩刻於此。
（《縣志》）〕

【箋證】
清光緒《海陽县志》卷三十一《金石略二·明》"神宗御書"
條："'蒼松古柏。萬曆乙未夏吉。'右御書在湖山壽安寺後石壁上，
行書，'蒼松古柏'四字橫列，大約七寸許，'萬曆'數小字直行，

其左行尚有'御書碧雲寺'五字，不錄此字，疑由碧雲寺椎拓而摩刻於此。"（清光緒《海陽縣志》，台灣成文出版社 1967 年影印本，第 341 頁）

壽安寺後石壁詩（存。行書，在湖山壽安寺後石壁上，詩見"藝文"門）

雨後初霽，尋潮城鄉縉紳先生招飲西湖禪院，賦謝一章。萬曆丁酉歲七月[1]任可容[2]題。

己亥春伸，不佞東歸，尋任觀察，黃參戎招飲西山，陰雨霏霏，別緒悽然，聯吟志感，用壁間韻[3]。閩漳戴燝書。

奉和任憲使公祖西湖卽席見示之韻。郡人唐伯元題。〔案：《阮通志》任可容有二人：一廣西懷遠人，萬曆三十年官右參政；一江南懷甯人，二十五年官按觀副使。此詩序中稱觀察憲副與下碑記敘銜蓋懷甯人也。戴燝，福建長樂人，萬曆二十六年官廣東右參議。並見《阮通志》。（《縣志》）〕

【校勘】

[1] 丁酉歲七月　陳維賢《〈潮州西湖山志·石刻〉校正》作"丁酉歲秋七月"。

[2] 任可容　陳維賢《〈潮州西湖山志·石刻〉校正》作"古皖任可容"。

[3] 用壁間韻　陳維賢《〈潮州西湖山志·石刻〉校正》作"用壁間韻云"。

【箋證】

清光緒《海陽县志》卷三十一《金石略二·明》"壽安寺後石壁詩"條："右刻在西湖山壽安廢寺後石壁上，行書。謹案：《阮通志》任可容有二人：一廣西懷遠人，萬曆三十年官右參政；一江南懷甯人，二十五年官按觀副使。此詩序中稱觀察甯副與下碑記敘銜蓋懷寧人也。戴燝，福建長樂人，萬曆二十六年官廣東右參議。並見《阮通志》。"（清光緒《海陽縣志》，台灣成文出版社 1967 年影印本，第 342 頁）

今按：陳維賢《〈潮州西湖山志·石刻〉校正》附《已佚石刻碑目》記此刻今存。（《韓山師專學報》1990 年第 1 期）

活人洞題記（存。正書，在活人洞石壁上，此刻《縣志》失載。）

萬曆壬辰九月三日，郡人林喬松、張志可、劉興學、陳明

〈表〉[1]登此，午見蒼童度溺湖中，拯活。書。

鍔按：林喬松，官安寧知州；劉興學，官桂東知縣，俱海陽人，嘉靖辛酉舉人，見《周府志·選舉表》。"壬辰"為萬曆二十年。

【校勘】

[1] 陳明〈表〉 《饒志》闕"表"，陳維賢《〈潮州西湖山志·石刻〉校正》作"陳明表"，據補。

【箋證】

清順治《潮州府志》卷六《選舉志·舉人·明》："嘉靖辛酉王弘誨榜：海陽：林喬松，仕安寧知州，有□功；劉志學，仕桂東知縣。"（清順治《潮州府志》，饒宗頤編集《潮州志匯編》第三部，香港龍門書店 1965 年影印本，第 323 頁）

又，卷六《選舉志·舉人·明》："嘉靖戊午李學一榜：饒平：陳明表，鍘曾孫，仕平樂通判。"（同上書，第 323 頁）今按：據清康熙《饒平縣志》卷七《選舉·舉人·明》可知，陳鍘，明弘治壬子科舉人，曾任鄂縣知縣。

清康熙《饒平縣志》卷七《選舉·舉人·明》："嘉靖戊午科：陳明表，秋溪人，平樂通判。"（清康熙《饒平縣志》，康熙二十六年刊本）

姚元莊題壁詩[1]（存，草書，在湖山石塔後面，詩見藝文門，此刻《縣志》失載）

天啓癸亥年復月，會稽姚元莊[2]書。

鍔按：癸亥為天啓三年，姚元莊無考。

【校勘】

[1] 題壁詩 陳維賢《〈潮州西湖山志·石刻〉校正》："原詩無題。"
[2] 會稽姚元莊 陳維賢《〈潮州西湖山志·石刻〉校正》作"會稽姚允在"。

【箋證】

陳維賢《〈潮州西湖山志·石刻〉校正》："按：姚允在，字簡叔，會稽人，工山水人物，遒勁不凡。天啓間任揭陽教諭，見《揭陽縣志》及《潮州志》，但皆誤作‘姚允莊’。《西湖山志》更誤作‘姚元莊’。”附《已佚石刻碑目》記此刻“文化大革命”期間佚。（《韓山師專學報》1990 年第 1 期）

陳覲墀開山創田功德記（存。正書，在南巖，內文已殘泐，崇禎十四年立。文見“藝文”門。此刻《縣志》失載。）

【箋證】

陳維賢《〈潮州西湖山志·石刻〉校正》附《已佚石刻碑目》記此刻解放初佚。（《韓山師專學報》1990 年第 1 期）

歷科武舉題名記（存。正書，在湖山棲鳳石旁，此刻《縣志》失載）
皇明潮州衛歷科武舉題名

陳淵（前所鎮撫，嘉靖壬午科）、王一棟（前所司戶[1]二科，嘉靖戊午辛酉二科）、王思堯（指揮簽事，萬曆丙子[2]）、劉宗傑（中所千戶，萬曆戊子丁酉二科）、楊汪（左所鎮撫，萬曆戊子科）、羅拱壽（左所鎮撫[3]，萬曆辛卯科）

鍔按：《明史·職官志》明初置千戶所，設正千戶（正五品）、副千戶（從五品）、鎮撫百戶（正六品），尋復設指揮使覆諸將所部，有兵五千者為指揮，使千人者為千戶。洪武七年申定衛所之制，每衛設前後中左右千戶，所而指揮使之下復有同知簽事等職。大抵明朝武職多以武科出身者任之。《周志·武選舉表》明朝一代定自嘉靖以後而所列武舉共十九人，此題名記六人，《周志》俱失載之。《阮志·職官表》指揮簽事亦無王思堯名，此足補兩《志》之缺佚，信乎古刻之可寶也。

【校勘】

[1] 司戶　陳維賢《〈潮州西湖山志·石刻〉校正》作“百戶”。

[2] 萬曆丙子　陳維賢《〈潮州西湖山志·石刻〉校正》作“萬曆丙子科”。

[3] 左所鎮撫　陳維賢《〈潮州西湖山志·石刻〉校正》作“右所鎮撫”。

【箋證】

《明史·職官志》：“所，千戶所，正千戶一人（正五品），副千戶二人（從五品），鎮撫二人（從六品）。其屬，吏目一人。所轄百戶所凡十，共百戶十人，正六品。（升授、改調、增置無定員。）總旗二十人，小旗百人。其守禦千戶所，軍民千戶所設官並同。凡千戶，一人掌印，一人僉書，日管軍。千戶、百戶，有試，有實授。其掌印，恒以一人兼數印。凡軍政，衛下於所，千戶督百戶，百戶下總旗、小旗，率其卒伍以聽令。鎮撫無獄事，則管軍，百戶缺，則代之。其守禦千戶所，不隸衛，而自達于都司。凡衛所皆隸都司，而都司又分隸五軍者都督府。”（《明史》，中華書局 2000 年版，第 1249 頁）

譚棣華等編《廣東碑刻集》“皇明潮州衛歷科武舉題名”條：“皇明潮州衛歷科武舉題名：陳淵：前所鎮撫，嘉靖壬午科。王一棟：前所司戶，嘉靖戊午、辛酉二科。王思堯：指揮簽事，萬曆丙子科。劉宗傑：中所千戶，萬曆戊子、丁酉二科。楊汪：左所鎮撫，萬曆戊子科。羅拱壽：右所鎮撫，萬曆辛卯科。”（譚棣華等編《廣東碑刻集》，廣東高等教育出版社 2001 年版，第 244 頁）

今按：石刻今存，在西湖山北麓石壁上。

闢雲洞詩（存。正書，在湖上闢雲澗內石壁上）

瑤池堪侑觴[1]，能消萬斛憂。洞中無日夜，都應秉燭遊。逸史題。

奉贈盛、楊二公[2]。湖陽懷山和樂且耽，清風高節可比二安。楊時盛書。

鍔按：《南史·梁安成王秀傳》：時諸王並下士，建安、安成尤好人物，世以“二安”方之“四豪”。贈言“清風高節可比二安”，則盛、楊二公當亦好士者，惜其名已無玫矣。逸史、楊時盛不知何人。

【校勘】

[1] 瑤池堪侑觴　陳維賢《〈潮州西湖山志·石刻〉校正》作“勝地堪侑諝”。

[2] 盛、楊二公　陳維賢《〈潮州西湖山志·石刻〉校正》作“盛、楊二公一讚”。

【箋證】

清光緒《海陽县志》卷三十一《金石略二》"闢雲洞詩"條："'瑤池堪侑讌，能消萬斛憂。洞中無日夜，都應秉燭遊。逸史題。''恭讚盛楊二公：湖陽懷山和樂且耽，清風高節可比二安。'右刻在闢雲動內石壁，正書，逸史隱其名，不知何人，讚並其名忘之。"（清光緒《海陽縣志》，台灣成文出版社1967年影印本，第350頁）

《南史》列傳第四十二《梁安成康王秀傳》條："安成康王秀，字彥達，文帝第七子也"，"秀美容儀，每在朝，百僚屬目。性仁恕，喜慍不形於色。左右嘗以石擲殺所養鵲，齋帥請按其罪。秀曰：'吾豈以鳥傷人。'在都但臨公事，廚人進食，誤覆之，去而登車，竟朝不飯，亦弗之誚也。時諸王并下士，建安、安成二王尤好人物，世以二安重士，方之'四豪'。"（《南史》，中華書局2000年版，第861頁）

今按：題詩今存，在湖山北麓闢雲洞內石壁上。

湖山題字

李公亭（存。正書，在湖山東北隅石壁上）

【箋證】

清光緒《海陽县志》卷三十一《金石略二》"李公亭題字"條："右題字在闢東北隅石壁上，正書，字大尺許，筆力遒逸，無日月。謹案：王象之《輿地》'碑目'：'潮州有唐貞元十三年李公亭記，今不可攷。'此三字不知是唐刻否，第亭址古時在此，南宋諸刻之在其旁者皆謂會飲此亭云。"（清光緒《海陽縣志》，台灣成文出版社1967年影印本，第350頁）

今按：此題字今存，在湖山石壁上。字大六十釐米乘五十釐米。

一湖天[1]（存。正書，在湖上懸崖石上）

【校勘】

[1] 一天湖　陳維賢《〈潮州西湖山志·石刻〉校正》作"一天湖。明校尉楊汪書"。

煙霞笑傲（存。正書，在湖山懸崖石上，自省書）

活人洞（存。正書，在湖上懸崖石上）

闢雲洞。楊汪書（存。正書，在湖山懸崖石上）

芙蓉池（存。正書，在處女泉石下）

【箋證】

陳維賢《〈潮州西湖山志・石刻〉校正》附《已佚石刻碑目》記"文化大革命"期間佚。（《韓山師專學報》1990 年第 1 期）

湖山清勝。□□九月九日郡守莆田□□[1]。（存，隸書，在湖上懸崖石上）

鍔按：湖山題字頗多，或不著年月，或無書人姓名，或僅書別字，皆無從考核。若書闢雲洞之"楊汪"是否卽前武舉題名中之"楊汪"，亦不能確為訂定，故茲但審其筆迹，近明刻者，附存石刻之末餘，則概從畧云。

【校勘】

[1] □□九月九日郡守莆田□□　陳維賢《〈潮州西湖山志・石刻〉校正》作"嘉靖辛卯歲九月九日郡守莆田主靜邱其仁書"。

【箋證】

陳維賢《〈潮州西湖山志・石刻〉校正》附《已佚石刻碑目》記此刻"文化大革命"期間佚。（《韓山師專學報》1990 年第 1 期）

附錄：洪兆麟《重闢西湖山記》（正書。在梁立儀題名石左面）

民國九年，兆麟在閩漳率軍返旆，師次潮州，領畧湖山之勝。父老來言："西湖自宋人林嶠重闢後閱今數百年，傾圮湮沒久，已無人過問矣。"越年，兆麟奉命來長潮梅善後處，政事餘閒，不忍大好湖山終歸淪沒，迺偕潮安縣長龍溪陳友雲倡同地方風雅之士結社，以復山上之亭閣，並於湖中增設水榭橋艇，由本處參謀潮安張緯辰、本處副官張煜臣董其事。五閱月而告竣，從此勝跡重新，山容依舊，特念再經剝復迭乘之理，後之繼兆麟而起者，又不知其將屬諸誰人也。因搦筆記其事。陸軍中將、福建汀漳鎮守使、廣東陸軍第二師師長兼潮梅善後處長湖南甯鄉洪兆麟湘臣氏撰，上莆沈爾謀書。

【箋證】

　　陳維賢《〈潮州西湖山志·石刻〉校正》附《已佚碑刻目錄》記洪兆麟《重闢西湖山記》"文化大革命"期間佚。(《韓山師專學報》1990 年第 1 期)

潮州西湖山志卷八

藝文上

記
放生池記

王大寶[1]

天地之大德曰生。聖人贊天地，範陰陽，裁成滋育之化，以蕃庶類之殖，羽騰蹏遠[2]，鱗流食[3]息，蠢動根荄，均被其澤，德亦大矣[4]。紹興癸亥夏，詔郡縣訪[5]唐舊迹，置放生池，申嚴法禁，以敦忠厚之風。潮於西山之麓，堙湖餘壤，僅存步畝蓮池[6]，以奉約束。索魚於筌，傾缶以注，邀禽於籠，拊掌而揚。沿襲寖久，罔有革之者。恭惟太上皇帝，體堯、舜以推至仁，稽商、周以恢洪業，量包溟渤，恩沛雨露，睿[7]志宏廓，豈以尋常之邱壑，縱噞喁啾唧之惠為哉？今上皇帝，虔[8]奉嚴訓，篤承[9]丕緒，好生之德，洽於邇遐，羣黎萬物，咸薰陶於泰和之域。乾道乙酉秋，守臣曾造來涖茲邦，政事條舉，期年而至[10]，乃詢元耆[11]，有臨江立界之意，命海陽邑令張某，相所以易之。維[12]城之東，清江浩漫，源遠而澩會[13]，晝夜之流，混混不停。於是卽其要津，累基[14]建閣，以際泓[15]深，礱石刻名於其側，揭標上下共十里，以禁採捕，涉旬而號孚，誠允[16]稱於承宣之職矣。噫！濟以乘[17]輿，曷若虹[18]梁之為便；灌以桔橰，曷若霖霈之為渥。鱓鰌之溝，奚可以活鱣鮪；鷦鷯之枝，奚可以舒鴻鵠？詳斯池之規，方于曩制，曠邈優裕，任其自適，廣平[19]多眾、巨細之兼容，無一物之不得其所[20]。是以前[21]瞻則晨峯弄暉而征鴻[22]和，回[23]顧則暮雲歸岫而栖翮集[24]，南觀則靈湖[25]噓吸而鯨鱣潛，北望則層巒幽嶪而麋鹿伏。徙倚而環視之，頒首莘尾，漾鬐歔鬣，油油洋洋於波濤間。而梟鷺鳾鵲之屬，迴翔乎煙渚，昂藏乎[26]沙磧，迄無網罟矰弋之虞。仰而思之，躊躇而繹[27]之，永與聖壽長久，等於生生不窮之道焉。《書》載"咸若"之訓，《詩》詠"於牣"之章，其見於今日乎？老臣居枕江湄，時樂斯樂，故特書於石。

【校勘】

[1] 王大寶 《饒志》原作"佚名"。《永樂大典》卷五千三百四十五載："王大寶《放生池記》。"《潮州三陽志輯稿》錄《放生池記》署"王大寶"。而《潮中雜紀·藝文志·碑目下》（卷八）著錄"《放生池記》，真德秀撰"，後順治《潮州府志》、康熙《潮州府志》皆沿之，作"真德秀撰"，誤。光緒《海陽縣志·金石略》錄全文而未著錄作者，《饒志》沿之。

[2] 遠 《潮州三陽志輯稿》錄《放生池記》作"逸"。

[3] 介 《饒志》作"食"，據《永樂大典》、《潮州三陽志輯稿》改。

[4] 均被其澤，德亦大矣 《饒志》作"均被其德，澤亦大矣"，據《永樂大典》改。

[5] 訪 《饒志》作"設"，據《潮中雜紀》、《永樂大典》、《潮州三陽志輯稿》改。

[6] 池 《永樂大典》作"沼"。

[7] 睿 《饒志》作"霽"，據《永樂大典》改。

[8] 虔 《永樂大典》、《潮州三陽志輯稿》作"寅"。

[9] 篤承 《永樂大典》、《潮州三陽志輯稿》無"承"字。

[10] 至 《饒志》作"治"，據清光緒《海陽縣志》、《潮中雜紀》改。

[11] 元耆 《永樂大典》無"耆"字，《潮州三陽志輯稿》"元"作"原"，無"耆"。

[12] 維 清光緒《海陽縣志》、《潮中雜紀》并作"為"。

[13] 源遠而潭會 《饒志》作"遠源而眾會"，據《永樂大典》、《潮州三陽志輯稿》改。

[14] 基 《饒志》作"塞"，據《永樂大典》改。

[15] 泓 《潮中雜紀》、《永樂大典》并作"弘"。

[16] 允 《永樂大典》作"克"。

[17] 乘 《永樂大典》作"東"。

[18] 虹 《饒志》作"杠"，據《永樂大典》改。

[19] 平 《永樂大典》作"乎"。

[20] 得其所 《潮中雜紀》作"得所"。

　　[21]　前　《永樂大典》作"有"。

　　[22]　征鴻　《永樂大典》、《潮州三陽志輯稿》作"傳鳴"。

　　[23]　回　《饒志》作"西"，據《永樂大典》改。

　　[24]　集　《永樂大典》、《潮州三陽志輯稿》作"樂"，《潮中雜紀》作"寧"。

　　[25]　湖　《永樂大典》、《潮中雜紀》并作"潮"。

　　[26]　昂藏乎　《永樂大典》作"翹昂于"，《潮中雜紀》作"翅昂于"，清光緒《海陽縣志》作"翅昂乎"。

　　[27]　繹　清光緒《海陽縣志》作"釋"。

重闢西湖記

許驀

　　西湖，古放生池也。有山嶄然據湖旁[1]，古號"湖山"，則知湖之來非一日。異崖層出，輕波[2]紋平，水影嵐光，爲南州傑觀。歲月既久，湖既莽爲蔬蹊，而榛棘叢生，蓋童然一山矣。慶元己未夏[3]，太守林公嶧政成[4]，聚風月山椒，秀麗始發越，因慨謂："湖山並名[5]，豈有山獨無湖！"貳車廖公德明力贊其決[6]。于是刳朽壤，翦繁穢，引清流，潴而廣之，南北相距倍于昔。立三亭，濱於南曰"放生"，介於中曰"湖平"，跨於山之側曰"倒景"。遶湖東西，古無路，誅茅穿蘚[7]，插柳植竹，間以雜花，盤紆詰曲，與湖周遭。橫架[8]危梁，翼以紅闌[9]，鏡奩平開，虹影宛舒。數步之內，祠宮梵宇，雲蔓鱗差，縈繞[10]女牆，粉碧相映。中造小舟，邀賓命酒，荷香邐迤，時度絃管[11]中。邦人樂公德，公每遊，柳邊竹下，草際苔中，涌觴繁肴，席而坐，公酒未竟，終不去。山與水相接，民與守相忘。驀嘗游詠[12]于[13]中，竊歎曰："湖山之樂，古風流騷雅士，往往以此寫幽興，寄笑詠[14]，而[15]於君民之際或畧焉。若使身安江湖，心忘魏闕，主意上宣，王澤下壅，是湖也欲樂得乎？嶤榭岑青，里閈蕭條，畫艎宮羽，稚釐怫鬱，是湖也欲樂得乎？"我公涖止，奉天子教條，徧[16]行嶺海。〈又〉[17]欲以及民者及物。雖天子萬年不待祈，猶欲鱗介羽毛[18]，皆涵聖恩，以祈聖算[19]，與湖山相無窮，則公於是湖樂在君也。稻[20]香月白，春風滿城，我公政暇，停艫舉白，民亦熙熙陶陶，鳴儔綴賞。藻野綉川，如屏如堵[21]，如綺如霧，人在艦[22]中，舟行畫圖[23]，則公於是湖[24]樂在民也。矧夫山嘯湖平，公卿之識，百年遺蹟，一旦[25]還舊，將見纓緌[26]紳珮，洋洋迭出，一以祈君壽，二以同民樂，三以振地靈、起人物[27]，一〈廢〉舉[28]而衆美具。騫是用踴躍而書，鑱於濱[29]之厓石[30]。是歲七月望日也[31]。〈從直郎新簽書南恩州軍事判官聽公事許騫謹記，生迪功郎潮州錄事參軍林克宗謹書。〉[32]

【校勘】

[1] 旁 《永樂大典》作"傍"。

[2] 輕波 《廣東摩崖石刻》作"輕波"。

[3] 己未夏 清順治《潮州府志》作"乙未夏"，按宋慶元年間并無乙未年，據《永樂大典》改。

[4] 太守林公嶧政成 《永樂大典》作"太守林侯嶧既成"。

[5] 名 《饒志》作"言"，據《永樂大典》、石刻原文改。

[6] 決 《饒志》作"成"，據清順治《潮州府志》、石刻原文改。

[7] 蘇 《永樂大典》作"徑"。

[8] 架 清順治《潮州府志》作"駕"。

[9] 紅闌 《廣東摩崖石刻》作"紅欄"。

[10] 縈繞 《永樂大典》作"浮縈"。

[11] 管絃 《饒志》作"絃管"，據順治《潮州府志》、石刻原文乙。

[12] 詠 《永樂大典》作"泳"。

[13] 于 《饒志》作"其"，《永樂大典》、清順治《潮州府志》俱作"於"，石刻原文、《廣東摩崖石刻》作"于"，據石刻原文改。

[14] 笑 《廣東摩崖石刻》作"关"。

[15] 而 《饒志》作"至"，《永樂大典》無"而"字，據順治《潮州府志》、石刻原文改。

[16] 徧 《永樂大典》作"獨"。

[17] 又 《饒志》無"又"字，據《永樂大典》、石刻原文、《廣東摩崖石刻》補。

[18] 猶欲鱗介羽毛 《永樂大典》作"又欲騎介羽毛"。

[19] 以祈聖算 《永樂大典》作"以期聖澤"。

[20] 稻 《永樂大典》作"梅"。

[21] 堵 清順治《潮州府志》作"楮"。

[22] 艦 《永樂大典》、清順治《潮州府志》俱作"鑑"。

[23] 圖畫 《饒志》作"畫圖"，據順治《潮州府志》、石刻原文乙。

[24] 湖 《永樂大典》作"乎"。

[25] 一旦 《饒志》作"一日"，據《永樂大典》、石刻原文、《廣東摩崖石刻》改。

［26］紳緌　《廣東摩崖石刻》作"紳倭"。

［27］人物　《饒志》作"文物"，據《永樂大典》、清順治《潮州府志》、石刻原文、《廣東摩崖石刻》改。

［28］一廢舉　《饒志》作"一舉"，無"廢"字，據《永樂大典》、石刻原文補。

［29］濱　清順治《潮州府志》作"湖濱"。

［30］厓石　《廣東摩崖石刻》作"崖石"。

［31］也　石刻原文、《廣東摩崖石刻》俱無"也"。

［32］從直郎新簽書南恩州軍事判官聽公事許騫謹記，生迪功郎潮州錄事參軍林克宗謹書《饒志》闕文，據湖山石刻、《廣東摩崖石刻》補。

湖山記

黃景祥

湖山[1]峙立於郡城之右，鱷渚遶其前，浮屠[2]矗其巔，環顧則平林疊巘，紛然獻狀；俯瞰則萬家鱗次，萃於一盼，勝概也。昔時諸公登臨披詠勝崖[3]以紀之，其[4]石遺跡尚存。閱歲曠久，徑蹊堙堙，漆[5]菅蓇[6]翳，木戕[7]于斤斧，石瘁於敲斲，遂為童叟芻牧之地，殊未有賞音者。三山舍人林公嶧守潮之明年，政成俗阜，暇日偕郡丞延平廖公德明登於潮[8]治之湖[9]山，從容耽悅[10]，西挹[11]其秀而得佳趣，不能自秘，思與邦人同其樂。塹者疏[12]之，翳者剔之，崎嶇者砌而級之。植以榕[13]竹，雜[14]以花草[15]，復建三亭，以便遊憩。緣山左[16]趾，捫蘿[17]而上，半躡煙雲[18]者，命之曰"雲塔"[19]。歸然負塔而東向，垣[20]視前峯者曰"崬嘯"。少迁而西，巨石數四，卓犖而環侍者曰"立翠"。洞心駭目之觀[21]，一朝豁[22]露，得非天造地設，固有自然之境，必待[23]人而後興耶？斯時也，吏不踵門，村無吠犬。闔郡之人，以湁以嬉，相與具盤飧，羅尊罍，以窮登覽之勝。飲者酡顏，欬者嘔啞，舞者忭躍。朝而往，〈既〉[24]夕而歸。而公之與倅，和若一家；待寮屬也，親若朋友；愛士民也，不翅若子弟。（以下闕）〈故時亦坐藍輿，聯騑從，盤桓其間，相忘相狎而無間。春溫而林木茂，隆暑而清風來。徂秋而爽氣豁，祁寒而青青不改，四時無非樂也。然公之樂不在山而在民，故能因民之樂而樂其樂。昔滁之瑯琊，下有釀泉。太守歐公亭其上。公餘與客來飲，肴簌雜陳，觥籌交錯，頹然而醉，醉而與滁人遊以相樂也。滁之山水因以名勝。然

則林公於湖山，殆亦歐公於瑯琊也。慶元己未，郡人黃景祥記。〉[25]

【校勘】

[1] 山　清順治《潮州府志》作"西"。

[2] 屠　《永樂大典》作"圖"。

[3] 披詠勝崖　《饒志》作"披勝寨袂"，《永樂大典》作"賦詠磨崖"，據石刻原文改。

[4] 其　《饒志》作"紀"，《永樂大典》作"記"，據湖山石刻改。

[5] 漆　《永樂大典》作"榛"。

[6] 莆　《饒志》作"蒙"，據石刻原文改。

[7] 牀　《饒志》作"殘"，據《永樂大典》、石刻原文改。

[8] 於潮　《永樂大典》作"州"。

[9] 湖　《永樂大典》、清順治《潮州府志》俱作"金"。

[10] 耽悅　《永樂大典》作"眺望"。

[11] 西挹　《饒志》作"涵泳"，據《永樂大典》、石刻原文改。

[12] 疏　《永樂大典》作"夷"。

[13] 榕　《永樂大典》作"松"。

[14] 雜　石刻原文作"朶"。

[15] 草　《永樂大典》、清順治《潮州府志》俱作"卉"。

[16] 左　《永樂大典》作"在"。

[17] 蘿　《永樂大典》作"藤蘿"。

[18] 煙雲　《饒志》作"雲煙"，據《永樂大典》、石刻原文乙。

[19] 塔　《永樂大典》作"路"。

[20] 垣　《永樂大典》作"埕"。

[21] 睹　《饒志》作"餘"，《永樂大典》作"觀"，據石刻原文改。

[22] 豁　《永樂大典》作"闈"。

[23] 待　《永樂大典》作"得"。

[24] 既　《饒志》無此"既"字，據石刻原文補。

[25] 以下闕　據石刻原文、《永樂大典》、清順治《潮州府志》補"故時亦坐藍輿，聯驂從，盤桓其間，相忘相狎而無間。春溫而林木茂，隆暑而清風來。徂秋而爽氣豁，祁寒而青青不改，四時無非樂也。然公之樂不在山而在民。故能因民之樂而樂其樂，昔滁之瑯琊，下有釀泉，太守歐公亭其上。公餘與客來飲，肴簌雜陳，觥籌交錯，頹然而醉，醉而與滁人遊以相樂也。滁之山水因以名勝。然則林公於湖山，殆亦歐公於瑯琊也夫"。其中，"殆亦歐公於瑯琊也夫"，《永樂大典》無"夫"字，句後有"慶元己未郡人黃景祥記"，據補。

遊湖山記

章熙

　　余性癖山水湖山，少嘗一遊，去今三十載，念之耿耿。嘉靖丙寅冬既望，余偕楊一溪、林閒雲二君步訪陳松嶺於山麓，因邀同遊。松嶺幽棲蓬蓽，氣韻冲古，坐予三人於地，晤語參[1]眞。一溪酌所攜酒，沾三盃而行，乃從葫蘆山北登[2]焉。見二危石夾松特立，共歎曰：“家園中得此一片足矣。”盤桓久之，少轉折則鳳凰文筆，諸峯巑錯坎艮，方勢咸趨蹌，郡會韓江，蜿蜒東逝，而煙村[3]沙渚，草木蔥蘢[4]，觸目成趣。笑指松嶺蓬蒿蓁爾藜薄間，余攬[5]衣迅足以上，松嶺攝病與二君相繼而登，俱躋後峯。閒雲拉松嶺倚石[6]偶語，余與一溪循行，翠微摩挲，石碁枰俯挹[7]西湖，而二君亦至指點城中樓，閣池館市聲喧騰，隱隱聞鼓吹。余歎曰：“雉堞周遭一圈内稀種多事，吾儕今日其出樊籠乎！”三[8]君輾然，閒雲指東北阜爲彭西川葬處。予謂：“此老埋骨於是，雅意可想。”閒雲因誦其詩云：“兒孫不必求行狀，水月山前是墓銘。”各歎賞嘖嘖，乃倚枰[9]雜坐，茶話小憩[10]，天作霖[11]雨。雲日蔽虧，余乞靈上帝保竣此行，遂南陟中峯，躡嶺四顧，宇宙寥廓，海外巒嶼[12]，尠然眼角，形骸脫畧，襟抱灑然，蓋不知大塊間[13]功名富貴之爲何物也！余聘[14]視礧碨狀態，其卓者[15]如笏如弁如端人士复出人表，其蹲臥者[16]如獅[17]如熊如羊如馬，其聚者如蜂屯蟻附，其[18]散者如星列棊布[19]，其前後相綴連者如父兄之引子弟、如七十子之追隨孔子也。是時雨霽[20]風恬，景物明秀。僕夫告以舟具，余與三[21]君掠前峯而東，問律仙人蹟，捫蘇讀古石刻，始知西湖肪於鑿塹。閒雲忽謂一高丘，乃陳海涯先生祖墓，子孫衆多。一溪曰：“其然，豈其然乎？第出海涯，亦足多矣。”於是復憩坐，三君叩予塵蹤，余畧述一二，因抵掌曰：“天下豈有不可爲之事，顧所遇實難，只[22]合袖手對青山，又何言哉。”遂相率登[23]舟，命酒縱談。頃之，南風颭颮，戒舟人勿棹，聽其所如，仰觀山石，嶙峋參錯，天巧渾成，遠近樹色，翠積[24]黛亙[25]，掩映洸漾，而湖波如綺如縠如練如澂，碧莎如曳綠羅，其溶液如奐霽[26]之溼[27]雲，其鴻濛如早春之晨霧，其澄徹如寶鑑之懸[28]照，毫髮不能邁，浮光耀金，靜影沈碧，而吾四人穩坐方舟，杯茗酬酢，憑風馭氣，身世虛空，魚躍鳶飛，性天流衍，其樂何如，乃擊棹言，旋泊西岸[29]。日晡，松嶺告別去，余三人登南岸夷猶詠歸宛然有得[30]。一溪、閒雲謂余不可無記，余抵家興猶未已，援筆和陽明先生韻賦詩柬三君，用愜區區閼[31]懷焉。是游也。天或晴或陰或雨，登山或遲或速或行或坐或離或合，飲酒[32]或多或寡或淺或深或疏或數或煩或簡或正或奇或卽事或泛論舟中，或飲或食[33]或語或笑，童僕或坐成立或扇爐或擎。蓋一皆任天理之便，順性命之適，而絕無纖毫安排矯强之私，真勝遊也。”是爲記。

【校勘】

[1] 參　清順治《潮州府志》、陳維賢《〈潮州西湖山志·石刻〉校正》俱作“天”。

[2] 北登　清順治《潮州府志》作“北而登”。

[3] 村　清順治《潮州府志》作“邨”。

[4] 蕙蘢　清順治《潮州府志》作“蘢蕙”。

[5] 攬　《饒志》作“欖”，據清順治《潮州府志》、清光緒《海陽縣志》改。

[6] 倚石　清順治《潮州府志》無“倚石”。

[7] 挹　《饒志》作“浥”，據清順治《潮州府志》改。

[8] 三　《饒志》作“二”，據清順治《潮州府志》改。

[9] 枰　清順治《潮州府志》作“砰”。

[10] 茶話小憩　清順治《潮州府志》作“茶語少憩”。

[11] 霖　清順治《潮州府志》作“霏”。

[12] 巒嶼　《饒志》作“蠻嶼”，清順治《潮州府志》作“蠻峙”，據陳維賢《〈潮州西湖山志·石刻〉校正》改。

[13] 間　清光绪《海阳县志》作“開”。

[14] 聘　清順治《潮州府志》作“騁”。

[15] 卓者　清順治《潮州府志》作“卓然者”。

[16] 蹲臥者　清光緒《海阳县志》作“蹲臥者如犀”，陳維賢《〈潮州西湖山志·石刻〉校正》作“蹲臥者如虎”。

[17] 獅　清順治《潮州府志》作“虎獅”。

[18] 其　清順治《潮州府志》無“其”字。

[19] 棊布　陳維賢《〈潮州西湖山志·石刻〉校正》作“碁布”。

[20] 霽　清順治《潮州府志》作“晴”。

[21] 三　《饒志》作“二”，據清順治《潮州府志》、陳維賢《〈潮州西湖山志·石

刻〉校正》改。

　　[22] 只　《饒志》作"口"，據清順治《潮州府志》改。

　　[23] 登　清順治《潮州府志》、陳維賢《〈潮州西湖山志·石刻〉校正》俱作"入"。

　　[24] 翠　清順治《潮州府志》作"繢"。

　　[25] 亙　《饒志》作"互"，據清順治《潮州府志》改。

　　[26] 霽　清順治《潮州府志》作"晴"。

　　[27] 淫　清順治《潮州府志》作"溫"。

　　[28] 懸　《饒志》作"晃"，據清順治《潮州府志》、陳維賢《〈潮州西湖山志·石刻〉校正》改。

　　[29] 岸　清順治《潮州府志》作"崖"。

　　[30] 宛然有得　《饒志》作"宛然得"，據清光緒《海陽縣志》補"有"。

　　[31] 闊　《饒志》作"之"，據清順治《潮州府志》、陳維賢《〈潮州西湖山志·石刻〉校正》改。

　　[32] 飲酒　《饒志》作"飲食"，據清順治《潮州府志》、陳維賢《〈潮州西湖山志·石刻〉校正》改。

　　[33] 或飲或食　清順治《潮州府志》、陳維賢《〈潮州西湖山志·石刻〉校正》俱作"或食或飲"。

平湖記

唐伯元

　　夫名，其生於不得已乎？意而附，不如勿名。夫事，其成於不得已乎？意而因，不如勿事。生焉成焉者之謂聖，附焉因焉者之謂賢。聖，吾師也；賢，吾友也。百工於大匠，射於羿，御於王良、造父，七十子之於仲尼，禹、稷、契、皋、伊、朱、周、召之於堯、舜、湯、文、武，亦各事烈而名高矣。而吾以為不必然者，何哉？則得已與不得已之說也。彼果不得已，則吾亦不得已，如肌膚性命然，其信且從，彼與已皆不得而知也。其不然者，猶意之也。子使漆雕開仕，開曰："吾斯之未能信。"夫信之風已下，況未信耶？雖然，茲其所以為信也。未有不自信而能信人者。彼急於因附者，將以求信天下，而不覺其欺已，已可欺，天下其可欺乎？吾潮為郡，左江右湖，而鳳凰山峙其北，當宋盛時，實應"鳳嘯湖平"之讖，湖與鳳之為靈昭昭也。及於國朝，人文雖朗，猶稍不逮，湖在城西，僅容杯水，若無足為郡之重輕者。自泰和王公持憲節，開府在郡，既政行人和，歲登，每於公暇遊憩焉；謀諸郡守徐侯，覈籍清界，捐資募工，拓之疏之，橋之堰之。匯其彌漫，而泄其洋溢，出古石刻"平湖"二大字於湖山之下。自是郡人始知郡[1]西有名湖，然猶[2]公寄興云爾。未幾，復市城南汙澤二頃，辟為南湖，復濬西南之濠，深廣倍舊，而東接於大江。夏秋水漲，江與湖平，如虹如帶，冬春之際，江流稍下，獨此西南湖常滿。其餘流足可灌田數十萬，而煙波之浩渺，城郭之雄麗，風氣之含藏，回首鳳山，人間天上，蓋非郡人心思所及，亦非所敢望於公者，殆若或啟之，而若或相之，即公亦不自知歟！公嘗開雙美堂於城北金山絕頂，以收江湖之勝，而方舟日裊嫋湖上，郡縉紳士常獲從公登臨，題詠盈卷，余雖不得後，然有以知公俯仰之間，無往而不樂民之樂也。郡人亦能知公之樂在民，而不知非公得已也，余是以觀公矣[3]。方上沖年，權相用事，其自署門生，朝齒錄，暮要津，有未經識面者，公獨以棘闈拔士，甘處疏遜，其時為令，竟以高第六載，僅入為西曹郎，而公無不意得也。余頗竊異公，而猶其細也。新學之行，吉州為盛，以羅文莊之辨且脩，而不能回狂瀾於萬一；及余更令吉州，見州之衰然領袖諸君子，未有不極口新學者；顧獨與公入[4]計，及其里中往還數歲，不聞公出一語也，但論吉州人物，必推文莊為第一人。余雖不欲以失其所因附為公惜，而亦未敢以卓然者為公賀，竟未有以定公。由今而觀，殆漆雕開之旨歟！余於是乎慚負公矣。余嘗謂吉州為天下望郡，此風不止，如吾道何？今觀於公，猶幸而吾言不中也。公謬過信余，常命籌郡政之宜興罷者，至於或行或否，必出其中自信，斷斷不苟徇余。嗟夫！此乃公所以信余也。於是公晉參知兩浙行矣，縉紳士謂余知公，首宜有贈，并記盛美。會余抱病者經歲，且禮在不言，山居之戒尚新，而媚人之嫌猶避也。蓋余之不能言者四，烏得贈公？然猶曰：無已，則記可乎？記亦言也，不規不頌，而郡事徵焉，余與士民之情，各有所寄焉，似欲已之不得也。公不苟徇余，余其敢媚公乎？嗟乎！孰能信吾言果不得已乎？公名一乾，徐侯名一唯，俱辛未進士。郡人唐伯元記。

【校勘】

[1] 始知郡 《饒志》無"郡"，據《醉經樓集》補。

[2] 然猶公寄興云爾 《醉經樓集》作"然猶疑公寄興云爾"。

[3] 余是以觀公矣 《醉經樓集》作"余以是觀公矣"。

[4] 公入 《饒志》作"入公"，據《醉經樓集》乙。

南巖記

前人

名山勝水之間，果足以當儒者之樂乎哉？陋巷可居，牆東可隱。必名山勝水而樂，是樂非我也，外也。未有待於外而能樂者也。且吾聞之儒者，身都宇宙，瞬息千古，居則憂道，出則憂時，惟恐絲毫墮落，有負此生，其於一切外至，窮通奇醜，若浮雲之往來，若寒暑晦明之代謝，尚不自知有憂，況知有樂乎？彼名山勝水之間，諒非其所汲汲也。然今之天下，稱勝蹟、耀簡編者，孰非自名公碩夫、幽人羽客之所棲處得意，寄嘯傲而振風騷？傳曰："賢者而後樂此。"由茲而觀，謂儒者所樂不存焉，不可也。吾郡西湖山之有石屋，舊矣。蓋上而砥，上可筵席坐數十人。大江東來，適與湖會，城中烟樹萬家，郊原之外靡蕪千里。其環而山者，則獅子、鳳凰諸峯錯落天外，一一可枕而窺也。屋在南，又面南也，故曰"南巖"。倭夷之亂，屋為邱莽，古冢[1]苔蘚，多不可辨。余與友人章[2]汝淑氏，嘗携觴其處，徘徊嘆息，至不能禁，約曰："孰先投閒者主之。"其後應舉需次，各服一官在四方，余又浮沉中外，不及茲巖者三十餘載，獨時時於懷也。比汝淑乞歸自滇南，會余新解母喪在里，語及茲巖，汝淑曰："敬如約。"卽日䠥趾剪蕪，鳩材諏吉，重瓦屋於前，畧如石屋制。闌其前[3]而門之，雜植松竹花卉，與山花掩映左右。一時聞而喜助者，自謝太學紹訥以下，各捐貲有差。不逾月訖工，顏其額曰："襟江帶湖。"郡侯徐公一唯[4]大書"南巖"其上，時與僚佐燕息焉。乃汝淑又穿一徑通絕頂，為讀易山房，有天門、天池、最高亭、四望臺諸處，語具汝淑自為記與詩中。發巖谷之幽光，賡考槃之餘響，自是遠邇聞之望之，不啻神仙窟宅矣。余竊祿日久，謬懷儒者之憂，既無寸補於時，乃依違不欲捨去，甘讓汝淑以賢者之樂，是汝淑先得之，而余將至於兩失也，於其成也，不可無記。

【校勘】

[1] 冡 《饒志》作"篆"，據《潮州文物志》改。

[2] 章曰慎 《潮州文物志》無"曰慎"二字。

[3] 前 《潮州文物志》作"適"。

[4] 徐公一唯 《潮州文物志》作"心溪徐公"。

壽安寺記

前人

釋氏無壽者相，若為言壽？釋氏宗苦行，若為言安？吾聞之矣，有生不生，不生生生。夫壽與安，亦復如是。然則吾儒之道，固有漏歟？易之坤，言生也，徇生者殃；乾，言始也，知始者慶。易為逆坤而作，逆坤者，順乾也，於是乎生生，故曰"易，逆數也"，又曰"生生之為易"。然則儒亦釋歟？非也。儒生中州，推其道，治天下；釋生西方，修其道，化彼國。治之者以禮樂文章，化之者以清淨寂滅，如必捐吾以就彼，何啻鳥潛而魚飛之反其類也。雖然，安見清淨寂滅之非吾禮樂文章也？吾儒談，尚之者過而諱之者亦過也。王者如天，以容以育，譬之昆蟲草木，各若其性，而又各盡其用。大哉聖祖之制，所以統一萬群而獨高千古也。潮之西湖山，舊有寺名淨慧，圮且蔓不知其年。萬曆癸巳夏，湖山妖起，白日搦人無數，郡縉紳士以白太守，率父老禱於神而誓之曰："應，且祠汝。"未幾，妖熄，擬就其所祠之。及基，而淨慧舊趾隱隱可辨也，則又白太守曰："神，一也，可以祠，亦可以寺。寺守以僧，祠守以役，僧易而役難，從其易便。維茲北去數百武，有巖名壽安，莫知所始，意者待今日乎？請仍寺之，而更其名，以明君侯之賜。"太守曰："善。"歲之九月，諏吉興事，躅穢剪萊，語太守祈神與諸縉紳告遷義塚所撰文字，一時文武官吏、士庶商賈助貲以千計。越二載始告工成，是為乙未冬季。中為殿，殿居曹溪；曹溪者，釋而儒，又鄉人也。吾不諱寺，何諱曹溪？況曹溪後為堂，扁“道當堂”，曹溪語也。其前門，其旁廊，廊之後，右為僧舍，左為講堂。講堂者，講經堂也，敞而面南，稱勝最。經，儒經也；釋而弗詭吾儒，釋亦經也。山麓飛泉二道，紆廻而繞寺，凡寺中廚者不汲，濯者不臨，沼者不鑿。來游來觀者日常百千人，不復聞有言妖者。而唐、宋已來巨公卿紀載篆勒，與夫科甲題名，畢露嚴間。鬱鬱而岡松，青青而隄柳，湖山競麗，人物欣覩，不知神福人與？人福神與？將吾所謂禮樂文章而生生之道與？太守欲禁民樂而不可得，欲不與民同之又不可得也，遂為之記而祝之：“既壽且安，利我邦人！”

重辟南巖記[1]

曾化龍

南巖結湖山之腰，怪石竦峙，雲樹鬱葱，蓋奇勝也。往昔荊榛未芟，髑髏與孤兔相為窟宅，耽奇者，流聞一攀藤眺聽，臨風生感心，魂為寒迫，神廟中葉其鄉章別駕始闢以祀李伯陽，山之鬚眉面目寖寖乎具矣。未[2]幾而榱桷傾圮，蓬蒿又滿，餓鴟晝鳴，人跡寂，歷豈條興條廢。數有固然，雖以伯陽之靈爽石文之英標，不能不墮落於寒煙荒草中耶。一日，徵君陳公低徊其下，謂洞巒稚擅神鏤顧使，泯沒不彰，我輩空具濟勝，毋乃負罪山靈。爰鳩工庀材，緣山而亭之，緣亭而閣之，塑金身集龍象，闢靜室數十椽，置僧田若干畝，於是幽香夜騰，疏鐘晨動。向在寒煙荒草中者，今且為西園[3]之鷲嶺，馬祖之叢林矣。余謂山川遭逢不異，措大當其致身。通顯則戶外鶴蓋成陰，流水接軫如其不偶遁深休而友麋鹿，雖歌出金石猶之蛙鳴蟬噪耳。嗟乎[4]！徵君不遇也者。髑髏穴之狐兔，家之牧豎樵夫相戒不入，何以今日游屐所至皆坐臥不能去，而且藉藉稱應接不暇也哉，山僧走溫陵告予曰：徵君開疆，置田之功德不可沒，其姻婭捐貲者功德亦不可沒也。今徵君已矣，敢乞一言以志不朽，因念徵君長嗣衍虞為余首拔士才，致飆發名滿天下[5]，其諸郎皆英英珪璋器也，往予奉簡書較潮士時，曾觴詠於此矣，憶風光之如昨，悵幽人之已遙，遂泚筆為記。徵君諱廷策，字穎夫，觀墀其別號也。

【校勘】

[1] 重辟南巖記 《古今圖書集成·方與彙編·職方典》、康熙《潮州府志》俱題作
"湖山重闢南巖記"。

[2] 未 《古今圖書集成·方與彙編·職方典》作"無"。

[3] 園 《古今圖書集成·方與彙編·職方典》作"國"。

[4] 乎 《古今圖書集成·方與彙編·職方典》作"夫"。

[5] 天下 《古今圖書集成·方與彙編·職方典》作"鄉邑"。

西湖山記

許龍章

西湖[1]，一山水之區也，巖[2]不必泰岱之高，而盤踞蜿蜒，脉貫
數郡；水不必河海之深，而發源有自，流有所歸，俾登臨者得以豁其
耳目，曠其心胸，非比一丘[3]一壑之易窮其樂也。顧韓山居城之東，
金山在城之北，皆襟江帶橋，勢相依附，遠近共見，自成大觀。獨西
湖山突起於西郊，層叠多景，山下平湖環繞，映襯山光，山因水益
靈[4]，水因山益秀。登山踏屐[5]，泛湖牽舟，任其興之所致，無不悠
悠然得其所樂焉。山之上有老君巖，石屋朗朗，非事穿鑿，雲氣吐
吞，恍然涵谷[6]。又有呂仙洞[7]，室小深藏，丹爐可設，相傳洞濱
嘗[8]遊於此，仙踪因宛然如見也。惟是年月久遠，殿宇傾頹，樓臺圮
敗，雖無損於山水之眞，或恐泯滅古人之跡。予奉命守斯郡，甫蒞
任，爲民禱祀於山靈。因山僧慧照之請，持[9]動公項、捐廉俸以葺治
之，兼賴同郡文武暨各紳衿共[10]相佽助，鳩工庀材，舊者復而新者
创，數月工竣，焕然一新，湖山增色。而榕江監生鄭光治，余之舊交
沈大咸與力居多。如北帝廟、紫薇閣、望氣臺、積翠亭，則又鄭光治
獨力捐貲[11]以成者也。予於落成後，嘗[12]因觀察楊公、督學夏公、
分嶷王公兩游於此，攀援石蹬，趺坐雲根，極目平疇，萬家煙樹，仰
首天光，如坐碧落境界，非復人間矣。於是舉觴暢飲，相與頹乎其
中，幾忘其所以爲樂。未幾，日影含[13]山，僕從相促，歸途呼應，
同是遊人。而牧笛漁歌唱和於田間水際者，不啻絲竹管絃之盛。吾不
知吾民之自爲樂歟，抑亦因吾游[14]而樂耶？而吾正得以樂其樂云。
時乾隆十二年歲在丁卯春正上澣，郡守金陵許龍記。囑□□二子爲
余[15]镌於湖山之石壁。

【校勘】

[1] 西湖 《潮州文物志》、《廣東摩崖石刻》作"潮州"。

[2] 巖 《潮州文物志》、《廣東摩崖石刻》作"山"。

[3] 丘 《潮州文物志》作"邱"。

[4] 靈 《饒志》作"雯",據《潮州文物志》改。

[5] 屐 《廣東摩崖石刻》作"履"。

[6] 涵谷 《廣東摩崖石刻》作"函谷"。

[7] 呂仙洞 《饒志》作"呂仙祠",據《潮州文物志》改。

[8] 嘗 《廣東摩崖石刻》作"曾"。

[9] 持 《廣東摩崖石刻》作"特"。

[10] 共 《廣東摩崖石刻》作"其"。

[11] 貲 《廣東摩崖石刻》作"資"。

[12] 嘗 《廣東摩崖石刻》作"曾"。

[13] 含 《廣東摩崖石刻》作"銜"。

[14] 游 《饒志》作"樂",據《潮州文物志》改。

[15] 余 《廣東摩崖石刻》作"予"。

【箋證】

曹騰騑、黃道欽《廣東摩崖石刻》"許龍章《西湖山記》"條："磨崖在潮州市葫蘆山南巖青牛洞上方。高0.53米,寬3.50米。楷書,字徑0.04米。清乾隆十二年為公元1747年。許龍章,金陵(今南京)人,清乾隆十年(1745年)任潮州知府。"(《廣東摩崖石刻》,廣東人民出版社1998年版,第177—178頁)

南巖記

范同知[1]

潮州一嶺海奧區,山水之秀甲梅循。郡治東有雙旌、石甕諸山,西有青麻、桑浦,北有金山、楓洋,南有別峯,各俱勝概。其水則有龍潭鱷渚淵亭澎湃瀠洄於其間,咸可臨眺。而西湖突峙於西郊,尤禀一州[2]之秀。山俯西湖多靈跡。自唐貞元間迄於今,〈代〉[3]有興廢。上有觀稼亭,唐中丞李宿建。"乘風"、"待月"二亭,宋知軍州事鮑粹建。歲既久,遺趾不可識。庚寅冬,予奉[4]來尹斯邑,政暇時一過，即欲爲興復之舉，值下車伊始，未敢以此爲急先務也。蓋潮多水患，宜先捍禦，則基圍重焉。余親爲董率築隄爲之防，越明年而基圍成。潮之韓江有廣濟橋，當閩粤之衝，所以緩水勢而息狂瀾，修之尤急。又明年而橋工竣。歲癸巳，觀察方公、郡侯趙公先後涖兹土。公餘躡兹山，慨然有復古之思。余蓄志已久，遂肩爲己任，鳩工庀材，補闕更新。經始於二月，落成於暮春，而湖山光景爲之改觀。由山麓循紫竹庵而上，則爲老君巖，室入壺天，拾級而登，則左"乘風"而右"待月"，玉山佳處，曲徑可通也。由仙巖而躋其巔[5]，有亭仍額曰"觀稼"，可以望全潮[6]山水，如列看[7]萬家煙火，綉壤縱橫，爛若七襄之錦也。其他紺宇丹樓，散佈林際，與嵐光湖影相映成文，又如朱霞之在天半也。則有牽舟之侶，碣屐之儔，黛衫作隊茜袂來游，遵回礏凌，高峯蔭茂，樹瞰鮫宮，共懽興復之有成撫景而樂也。民知樂其樂，而未知其所以得此樂者，良田憲澤涵，濡事不煩而民不擾，以有此樂也。余承乏六載，將循例赴部北行，惜不獲與潮民常有此樂，故志其顛末，以俟後之君子踵而葺之，期於久遠，無廢昔人刱建之初心，則更有所厚幸焉。乾隆四十年歲在旃蒙協洽余日上浣，仁和范同知[8]記。

【校勘】

[1] 范同知 《饒志》作"范同治"，據清光緒《海陽縣志》改。

[2] 州 《潮州文物志》作"洲"。

[3] 代 《饒志》無"代"，據《潮州文物志》補。

[4] 予奉 《潮州文物志》作"預"。

[5] 巔 《饒志》作"顛"，據《潮州文物志》改。

[6] 潮 《饒志》作"湖"，據《潮州文物志》改。

[7] 看 《饒志》作"眉"，據《潮州文物志》改。

[8] 同 [1]。

游西湖山記

鍾聲和（號榕林，海陽人，清户部主事）

韓江瀕海，人輒疑多水而少山，乃跂予望之，覺終日含青獻翠者，以鳳凰峙於北、蓮花立於東也，然此猶曰與郡遠隔也。若附在近郊，雲窩風榭，位置天然，而爲騷人詞客屐齒所屢經者，非西湖山乎？往林生利涉與予譚此山，大奇也。癸丑初夏，晨課畢，乃相與出西關，沿河尾，過石橋，約一里許，望簷牙隱約，鐘聲忽從林際出者，紫竹庵也。庵之左爲湖山門，由門右上有小庵，庵後卽南嵓。嵓祀老君，寬可十笏，玲瓏嵌空，迥出塵表，不知於鳳凰、蓮花諸勝何如，而此已使予心神俱爽矣。嵓頂鎸“古瀛洞天”四字，書法秀健。嵓前石壁遍琢唐宋以來迄國初游人詩句，大半爲苔蘚所蝕，然尚覺古色斑斕。湖門左臂有甘露井，井水烹茗甚甘。“甘露”之取名，信不誣哉！其上築華陀閣，病人禱之輒應。循閣前南行有亭二：一曰“待月”，一曰“乘風”。郡《志》載宋知軍事鮑公粹建，今惟乘風閣如故，而待月亭已付之荒煙蔓草矣！越數步，有呂仙洞，洞不幽深，而光亮可愛。又其上有樓名“鳳山”，樓後石壁劃削如屏。稍折而西，忽見榕陰上覆、石磴外環者，其《志》所云積翠亭乎？明季隱士陳廷策嘗讀《易》其中，明去今二百餘載，而亭之遺址猶存者，殆詩書之流澤長耶！由是仰瞻最高處，周圍空洞透闢者，四望臺也。吐納雲氣，噓吸湖光，更爲此山開一生面。臺之右復有觀稼亭，至此小憩，俯視平疇，綠野儼然，圖畫在人目中，化工自然之趣，眞有令人不可測者乎！未幾，由亭前曲徑逶迤而下，見石峯紛錯，纍纍然、凸凸然，豎者、欹者、高者、低者，皆有奇致。山之麓卽西湖，徘徊俯仰，湖光山色，點綴在卽，離間然後歎此山之妙，亦峭拔亦幽秀，平心賞鑑，不讓吳山六橋三竺也，況鳳凰、蓮花諸勝哉！日漸西，紫竹庵住持慧沅烹茗邀飲，盤桓間察其舉止，是能解《楞嚴》存想固形之旨者。茶畢告別，仍從故道歸，歸則旣暮矣。是游也，林生曰：“不可無記！”予惟天下名勝其埋沒荒榛亂莽者，指不勝屈，而西湖一山，由唐至今，千有餘載，雲窩風榭，圮而復新，使來游者克窮其興，致雖曰事抑，亦予與林生之幸也。遂不辭而爲之記。

修西湖山城記

前人

郡之西北郭有山兀然跨峙於湖唇，故曰“西湖山”。郡人因其岡巒伸縮，形肖葫蘆，故又曰“葫蘆山”。國初，爲寇警，潮鎮馬公三奇等將山之周圍，創築城垣，凡風亭月榭，悉囊括其中，洵一郡保障也。然而歷時已久，雨風之所侵独，鳥鼠之所竄穿，昔之屹屹壯觀者，既令人有毀址頹垣之感矣！咸豐甲寅，土匪吳忠恕、黃學勝等寇郡，議者謂：“西湖山係我郡門戶，爲賊所必爭，萬一被佔據，不惟郡難固守，吾儕慮無死地。”於是郡紳士聲明道府，倪工尅日。營繕之時，運同顧公秉章亦切民患，添助資費，帮督工役。遂於紫竹庵前，增新城三十餘丈，與郡城相連，腹闢小甕，門有警，便於接應。又於水仙門下稍折而北，縮版築削可六七丈前立石門，名曰“朝陽”。凡所以備非常而禦盜寇者，較昔更周。《滑稽傳》曰：“佳哉蕩蕩，寇來不能上。”其斯城之謂與？顧或曰：“寇困郡已逾半載，人甚恐。設無鍾茂材兄弟起義鱷溪，郡且不保，何況山城！”然而捍衛西北，沮遏賊鋒，使么麼畏怯，莫敢荷戟爭先。迨義旅起，聞風驚潰，郡卒以安者，果誰之功耶？嗚呼！王公設險，《易》垂爲訓；商邑翼翼，《詩》著其文，良以愼固封守，用戒不虞，皆政治所宜亟亟者。若謂斯城俯瞰碧流，遙挹丹嶂，月榭風亭，金碧相映，足以供遊覽，足以宴賓朋，聽雙曲之新聲，傳一時之佳話，是大失所以修城之意也。戊午之秋，予以閒遊過此，目擊粉堞星舖，石垣雲叠，爰執筆追記之，以當山居之志云爾。

祭　文

告遷湖山寺基諸塜文[1]

唐伯元

維萬曆二十一年歲次癸巳十有一日[2]，闔郡鄉官舉貢生員人等，謹以清酌庶饈告於湖山近寺諸塜之神曰：嗚呼！人鬼殊途，幽明一理，廢興循復，實數之常。惟茲湖山，爲郡城右掖，東與韓山相望，其巨石凌宵競聳，有雁塔題名及公卿題詠在焉。鍾靈毓秀，駿起文明，維嶽降神，厥功懋著。奈何邇歲兵荒，丘墟荊棘，誰姓誰氏，有塜纍纍，俑[3]者不可究，來者不可止，頓令陰氣日長，郭外偏枯，谷鮮足音，湖生妖怪，白日食人，牽連接踵，如鄉縉紳活人洞石所記，及酹[4]湖神文所述，乃聖世所不宜有，尤守土所不忍聞。物極而反，數窮而通，此壽安所由寺也。寺係前代淨慧舊[5]址，亦間爲塚所侵，版築以內，勢必遷改，觸目酸心，豈堪悲悼。惟是死者不可復生，生者豈可復死，既不忍於其死，焉能忍於其生？況死者有限，生者無窮，忍既往之死在一時，全方來之生在百代，冥冥之中，必有深諒之者。近蒙府、縣官長捐費助資，闔郡縉紳士庶懽欣協贊，亦各相助有差，雖然[6]其利歸[7]於生人，亦願澤及於枯骨。但其中無主者十之七，〈有主〉[8]而力不足者十之三，而惜費反興訕言者十之一，種種人情，相應體念，僉議火葬之塚，給錢二百，棺葬而尚完者倍之，棺杇而宜易棺者又倍之，有主者自領爲之，無主者從公陬[9]吉禮遣之，各歸於百丈埔義塚之原。自殿屋墻基外，各寧舊墟，再無更改，惟其主顧改者聽。嗚呼！城郭伊邇，墓家所忌，桑田滄海，人世幾更，爾輩已返魂太虛，形亦何有？我等雖奪於大義，情則無窮。嗚呼哀哉！尙饗。

【校勘】

[1] 告遷湖山寺基諸塚文 《醉經樓集》、清順治《潮州府志》、清雍正《海陽縣志》俱題作“告遷寺基諸塚文”，無“湖山”。

[2] 維萬曆二十一年歲次癸巳十有一日 《醉經樓集》朱鴻林校曰：“原文如此，上無月份，或‘日’爲‘月’之誤。”

[3] 俑 《醉經樓集》朱鴻林校曰：“俑，疑當作‘往’。”

[4] 酹 《饒志》作“酧”，據《醉經樓集》、清順治《潮州府志》改。

[5] 舊 《醉經樓集》、清順治《潮州府志》作“故”。

[6] 雖然 《醉經樓集》、清順治《潮州府志》作“雖”，無“然”。

[7] 利歸 《醉經樓集》、清順治《潮州府志》作“歸利”。

[8] 有主 《饒志》闕“有主”，據《醉經樓集》、清順治《潮州府志》補。

[9] 陬 《醉經樓集》作“諏”。

湖山祭詩文

陳衍虞

歲在灾兆敦牂嘉平月除夕，古鐵道人陳某謹以白〈酹〉[1]清蔬致祭于詩神曰：學海滙文，厥類分岐，寫物〈行風〉[2]，〈獨〉[3]子〈稱〉[4]詩，源遡風雅，韻葉[5]笙簾，數言是城，一字成師。子之欲來，何境最宜？春山艷冶，秋水漣漪，野寺煙鍾，灞橋雪蹄，良朋忽覿，情種乍離，月白廋樓，花錠陶籬，人贈靑案，座偎紅兒，琵琶傷謫，寡鵠悲嫠。羣臣西去，塞客北馳，際茲[6]情況，有懷畢宣，是以古賢，打鉢成韻，斷髯謀篇，奚囊嘔錦，刻燭催妍，十年占鏡，一夕滿[7]湘。遲歟速[8]歟，金石鏘鏘，或工而聖，或逸而仙，僻或稱鬼，幽或名禪，當其亨也。硯捧妃子，燭撒金蓮，貴主憐曲，婕妤飛箋，價騰雞國，選盡靑錢，豪客囘及[9]，娃子[10]了緣，若其蹇也。才棄明主，身陷龍堆，平子四愁，仲宣七哀，元亮乞食，皋羽[11]哭臺，浣花窮[12]悴，長吉夭摧，然而詩卷長留，盡歸雅裁，何朝何代？誰沿誰開？維樸與子，從事有年，才如僧髮，剃無寸長。漢魏三唐，骨朵雲騫，人皆入室，我獨望洋。近代作者，豈不翩翩，北地歷下，長沙信陽，公安竟陵，山陰太原，俎豆未已，彈射爭先，予恐失[13]步，殊[14]昧周旋。獨因壯歲，躬逢百罹，心傷駝棘，耳[15]震鼓鼙，逃寇木末，避兵山厓，鹿命懸庖，龍性遭縻，載譜方出，謠啄邊疑，竪投紫綬，載事靑犁，滔滔故土，頓長鯤鮞，爰倩聲律，爲我寫悲。況逢今歲，抱疴旅羈，喑同寒蟬，鳴愧鷗鷿，偶有經營。豈堪鼓吹，譬彼蒿鶴，被戈呻吟，譬彼野笛，不腔而音。人之嘲我，鷟集翰林；人之譽我，擲地聲金。爲子之故，廿載幽尋，人亨我蹇[16]，空疲此心，窮而不工，子兮奈何！送子名山，固以重阿，後世知我，問之烟蘿，歲行盡矣。風霽日和，酬以三雅，神顏有酡，揭婦未老，爲子商歌。

【校勘】

[1] 醨　《饒志》闕，據清康熙《潮州府志》、清雍正《海陽縣志》補。

[2] 行風　《饒志》闕，據清康熙《潮州府志》、清雍正《海陽縣志》補。

[3] 獨　《饒志》闕，據清康熙《潮州府志》、清雍正《海陽縣志》補。

[4] 稱　《饒志》闕，據清康熙《潮州府志》、清雍正《海陽縣志》補。

[5] 葉　《饒志》作“叫”，據清雍正《海陽縣志》改。

[6] 茲　清康熙《潮州府志》作“斯”。

[7] 滿　清康熙《潮州府志》作“瀟”。

[8] 速　清康熙《潮州府志》作“遲”。

[9] 及　清康熙《潮州府志》作“刀”。

[10] 娃子　清康熙《潮州府志》無“子”字。

［11］皋　《饒志》作"隼"，據清康熙《潮州府志》改。

［12］窮　《饒志》作"躬"，據清康熙《潮州府志》改。

［13］恐失　《饒志》作"憑先"，據清康熙《潮州府志》改。

［14］殊　清康熙《潮州府志》作"素"。

［15］耳　清康熙《潮州府志》作"魂"。

［16］蹇　《饒志》作"塞"，據清康熙《潮州府志》改。

募　疏

募修南巖疏

前人

潮陽韓退之過化地，山青水碧，爲海國人文淵藪，紀其形勝。金山立郡北，居周遭內，亭亭孤秀。出城西不一里，則壼山環湖，而處與金山對峙。山之西，奇峯怪石，壁立千仞，中有巖，可容百人。其徑十步一迴，古木千章，留雲蔭日，登其上者，若行蔚藍天中，不知有下界紅塵事也。先是鄉縉紳誅茅啓彊，至贈公覲墀陳先生益拓而增華，祀西方聖人及諸靈祇。侖奐之盛，甲於東南。凡禱祀而求者，隨至輒效直，欲與洛伽衡嶽中分而帝矣。邇來，帶甲滿郊，山靈寢寢削色，臥鐘敗磬，埋沒蒿萊，古佛無言，寂處狐嗥鼪舞之際。予戎事偶暇，一日登山遠眺，四望蕭然。山僧告予曰："此巖擅一郡佳勝，今廖寂至此，非藉宰官巨力不能令瞿曇老子復生，面目將軍，殆獨孤長者之現身也。"予唯唯。夫興廢之理，如環無端，佛能轉刼而不能不逢刼，山亦有刼焉。而人則推而轉之，轉之者，人之力也，而非一人之力也。願我同人共成善願，莫使山靈笑我輩兜鍪中人，不解作梵貝因緣也。某幸甚！幸甚！

銘

濬湖銘

林光世

鳳凰山朝，鱷魚潭空，祝網舊址，地不滿弓，小臣光世，職勤華封，易淺而深，即卑而[1]崇，爰作飛橋，仰像流虹，爰立巍亭，虎拜喬[2]嵩，咨爾草木，施及昆蟲，游泳至仁，碩大且豐，山川之氣，斯焉[3]會通，美歸天子，讖應三公，天子若曰：民物性同，民物俱樂，樂斯無窮，小臣拜舞，領會宸聰，爰築修隄，盡護西墉，道合衆[4]流，至於坤[5]宮，外固吾圍，遠折邅衝，迴環十里，激瀲[6]空濛，宜晴宜雨，宜月宜風，帝城景象，儼在目中，誰謂潮州，亦廣之東，叨恩召還，湖山匆匆[7]，非[8]余棄汝，君命是恭，騷人墨客，搢[9]紳華宗，遨遊千年，毋[10]忘衰翁。開慶初元，宵中露[11]濃，保魁憺尹，實肇[12]濬功。

【校勘】

[1] 卑而　清順治《潮州府志》、《永樂大典》俱作“卑爲”，陳維賢《〈潮州西湖山志·石刻〉校正》據石刻原文作“庫為”。

[2] 喬　清順治《潮州府志》作“高”。

[3] 焉　清順治《潮州府志》作“爲”。

[4] 衆　清順治《潮州府志》作“泉”。

[5] 坤　《饒志》作作“泮”，據《永樂大典》、陳維賢《〈潮州西湖山志·石刻〉校正》改。

[6] 瀲　清順治《潮州府志》、《潮汕金石文徵》（宋元卷）作“澰”。

[7] 匆匆　《饒志》作“蔥蔥”，據清順治《潮州府志》、《潮汕金石文徵》（宋元卷）、陳維賢《潮州西湖山志·石刻〉校正》改。

[8] 非　陳維賢《〈潮州西湖山志·石刻〉校正》據石刻原文作“匪”。

[9] 搢　《饒志》作“縉”，據陳維賢《〈潮州西湖山志·石刻〉校正》改。

[10] 毋　清順治《潮州府志》作“勿”。

[11] 露　《饒志》作“路”，據清順治《潮州府志》、《永樂大典》、陳維賢《〈潮州西湖山志·石刻〉校正》改。

[12] 肇　清順治《潮州府志》作“筆”。

賦

蒙齋賦以湖山勝地閉戶讀書為韻

周家釗（海陽人）

居同陋室，地寄靈區。錫名若拙，取義乎愚。架擁琴書，堪供心賞。盧環山水，聊可自娛。開芸窗以勤搜，何必談經虎觀；披蒲編而吟詠，奚殊講學鵝湖。有鄭沂者，情殷學孔，志切師顏，常厪峨術，弗尚燕閒，謂非理契，淵源塵生，刓滌惟冀，功勤典藉，茅塞全删，慮天資之顓愚；將以潛心，爾室厭人寰之。雜還何如，託足名山，郡邑遍游，湖山寄興，水綠浮空，峯青接磴。花香草色此中，自有靜觀；鳥語蟲聲以外，別無雜聽。倘得築盧爰處，眞堪助我懷思，從茲閉戶潛修，那不引人入勝，爾乃鴛瓦平鋪，螢窗高置，住近僧巖，居鄰佛寺，宛若閣成，天祿並誇乎；右史左圖，渾如室號，石渠備列乎。異書奇字，目所未覩，星羅宛委名編，手不停披，日坐嫏嬛福地，於是業在操存，功深砥礪。握蠹簡以常親，惜駒光而不愒。引泉叠石，人居繡嶺之間；鼓瑟弹琴，聲徹洞天之際。破詩書兮，萬卷雪案閒翻；賞風雨兮，一盧雲門屢閉。想其齋已賦名，蒙當有取，欲誘靈明，莫安椎魯，人與古稽，勤以拙補，涵濡旣久，荒蕪盡闢，情田陶詠，彌深湮塞，漸開智府，願研經而比彙，直貫古今，敢守劣而如鳩不出庭戶，迄今泛棹湖邊，携筇山麓，溯故址而徘徊，慕芳名而私淑，一篙煙浪，最足聘懷，幾點漁燈，差堪悅目。覾此地，山濃水秀，高深可共遨遊；憶當時，弄月吟風，晨夕不忘誦謂。禹寸陶陰，齋居共勵，禮門義路，蒙昧胥除。博覽乙編，如被西京之鐘鼓，勤披丙夜，咸窺東壁之圖書。

四望臺賦（以"高踞湖山，俯瞰城市"為韻）

鄭心經（號醉六，海陽人，清廩生）

　　湖山之巓，有巨石焉嵌空突兀，矗地周遭，勢欲凌乎飛鳥，形若冠乎靈鼇。挿脚千尋，俯千章之夏木；昂頭萬仞，極萬里之秋毫。曷來拾級而登，無遠弗屆直覺，大觀在上惟天，蓋高野老告余曰："此所謂四望臺，而爲游人登眺之處也。"每當巖日初沉，海霞欲曙，水極天長，山隨岸去，樓待月以當空，亭乘風而可御，睹水田之萬頃，眼界頓閒；覽煙樹於千家，毫芒悉著，直窮千里無邊。雲白山青更上一層，不數龍蹲虎踞，廓然四顧，目極平蕪，來四山之風雨，開四壁之圖畫。花鳥則四俱好，煙霞則四面常鋪。林壑四圍而碧擁，峯巒四角而青紆。儻逢飛瀑四垂，天光黯淡，如或浮嵐四起，山色有無，瞻四射之光芒，隱隱燈懸北閣，涵四邊之蒼翠；溶溶月印西湖，其望於東也。湘橋橫跨韓水，彎環斜臥，微瀾漾一枝之塔影，遠吞疊嶂，開四扇之江。關右鼊渚而左鴉洲，環長江以似帶，近雙旌而遠三髻，擁隔岸以如髮，指屋瓦之鱗鱗。綠榕城郭，認估帆兮，隱隱翠竹，溪山其望於西也。羊嶺雲封，鳳樓泉古，樂桑麻之滿野。村庄則綦布星羅，愛鐘磬之時聞。寺觀則蜂屯蟻聚，亭開，觀稼青疇，來叱犢之聲。池接放生，碧綱收义，魚之浦混，却蔚藍一色，峯玉簡以遙連。盪來軟翠三篙城，金山而低俯，望諸南，則太子樓高侍郎嶼暗白，沙堤遠以袤延。綠樹烟濃，而蕩淡縹緲，而山街桑浦，岩飛甘露之泉，蒼茫而水繞。梅溪船解順風之纜，青龍廟古蠱，洲渚以遙分赤鯉，潭深貼波流兮。平瞰望諸北，則釣鰲山遠伏，虎崗橫瞥眼而鳳臺雨暗盪胸，則馬坍風清遙看銅鼓，諸峯秋色西來而更爽，隔斷銀溪一水，大江東去，以無聲儘多鬼斧神斤鑿成。巖壑無數，雲梯石蹬拱繞州城。登斯臺也，莫不憑眺移情，徘徊遠視，數百里淵渟嶽峙，勝欲壓乎？海邦十二時，晴好雨奇，酒合沽乎？村市遂爲之歌曰："四望臺高石齒齒，羣峯羅列如案几。大地河山一覽平，湖光山色歎觀止！"

潮州西湖山志卷九

藝文下

古詩

登湖山見先子所營梵宇書室頹毀幾近憮然生感二首

陳衍虞

出城見此山，纍纍多荒塚。松徑石級斜，仄岊多礙踵。幽人經始處，植木今十拱。雲去雲又歸，松石互相擁。紺宇望中頹，漸恐成丘隴。我既艱荷薪，世遂置璣珙。素手對山靈，石田苦難種。誰是阿育王，人天待光寵。

昔讀書此中，十年侶木石。環山鬼火青，繩床坐晨夕。正當裘馬年，傲岸絕繩尺。挑燈拭龍泉，花茵酌狂客。笑啼總無端，筆墨恣酣適。亂離一朝值，巖壑變牙[1]戟。踉蹌出山去，高飛無修翮。可奈骨世塵，險途逾踽踖。回首故山在，烟霞盈几席。及茲筋力衰，逡巡懶着屐。偶來看山顏，面目日非昔。猿鶴莫相嘲，處處樊籠窄。

【校勘】

[1] 矛 《饒志》作"牙"，據《蓮山詩集》改。

上巳[1]南巖小集，同李司直趙穆生諸子

前人

山骨非不妍，巖情何嬝嬝。戎馬踐烟霞，到來驚寥索。層層雲樹光，半爲荆榛錯。荒亭啼鵙鵙，蛛絲骨頹閣。空王無笑聱，枯坐對林薄。嶙峋怪石存，奇情不受削。與客碎薜蘿，靜心及丘壑。湖烟淡蕩生，紛來相酹酢。山水與高人，相取止約畧。欸乃過漁船，摩空一白鶴。

【校勘】

[1]　上巳　《饒志》作"上已"，非，據《蓮山詩集》改。

雨後登南巖逢羅慵庵銓部

前人

登扳思采隱，愛此雨餘清。雲樹共罨蔚，衆籟紛逢迎。澄懷入杳靄，忽有高人并。山公臥林壑，高素無紼纓。朅來偕緇流，玉屑霏化城。口耳靜無器，礫格聽初鶯。緣茲冥搜力，悠然得山情。相將翠微下，裊裊晚鍾聲。

人日行西郊登巖寺恭謁古先生[1]

前人

行來一里又二里，湖雲斷處山雲起。雲新出岫好下垂，瘦杖半在殘雲裏。長湖如帶蹙微瀾，睥睨簇簇環山倚。漸看郊痕[2]欲變青，大地菁華無閟理。怪石嚴嚴覆招提，樹淺樹深虧蔽蔽。百里山顏盡濯濯，茲山蒼[4]蔚神所爲。我來對佛兩無語，但看殘梅綴老枝。不堪山頭騁[5]遐矚，海上烽煙望不足。

【校勘】

[1]　人日行西郊登巖寺恭謁古先生　《西湖記》題作"人日行西郊登南巖寺謁古先生"，闕"恭"，《饒志》無"南"字。

[2]　痕　清雍正《海陽縣志》作"雲"。

[3]　茲　清雍正《海陽縣志》作"斯"。

［4］蒼　《饒志》作“薈”，據《蓮山詩集》改。
［5］騁　《饒志》作“聘”，據《蓮山詩集》改”。

西郊一帶，往多修竹茂林，臺榭相錯，予向營蔚園，頗饒野趣，再經戎馬，蕩爲荒原，修禊日偶偕友人重遊，愴然生今昔之感

前人

春郊歲歲蔟新綠，山靄湖雲繞寒玉。繁陰罨蔚欲蔽天，紅碧光搖照天燭。（自注：銀山，峯名。）趾趾名園似辟疆，山靈容我闢數椽[1]。鶯花是處爭媚眼，琴書一枕松風涼。鄰齋況有元白侶，徵歌說劍喧笑語。有時看雲過前峯，有時投釣向清渚。有時衙官命屈宋，有時豎子呼漢楚。興劇能令筆似刀，饑來亦覺石可煮。深樓紅燭有書聲，小徑花茵多遊女。忽然九宇成顛覆，湛盧巨缺相徵逐。亭榭既灰百卉誅，大及輪囷小撲樕。比來羆虎踩金湯，陰崖無人堆白髑。四望荒隴風颼颼，火騄[2]騰踏泉不流。昔日蘭芷淪榛莽，但聞山鳥啼鈎輈。

【校勘】

［1］數椽　《潮州詩萃》作“雲莊”。
［2］騄　《饒志》作“驢”，據《潮州詩萃》改。

贈[1]某上人住靜南巖

陳士鼎

湖峯新法宇，石洞[2]隱禪蹤。雲色千層碧，山光一抹濃。密蘿侵峭壁，細路入寒松。渺渺空中籟，迢迢樹杪鐘。來[3]游芳嶼遍，趺坐翠茵重。觜鶴搜餘粒，分泉劃瘦筇。聽經來谷虎，窺鉢有潭龍。寶塹非人境，彌天闢我胸。三生誰種智，一指已歸宗。

【校勘】

［1］贈　《潮州詩萃》作“賜”，誤。
［2］洞　《饒志》作“洗”，據《潮州詩萃》、《古瀛詩苑》改。
［3］來　《古瀛詩苑》作“采”。

湖山寺（自注：用尤西堂《虎邱飲茶》韻）[1]

饒慶捷

山眼一往青，遙遙若招[2]我。我亦重留情，相視停飛舸。郭門接小湖，一鏡湧[3]蓮座。山亭花木深，濤響空林墮。緇流況不俗，清談撤[4]因果。遙指隔江峯，石罅蒼雲鎖。楓葉紅於花，幽嵐翠成朵。此中有佳趣，分與奚囊可。迴翔落日陰，歸客[5]緣崖左。暮色逐人來，漠漠村煙火。

【校勘】

［1］自注 《潮州詩萃》無自注，清嘉慶《大埔縣志》、清同治《大埔縣志》作“用尤西堂《虎邱飲茶》詩韻”。

［2］招 《潮州詩萃》作“搖”。

［3］湧 《潮州詩萃》作“擁”。

［4］撤 《潮州詩萃》、清嘉慶《大埔縣志》俱作“撇”。

［5］客 《潮州詩萃》作“路”。

北濠灌田（自注：紀太守周容齋潮州政績）

鄭鴻謨（潮陽人，清庠生）

農士國家重，水旱廑君王。我公籌之熟，民瘝不敢康。邇來肥蟊屬，艱食民徬徨。庚年復旱魃，天欲絕稻粱。北濠田野甚，北濠人慌忙。此事聞公耳，沉痛在心腸。巡省馬蹄疾，眼見西湖塘。枯禾望疊疊，西湖流湯湯。傅抉西湖水，灌彼西疇秧。西疇田萬頃，西疇黃轉蒼。勢如雷作雨，勃然不可當。農人驚喜徧，相與伏道旁。曰民之父母，我儕敢或忘。望君與望歲，總是同一望。

湖山埋骸

前人

湖山景色好，疇弗思徜徉。西望荒草中，轉令我心傷。骷骸何纍纍，橫列古寺旁。半是斬嗣鬼，半是殤命郎。亦有他鄉客，孤魂遊北岡。鵑聲啼殘月，燐火照禪房。習習陰風冷，安得渡慈航。山蒼湖水碧，公見之慨慷。隨呼里長至，捐囊教埋藏。松楸蔭黃土，夜臺不凄凉。仁政伴西伯，先及乎死亡。湖山景依舊，何處看白楊。

西巖煙雨觀打魚歌

陳周禮

沉雲捲雨千山碧，一瀉銀濤峯外白。城郭煙[1]村乍有無，松聲雷吼梵王宅。湖前趨雨雙漁舟，舉網乘風相沉浮。咫尺蒼煙忽不見，大魚[2]慘淡蛟螭愁。咿啞齊力盪舟去，深港蘆花無尋處。四望沙汀老眼昏，欻然銀絲出膾素。鯉膾甘肥知第一，群餐已飲願未畢。攘臂喧呼爭截流，吁嗟老饕寧詎休？

【校勘】

[1] 煙　《潮州詩萃》作"山"。
[2] 魚　《饒志》作"漁"，據《潮州詩萃》改。

竹林寺訪宜白禪師

潘耒

潮州少精藍，竹林頗幽勝。我來披荒榛，剝啄久不應。主[1]僧往[2]靈山，閴寂苔封徑。涉旬再過之，赤髭笑相迎。山雲拄[3]杖頭，溪月懸佛[4]柄。言從閩山來，愛此清絕景。把茅聊蓋頭，懶拙頗相稱。邊地小[5]信根，說法無人聽。靈山顛祖庭，荒蕪草沒脛。欲來[6]扶刹竿，宗風苦不競。天籟鳴刁調，百篇詩寄興。白雲不可攜，客至聊持贈。潮陽亦名區，人豈無佛性。向來少高僧，四衆難生敬。師爲印心人，索居離鬭諍。不矜舌瀾翻，所喜脊孤硬。大顛三扣齒，昌黎苦不證。一卷寒山詩，晦翁受哦咏。文字可接人，誰云非祖令。會取言離言，何妨鏡照鏡。

【校勘】

[1] 主　《饒志》作"王"，據《西湖記》、乾隆《潮州府志》改。
[2] 往　《饒志》作"住"，據光緒《海陽縣志》、乾隆《潮州府志》改。
[3] 拄　《饒志》作"住"，據光緒《海陽縣志》、乾隆《潮州府志》改。
[4] 佛　《西湖記》作"拂"。
[5] 小　《西湖記》作"少"。

[6] 來 《西湖記》作"住"，乾隆《潮州府志》作"往"。

華嚴庵訪南禪師[1]

前人

夙好遊名山，非徒嗜山水。樂與超世人，微言析精理。竭來潮陽遊，江山甚清美。恨不見大顛，靈山空仰止。陳君聞語余，吾宗有聞士。真純餘古風，結盧近在此。聯袂一訪之，落落孤松似。本自儒家流，學佛得心髓。法乳餐崆峒，高宗慕船子。一錫遍天涯，白頭歸故里。鳥窠但吹毛，天龍只豎指。領悟苦無人，著書覺蒙否。教義提綱維，禪宗扶肯綮。以彼有言說，顯此無言旨。謂余頗知音，發篋罄裏底。烹茶竟日留，咳唾皆禪喜。匡盧祖庭虛，台衡法流靡。何意宗說通，翻在窮海涘。爲客悵萍蹤，贊嘆憑片紙。誰爲大力人，與扶法幢起。

過紫竹庵慧沅上人禪室，清夢移時，煮茗作半日談，紀之以詩[1]

喻少白（江西人）

松濤捲天噴晴雪，六月深山忘日烈。清風掃榻生畫凉，夢騎黃鶴青霄翔。須臾雲海踐竺國，座上祖師如舊識。索我袖中新得詩，拈花微笑心許之。茶烟漠漠簾櫳中，新芽精選九夷峯。一甌餉惠洗塵腹，如此留賓殊不俗。小結名山香火緣，詩夢初圓五百年。

【校勘】

[1] 過紫竹庵慧沅上人禪室，清夢移時，煮茗作半日談，紀之以詩 《西湖記》題作"過慧沅上人禪室，清夢移時，煮茗作半日談，殆五百年前一重香火緣頁，紀之以詩"。

同棉陽趙圭錫遊湖山，醉後放歌[1]

姚瀚

竹園垂老尤狂顛，天公特放閑處閑。閒中百念久灰冷，好向山水猶當年。水濱問水喜尋源，山上登山直到巔。山重水複雲深處，狂呼絕叫仙仙仙。西湖三月季春天，落花蝴蝶簇成團。飄揚蕩逸誰簸弄，人人怪罵春風顛。惜君不是蘇子瞻，惜我不是白樂天。一携朝雲一樊素，菱歌清唱在湖船。君胡為乎惜酒錢也，學長鯨吸百川，玉山頹倒巖頭上，同擁香雲作被眠。

【校勘】

[1] 同棉陽趙圭錫遊湖山，醉後放歌 《西湖記》卷一題作"同棉陽介人趙圭錫遊湖山，醉後放歌"。

慈雲寺木棉歌

前人

幾樹紅棉花萬朶，初疑人蹤阿房火。又疑天風吹散赤城霞，飛壓樹頭成此花。復疑石家搬出珊瑚樹，千枝萬枝耀金谷。不然隋宮剪彩花，齊開絳紗亂用并刀裁。不然獵人幾斛猩猩血，潑上樹頭紅欲滴。不然天孫雲錦章，不然賈胡紅刺石，何以轟轟更烈烈，花光四面交相射，有時騰焰上燭天，煉紅碧落雲燒赤，一樣吹棉更足誇，南人漫道是虛花。若教收拾歸機軸，衣被蒼生萬萬家。

湖山紀遊

戴漉巾（號潛夫，海陽人，清國學生）

我昔懷古上韓山，橡木花高不可攀。陟彼金山騁游目，俯瞰十萬鋪鱗屋。今番重游到西湖，水色嵐光似畫圖。全湖勝概供一覽，有如騎鶴登天衢。和靖康樂是余山，水友（自注：時與林藕仙、林淇園、謝吟湘諸君同遊。）來遊先把禪關扣。僧房細檢舊題詩，字跡半淺名某某。其中傑作貴池姚，老去江南詩不祧。（自注：貴池姚竹園先生有游西湖七絕二十首，甚工切寫黏，紫竹庵壁上，字半殘缺，然其詩已膾炙矣。）別有余君才淹博，逝者如斯不可作。（自注：饒邑余步瑤先生贈湖山僧慧沅七古一章，極工鍊，惜殘缺過半，先生已歸道山，安得起而問之？）山川亦要偉人扶，何人管領便可當大蘇？（自注：林君蓮舟著《西湖記》，並刊詩於石，有"管領何庸待大蘇"之句。）踵起風流星月新，詩好楓葉蘆花亦草草。（自注：壁黏呂一麟詩第二聯"湖光倒印星千點，山勢斜含月一鉤"，允稱佳句，第三聯"蟹火漁燈三徑朗，蘆花楓葉萬般秋"則平平無奇矣。）披襟坐對大王風，讕語翻新興不窮。人生難得開口笑，曼倩詼諧皆詩料。亭臺位置儘灑然，除却山僧總高妙。撫今追昔事多更，東邊添箇待月亭。西閣乘風何處去，空憶《黃庭》寫經處。（自注：余廿年前來游時，待月亭未構，西邊有閣曰"乘風"，其匾額係鎮平黃香鐵待詔題，今已廢矣。）歷代滄桑幾廢興，齊雲落星祇留名。何況四望臺荒剩片石，舊城傾圮築新城。（自注：甲寅土匪之變，新築西湖城外，郡治賴以無虞。）呂仙洞連文昌閣，洞口白雲常漠漠。有亭翼然山之巔，坐看農夫播百穀。（自注：絕頂有觀稼亭。）西湖今日卸濃粧，謝君詩與昔年狂。欲把西湖比西子，絳唇一點口脂香。（自注：謝君吟湘嘗於湖上廟壁，調點絳唇一闋，有"西湖今日卸濃妝"之句。）聞道當年開石壁，天書斗大驚霹靂。何人不愛洞壺清，踏破芒鞋尋不得。（自注：舊傳康熙間石壁自開，中有"何人不愛洞壺清"之句，今為苔封，不可見矣。）雁塔漁庄取次游，（自注："雁塔"二字刊於湖濱石壁，大可五尺，漁庄亦在湖濱，地最勝。）大石樓頭一望收。（自注：大石樓在蟾蜍石上，孤高峯禪劉晴川司馬刊詩於此。）處女泉甘清可掬，（自注：處女泉在壽安寺旁，泉洞如井。）活人洞古烟霞足。（自注：活人洞與大石樓針對，寬可容數十人。）碁盤石畔躧仙蹤，（自注：仙跡石在湖濱，其上又有碁盤石。）縱游直到水仙宮。（自注：水仙宮在水仙門外，為西湖極幽處。）聯吟卽景矜奇句，城角斜陽倒景紅。波光樹色相蕩漾，彷彿來艺商山上。（自注：與諸友水仙門外聯詩萃，推謝君吟湘"一檻波光橫夕照"及林君藕仙"半林樹色錯殘煙"兩句為工，林君淇園以"商山不羨采芝仙"作結，切四人同游恰合。）來時赤日正中天，歸去山靈覺惆悵。安得湖山有主人，編茅結屋傍湖濱。最宜雨餘風定夜，絲竿釣月堪留賓。（自注：林君蓮舟擬築釣月山房於此，未果。）游興未闌日已夕，忙尋歸路經城北。歸來把筆紀長歌，莫遣茲游成陳迹。

癸未重九游西湖山

張聯桂

秋色豁眉宇，涼氣透簾幕。感此佳節臨，風雨喜不作。抽身簿書業，欲踐湖山約，良朋三五人，襟期俱脫畧。沿隄憩樹陰，紆徑入蘭若。快登待月亭，共坐乘風閣。晚稻綠滿疇，遠峯青到郭。雲開見雁字，波動知魚躍。錢塘負重名，此地亦丘壑。惜無東坡來，勝境轉蕭索，佳人不逢時，幽谷空寂寞。古今同一慨，多爲浮名縛，更上葫蘆頂，風景尤清廓。形勢如建瓴，全城此鎖鑰，守禦或不嚴，萬戶遭剽掠，憶昔兵燹時，雉堞山腰絡。（自注：咸豐甲寅，土匪吳忠恕犯順，當事者將廢城，築而新之。）遙聞海波濤，蜃氣浮碧落。會當凌□□，一劍斬鯨鱷。憂深聊自娛，雙鰲侑清酌。興盡同下山，明月出林薄。

律　詩

題湖山立石[1]

王漢[2]

如碑卓水濱，磊落未名聞。蘚駁[3]瓊姿出，蝸行篆字分。器渾猶抱璞[4]，勢迴[5]已凌雲。幸免隨金鍜，寧憂與玉焚。螭形徒岌岌，鳥跡欠云云。若使昌黎見，應鐫[6]逐鱷文。

【校勘】

[1] 題湖山立石　清雍正《海陽縣志》題作"湖山立石"，陳維賢《〈潮州西湖山志·石刻〉校正》引石刻原文作"立石詩"。

[2] 王漢　陳維賢《〈潮州西湖山志·石刻〉校正》引石刻原文作"太常博士知軍州事王漢"。

[3] 駁　陳維賢《〈潮州西湖山志·石刻〉校正》引石刻原文作"駮"，兩通。

[4] 璞　陳維賢《〈潮州西湖山志·石刻〉校正》引石刻原文作"樸"。

[5] 迴　陳維賢《〈潮州西湖山志·石刻〉校正》引石刻原文作"迴"。

[6] 鐫　《潮中雜記》、清雍正《海陽縣志》、《宋詩紀事》俱作"摛"。

【箋證】

陳維賢《〈潮州西湖山志·石刻〉校正》："石刻共十一行，末行尚有'大中祥符六年二月十五日刻'十二箇字。"（《韓山師專學報》1990年第1期）

遊湖山[1]

陳堯佐

附郭水連山，公餘獨往還。疏烟漁艇遠，斜日寺樓間[2]。繫馬芭蕉外，移舟菡萏間。天涯逢此景，誰信自開顏。

【校勘】

［1］遊湖山 《永樂大典》題作"遊西湖"。

［2］間 明嘉靖《潮州府志》、《永樂大典》、清光緒《海陽縣志》、《西湖記》俱作"閑"。

重闢西湖二首

林嶸

鏡奩平處小橋西，橋外輕鷗掠鏡飛。鑿破青雲放山出，撥開碧蘚引湖歸。帶煙挿柳陰雖瘦，趁雨栽荷綠已肥。欲借禽魚祝君壽，君恩寬大此誠[1]微。

新隄喜[2]遠幾紆縈，挈揥[3]攜壺出滿城。萍破煙紋容棹過，石開雲罅著[4]人行。亭浮橫照波中影，僧拾殘霞樹杪聲。不必鳳凰山上問，此山東向[5]更[6]湖平。

【校勘】

［1］誠 明嘉靖《潮州府志》、清光緒《潮州府志》、《西湖記》俱作"情"。

［2］喜 陳維賢《〈潮州西湖山志·石刻〉校正》據石刻原文作"壹"。

［3］揥 《西湖記》作"楋"。

［4］著 清光緒《海陽縣志》作"看"。

［5］向 陳維賢《〈潮州西湖山志·石刻〉校正》據石刻原文作"咲"。

［6］更 清順治《潮州府志》作"西"，《西湖記》、清光緒《海陽縣志》俱作"面"。

西湖山[1]

前人

咫尺移文喚卽應，此亭便可配[2]韓亭。溪[3]流橫過一灣碧[4]，山色平分兩岸青。落日鐘聲憑[5]遠樹，半空塔影倒[6]寒汀。雲煙滿目皆縹紗[7]，留與邦人作畫屏。

鍔按：當是題李公亭。

【校勘】

[1] 西湖山 《永樂大典》題作"題西湖山石"。

[2] 配 《潮州文物志》作"對"。

[3] 溪 《潮州文物志》作"江"。

[4] 碧 《潮州文物志》作"白"。

[5] 憑 明嘉靖《潮州府部》作"鳴"。

[6] 倒 《永樂大典》作"到"。

[7] 縹緲 《饒志》作"縹紗",明嘉靖《潮州府志》、《永樂大典》俱作"親種",據《古今圖書集成》改。

題湖平石壁

陳煒

人心未必似湖平,一水於人底樣清。百[1]怪虎蹲昂石壁,千年鼉去屹金城。朱簾影裏繡屏好,綠蓋香中畫舫行。況是蘭茗[2]映村舘,碣來此日共登瀛。

【校勘】

[1] 百 清康熙《潮州府志》、清順治《潮州府志》、清光緒《海陽縣志》、清雍正《海陽縣志》俱作"萬"。

[2] 茗 清順治《潮州府部》、清康熙《潮州府志》、清雍正《海陽縣志》俱作"堦",清光緒《海陽縣志》作"階"。

淳熙庚子首春,偕謝景商[1]、李壽翁同游西湖

黃定

因[2]我來古瀛,訪幽得蒙泉。欸陪謝東山,況有李謫仙[3]。舉杯笑談適,捫蘿步武便。何訪卜再游,及此春事先[4]。

【校勘】

[1] 謝景商 《饒志》作"謝景",闕"商",據"石刻"門"黃泰之《西湖詩》"條補。

[2] 因 清光緒《海陽縣志》作"自"。

[3] 李謫仙 《饒志》作"李謫仙",徑改。

[4] 先 清光緒《海陽縣志》作"前"。

蒙齋小飲

林嶙

踏破蒼苔爲訪山，靑山相對冷相看。老藤蟠上千重碧，小几移來六月寒。流水送香鳴石罅，峭厓削玉立雲端。短筇欲步池頭月，無奈杯闌興未闌。

游西湖山偕丁叔中[1]作

劉坦之

踏盡黃茅到此州，西風澄淡落平疇。無邊禾黍藏和氣，兩岸雲林蘸碧流。但使後人多快活，不須饒舌話愁憂[2]。連朝共載逢明月，且漾胸中太極舟。

【校勘】

[1] 丁叔中　《饒志》作“丁牧中”，據《潮汕金石文徵》（宋元卷）改。

[2] 愁憂　陳維賢《〈潮州西湖山志·石刻〉校正》引石刻原文作“憂愁”。

偕劉平子游西湖山次韻

丁允元

不負皇華遠察州，外膚便合看先疇。一書利害古膚使，千首風騷今勝流。山水經行渾改觀，冕旒達聽足寬憂。而今移動陽春脚，安得飛翰逐去舟。

古瀛景物過中州，多謝軺軒訪綠疇。問俗褰帷眞豈弟，登丘尋壑曳風流。人游和氣起三樂，國遇豐年絕百憂。手版拄頤吾老矣，如公須作濟川舟。

遊西湖山

趙清卿

趁得文書一日閒，撑筇直上翠微間。松風吹面輕輕度，泉溜通渠滴滴慳。亂石傍羅群玉府，浮圖雙峙小金山。鳳池歲晚須重到，莫把柴門取次關。

題湖平石壁次退庵韻

黃耆

山光湖水接天平，撲鼻荷香氣味清。賢守泛舟臨野渡，蔀屯暄頌
徧巖城。插峯高閣同登賞，出岸涼輿逐隊行。雁驁抽身羞老吏，賴公
提挈上蓬瀛。

同石首鄭宗古、武寧彭鳳儀泛舟西湖[1]

劉魁

有客攜壺出西郭[2]，滿[3]前紅紫盡堪憐。一篙春水豈難渡，幾個
沙鷗來傍船[4]。月影雲根時自好，山光草色翠相連。前川花柳儘閒
者[5]，此樂能無似上元。

閒來結伴上湖船[6]，況是春光未暮天。燕子飛來依雉堞，疍人[7]
時復進魚鮮。雩風沂浴狂堪想，智水仁山妙不傳。悟到天機隨處活，
閒將光景日流[8]連。

【校勘】

[1] 同石首鄭宗古、武寧彭鳳儀泛舟西湖　清順治《潮州府志》、清雍正《海陽縣
志》、《廣東摩崖石刻》題作"泛舟西湖"，《西湖記》題作"晴川氏劉魁同友泛舟西湖"。

[2] 郭　《西湖記》作"廓"。

[3] 滿　清雍正《海陽縣志》作"蒲"。

[4] 船　《廣東摩崖石刻》作"舡"，兩通。

[5] 者　清順治《潮州府志》、清雍正《海陽縣志》作"看"。

[6] 船　《廣東摩崖石刻》作"舡"，兩通。

[7] 疍人　《饒志》原作"蛋人"，據《廣東摩崖石刻》改。

[8] 流　《西湖記》作"光"。

石樓題壁[1]

前人

望望湖山勝，居然快賞心。三年此游衍，萬古自高深。摩洗前朝

刻，逡巡此日斟。乾坤堪尙友，魚鳥亦知音。

野景天開畫，新晴[2]鳥弄音。興高隨所寓，量淺不須斟。春意花開落，人情水淺深。射疏還及遠，誰賞[3]此時心。

【校勘】

[1] 石樓題壁　陳維賢《〈潮州西湖山志·石刻〉校正》："原刻無此題目。"

[2] 新晴　陳維賢《〈潮州西湖山志·石刻〉校正》作"風晴"。

[3] 誰賞　陳維賢《〈潮州西湖山志·石刻〉校正》作"識"。

遊湖山

李見龍

白日愁無遺，青山興未孤。板橋緣磡[1]補，木屐信藜扶。苔色浮碑字，榕陰落酒壺。他鄉拚醉好，歸夢亦西湖。

鍔按：《府志》"藝文"有李見龍《游湖山》五律，即此詩。《古瀛詩苑》作"陳雲萬作"，未知孰是。

【校勘】

[1] 磡　《西湖記》作"澗"。

萬曆癸巳重九後九日偕郡丞莊誠，別駕王家相、沈有光，司理王楡，諸同舍闔郡縉紳唐尙寶伯元、李民部思悅，州守王文明，孝廉蔡德璋、郭有漸、吳時亨、曾用升、謝猷、李服玄、林馨椿經始重新湖山壽安寺，因同游諸峯古洞

徐一唯

壽安廢寺幾經秋，我輩前來一借籌。須信山靈原有數，更知人傑自無休。湖平識應甲兼第[2]，鳳嘯書占公與侯[3]。漫道昌黎排佛骨，大顚何地不同游。

【箋證】

[1] 湖平識應甲兼第　陳維賢《〈潮州西湖山志·石刻〉校正》作"湖平平應申兼甫"。

[2] 鳳嘯書占公與侯　陳維賢《〈潮州西湖山志·石刻〉校正》作"鳳嘯嘯占公與侯

（有‘湖平鳳嘯，代出公卿’之讖)”。

潮郡中[1]縉紳諸孝廉並鄉耆父老欲復浮圖舊基，建壽安寺以壓湖上妖氣，而諸冢纍纍，刺史心溪徐公以下咸議遷而棺瘞之，因次公韻一律

莊誠

浮圖廢址幾春秋，佛屋而今又載籌。今古靈原渾不息，滄桑世態總無休。玉魚往卜千家壟，金盌今矜萬石侯。好事不妨同澤及，年來無憾此邊游。

【校勘】

［1］潮郡中 《饒志》作“潮中”，據石刻原文補“郡”。

甲午元宵前五日，偕莊致庵二[1]守、王繩蘗別駕赴章少峯別駕南巖之酌，時唐曙台尚寶、李仲山計部同作主人

徐一唯

南巖附郭幾同登，今日登臨感[2]廢興。不是希言徵積笏，如何碣石到高陵。銀山玉洞天生穴，美景良辰壽作朋。取醉疑來中散地，無妨叔夜酒如澠。(自注：希言姓章[3]，宋人。)

【校勘】

［1］致庵二守 《饒志》作“致庵貳守”，據陳維賢《〈潮州西湖山志‧石刻〉校正》改。

［2］感 清光緒《海陽縣志》作“成”。

［3］姓章 陳維賢《〈潮州西湖山志‧石刻〉校正》作“姓章名得象”。

又次莊二守[1]韻

前人

去歲猶爲藏玉窟，今年已似臥龍村。海中驅石雖無影，洞裏求仙自有根。況復得朋尋勝跡，不妨終夜倒芳樽。休談沿穴非皋比，定得青山道益尊。

【校勘】

[1] 莊二守 《饒志》作"莊貳守"，據陳維賢《〈潮州西湖山志·石刻〉校正》改。

賡徐太守心溪翁登南巖與章少峯諸君韻[1]

莊誠

勝日南巖一共登[2]，考槃佳搆[3]羨君興。許由尚見譏巢父，光武何能屈子陵。明月清風無限侶[4]，野花啼鳥漫為朋。吾儕不[5]遣高陽興，幾負青州[6]酒似澠。

【校勘】

[1] 賡徐太守心溪翁登南巖與章少峯諸君韻 清順治《潮州府志》、清雍正《海陽縣志》題作"遊南巖"。

[2] 一共登 《饒志》作"共一登"，據清順治《潮州府志》、《古瀛詩苑》、清雍正《海陽縣志》、陳維賢《〈潮州西湖山志·石刻〉校正》乙。

[3] 佳搆 《饒志》作"佳構"，據陳維賢《〈潮州西湖山志·石刻〉校正》改。

[4] 侶 《古瀛詩苑》作"意"。

[5] 不 清順治《潮州府志》、清雍正《海陽縣志》作"又"。

[6] 青州 《饒志》作"青山"，據清順治《潮州府志》、清雍正《海陽縣志》、清光緒《海陽縣志》、《西湖記》、《古瀛詩苑》、陳維賢《〈潮州西湖山志·石刻〉校正》改。

又賡章少峯韻

前人

巉岩嵂崒勢真峨，乘興尋芳取一過。世事從他蒼狗變，山人老我白雲阿。林嶺石室開新徑，牧子漁翁可共歌。我性本來無一物，振衣煙頂俯鷗波。

開歲十日同李針部、唐尚寶奉陪諸郡公南巖落成二首

章日慎

銀山石室鬱嵯峨，曲磴盤空鳥道過。牧伯行春乘五馬，群公[1]攬勝陡崇阿[2]。風和草木[3]迴生意，日暖嚶鳴答嘯歌。莫怪山中饒[4]樂事，應知海上不揚波。

小結山亭石逕斜，探幽飛蓋入煙霞。平臨壇寺[5]三千界，俯瞰江城十[6]萬家。檻外徘徊看海色，樽前笑語落天花。古瀛文物從今盛，仙跡禪棲未足誇。

【校勘】

［1］群公 《饒志》作"群山"，據陳維賢《〈潮州西湖山志·石刻〉校正》、《潮州市文物志》改。

［2］崇阿 《饒志》作"巖阿"，據陳維賢《〈潮州西湖山志·石刻〉校正》、《潮州市文物志》改。

［3］草木 《潮州市文物志》作"草林"。

［4］饒 《饒志》作"紛"，據陳維賢《〈潮州西湖山志·石刻〉校正》、《潮州市文物志》改。

［5］壇寺 《潮州市文物志》作"塔寺"。

［6］十 《潮州市文物志》作"千"。

奉和徐心翁使君枉過南巖小酌留題原韻[1]

前人

西郭南巖歲幾登，月臺風樹此時與。中丞鎮蜀推嚴武，小隊看花過少陵。父老喜瞻熊是軾，迂疏敢[2]道壽爲朋。留題謄有如椽筆，取醉何妨酒似澠。

【校勘】

［1］奉和徐心翁使君枉過南巖小酌留題原韻 清順治《潮州府治》、清康熙《潮州府志》題作"和徐使君過南巖韻"，清光緒《海陽縣志》、陳維賢《〈潮州西湖山志·石刻〉校正》、《潮州文物志》題作"奉和徐心翁使君枉過南巖小酌留題佳韻"。

［2］敢 《潮州詩萃》作"故"。

奉和莊致庵二守[1]**留題小洞之作**

前人

逍遙林壑逢春日，縹渺千旌度水村。訪古捫蘿穿石徑，探奇移席傍雲根。澄湖十里牽詩興，暝色千峯落酒樽[2]。況是登高能作賦，才名孰與大夫尊。

【校勘】

〔1〕二守 《饒志》作"貳守"，據陳維賢《〈潮州西湖山志·石刻〉校正》、《潮州市文物志》改。

〔2〕落酒樽 陳維賢《〈潮州西湖山志·石刻〉校正》、《潮州市文物志》并作"對酒罇"。

春日承諸郡公招同李仰山唐曙台泛舟西湖用前韻[1]

前人

春日龍門[2]快一登，桃花新水浪紋興。自緣容接過元禮，豈有才華似茂陵。錦繡江山侯作主，林泉麋鹿我爲朋。飲醇一滴心堪醉，何況兵廚酒似[3]澠。

勝地濫陪冠蓋客，方舟同泛水雲鄉。兩[4]山雨霽岩巒秀，南渚風回蘭杜[5]香。片石崔嵬題雁塔，長橋縹渺鎖魚梁[6]。他年回首舊游處，西岸棠陰逗[7]夕陽。

【校勘】

〔1〕詩題 清順治《潮州府治》、清雍正《海陽縣志》題作"泛舟西湖"。

〔2〕龍門 《潮州詩萃》作"臨門"。

〔3〕酒似 陳維賢《〈潮州西湖山志·石刻〉校正》作"酒若"。

〔4〕兩 《饒志》作"西"，據清雍正《海陽縣志》、陳維賢《〈潮州西湖山志·石刻〉校正》改。

〔5〕杜 清順治《潮州府志》、清康熙《潮州府志》、清雍正《海陽縣志》并作"桂"。

〔6〕鎖魚梁 《饒志》作"鎮魚梁"，據陳維賢《〈潮州西湖山志·石刻〉校正》改。

〔7〕逗 清順治《潮州府志》、清康熙《潮州府志》、清雍正《海陽縣志》并作"還"。

雨後初霽尋[1]潮城鄉縉紳先生招飲西湖禪院，賦謝一章

任可容

珠林高敞傍城隅，宴集群公興不孤。夏日琴樽開淨域，清宵鐘磬落西湖。座間共訂千秋業，肘後高[2]懸五嶽圖。爲報德[3]星占太史[4]，遙空霽色飲麋蕪。

【校勘】

[1] 尋 《饒志》作"辱"，據《潮州文物志》改。

[2] 高 《潮州文物志》作"寧"。

[3] 德 《潮州文物志》作"法"。

[4] 太史 《饒志》作"大吏"，據陳維賢《〈潮州西湖山志·石刻〉校正》改。

己亥春仲，不佞東歸，辱任觀察，黃參戎招飲西山，陰雨霏霏，別緒悽然，聯吟志感，用壁間韻

戴燝

春陰積雨滿城隅，四野風[1]煙入望[2]孤。雲擁寒光浮海嶠，山搖空翠落星湖。金尊遲暮[3]傳清宴，銅柱高標起壯圖。悵悵[4]明朝分手處，韓山影裏見平蕪。

【校勘】

[1] 風 《饒志》作"嵐"，據清光緒《海陽縣志》、《潮州文物志》改。

[2] 望 《饒志》作"夜"，據《西湖記》、《潮州文物志》改。

[3] 暮 《饒志》作"慕"，據光緒《海陽縣志》、《西湖記》、《潮州文物志》改。

[4] 悵望 《西湖記》、《潮州市文物志》作"悵悵"。

奉和任憲使公祖西湖即席見示之韻

唐伯元

玉節翩翩大海隅，天南朗掛[1]德星孤。途〈逢賈島非敲〉戶[2]，客有知章到鏡湖[3]。吏隱〈名廉饒快事〉[4]，勝臨天作[5]自然圖。夕陽雨過〈凭高望〉[6]，〈一灑平原萬里蕪〉[7]。

【校勘】

[1] 掛 清光緒《海陽縣志》、《饒志》作"照"，據《潮州文物志》、陳維賢《〈潮州西湖山志·石刻〉校正》改。

[2] 途〈逢賈島非敲〉戶 《饒志》闕"逢賈島非敲"，據陳維賢《〈潮州西湖山志·石刻〉校正》補。

[3] 到鏡湖 《潮州文物志》、陳維賢《〈潮州西湖山志·石刻〉校正》俱作"到賜湖"。

[4] 吏隱〈名廉饒快事〉 《饒志》闕"名廉饒快事"，《潮州文物志》作"名照饒笑事"，據陳維賢《〈潮州西湖山志·石刻〉校正》補正。

[5] 勝臨天作　清光緒《海陽縣志》、《饒志》作"□□天□"，《潮州文物志》作"勝幽天作"，據陳維賢《〈潮州西湖山志·石刻〉校正》補。

[6] 傍高望　清光緒《海陽縣志》、《饒志》闕，據《潮州文物志》、陳維賢《〈潮州西湖山志·石刻〉校正》補。

[7] 一灑平原萬里蕉　清光緒《海陽縣志》、《饒志》闕，據《潮州文物志》、陳維賢《〈潮州西湖山志·石刻〉校正》補。

余為孝廉遊南巖，數十年往矣。通藉後，久客長安，每思舊勝，如隔蓬壺。丁卯冬，奉命還家，辱友人招飲於此，見多改觀，且及結緣先兄欣賞之事，悵然不勝今昔之感，漫紀一律

黃錦

二十年前續勝遊，西湖歌舞幾更秋。乍疑紫氣來函谷，恍歷星壇到帝邱。路轉千盤林壑窈，天憐北斗瑞光浮。忽聽哀雁風中斷，把酒相看淚不收。

〈和〉任憲使枉駕南巖兼紀湖隄新成[1]

唐伯元

尋花問柳傍湖西，公暇何妨客共攜。柳色晴嬌驄馬道，花香春砌長公堤。洞穿竹徑高低合，人似桃源咫尺迷。自有丹梯生羽翼，不須僧話證菩提。

【校勘】

[1] 詩題　清嘉慶《澄海縣志》、《饒志》闕"和"，據《醉經樓集》、清順治《潮州府志》、清雍正《海陽縣志》補。

過唐仁卿先生釣臺（自注：臺在湖山最幽處。）[1]

謝宗鎧

山勢依臺曲折成，斷橋深處藕陂清[2]。高人所寄皆孤迥，勝地因[3]年見廢興。春水苔磯[4]枯柳臥，夕陽漁笛野烟橫。羊裘亦是尋常事，浪有桐江身後名。

【校勘】

[1] 詩題 《潮州詩萃》、清嘉靖《澄海縣志》皆題作"過唐仁卿先生釣臺"，清順治《潮州府志》題作"釣臺"。

[2] 清 明嘉靖《澄海縣志》、《潮州詩萃》俱作"青"。

[3] 因 《西湖記》作"頻"。

[4] 磯 《饒志》作"機"，據明嘉靖《澄海縣志》、清順治《潮州府志》、《西湖記》、《潮州詩萃》改。

次韻郭仲常先生遊謙南巖二首

前人

寒[1]吹高處引開襟，乍可招尋物外心。出谷松聲皆作雨，穿空石筍迸成林。疏桐晚照煙濃薄，細草流泉澗淺深。著屐此生知幾度，結盧真合臥斯岑。

群峯搖影拂巾襟，斗酒雙柑共此心。風定茶煙遙隔竹，日長花氣煖薰林。不妨應接皆蔥蒨，所至攀援[2]極窅深。退谷輞川差擬似，夜來清夢落層岑。

【校勘】

[1] 寒 清雍正《海陽縣志》作"涼"。

[2] 援 清雍正《海陽縣志》作"躋"。

同公眉諸子遊南巖

羅萬傑

不可無斯[1]游，危巒趣漸幽。濤聲寒及夜，樹色老宜秋[2]。幻眼因高換，閒踪借景酣。勝朋殊解事，竟日恣淹留。

【校勘】

[1] 無斯 清康熙《潮州府志》作"無茲"，清雍正《揭陽縣志》作"少茲"。

[2] 濤聲寒及夜，樹色老宜秋 《潮州詩萃》校記注："原作'濤聲寒及數，夜色老宜秋。'"

湖山題壁

陳廷策

平泉綠野自名莊，一壑翛然與世忘。物外煙霞容我老，山中日月[1]爲誰長。松風瑟瑟[2]侵茶竈[3]，蘿月娟娟照筆牀。架上圖書觀[4]不厭，一篇[5]周易一爐香。

【箋證】

[1] 日月 《勝朝粵東遺民錄》作"歲序"。

[2] 瑟瑟 《勝朝粵東遺民錄》作"謖謖"。

[3] 竈 《饒志》作"鼀"，據《古瀛詩苑》、《潮州文物志》改。

[4] 觀 《潮州文物志》作"問"。

[5] 篇 《勝朝粵東遺民錄》作"編"。

湖山秋雨

藍漣

萬古一亭子，榕門泉石清。孤峯收暑雨，陰壑瀉秋聲。遠浦江雲度，邨橋野水平。為農憖稼穡，田事笠簑明。

西湖梅風

仇昌祚

晴光瀲灩漾嵐阿，漫向孤山處士過。日到峨嵋全擁雪，風迴洛浦半凌波。漁人只自能尋楚，水部於今不姓何。醉裏羅浮難再遇，更無翠羽可成歌[1]。

【校勘】

[1] 更無翠羽可成歌 清康熙《潮州府志》作"歸來欲和師雄歌"。

遊葫蘆山二首

王岱

全潮形勝地，逐路得躋攀。繞郭俱臨水，平疇忽起山。萬家[1]如指掌，一面獨當關。海甸將垂盡，人文聚此間。

古榕盤地覆，巨石劈空懸。結構因行勢，亭臺俯澗瀍。青蒼浮海氣，葱[2]鬱聚人烟。自是蓬瑤近，隨方有洞天。

【校勘】

[1] 家　清光緒《海陽縣志》作"煙"。

[2] 葱　明嘉靖《澄海縣志》作"匆"。

湖山集讌

李國棟

山靈呼客至，愧我後群英。看菊林中趣，談禪世外情。風高驚歲晚，日暖喜川晴。勝會良非偶，開樽逸興生。

西巖山

楊獻臣（大埔人，清庠生）

翠屏如畫聳天門，楚霧林霏散曉暾。怒瀑翻濤歸絕壑，亂峯搖影落諸村。紺園茅屋無塵到，白玉神仙有跡存。石上殘棋留數着，好從樵客坐松根。

秋日同傅道星、林介文遊湖山

段藻

逶迤一徑達斿檀，四望烟巒竹樹攢。勝地新從雲外起[1]，幽花不向世中看。山僧供客烹山茗，野老親人授野餐。滿谷琅纖真異響，涼飀颯颯入秋寒。

【校勘】

[1] 起　清雍正《海陽縣志》作"啓"。

陳園公先生招仝諸公讌集西湖山南巖封月

宋嗣京

碧落燈輝水鏡同，高懷坐對挹清風。西園雅集千秋話，南國人文一夕中。把酒何妨僧共飲，敲棋寧厭[1]月當空。洞蕭忽度梵宮外，不禁留連午夜鐘。

【校勘】

[1] 寧厭 《古瀛詩苑》作"偏好"。

湖山試新泉和陳園公[1]

佘志貞

雲潭皎潔見天根，石〈上蒼苔印〉[2]屐痕。玉峽關[3]來流自冷，瑤池映去氣〈無渾〉[4]。〈浮杯遠〉[5]照飛鳧影，抱甕忘機蛺蝶魂[6]。一勺情深濠濮想，行行〈乘〉[7]興問梅園[8]。

【校勘】

[1] 詩題 清康熙《潮州府志》、清雍正《海陽縣志》題作"湖山試新泉和陳園公韻"。

[2] 上蒼苔印 《饒志》闕，據清康熙《潮州府志》、清雍正《海陽縣志》補。

[3] 關 清康熙《潮州府志》、清雍正《海陽縣志》俱作"開"。

[4] 無渾 《饒志》闕，據清康熙《潮州府志》、清雍正《海陽縣志》補。

[5] 浮遠杯 《饒志》闕，據清康熙《潮州府志》、清雍正《海陽縣志》補。

[6] 抱甕忘機蛺蝶魂 句後清康熙《潮州府志》錄注文："時有蛺蝶飛來，依人不去。"

[7] 乘 《饒志》闕，據清康熙《潮州府志》、清雍正《海陽縣志》補。

[8] 行行乘興問梅園 句後清康熙《潮州府志》錄注文："是日覓梅花莊舊址。"

乙酉三月三日陳心之、比之昆季招游湖山，觴於令祖祠堂，同周曉窗作

藍漣

修禊宜臨水，招邀忽洞門。亭孤欹石罅，榕老入雲根，風俗猶全古。樓臺僅半存，十年流覽地。吟嘯野塵昏。

巖日吹微暖，山風坐漸凉。春畊不在野，（自注：時數月不雨。）新野已平岡。選勝人爭席，（自注：陳初筵於勝處，為人奪去。）移樽興更狂。百年先澤在，榕陰舊祠堂。

遊湖山杓光閣二首

吳一蜚

路繞垂楊江岸迴，層樓百丈[1]鬱崔嵬。推窗乍引花香入，捲幔平分嵐翠來。清磬一聲穿樹出，深松幾處傍雲栽。登臨況值風光好，屐齒還期步綠苔。

小廊曲徑自逶迤，茶熟香清事事宜。怪石眞堪高士舞，奇書未許俗儒窺。深秋日落千峯靜，迷壑風生萬籟吹。自是東山多勝概，白雲明月想襟期。

【校勘】

[1] 丈 《古瀛詩苑》作 "尺"。

秋日同曾青藜、陳良可集南巖，限韻二首

吳轍

近來雙屐可頻攜，秋色蒼茫落遠隄。百尺樓臺塵外想，一簾風雨望中迷。林間酌酒看雲飲，石畔催詩聽鳥啼。已悟浮生無住着，數聲鍾磬夕陽西。

扶笻郭外共招携，雨過前溪碧滿隄。地迴俯臨層堞度，林幽猶帶午烟迷。閒雲出岫隨去住，尊酒逢人自笑啼。好與靈山續韻事，留將彩句寄巖西。

丁卯上巳重游湖山[1]

金璘昌

上巳[2]春光集鳳城，同人修禊聽啼鶯。畫圖舊識雲山面，雉堞新添瘴海情。遠浦平橋喧士女，巖樓邃壑醉公卿。飄蓬愧我虛遲暮，十

載循州雪鬢盈。

【校勘】

[1] 丁卯上巳重游湖山　　清雍正《海陽縣志》題作"丁卯上巳重游湖山"，清光緒《海陽縣志》題作"上巳重游湖山"，清據光緒《海陽縣志》改"上已"為"上巳"。

[2] 上巳　《饒志》作"上已"，據清雍正《海陽縣志》、清光緒《海陽縣志》改。

夏日重集湖山

曾華蓋

不辭蠟屐到岩阿，六載滄桑今再過。環岫忽添新睥睨，蔓亭猶繞舊烟蘿。鐘聲寂寂殘燈[1]少，野色悠悠戰馬多。別後山靈疑乞句，催詩細雨下松柯。

【校勘】

[1] 燈　《饒志》作"僧"，據清光緒《海陽縣志》改。

秋日，陳園公先生偕令孫良可招同閩中吳易庵遊南巖。用易庵扇頭韻[1]

曾燦

紅蓼青蘋取次携，驅車町畽過前隄。女牆羅列千峯出，鳥路逶迤一徑迷。琥珀流雲瀰瀨勳，罘罳捲雨蛤螺嗁。衰年作客唯多病，空負秋光到郭西。

【校勘】

[1] 詩題　《古瀛詩苑》題作"秋日陳園公前輩偕令孫孝廉良可招同閩中吳易庵進士遊南巖用易庵扇頭韻"。

湖山寺

潘耒

抱郭環湖秀一峯，仙關佛閣架重重。石堪鎸字都如故[1]，樹不知名半化龍。海色一簾擎落照，江聲十里應疎鐘。好山何用巖[2]城鎮，恐是浮來更失蹤。

【校勘】

[1] 故　清雍正《海陽縣志》作“鼓”。

[2] 嚴　清雍正《海陽縣志》作“嚴”。

平湖晴泛

黃天祐[1]

報道湖容弄晚晴，行厨絲管出西城。風柔燕試參差影[2]，水曲山分欵乃聲。雲影倒垂銀鑑縐，花情遙入玉樽明。銅鞮隄淨春如畫，怪底當年逸興生。

【校勘】

[1] 黃天祐　《饒志》作“黃天佑”，據清嘉慶《澄海縣志》改。

[2] 影　清雍正《海陽縣志》作“掠”

春日登西湖山有感

陳用鴻

昔年遊此醉芳樽，綠密紅稠映粉垣。澗裏泉聲來竹逕，州[1]前鳥影落花村。沿江撒[1]網烟初霽，隔嶺聞鐘畫已昏。今日重來尋舊處，惟餘古篆護苔痕。

【校勘】

[1] 州　清雍正《海陽縣志》作“洲”。

[2] 撒　《饒志》作“撤”，據清光緒《海陽縣志》、清雍正《海陽縣志》改。

古洞佛燈

葉拂雲（字白也，澄海人，清庠生）

湖畔青山古，雲根闢洞門。經床刊鳥跡，篆碣繡笞痕。燈影深宵炯，蟾光白日存。分明通覺路，何用辨晨昏。

初春友人邀遊湖山

劉注

啼鶯哈哈出花間，暖日柴扉一啓關。好友招尋湖上路，崇巖秀在郭西山。十年以往僧非舊，正月之初客最[1]閒。柳眼漸舒桃[2]口笑，春光人望且開顔。

【校勘】

[1] 最　清光緒《海陽縣志》、清雍正《海陽縣志》俱作"正"。

[2] 桃　清光緒《海陽縣志》作"姚"。

山亭積翠[1]

蔡瑜

石磴層層上，憑高結小亭。纖茸欄外簟，粉堞几前屏。雨過千峯淨，晴開萬隴青。松風吹拂拂，天籟夢中聽。

【校勘】

[1] 山亭積翠　清光緒《海陽縣志》題作"山積翠亭"。

老君巖

金一鳳

郭外尋春人翠微，重巖四壁長苔衣。舊傳紫氣隨龍隱，豈識仙翁化鶴歸。太乙爐中丹火在，無何鄉裏世人違。應知此處風塵隔，莫辨長生是也[1]非。

【校勘】

[1] 也　清光緒《海陽縣志》作"耶"。

西湖山

前人

層巒高出郡城西，俯視平原樹色低。百里絃歌雲裏合，千家烟火望中迷。林丘喜淨猿孤嘯，湖水開看鷗鷺棲。況復年來烽火息，耡人到處荷鋤犁。

湖山上巳[1]

麥天縱

三載三遊三月三，風光日日飽湖山。不嫌老我看花眼，只怕愁人照水顏。狂醉十分非酒力，噴香大半是雲鬟。幾囘覓卻凌波步，十里芳塵蔽此閒。

【校勘】

[1] 上巳 《饒志》作"上已"，據《古瀛詩苑》改。

古洞佛燈（原注：湖山八景之一。）

王陳易

石厂當年闢，禪燈此日留。餘輝垂澹漠，孤焰燭深幽。日落村家見，雲迷山鬼偷。僧炊無礙飯，只在箇中求。

湖山煙雨招陳此之及令姪硯村暨張晉、白葉、白也、吳仲升、姚雲望、姚上寧讌集分韻

計澤繹

西亭載酒集天涯，望裏空濛晚色嘉。水走平沙煙萬頃，城圍古樹雨千家。十年舊好頭如雪，二阮新交筆有花。（原注：謂比之硯村。）為惜龍橋詩滿峽，相期刪訂庶無差。（原注：時余與比之有刪刻白也龍橋詩集之約。）

葫蘆仙跡

吳之章

誰道他山不可梯，筆牀茶竈盡堪携。到來絕巘尋常峻，望去巖峯遠近低。翠徑依然人往復，丹爐何在草萋迷。浪游慳得逢勾漏，洗藥相邀共此溪。

平湖清泛

前人

平湖訂約泛新晴，蠻艖相攜曉出城。過鳥似知嘉客意，沿隄不作

艷歌聲。舟移蓮芡參差避，波映樓臺上下明。正有漆園濠濮樂，難堪初月棹前生。

湖嶺晴巒[1]

陳衍虞

鬱硴西山路，長林白石庵。秋禽驚午梵，曉磐放晨參。僧立高高頂，鷺飛皎皎潭。不知蒼碧裏，是嶺是烟嵐。

【校勘】

[1] 巒 《饒志》作"雲"，據《蓮山詩集》改。

登湖山二首

前人

髡郭傷前事，傍[1]巖尚數松。山週新雉堞，鬼哭舊堂封。（自注：時方環山筑園以護郡城，窀穸多難免。）天步艱虓虎，人城制毒龍。不堪游息處，洞壑閉疎鐘。（自注：余少年下帷此巖十年。）

勝算風雲變，山顏迥已非。梵聲笳鼓亂，峯色鷙燈微。版筑丁丁鬧，旌旗獵獵飛。濃煙銷不起，還憶釣魚磯。（自注：鄉前輩於山下筑釣魚臺。）

【校勘】

[1] 傍 《潮州詩萃》作"依"。

九月七日仝林壻維象外孫林可符暨兒姪登湖山二首（自注：時山有醮事。）

前人

我愛重陽好，先來陟峻阿。雲容何起止，湖色乍有無。糕薦三天早，菊遲二日多。仙音縹渺甚，疑是鶴笙歌。

蚩[1]然芒履到，如在白雲端。寒籟違聽聽，（自注：予耳聾。）馨香入鼻觀。坐籬非待酒，擊磬適傳餐。欲預茱萸插，老夫久不冠。

【校勘】

[1] 蛩 《蓮山詩集》作"跫"。

重陽後十三日有客集湖山亭子招余共歡二首

前人

敷坐無倫[1]次，逢佳便作緣。黃英侵野席，綠蟻帶秋煙。何擇公榮飲，且隨太白眠。山雲來絮絮，費我起周旋。

樊中塵鞅苦，勝地共婆娑。衷顏酡借酒，野興劇聯歌。雁橫秋色淡，蟬與唄聲和。山水清音在，抱琴許再過。

【校勘】

[1] 倫 《蓮山詩集》作"論"。

初冬林介文、張虛舟、李敬思、佘帽州[1]、張孟昭集湖山杓光閣，即席賦呈載酒李文學[2]六首

前人

招攜全采隱，選勝哭煙羅。幾緉霜侵屐，諸峰日射波。摩崖松筆健，隔寺菊香多。無限夕陽好，郊風送牧歌。

歡場能幾有，繞閣盡南英。異況雲泥路，同岑卉木情。惜杯澆魂礧，聽鳥話陰晴。佳屑霏霏落，常談愧老生。

偶然聯轡到，古樹帶修羅。雲岫華紅葉，風湖縐白波。星依奎曜聚，霞入兕觥多。絲竹無煩奏，經聲即郢歌。

拂檻風威肅，東籬未落英。黃嬌（自注：酒名。）供客醉，寒翠討山情。句索松臯淨，談逢石露晴。何時分鶴夢，聽法悟三生。

不是黃鸝候，誰攜斗酒來。松濤千尺蔭，石髓一時開。傑閣藏藜火，空山爛筆才。津梁疲底事，小飲[3]亦蓬萊。

星構棲蒼靄，到來石丈迎。雲奇山合沓，樹靜鳥酬賡。白醉貪花乳，（自注：茶名。）清狂避麴生。眞人關象緯，可是奏東行。

【校勘】

[1] 州 《蓮山詩集》作"洲"。

[2] 呈載酒李文學 《蓮山詩集》作"呈載酒主人李文學"。

[3] 飲 《蓮山詩集》作"歇"。

許斑王招遊西湖得柔字（自注：同謝儒美、梁厚臣、莊蟄子。）

前人

搴蘭栩栩涉芳洲，怪得輕鷗避櫓柔。招鶴乘風排翠巘，呼鐘伴雪扣林丘。峯容歷落滄煙冷，湖色迷離負寺浮。我也恣將幽異索，可能弗愧白蘇不。

西湖晚泛

前人

所際蒼茫非一端，離離湖樹帶霜繁。痕留初月嵐威素，風過晚潮塔影寒。按劍何愁珠價減，捫羅未遣屨聲殘。撫[2]時一掬金城淚，灑向滄波了不乾。（自注：時罷第南歸。）

【校勘】

[1] 撫 《蓮山詩集》作"撫"。

疊鍾偉攷郡侯遊紫竹林題壁韻（自注：即南巖。）

前人

依舊層巒簇翠陰，十年清夢繞香林。（自注：予十年讀書於此。）巖風度梵吹塵淨，松霧連波擁洞深。短嘯長歌當日況，烹雲煮石此時心。高岡四望頻回首，坐聽迦陵送妙音。

西湖梅風

前人

如練湖光繞澗阿，寒颸颯颯送香過。佳人世外留殘粉，石丈磯頭坐碧波。采隱將窮丘壑遍，直鈎其奈鯉魴何。雙柑攜到臨風聽，翠羽啾啾似雅歌。

花朝後，湖山文昌閣落成，倚巨石擁千年古榕二株，為先子締造遺址，林使君創復之佳麗得未曾有感而賦此二首

前人

傑閣陰陰萬綠開，雲根千仞隱蛟雷。長留鳥篆華東壁，別有龍文燭上台。陣陣湖風吹燕語，漓漓石露淫花腮。憑欄高隔紅塵界，作賦毫枯愧機襪才。

當年星構已榛蕪，誰傍高岑煥斗樞。筆路幽探思謝客，戴匡現影仗林逋。窗橫翠靄栖鄰梵，座挾玕琦抱堞湖。自是使君勤來隱，莫訝荒址變蓬壺。

初秋仝佘嵋州[1]、林介文[2]、黃太華試湖山石泉 (有序)

前人

湖山洞壑奇麗，獨苦無泉，近年突有雲液出於石。罅清鑑鬚眉，衆費不匱，癸亥閏六月，暑色盈崗，秋聲在樹，偶邀余佘嵋州內翰仝諸年丈遊山，因走訪之，挈瓶汲新，泠然而善，小酌石上，不覺夕陽西墜矣，繫之以詩，用紀勝事。

一泓寒液出雲根，烟滿湖坪秋有痕。羲馭難侵山骨冷，軍持不攪[2]玉湫渾。苦無松火烹雷莢，漸見涼飆擁月魂。欲置水符防儌汲，岩僧十笏隔雞圍。

【校勘】

[1] 佘嵋州　《西湖記》作“佘嵋洲”，《蓮山詩集》作“佘嵋洲內翰”。

[2] 林介文 《蓮山詩集》作"林介文維象"。

[3] 攬 《西湖記》作"欖"。

七月十三日，招曾止山、吳易庵小集南巖禪室，孫王猷從，即事限韻二首

前人

一山淡冶好招攜，秋水潔洄白滿堤。屢轉層厓苔面破，樽開法界洞烟迷。為龍焉辨誰頭腹，談虎猶驚昔笑啼。（自注：談及亂離時事。）陣陣狂飆驅雨過，夕陽仍挂數峯西。

雲過秋岩碧可攜，望中疎柳醉湖隄。聽經[1]共證三生果，采隱都無七聖迷。今雨來聞雙鳳噦，老儈近比禿鶖啼。麯生風味殊堪念，未許宵鐘出竹西。

【校勘】

[1] 聽經 清光緒《海陽縣志》作"拈花"。

晚登湖山寺

陳士規

偶因清梵至，雲影伴徘徊。萬井疎烟迥，孤城夕照回。鳥銜秋葉落，僧對暮花開。徙倚松濤外，寒生說法臺。

宿南巖僧舍同十二弟心之賦

陳藝衡

漸覺單衣冷，峯頭坐未還。琴樽餘物外，鐘磬落人間。遠樹依天淨，孤村帶月閒。秋風何瑟瑟，鳴葉滿空山。

星橋絕壁（自注：南巖十景之一。）

前人

星橋橋畔石，突兀翠屏開。作勢凌霄去，無心立地來。文留苔蘚跡，根托水雲限。恐破潛龍夢，暫藏風與雷。

南巖晴望次硯村韻

前人

老眼縱橫處，西湖石畔亭。岩花酣日暖，徑草宿烟醒。澗帶紆廻碧，山分遠近青。畫城千樹媚，徙倚酒杯停。

和人九日遊湖山，詩用杜少陵"飲藍田崔氏莊"韻

前人

高臺憑眺客心寬，何必龍山始盡歡。滿地開[1]雲披作席，一天殘葉落侵冠。細流繞郭明還碧，斜照當林瘦更寒。莫管千村烟火起，且留黃菊醉餘看。

【校勘】

[1] 開 《饒志》作"開"，據《蓮山家言》改。

秋夜宿南巖僧舍

陳周禮

偶來湖上飲，興盡月依松。斷續孤城漏，淒清古殿鐘。山深容鳥集，門掩任雲封。極目行人外，烟塵匝幾重。

洞口雲霞滿，相邀十日留。聊爲金谷飲，欲與赤松遊。猿嘯孤峯月，人驚石室秋。禪心共客意，相對兩悠悠。

春日隨家大人、尹翼是、曾乃仁、馮□若、蔡兆士諸公遊南巖步□若年伯韻

前人

登峯却盡舊痴頑，石勢嵯峨許獨攀。戰壘已銷新堞險，春流初漲奮溪彎。松花帶雨來無地，谷鳥隨雲去有山。此日相逢車馬客，息機何似老僧閒。

贈達上和尚

前人

羣魔歷盡見天眞，到處溪山好結鄰。一指禪開獅子伏，千巖月印曇花新。香酥雲吐[1]饞前飯，鐵脊蒲團醒後身。無用觀心觀自在，六時幽磬點迷津。

【校勘】

[1] 吐 《蓮山家言》作"灶"。

梅花庄[1]

前人

湖[2]光環竹屋，籬落挺幽淸。霽雪冰魂瘦，深霜玉幹橫。暗香流水遠，春色紙窗明。村笛斜陽外，佳人別有情。

【校勘】

[1] 梅花莊 《蓮山家言》題作"山庄梅花"。
[2] 湖 《蓮山家言》作"溪"。

三遊南巖[1]

前人

不厭層岩景，三來掬水香。虬松垂偃蹇，怪石自昂藏。午夢鐘驚枕，江雲鶴點粧。主人容我懶，僧醉促飛觴。

【校勘】

[1] 詩題 《蓮山家言》作"三遊南巖次韻"。

杓閣榕陰

前人

天半杓光閣，榕陰覆短垣。一痕開鳥道，絶頂接雲門。雨去晴猶濕，風來靜亦暄。奇[1]書三兩卷，藜火夜頻翻。

水仙夜月

前人

仙子曾[1]留跡，依稀下玉清。凌波飄佩影，噓月落環聲。水石生幽夢，湖雲寄遠情。有人曾過此，恍惚聽吹笙。

湖山煙雨卽事次計獻臣韻

前人

谷暝雲深小閣懸，知名海內結英賢。尊開碧樹千層裹，詩寫銀濤萬頃前。湖面風來歌[1]舞燕，石門春盡冷啼鵑。何時再續登臨話，看取遙山一抹煙。

南巖卽事分得"蕭"字

陳珙

世外探幽幸不遙，窺人小鳥暗相招。輕帆過處溪光動，亂瀑聲中客夢搖。半面青[2]山雲忽礙，一圖村樹月曾描。行行似有尋仙路，瑤草琪花滿石橋。

試新泉次韻

前人

清泠一線出雲根，玉屑霏霏[1]點碧痕。練拂林梢寒有影，月澄石畔淨無渾。沸餘蟹眼撩詩夢，挹盡晶光濯酒魂。不是高僧新築錫，何因雪乳湧山園。

【校勘】

[1] 霏霏 《蓮山家言》作"扉扉"。

贈達上和尚

前人

早知慧業解風鈴，到處生涯鉢與瓶。瘦杖長隨秋月到，開心共對晚山青。蒲團坐冷三生夢，花雨飄殘一馱經。莫怪行踪渾莫定，向來身世等浮萍。

季夏朔日遊南巖疊硯村姪韻

前人

野色天光忽小晴，攜來雙屐遶崖行。蘿衣雨過青初潤，石頂雲多白未平。風送龍吟知谷窈，山聞樵響落棋聲。填胸塊壘都消却，探取幽思入管城。

弔彭西川墓

前人

先生高隱意如何？留得荒墳俯綠波。水月爲銘心自潔，乾坤聊寄影空過[1]。白楊樹上西風急，沒字碑前秋草多。落落奇踪何處也？一丘風雨未消磨。

【箋證】

[1] 乾坤聊寄影空過 句後《蓮山家言》錄注文："先生自勒墓銘，有'水月山前是墓銘'與'磨厓聊寄人間跡'之句。"

山亭積翠

前人

玲瓏虛八面，風月兩來探。納座山光濕，沾衣草色藍。鶴來青忽破，雲入冷相涵。不有子昂賦，孤亭酒莫酣。

釣臺秋色

前人

阿誰磯上坐，盡日拂竿閒。天色明秋水，晴雲薄遠山。空濠雙雁下，隔岸一人還。欲問披裘處，蕭蕭蓼葦間。

水仙夜月

前人

孤城依翠壁，地僻見晶宮。仙子臨波月，素塵逐晚風。清光寒入幔，秋水冷涵空。玉珮聲何處？荒涼古廟中。

湖山晴望，疊硯村韻

前人

霽雲浮嶺外，蠟屐到山亭。高處人同望，酣來眼獨醒。長川行舊白，萬樹上新青。難定陰晴事，攀緣未肯停。

三月三日湖山紀行，次甬江俞雪巖韻

前人

修禊人爭往，迂回別徑通。行沾芳草綠，坐襯落花紅。山色朦朧裏，春光淡蕩中。莫言風景異，遊興總相同。

湖山新泉次韻

陳王猷

老澗空涵碧石根，涓涓潛廬沸新痕。珠霏一向流雲白，玉寶何嘗帶雨渾。遠瀉寒聲驚鳥夢，微吹粉澤潤花魂。（自注：泉近梅花莊。）軍持滿貯誰知味，却訪山僧過鹿園。

北濠觀魚分咏得"遊"字

前人

碧水平湖濶，娵隅自泳游。吹開千面鏡，讀破一痕秋。不有南溟徙，終疑腐葉留。脩然濠上樂，我意亦莊周。

初春過竹林寺訪宜白、霞西二和尙

前人

竹裏叩禪扃，逶迤過短亭。雲從何處白，春入舊年靑。覺路詩成果，生涯水在缾。相看幽事足，好語動風鈴。

釣臺秋色

前人

悠悠何所有，石畔憶投綸。粒餌淸風老，羊裘舊雨湮。蘆花輕過絮，潭水淡於人。嘆息漁竿客，烟波竟隱淪[1]。

【校勘】

[1] 隱淪 《饒志》作"隱倫"，據淸道光刊本《蓬亭偶存詩草》改。

水仙夜月

前人

何年神女至，鶴立解凌波。玉佩搖銀漢，淸標托[1]素娥。片雲無處着，零露[2]向宵多。寂寞空山上，孤燈一隙過。

【校勘】

[1] 托 據淸道光刊本《蓬亭偶存詩草》作"託"。
[2] 露 《饒志》作"落"，據淸道光刊本《蓬亭偶存詩草》改。

毘陵計獻臣招集湖山烟雨卽事分得"微"字

前人

滴餘蒼靄欲沾衣，尊酒虛亭傍翠微。嶺樹雲荒天易暝，溪田水滿鷺孤飛。文章大地沉芳草，簑笠閒人入釣磯。白首知交傾蓋定，莫憐古道至今稀。

南巖初晴遠眺口成

前人

萬峯如可接，浮翠向孤亭。到眼無空濶，憑离散杳冥。大江雙塔峻，千里一天青。已^[1]覺爲農苦，夏畦獨未停。

【校勘】

[1] 已 《潮州詩萃》作"頗"。

秋日隨家大父同會止山先生小集南巖，次止山韻

前人

洞巖餘靄翠堪攜，一水平湖繞碧隄。淅瀝泉聲山雨過，蒼茫樹色
野煙迷。樽前舊老還瀟灑，海外新詩雜笑啼。謖謖松風秋壑冷，興闌
柱杖石橋西。

招葉西村廣文林瞻藻表侄，潛山和尚，家叔雙山先生小集南巖次西邨韻

前人

袞袞難從物外偕，紅埃隔處有朋儕。哦詩客到聊爲笑，放鶴僧來
正爾佳。鎮日攜壺偏止酒，中厨具饌只長齋。碑前辨字空摩腹，谷口
逢雲散滿懷。白髮公然見三老，（自注：西邨暨家叔俱六十有九，余六十有二。）
清言偶復雜齊諧。烟邨人眼窮千里，且緩還期立蘚階。

朔六日同諸叔兄弟姪小集南巖試筆

前人

輕陰薄暖露晴光，郭外同尋選佛塲。依舊年來榕葉綠，簇新春到
柳梢黃。鳥聲交出藏雲陉，馬日重斟歲酒觴。杖屨翛然群從集，蘭亭
修禊一相望。

九日隨叔父、季父暨諸兄弟姪遊南巖，長兒宗棟次兒宗樑從

前人

少長追遊足勝緣，恰逢佳節薄陰天。藍輿自免呼兒舁，竹葉誰將
餉客筵。帽不須吹拚露頂，糕雖無字漫題箋。茱萸徧插關何事，黃菊
西風又一年。

晚從湖畔歸行，尋舊蹟數處，又至水仙宮畔小立，望郭外田疇輒復成詩

前人

山光野色晚猶研，蠟屐尋幽仄徑邊。鳥篆蟲書危石泐，蟹簾漁箊小湖偏。平疇罷稑逢田父，落日蒼茫吊水仙。自笑無租無吏擾，吟詩邠老且成篇。

九月十九日南巖送秋

前人

蕭蕭摵摵易生愁，最是悲秋又送秋。萬里風霜乘短鬢，百年心事汎虛舟。縱橫衰柳煙相亂，清淺寒溪水不流。醉灑重陽一杯酒，憑高西望更登樓。

春日重遊南巖有感

前人

負郭原田古寺連，春風綠草舊綿芊。幾聲啼鳥楊揭枝上，鎮日遊人竹樹邊。咫尺重來新變海，尋常一過忽呼船。遙遙世事真難料，我別溪山只二年。（自注：去年隄決，巖外皆巨浸，游者呼船以過。）

南巖放風鳶

前人

小隊齋郎漫駐空，飛騰不用羽毛豐。斜牽夕照千尋上，遠入孤雲一線中。怒攫曾無蒼隼力，嬉盤直藉大鵬風。須知眼底皆兒戲，看煞城頭數老翁。

冬日同友人遊南巖精舍留宿次達上上人韻[1]

陳珏

一路霜風落葉深，偶逢知己入空林。雲停似欲依禪定[2]，鶴立居然有道心。古洞燈微涵暝色，夕陽鐘動出寒音。十年宰相渾閒事，聊與山僧和苦吟。

【校勘】

［1］詩題 《西湖記》題作"冬日同友人遊南巖留宿精舍夜次達上上人韻"。

［2］定 清光緒《海陽縣志》、《西湖記》俱作"意"。

三至老君岩，分得"溫"字

前人

山光能狎客，頻日涉鶴園。風曳蟬機動，雲來鳥夢溫。杯行僧不厭，世事佛無言。屢向尋消息，諸天露月痕。

湖山十景（存五首）

前人

古洞佛燈

玉竇何年鑿，巖扉竟不扃。一燈依佛瘦，白晝破雲冥。光帶靈山舊，色涵太古青[1]。深林遮未得，漏影出雲屏。

朹閣榕陰

傑閣繁陰裏，雙榕拂戴匡。（自注：閣祀交昌。）根蟠知拔地，葉滿漸遮廊。細綠傅鶯語，深枝冷日光。猶從朱檻角，垂影到龍岡。（自注：閣之南有臥龍崗。）

梅庄新雪

昔日探梅至，而今何處花。（自注：庄久無梅。）忽然飄瑞葉，疑是綴寒葩。洞閉高人去，山空落月斜。苦妗驢子背，歸路失三义[2]。

水仙夜月

仙子湖邊住，纖塵迥不生。月明蛟[3]淚濕，風定鏡奩平。深夜凌波影，空山響珮聲。清寒何處所，宮殿水晶成。

釣臺秋色

誰隱城陰釣，苔磯俯一泓。我來人不見，濠上水空明。雁過虹[4]

絲斷，魚沉荻影清。高風千載在，秋思滿湖坪。

【校勘】

[1] 光帶靈山舊，色涵太古青 《西湖記》作"色帶靈山舊，光涵太古青"。

[2] 乂 《饒志》作"义"，《西湖記》作"又"，據《蓮山家言》改。

[3] 蛟 《西湖記》作"鮫"。

[4] 虹 《西湖記》作"紅"。

三月三日湖山紀遊，次俞雪岩韻

前人

褉節晴偏好，山行處處通。低鶯祠草碧，側馬塚花紅。俗倣登高舊，（自注：上巳日，南越王陀於歌舞崗登高。）人喧摸石中。（自注：成都三月，遊人於海雲山小池摸石。）春衫堪換酒，佳興與誰同。

西濠漁筏

前人

修濠環似帶，荇藻咮隅生。舉綱驚鷗逝，投綸駕筏行。聊償邨市酒，好配露葵羹。竭澤終須慮[1]，鯤鮞或未成。

【校勘】

[1] 須慮 《蓮山詩集》作"煩慮"。

暮春郊行，士女如雲，過湖山，讀壁題詩，乃荊楚友人白進思所作，因次其韻

前人

路出城西景物妍，紛紛人上翠微天。芳塵紫陌來驕馬，曲水紅橋進畫船。山到春晴容似黛，鶯當日暖語如絃。風流久已思元白，彩筆籠紗玉洞邊。

湖山仙人蹟[1]

陳王綸（海陽人）

鶴背仙人去不還，山中遺[2]趾幾千年。丹成便逐湖間月，鳥化空

存石上烟。以我婆娑芳草地[3]，想他來往白雲天。吹笙有興凌高頂，碧海三山在眼前。

【校勘】

[1] 湖山仙人蹟　清光緒《海陽縣志》題作"湖山仙蹟石"。

[2] 遣　《饒志》作"還"，據清雍正《海陽縣志》、清光緒《海陽縣志》改。

[3] 以我婆娑芳草地　清光緒《海陽縣志》作"似我婆娑荒草地"。

九日招叔丹岩、海岩，兄媚[1]峯湖山小集，因登岩石高處望諸峯，限韻分得"秋"字

陳學典

瑟瑟[2]風吹宿雨收，不須落帽任科頭。蕭疎野色紅楓岸，冷澹溪光白鷺洲。擊臂茰芳囊可結，漉巾酒冽琖頻浮。登臨此會年年健，笑插黃花滿鬢秋。

【校勘】

[1] 媚　清雍正《海陽縣志》作"眉"。

[2] 瑟瑟　清雍正《海陽縣志》作"琴琴"。

湖山訪彭西川先生墓

前人

怪石嶙峋俯曲湄，斜陽倒影綠陰披。衣冠一代餘荒塚，文献千秋讀斷碑。冷落寒煙雲[1]去後，低徊殘碣客來時。高風自足銘泉壤，不用空吟水月詩。

【校勘】

[1] 雲　清雍正《海陽縣志》、清光緒《海陽縣志》作"魂"。

南巖

陳學謨（海陽人）

古洞穿雲入，懸[1]崖躡屐登。松陰互虧蔽，石勢鬭崚嶒。野濶天垂幕，山空鳥聚朋。斜陽蒼藹外，瘦杖一歸僧。

【校勘】

[1] 懸　《饒志》作"縣"，據清光緒《海陽縣志》改。

平湖清泛

陳朝政（澄海人，清歲貢生）

輕舟蕩漾出橋西，岸鳥溪花向客迷。靜影低涵雲樹净，晴光遙映水天齊。傍磯弄月驚魚夢，擊楫隨風起鷺棲。一葉知能凌萬頃，浩歌直欲薄雲霓。

南巖夜宿

陳士鳳

日入山河暝，空青瀉月痕。岸連山漠漠，溪遠水沄沄。老木虯龍臥，奇峯虎豹蹲。鐘聲何處起，靜裡忽然聞。

同諸友人南巖次韻[1]

陳圻（字崇可，海陽人，清庠生）

尋幽卻喜雨初晴，世外相將自在行。新葉輕翻岩影綠，餘雲低接水光平。聊登短榻留僧話，偶倚孤松聽鳥聲。坐久塵心渾欲化，何須酒力壯詩城。

【校勘】

[1] 詩題　《古瀛詩苑》題作"同諸友人登南巖次韻"。

西湖漁筏

鄭文津（字柳橋，潮陽人，清恩貢生）

湖水淡如秋，潮平靜不流。橈聲花底出，雲影鏡中浮。把釣風迴棹，垂罾月滿舟。濠梁誰解趣，長此聽漁謳。

洞湖垂釣

鄭昌時

環城西銀山之麓涯石上有仙人跡，康熙間石壁自開，內有"何人不愛洞戶清"句。其地紫翠凝煙入畫宜暮，舊云"西湖漁泛"。

壺裏洞天開古瀛，西湖水占洞壺清。水清魚豈貪香餌，洞古人來
寄連情。榕下垂綸消日永，磯頭尋跡得仙名。晚風初渡蘆花徑，緩捲
絲筒待月行。

銀山（自注：即湖山，下臨西湖，上多名跡，州人選勝，皆集於此。）

前人

一帶湖波[1]漾翠嵐，風亭水榭[2]接石藍。秋雲正煮黃花寵，古堞
斜園紫竹庵。千日神仙餘酪酊，半峯金碧煥澄潭。登高載酒人如玉，
合向銀山着屐探。

【校勘】

[1] 波 《潮州詩萃》作"光"。
[2] 榭 《韓江聞見錄》作"檻"。

古瀛洞（自注：在湖山南老君巖之顛，居石如屋，可坐數十人，上鐫"古瀛洞天"
四大字。）

前人

誰領仙人海屋籌，洞天來策古瀛州。松添晚翠經千載，鶴馭晴雲
下十洲。琴調初停瓊島月，詩心都集鏡湖秋。好招羽客枯瑤草，吟望
蓬山最上頭。

化象潭（自注：唐李德裕謫潮，攜一玉象，至鱷溪，躍入潭中化去，迄今時見光怪。）

前人

葭露蒼蒼岸溢藍，惡溪深處瑞華函。鱷魚他日還驅海，玉象今朝
已化潭。虹氣流輝沉雪浪，瑤光散彩入煙涵。清風兩袖心如水，所寶
由來在不貪。

西湖（自注：一泓澶漫，上環銀山。）

前人

水郭通明入盡圖，玻璃界裡見西湖。一舷白浪風初定，兩岸青山

興未孤。石外支笻秋得得，霞邊引纜晚徐徐。荻花楓葉烟波綠[1]，好放閒身作釣徒[2]。

【校勘】

[1] 綠　《韓江聞見錄》、《潮州詩萃》并作"森"。

[2] 徒　《饒志》作"徙"，據《韓江聞見錄》、《潮州詩萃》改。

梅花莊（自注：在西湖上，與蓮花池相映帶。）

前人

古瀛洞口占清芳，幾樹梅花別有莊。玉蕊破寒春漏洩，冰魂入夢月昏[1]黃。影橫流水半溪雪，枝逗凍雲三徑香。欲訪孤山林處士，湖光深護讀書堂。（自注：莊係明唐伯元讀書處。）

【校勘】

[1] 昏　《潮州詩萃》作"痕"。

蓬花池

前人

冬日梅花夏日蓮，高人淨友各翩翩。西湖一例淺清水，五月南薰香色天。綠葉亭亭雲作蓋，丹葩冉冉醉成仙。玉壺自滿清華氣，却道霞杯解語傳。

觀稼亭（自注：在湖山上，唐李中丞宿所建。前瞰平疇，蒼翠如抹。為州人社日登臨處。）

前人

紅杏花開社酒釀，平疇一抹翠雲封。荷鋤課雨原頭立，擊鼓分秧柳外逢。（自注：分秧時擊鼓唱秧歌，是潮人舊俗。）昔日中丞念民隱，此間二月省春農。亭西指點山家路，又見耕犉過別峯。

四望臺（自注：在西湖山巨石上。）

前人

南北東西四望通，雲根拔秀撇虛空。高邱遠海登臨際，吊古懷人感慨中。翠栢重邀仙[1]客到，狂歌或與昔人同。洞壼清絕塵踪迥，囬首桃花隔岸紅。（自注：石有仙人題句云："有客重來山栢翠，何人不愛洞壼清。"）

【校勘】

[1] 仙 《饒志》作"他"，據《韓江聞見錄》、《潮州詩萃》改。

西湖

姚瀚

潮州郭外近如何，水色嵐光畫裏過。但得湖山似西子，不須題品出東坡。堤邊簫鼓遊人少，雲锂樓臺古寺多。百丈峯頭一藜杖，老夫豪興未消磨。

老君巖

前人

本以岩高不染塵，到來況值雨初晴。座中客有烟霞氣，洞裏僧無世俗情。白鶴松高時見影，青牛草長不聞聲。低徊欲問長生訣，多恐靈丹未易成。

四望臺

前人

葫蘆絕頂有高臺，曉日登臨四望開。山勢北來峯磊落，江流南去水瀠洄。林間十月無紅葉，石上千年有綠苔。吹徹玉簫空見月，鳳城不見鳳飛來。

紫竹庵

前人

暮春遊興正堪乘，紫竹笧庵試一登。花底漸[1]抛行樂伴，山間來訪坐禪僧。人如松頂棲雲鶴，心似龕中照佛燈。臨去門前重囬首，望中樓閣一層層。

【校勘】

[1] 漸 《西湖記》作"暫"。

壽安岩

前人

從來絆城市，誰不利名牽。有客性情淡，放懷山水邊。煙霞開伴侶，岩洞散神仙。讚罷南華後，松根枕石眠。

龍潭落照

仇昌祚

汎汎清波一鑑開，鮫宮顯著老龍旺[1]。晶光倒射昆明水，澂綺長飛玉案山。散彩初疑天錦濯，澄輝又見浦珠還。歸來獨我知濠樂，影裏斜陽照醉顏。

【校勘】

[1] 旺　《西湖記》作"斑"。

九月三日招同倪耘劬、司馬鴻、鄧星池、學博士濂集湖山僧寺，借重陽會和耘劬原韻

林大川

刻燭聯吟處，思量未有方。祇將選佛地，來作會詩場。水淨停雲瘦，天空飛鶩涼。山靈笑我輩，借此作重陽。

前題

倪鴻

預作重陽會，招邀到上方。詩人呼酒地，天女散花場。座納青峯好，秋生白袷涼。無端紅照眼，一片是斜陽。

暮春西岩小步

楊淞（號鏡川，海陽人，清舉人）

西山形勝闢何年，三月晴光劇可憐。載酒客來花滿地，踏青人去草連天。鐘聲遠出埋雲寺，帆影斜飛隔浦船。安得右丞詩畫筆，一齊收入剡溪笺。

西巖

前人

別擅湖山勝，丹青畫不來。撥雲開道路，鑿石作亭臺。洞古仙曾住，儈高客懶倍。靈巖泉水好，暫借洗凡埃。

遊西巖

（清庠人）曾廷蘭（號秋墅，海陽人）

一路苺苔認屐痕，夕陽幾處見鴉翻。枯籐低網飛花片，削壁倒懸秋樹根。桑拓烟深通曲陌，牛羊路轉入孤村。從今四海昇平日，難犬戚沾雨露恩。

西湖山題壁

前人

湖山山外夕陽斜，綠到巖邊眼界賒。十里烽烟催畫角，一年風雨亂飛花。關心雁蹟經三度，極目鴻嗷悵萬家。遙指東南天盡處，晴空一色曳殘霞。

湖山誌感

（清）溫槐榜（桂山人）

岡極恩深愧我生，荷鋤負土築親塋。環山疊巇峯千點，面堞臨湖水一泓。敢冀牛眠誇吉壤，祇封馬鬣奠幽城。淒淒風木音容杳，悵望層雲貼海平。

湖山題壁

（明）姚元莊

誰從巖際結丹房，蹬斷雲封隔下方[1]。郭內千家爭氣象，簾前一水薄煙光[2]。呼通高座[3]聞天語，欲禮星壇過斗芒[4]。長路此間[5]堪度世，任教滄海變成桑。

【校勘】

[1] 蹬斷雲封隔下方 《饒志》"蹬□雲封降下方"，據陳維賢《〈潮州西湖山志·石

刻〉校正》補正。

　　[2] 簾前一水薄煙光　陳維賢《〈潮州西湖山志·石刻〉校正》作"簷前一水蕩煙光"。

　　[3] 高座　陳維賢《〈潮州西湖山志·石刻〉校正》作"帝座"。

　　[4] 欲禮星壇過斗芒　陳維賢《〈潮州西湖山志·石刻〉校正》作"靜禮星壇逼斗芒"。

　　[5] 長路此間　陳維賢《〈潮州西湖山志·石刻〉校正》作"長路此鄉"。

過竹林寺訪宜白上人

孟亮揆

雲扃縹緲接重嵐，燈火熒熒佛一龕。已覺墨卿來研北，況兼竹色似江南。摘蔬味美齋翻好，落子聲遲奕正酣。半日蕭閒塵慮息，可容惜榻臥精藍。

絕　句

西湖石屏

陳理

湖山西遶城，壯觀瀛州景。石屏圖畫開，一覽心目醒。

張明府廷時邀同蔡孝廉則聘、唐符丞仁卿、謝太學易之泛舟西湖三首[1]

周弘禴[2]

南國風流不乏賢，角巾同上泛湖船。花開十[3]里看山色，拾得青萍當酒錢。

層層雁[4]塔抱城隅，片片[5]龍鱗砌玉壺。牛笛夕陽山外樹[6]，小橋盡處是西湖。

石門草徑釣魚舟，水色嵐煙似舊遊。記得飛來峯下路，波臣曾泛武林秋。

【校勘】

　　[1] 詩題　清順治《潮州府志》、清雍正《海陽縣志》題作"泛舟西湖三絕"，《西

湖記》題作“張明府廷時邀同蔡孝廉則聘、唐符丞仁卿、謝太學易之泛舟西湖斷句三首”。

　[2] 檜　《饒志》作“鎗”，據《西湖記》改。

　[3] 十　清雍正《海陽縣志》、《西湖志》俱作“七”。

　[4] 雁　清雍正《海陽縣志》作“鳳”。

　[5] 片片　《西湖記》作“箇箇”。

　[6] 樹　《古瀛詩苑》作“路”。

湖山

陳坤

湖山高處怕登樓，海氣蒼茫鱷渚秋。感觸鄉心忘不得，一時回首憶杭州。

石穴洞天

陳文瑤

到處摩崖探白雲，小山花鳥度深春。秦王[1]空有坑儒計，不及巖泉[2]打坐人。

【校勘】

　[1] 秦王　清順治《潮州府志》作“秦皇”。

　[2] 巖泉　《潮州詩萃》作“空山”。

湖巖石室[1]

林遜

巖穴神仙宅，山門向頂開。白雲閒不鎖，留與鶴歸來。

【校勘】

　[1] 湖巖石室　清乾隆《潮州府志》、清光緒《潮州府志》并題作“銘湖巖”。

西巖

季本

丹厓翠壁聳巖扉，芳[5]草疏楓映夕暉。久住高人忘木石，相將鹿豕日同歸。

【校勘】

［1］芳　清雍正《海陽縣志》作“荒”。

看雲宵道中桃花逢旭上人至喜占四絕（自注：上人即予南巖主持，久游閩未歸。）

陳衍虞

澤畔花神盡着緋，臨風奇笑弄烟霏。自辭洞口漁津杳，瞥見山僧出翠微。（自注：予自九湖歸故云。）

秀壑蒼巖約共遊，招提何處不幽求。相逢恰值長卿倦，花自毿毿水自流。（自注：予久約上人游閩。）

溪花禪意兩悠然，携得山雲滿陌前。近報銀山梅信早，遄飛錫杖到巖巔。（自注：南巖在銀山之麓，山在郡西。）

囬首閩山東復東，相期鱷渚拂春風。雲宵便作虎溪笑，却少一人奏[1]遠公。（自注：雲宵，漳浦村名。）

【校勘】

［1］奏　《蓮山詩集》作“湊”。

西湖竹枝詞

鄭昌時

繞郭青山翠幾重，西湖石上印仙踪。桃花載得春前酒，醉倒城頭玉笋峯。（自注：城西有湖，湖側有仙人石，上即西湖山，山有玉笋峰。）

東風剪剪雨絲絲，雨意風情少得知。綠水有魚皆比目，十分春在放生池。（自注：池在西湖山之麓。）

翠鎖山囬[1]小洞天，古瀛亭下草如煙。出遊好及元宵早，爭說新年勝舊年。（自注：古瀛洞天，在湖山。）

【校勘】

[1] 回 《韓江聞見錄》作 "凹"。

華仙廟

姚瀚

三月湖山燒願香，滿城士女艷新粧。我緣貧病醫無術，來揀青囊辟穀方。

西湖重三詞

鄭昌時

西湖三月作重三，春色憑伊越女探。陌上花開儂不採，滿頭青插草宜男。

呂仙洞

姚瀚

洞裏飛仙劍作舟，十洲三島任邀遊。如今弱水聞清淺，帶我蓬萊頂上頭。

葫蘆頂

前人

葫蘆絕頂綠陰鋪，山烏名多聽自呼。我正無錢沽酒飲，枝頭切莫喚提壺。

觀稼亭

前人

觀稼亭真愛萬民，男耕女餉好辛勤。題時笑問乘欄客，痛癢相關有幾人。

前題

姚遜

寺外鰲魚石，揚鬐對遠峯。自知行雨苦，不敢去成龍。

前題

（清）陳浚浩（字翠河，海陽人）

壽安寺畔石金鰲，未過龍門氣亦豪。遯跡湖山眞得所，懶歸滄海作波濤。

梅花莊

（清）李敏（號鐵湖，澄海人）

山莊梅盡化爲薪，天意衝寒地不春。誰敎當年太淸白，偏同雪月鬥[1]精神。

【校勘】

[1] 鬥　《饒志》作“鬧”，據《西湖記》改。

蓮花池（集句）

（清）章健（號梨村，貴池人）

紅蓮不抵白蓮香，如雪如霜滿野塘。南北東西盡荷葉，雨中留得蓋鴛鴦。

處女泉

林大川

山泉一勺出山隈，泉眼涓涓洞底開。幽谷深居如處女，阿儂特爲記名來。

前題

陳浚浩

一勺盈盈美若何，淸幽處女在巖阿。藏身有似深閨裏，那許人來問綠波。

花塚

姚瀚

錢塘蘇小惠朝雲，兩地芳魂蓋短亭。此中大有名花塚，可惜無人表阿星。

江南兒女塚

姚瀚

定兒四歲辭人世，鸞女週年見冥官。慘绝江南兒女塚[2]，西湖樵牧另相看。

登大石樓

（清）林楷（海陽人）

一帶城垣作畫欄，石樓高壓錄波寒。置身纔到青雲上，平地人爭仰面看。

水仙宮題壁

姚謙

西湖最好仲春天，我又徵歌放酒船。惆悵[1]舊遊無復到，水光山色自年年。

【箋證】

[1] 惆悵 《饒志》作"悵惆"，據《西湖記》改。

蟾蜍石

姚瀚

誰將湖畔蟾蜍石，驅向韓江作[1]石梁。濟得萬民功不朽，粉身碎骨又何妨。

【校勘】

[1] 作 《西湖記》作"架"。

仙蹟石

姚瀚

仙人本飛空，來往無行蹟。何事湖山旁，踏破這塊石？

五龍潭

章俊（號梨峰，清貴池人）

五龍曾見躍於淵，龍躍於淵不在天。大地旱苗乾欲死，不宜伏爪抱珠眠。

蒙泉

唐湘（號楚帆，清海陽人）

未見蒙泉上水經，世人誰肯信其清。於今沙土甘埋沒，縱遇盧全不問名。

西湖漁唱十二首

姚瀚

步轉城西路不遙，滿湖烟水碧迢迢。春波一樣錢塘綠，只少雙隄幷六橋。

湖上青山抵古杭，湖中煙水繞城廂。十分粧點亭臺好，也只徐妃半面粧。

湖光山色總冥濛，比較錢塘約畧同。兩岸金銀山對出，南高峯更北高峯。

美人已約董嬌嬈，來伴西湖盪畫橈。同是曉風同是月，絲絲惜少柳千條。

新漲看看沒釣磯，魚蝦正美鷺鷥肥。一聲漁唱齊驚起，掠碎湖光作對飛。

待月亭中待月圓，素娥臨檻倍娟娟。他家本是多情物，人散無聊更可憐。

綠繞城根草未枯，薄游天氣是秋初。水仙祠畔陰凉處，細雨疏煙看打魚。

樓臺金碧總玲瓏，高下迴廊屈曲通。好倩倪迂摩粉本，丹青寫我畫圖中。

湖山風景四時新，桃李無花不算春。點綴幾株楊柳樹，越教西子越精神。

鐵湖李敏擅才華，梅放西湖約看花。我道嶺南霜雪少，他言今落在僧家。

唐楚帆緣體不舒，選山養病上壺蘆。吟成佳句如披畫。一幅西湖水墨圖。

雲帆一老淨峯煙，上築重城比鐵堅。不是先生施辣手，那能安穩坐湖船。

潮鎮劉進忠之亂掘湖山墳墓，數千餘穴髑髏遙望堆積如山，詩以吊之

陳衍虞

提封一日等傾軜，髡郭剗骸事未休。總[1]是鐘鏞醉上將，不知何日見哀丘。

【校勘】

[1] 總 《西湖記》作"縱"。

西湖題壁

林大川

水色山光入畫圖，果然西子比西湖。名區自足傳千古，管領何庸[1]待大蘇。

【校勘】

[1] 庸 《饒志》作"膚"，據《潮州文物志》、《廣東摩崖石刻》改。

【箋證】

曹騰騑、黃道欽《廣東摩崖石刻》"清林大川題詩"條："清林大川題詩：'水色山光入畫圖，果然西子比西湖。名區自足傳千古，管領何庸待大蘇。'磨崖在潮州市葫蘆山南巖。高 1.40 米，寬 0.75 米。行書，字徑 0.08 米。約鑴於清咸豐年間（1851—1861）。林大川，字利涉，號蓮舟，海陽（今潮州市）人，布衣，著有《西湖記》。"（曹騰騑、黃道欽《廣東摩崖石刻》，廣東人民出版社 1998 年版，第 208 頁）

西湖竹枝詞

前人

不覺光陰三月三，可人春色憑誰探。鄰家姐[1]妹來相約，明日踏青紫竹庵。

藥王閣畔下肩輿，步出弓鞋喚婢扶。多少樓台頻指點，佳人原自愛西湖。

最好湖山上巳時，遊人逐隊賞花枝。羨他少小嬌兒女，伴母來吟石上詩。

時樣新粧出意先，烏鴉雲鬢學鳴蟬。玉簪堕地無由兒，來覓湖邊處女泉。

【校勘】

[1] 姐 《西湖記》作"姊"，兩通。

西湖二十四景 （錄四首）

前人

乘風吹笛

橫笛乘風閣上，一聲聲起悠悠。不敢移商人破，怕教吹裂鼇頭。

待月敲詩

待得亭心月到，便敲詩作生涯。莫把乾坤清氣，散入雪月風花。

紫竹鐘聲

紫竹洪鍾誰鑄，山僧百八連敲。任打千聲不破，人間夢實堅牢。

延光放鶴

我向延光放鶴，羅浮得信回來。休被麻姑捉住，明朝跨上蓬萊。

西湖探梅

探春消息湖上徘徊，慈罢人靜紫竹門開。（自注："慈雲。"）冰雪溪路明月樓台，不見花放只見香來。

題西湖山圖寄林淇園

戴漉巾

去年此日同游處，回首春風又一年。每億良朋思夙昔，披圖聊當小遊仙。

吟湘東去郁初西，我也南游悵別離。若把西湖西子比，憑君自與畫蛾眉。

西湖魚筏

楊淞

泛宅無須學志和，澄懷何處不烟波。西湖饒有漁家樂，爲問誰家樂最多。

老君岩（自注：即縣治西湖山。）

前人

索隱搜奇衆說紛，齊東野語未應聞。我來不見神仙迹，只向山頭看白雲。

禪門一井恍通靈，甘露真能潤衆生。欲爲當途爭汲引，此泉方信在山清。（自注：山門井水，甚甘洌，城中官府及紳富家時有取以烹茗者。）

漫山石筍盡棱棱，題刻人幾當剡藤。我欲摩崖留幾字，多慚未許質韓陵。

偕黃少逸遊西湖山

曾廷蘭

朔風引我出西城，湖上烟光一抹清。遙指樓合金碧處，隔橋先有木魚聲。

路上禪扉滿翠苔，新梅殘菊向階栽。一爐佛火半窗雪，無數雲山入畫來。

山塘七里認仙踪，牛笛數聲橫晚風。一輻斜陽霜葉外，斷霞片片剪殘紅。

雲陰繚繞水仙飼，萬樹乘楊護碧隄。恰好半邨還半郭，一庵占住小橋西。

湖山題壁

溫魁榜

湖水净如鏡，湖光遠碧岑。蒼蒼松栢路，迴首白雲深。

題活人洞

失名[1]

胡然北斗宿，化石落人間。天不生奇石，誰擎萬古天。

【校勘】

[1] 失名　《潮州文物志》注："此詩曾見肇慶七星岩壁，并署名俞良輔。"

登積翠亭閒眺

符翁

千歲喬柯撐古畫，一灣清碧映蒼螺。此真吳下倪迂筆，澹澹疏疏意趣多。

湖山題壁

潘伯揚（號展鵬，南港人，清庠生，官潮陽縣承審）

一山雲樹莽蒼蒼，曳杖來遊趁夕涼[1]。兩月不風還不雨，卻忘今日是重陽。

【校勘】

[1] 曳杖來遊趁夕涼　《潮州文物志》作"拽杖遊巔瞻夕涼"。

補　遺

鳳山樓懷古

鄭耀（海陽人，清庠生）

湖山積翠蒸雲煙，朱樓十二通神仙。朝陽絕頂蔚靈瑞，九苞鳳羽來翩翩。鳳之來兮覽輝下，樓之構兮阿閣聯。中繪列仙登瀛景，俯瞰巨石題曰："古瀛之洞。"天鳳城名鳳，以山名城，翚樓高碧落，橫此樓，合並此城，建丹梯粉堞相崢嶸。年來星移景物換，樓翠沉烟山色斷。山城長抱，四湖碧水流遙見。洞石嵯岈插湖岸，山川有意屬來遊。五鳳巨手合重修，人事代謝成今古。今來古往足千秋，欲吐奇懷結波濤。此日來上湖山百尺之高樓，欵凉延光亭。舍幽臨風，倚竹發清。謳餘音逸響，飛渡鳳凰洲。

迎神曲（有序）

林楷

七聖廟，在紫竹門外，神極威靈，香火甚盛。每逢誕辰，奉神出游，村村演劇[1]，戶戶犧牲，爆竹之聲，震動遠近，作詩以記勝趣。

城西七聖廟，勝趣蓋潮疆。時當三月暮，聖誕正春芳。邀我同游侶，出郭一觀光。神前鞋幾雙，案上柑幾盤。士也中央待，女分左右望。鞋亦同衆鞋，拋來撲帽香。柑亦同衆柑，丟來撞面凉。柑鞋亂交擲，士女若猖狂。得者殊欣欣，不得徒惶惶。日暮各歸鄉，神猶繫廟旁。

【校勘】

[1] 劇 《西湖記》作“戲”。

清明登南巖

陳學典

青鞋軟滑破青苔，榆火新煙曉霧開。沿岸柳陰拖水出，隔山雨意抱風來。荒墳草滿招魂紙，古寺茶忘解渴杯。我亦悽愴揮舊淚，野棠花老杜鵑哀。

南巖秋夜

前人

湖山片石愴當年，颼颼松楸繐帳懸。喞木莫填精衛海，乘雲欲入大羅天。亂飛螢火荒荒草，雜吠蛙聲漠漠田。竹院掩關僧睡早，蒲團孤我坐參禪。

初秋謝伯鑑招同謝伯儁、林瞻藻遊南巖口占題壁

陳王猷

茫茫巨漫又桑田，拄仗重來已四年。碧水平湖秋瀲灔，良苗盖畛

曉綿芊。一方藤枕維摩室，半日紋楸橘樹仙。昔歲平疇我老矣，憑高
眼送海門煙。

夏日登湖山觀稼亭感賦

楊洪簡（號少山，海陽人，清歲貢生）

環城熱暑困人天，繞出樊籠便豁然。何處亭合何處樂，湖山咫尺
卽神仙。

積翠延光久寂寥，孤亭石上草蕭蕭。勸耕人向雲中坐，盼盡東南
萬里橋。

一望芳疇綠滿塍，令人卻憶李中丞。榕陰猶似甘棠覆，休向秋風
感廢興。

山門清寂晝沉沉，十里湖光照影深。啼鳥落花春已去，前村桑柘
自成林。

西湖踏青

前人

東風搖蕩郊原草，萬綠齊生夾長道。山容韶秀日華動，天氣晴和
人意好。吾來正逢重三節，士女翱翔上湖島島。島中樹色煙蒼蒼，島
外湖光雲浩浩。湖光樹色兩行綠，淺黛浮嵐互斷續。濛濛一氣滾團
青，不辨荒墳與高閣。荒墳纍纍伊誰主，白楊蕭簫起風雨。夕照殘碑
牛羊臥，寒食紙灰蝴蝶舞。高閣寥寥暗塵生，殘詩峭壁不知名。雲棲
殿檻悠然去，鳥忘機心自在鳴。吁嗟此是招隱地，如何至今賢不至。
盼盼祇事踏青來，西塞山前競游戲。

西湖題壁

姚瀚

惠潮杭穎四西湖，坡老遊三剩一隅。幾番欲作西湖長，又恐才難
抵大蘇。

自題墓碣

彭高

天角危危獮豸形，神司[1]爲我作佳城。兒[2]孫不必求行狀，水月山前是墓銘。

百歲無愁[3]落魄身，湖山風月伴遊魂。摩厓[4]聊寄人間跡，誰識神仙天上墳。

【校勘】

[1] 司 《潮州詩萃》作“仙”。

[2] 兒 《潮州詩萃》作“子”。

[3] 無愁 《潮州詩萃》作“無緣”，陳維賢《〈潮州西湖山志·石刻〉校正》作“無慚”。

[4] 摩厓 陳維賢《〈潮州西湖山志·石刻〉校正》作“磨厓”。

自題竹月山房

蔡應文

我愛西郊結草堂，一生不出蔡家莊。沿山種竹因圍屋，繞院栽花當築牆。靜裡無聞聽鳥鬧，閒中多事和詩忙。傳家檢點無餘物，書味悠長菜味香。

題達上人小照

清風細細送香來，借問重重寶砌開。世事不能爲此量，天然相遇妙高臺。

登潮州西湖山

湯廷英（安徽人，清澄海知縣）

西湖山枕白雲隈，白雲招我上山來。雲中矗立金銀臺，簾幕無人風自開。捫蘿磴足陟崔嵬，樹老參天石上栽。綠陰洞古生莓苔，君不見昌黎驅鱷極民災，又不見越王走馬逞雄才，空餘雉堞水潆迴，當年故址俱蒿萊。海天風景自徘徊，紫竹庵前夕照催，鐘鼓催人踏月囘。

和呂少伊訂集湖山

黃安濤

晴窗聞鳥語，喚起夢半酣。秋風歸雙屐，仙心寄一龕。社思香火續，禪待木棉參。須欲青天問，攜詩百尺嵐。

霽靑太守來書證集湖山先獻一律

呂玉璜（字少伊，海陽人，清曲江訓導）

遊屐春陪侍，秋風興更酣。招提聞掃榻，彌勒喜同龕。泥瓜前塵認，詩心此會參。幾時行幰入，夢已落煙嵐。

上巳游湖山寺，僧述客春與黃霄靑太守作展上巳之會，若有企慕流風者，太守返棹已匝月矣，撫景興懷吟成一律

前人

昬晴心使寄山巔，行領湖光更豁然。峭壁荒城迷春路，靑裙紅屐麗人天。酒痕猶喜僧能認，茶夢重尋佛亦緣。悵觸佳辰已分手，歸帆望斷水雲邊。

潮州西湖詩四首

王利亨（嘉應人）

人到瓊琳第幾重，瑤池面面對芙蓉。花迷蘚壁前朝碣，風送雲林遠寺鐘。樓閣影穿千柳暝，笙歌聲沸萬荷濃。青驄油壁年來盛，相賞誰詢九里松。

卸卸扶筇獨倚欄，凌風長嘯寄悲歡。英雄淚灑艣頭濕，處士梅荒鶴背寒。十二虹光隨客遠，三千湖氣盪胸寬。鸞聲縹緲尋仙侶，靈鷲峯前刷羽翰。

駘蕩風光轂浪輕，白蘇餘韻寫雙清。兩塘花水三時長，萬頃菱田一掃平。繞郭蒼烟迷宿鷺，滿湖紅雨亂啼鶯。菊泉薦後芳馨在，憑吊叢祠無限情。

山翠湖光一片融，瓢青螺碧曉蔥蔥。瞿塘烟棹歌猶在，槐火石泉夢未空。夾岸鶯花三竺月，過城簫鼓六橋風。誰人吟到披香閣，檢得牙牌憶宋宫。

清明日同諸友人遊西湖山即景有賦

陳方平（字端崖，海陽人，清拔貢生）

節屆清明景物鮮，携朋來陟翠微巔。迷離草色初晴地，黯黙炊烟傍晚天。勝侶遨游知樂此，荒墳祭掃各紛然。山靈笑我真成懶，芒屨相違十數年。

擬元人十臺詩詠潮州十臺錄二首

謝錫勳

釣魚臺（自注：在湖山，明萬歷間吏部唐伯元建。）

曲折成臺傍石根，藕陂深處構柴門。（自注：明謝宗鍠《過唐仁卿先生釣魚臺》詩："山勢依臺曲折成，斷橋深處藕陂清。"）夕陽吹笛煙都破，春水拋絲月有痕。漂母不來誰麥飯，漁舟可入即桃源[1]。藍田亦說羅洪釣，（自注：揭陽藍田都上有釣魚臺[2]，明正德間隱士羅洪垂釣處。）贏得千秋跡並存。

四望臺（自注：在湖山最高處。）

龍嵸[3]大石踞湖西，望盡炎州四面齊。一碧溪流接天遠，萬家煙樹瞰城低。烏巢依約日光近，蜃閣微茫海氣迷。全把山川收筆底，欲成圖畫總難題。

【校勘】

[1] 桃源　句後《潮州詩萃》注："伯元《桃花塢》詩：'人間好避秦，何秘桃源路。'"

[2] 釣魚臺　《潮州詩萃》作"釣臺"。

[3] 龍嵸　《潮州詩萃》作"龐然"。

湖山感舊（《臨江仙》第二體）

前人

百尺高松石齒齒，蒼岩翠壁如綺。天香縹緲化城間，書聲經韻兩兩岫[1]邊起。　底事荒煙籠敗垣，舊時臺榭傾圮，山僧猶住白雲深，旗旌[2]獵獵驚谷岸遷徙。

【校勘】

[1] 岫　《饒志》作“袖”，非，據《蓮山詩集》改。

[2] 旗旌　《饒志》作“旌旗”，非，《蓮山詩集》改。

潮州西湖山志卷十

雜志

湖山怪石嶙岣，下臨深濠，俯瞰西廓，古學宮遺址在焉。自宋迄明，騷人闢爲遊觀之所。國朝鎮帥共謀繞山築城以爲保障，西南環衞，屹然金湯，然山無伏莽，海不揚波，北門之鎖鑰復供東山之遊屐耳。(《海陽張志》)

【箋證】

清雍正《海陽縣志》未載，待考。

潮郡左江右湖，而鳳凰山峙其北。當宋盛時，實應"鳳嘯湖平"之讖。湖在城西，僅容杯水。自泰和王公一乾持憲節開府在郡，公暇輒游憩焉。謀諸郡守徐公一唯叢藉清界，捐資募工，拓之疏之，橋之堰之，滙其瀰漫，而洩其洋溢，出古石刻"平湖"二大字於湖山之下，自是郡人始知郡西有名湖。夏水秋漲，江與湖平，如虹如帶；冬春之際，江流稍下，獨此湖常滿，其餘流足可灌田數十萬。(《平湖記》)

【箋證】

明唐伯元《平湖記》："吾潮爲郡，左江右湖，而鳳凰山峙其北。當宋盛時，實應'鳳嘯湖平'之讖，湖與鳳之爲靈昭昭也。及於國朝，人文雖朗，猶稍不逮，湖在城西，僅容杯水，若無足爲郡之重輕者。自泰和王公持憲節，開府在郡。既政行，人和歲登，每於公暇遊憩焉，謀諸郡守徐侯，覈籍清界，捐資募工，拓之疏之，橋之堰之。匯其彌漫，而泄其洋溢，出古石刻'平湖'二大字於湖山之下。自是郡人始知郡西有名湖，然猶公寄興云爾。未幾，復市城南汙澤二頃，辟為南湖，復濬西南之濠，深廣倍舊，而東接於大江，夏秋水漲，江與湖平，如虹如帶，冬春之際，江流稍下，獨此西南湖常滿，其餘流足可灌田數十萬，而煙波之浩渺，城郭之雄麗，風氣之含藏，回首鳳山，人間天上，蓋非郡人心思所及，亦非所敢望於公者，殆若或啟之，而若或相之，即公亦不自知歟！"（明唐伯元《醉經樓集》，中華書局 2013 年版，第 176 頁）

潮州西郭外有西湖，湖水澄澈，林木蕭森，而石壁瑰奇，且有巖洞如堂室者，老君岩、天然洞、四望臺、乘風、待月亭諸勝，江陰金湜生武祥有《游潮州湖山》，句云："岩深古佛闢成屋，樹密幽禽巢作家。"亦見幽邃之致。（《粟香隨筆》）

【箋證】

清金武祥著、林其寶編《湜生隨筆‧粟香三筆》卷二"潮州西湖"條："潮州西郭外有西湖，湖水澄澈，林木蕭森，而石壁瑰奇，且有岩洞如堂屋者，有老君巖、天然洞、四望臺、乘風、待月亭諸勝。余有句云：'巖深古佛辟成室，樹密幽禽巢作家。'亦見幽邃之致。然杭、潁雌雄，究未敢相與較也。"（清金武祥《湜生隨筆》，中共中央黨校出版社 1998 年版，第 10 頁）

唐李贊皇謫[1]潮，攜二玉象至鱷溪，化入潭中，時作光怪云。潭即郡之西湖也。（《海陽張志》）

【校勘】

[1] 謫　《饒志》作"讁"，據清順治《潮州府志》、雍正《海陽縣志》改。

【箋證】

清順治《潮州府志》卷十《佚事部》"化象潭"條："唐李贊皇

讁潮，攜二玉象至鱷溪，化入潭中，時作光怪云。潭即郡之西湖也。"
（清順治《潮州府志》，饒宗頤編集《潮州志匯編》第三部，香港龍
門書店1965年影印本，第441頁）

又，卷十一《古今文章》錄李德裕《過惡溪》詩二首："風雨瘴
昏蠻海日，煙波魂斷惡溪時。嶺頭無限相思淚，泣向寒梅近北枝。"
"不覺離家已五千，仍將哀病入瀧船。潮陽未到人先說，梅氣昏昏水
拍天。"（同上書，第432頁）

清雍正《海陽縣志》卷八《雜記》"化象潭"條："唐李贊皇讁
潮，攜二玉象至鱷溪，化入潭中，時作光怪云。潭即郡之西湖也。"
（清雍正《海陽縣志》，《廣東歷代方志集成》潮州府部一一，嶺南美
術出版社2009年影印本，第411頁）

韓愈初至潮陽，詢民疾苦，皆曰："郡西湫水（鍔按：此'湫水'即今
之西湖，辨見'古蹟'門。）有鱷魚，食民畜將盡。"愈令判官炮一豚一羊，
投之湫水，咒之，夕有暴風雷起於湫中。數日，湫水盡涸，徙於舊湫
西六十里，自是潮人無鱷患。（《舊唐書·韓愈傳》）

【箋證】

《舊唐書·韓愈傳》："初，愈至潮陽，既視事，詢吏民疾苦，皆
曰：'郡西湫水有鱷魚，卵而化，長數丈，食民畜產將盡，以是民
貧。'居數日，愈往視之，令判官秦濟炮一豚一羊，投之湫水，咒之
曰：'前代德薄之君，棄楚、越之地，則鱷魚涵泳於此可也。今天子
神聖，四海之外，撫而有之。況揚州之境，刺史縣令之所治，出貢賦
以共天地宗廟之祀，鱷魚豈可與刺史雜處此土哉？刺史受天子命，令
守此土，而鱷魚睅然不安溪潭，食民畜熊鹿麏豕，以肥其身，以繁其
卵，與刺史爭為長。刺史雖駑弱，安肯為鱷魚低首而下哉！今潮州大
海在其南，鯨鵬之大，蝦蟹之細，無不容，鱷魚朝發而夕至。今與鱷
魚約，三日乃至七日，如頑而不徙，須為物害，則刺史選材伎壯夫，
操勁弓毒矢，與鱷魚從事矣！'咒之夕，有暴風雷起於湫中。數日，
湫水盡涸，徙於舊湫西六十里。自是潮人無鱷患。"（《舊唐書》，中
華書局1975年版，第4203頁）

清光緒《海陽縣志》卷二十四《前事略一·唐》："憲宗元和十四年三月刑部侍郎韓愈貶潮州刺史。"（清光緒《海陽縣志》，台灣成文出版社 1967 年影印本，第 236 頁）

唐時，桃山有白象，自行抵州渡濠，從西門入。刺史表聞於朝，詔取至京。今郡西濠一名"象湖"，以此。（《海陽張志》）

【箋證】

清順治《潮州府志》卷十《佚事部》"白象"條："唐時，桃山有白象，自行抵州渡濠，從西門入。刺史表聞於朝，詔取至京。今郡西濠一名'象湖'，以此。"（清順治《潮州府志》，饒宗頤編集《潮州志匯編》第三部，香港龍門書店 1965 年影印本，第 441 頁）

清雍正《海陽縣志》卷八《雜記》"白象"條："唐時，桃山有白象，自行抵州渡濠，從西門入。刺史表聞於朝，詔取至京。今郡西濠一名'象湖'，以此。"（清雍正《海陽縣志》，《廣東歷代方志集成》潮州府部一一，嶺南美術出版社 2009 年影印本，第 411 頁）

西湖山有怪石二：一大十數圍，高數丈；一僅及其半，屹立湖濱，形狀酷類蟾蜍，俗因名"蟾蜍石"，時常作怪。明宣德間，王源奉勅守潮，命百夫撲碎，琢爲廣濟橋用，怪遂息。源乃爲《記》而勒諸石。（《海陽縣志》）

【箋證】

清光緒《海陽縣志》卷三十一《金石略二》"王源《除怪石記》"條："明宣德乙卯，源奉敕祛除民害，指揮李侯通、陸侯雄等簽曰城西屹立二石，一大數十圍，高數丈，一僅及其半，世號'二蟾蜍'，行家以白虎瞰城，主罹訟火災，欲去之，雖千夫力不能勝。源曰：'昌黎驅鱷，吾能除此。'臘月既望，命檢校謹孚、典史王禮、驛丞秦祖、糧老彭剡等率百人撲碎，琢為廣濟橋用。其下有一石盤，盤下有一白物，眉目鼻類人形，是其為之作妖明矣。父老曰：'此旁邊一石常自露出，上有'同風'字，民以為怪，因有'惡俗去美風

同'之謠以壓之。'今公除此石，不閱月，火訟息。其與昌黎驅鱷無
異，源謝而鑱諸石。是時正統元年七月七日，龍巖王源啟澤韋庵題。"
（清光緒《海陽縣志》，台灣成文出版社1967年影印本，第319頁）

順治十年癸已，有星大如鉢，西湖水面，浮一大魚，其長數丈，
背脊烱燦如紅旗，倏忽不見，郡人咸知不祥。未幾，郝尚久叛。（《西
湖記》）

【箋證】

清林大川《西湖記》卷二"西湖怪魚"條："順治十年，歲次癸
巳，有星大如鉢，西湖水面浮一大魚，其長數丈，背脊烱燦如紅旗，
倏忽不見，郡人咸知不祥。未幾，郝尚久叛。"（《西湖記》下，釣月
山房清咸豐七年刻本，第15頁）

今按："癸已"當為"癸巳"。郝尚久生年不詳，河南人氏，清
廣東提督李成棟部將，順治十年叛。《潮州市志·大事件》："順治十
年（南明永曆七年、1653年），郝尚久叛清。順治九年，郝尚久響應
郭之奇號召，在金山頂構築營寨，準備反清。十年三月十五日，郝尚
久斬殺清廷設置的惠潮巡道沈時和潮州知府薛信（一作'尚'）辰，
下令軍民解辮裹綱束帶，自稱'復明將軍'、'新泰侯'。同時，採用
明永曆年號，改官署，集年餉，在山頂鑿井，儲糧、備軍械，鞏固金
山營寨；還通知潮州各縣共同反清附明，聲言若不服從，便將帶兵討
伐。郝尚久宣佈歸附南明政權之後，各縣都沒有反應。郝尚久實際上
只據潮州一城。同年，清兵在潮州大屠殺。是年閏八月，清靖南王耿
繼茂與靖南將軍哈哈木等統領滿漢軍隊，號稱十萬，前來征討郝尚
久。各部分別駐扎於潮州城外。這時，郝尚久派出攻打各縣的隊伍都
已退回城內。清兵圍攻潮州城，兵分兩路，一路用巨炮攻西北門；一
路渡韓江由東門登城。郝尚久的部下王安邦開門接應，其時剛好天下
大雨，江水暴漲，城內一片混亂。郝尚久抵禦不住，急忙指揮部屬退
入金山寨。清兵大舉入城，郝尚久力弱勢孤，與其子堯一起投井殉
難。郝尚久自殺後，耿繼茂命戮其父子屍體，並縱兵大肆屠殺，血洗
潮州城。事後，西湖住持海德和尚和居士鍾萬成收殮城內各處死屍焚

化，骨灰埋在葫蘆山下，並在葫蘆山上建普同塔紀念死者，普同塔於是年九月十三日勒碑。"（《潮州市志》，廣東人民出版社1995年版，第42頁）

萬曆癸巳[1]夏，湖山妖起，白日搦人無數，太守徐一唯率縉紳父老禱於神，而誓之曰："應，且祠汝。"未幾，妖息。乃於山麓建壽安寺以鎮之。（《醉經樓集》）

【校勘】

[1] 癸巳　《饒志》作"癸己"，逕改。

【箋證】

明唐伯元《壽安寺記》："潮之西湖山，舊有寺名淨慧，圮且蔓不知其年。萬曆癸巳夏，湖山妖起，白日搦人無數，郡縉紳士以白太守，率父老禱於神而誓之曰：'應，且祠汝。'未幾，妖熄，擬就其所祠之。及基，而淨慧舊趾隱隱可辨也，則又白太守曰：'神，一也，可以祠，亦可以寺。寺守以僧，祠守以役，僧易而役難，從其易便。維茲北去數百武，有巖名壽安，莫知所始，意者待今日乎？請仍寺之，而更其名，以明君侯之賜。'太守曰：'善。'歲之九月，諏吉興事，蠲穢翦萊，語太守祈神與諸縉紳告遷義塚所撰文字，一時文武官吏、士庶商賈助貲以千計。越二載始告工成，是為乙未冬季。"（明唐伯元《醉經樓集》，中華書局2013年版，第213頁）

康熙間，湖山有巨石，忽一夕風雨崩其半，內一半如壁，有句云："有客重來山柏翠，何人不愛洞壺清。"若新鎸者。（《海陽張志》）

鍔按：湖山石題句在今壽安巖石壁，各書或謂在南巖下，或謂在釣臺邊。又，題句本作"何人不愛洞湖清"，各書又概誤"洞湖"為"洞壺"。此皆得諸傳聞，未見石刻也。

【箋證】

清雍正《海陽縣志》卷八《雜記》"湖山石題句"條："康熙間，

湖山有巨石，忽一夕風雨崩其半，內一半如壁，有句云：'有客重來山柏翠，何人不愛洞壺清。'若新鎸者。"（清雍正《海陽縣志》，《廣東歷代方志集成》潮州府部一一，嶺南美術出版社 2009 年影印本，第 415 頁）

清光緒《海陽縣志》卷四十六《雜記》："康熙年間，湖山有巨石，忽一夕風雨崩其半，內一半如壁，有句云：'有客重來山柏翠，何人不愛洞壺清。'若新鎸者。（據《張志》、採訪冊修。）"（清光緒《海陽縣志》，台灣成文出版社 1967 年影印本，第 451 頁）

今按：《西湖記》、《韓江聞見錄》、《潮州詩萃》等"洞湖"作"洞壺"。題記今存，在西湖山壽安巖上，石刻作"洞湖"，不知為何人所刻，故稱"仙客留題"。

江南謝瑛，康熙癸丑武甲榜第三人。有同年患疾，遇道者引至一山，授以丹，服之愈。時瑛與偕往，問道者姓名，曰："我湖山洞主也，後當驗。"再尋，迷路。戊戌，來鎮潮，遊湖山仙關佛閣，宛所經行，憶湖山洞主之語，不勝嗟異，乃重修仙洞。頂砌巨石，築小塔。一日，忽有持小盒授閽者，曰："故人致爾[1]主。"啓視之，乃一軸，畫一道人坐蓮合瓣[2]中，默然閉目，右手托塔，塔中書一"寬"字，上題云："《心猿鎖贊》云：煩惱海中現百千手眼，無明火裏不惜眉毛，却從耳門出入。聞我名者，如飲甘露。普眼不見普賢，祇因一身裏，出門難看嚴，擊竹聲中捉敗。此老乃呵呵歸去，幾乎爲爾一生瞞。"其末又書云："已亥冬十月朔一日，殘道者合掌贊並書於幽棲山中。"旋瑛以已亥十月朔日卒於官，繼鎮者爲鄭繼寬。（《府志》）

【校勘】

[1] 爾 清雍正《海陽縣志》作"汝"。
[2] 蓮合瓣 清雍正《海陽縣志》作"蓮花合瓣"。

【箋證】

清雍正《海陽縣志》卷八《雜記》"江南謝瑛"條："江南謝瑛，

康熙癸丑武甲榜第三人。有同年患疾，遇道者引至一山，授以丹，服之愈。時瑛與偕往，問道者姓名，曰：'我湖山洞主也，後當驗。'再尋，迷路。戊戌，來鎮潮，遊湖山仙關佛閣，宛所經行，憶湖山洞主之語，不勝嗟異，乃重修仙洞。頂砌巨石，築小塔。一日，忽有持小盒授閽者曰：'故人致汝主。'啓視之，乃一軸，畫一道人坐蓮花合瓣中，默然閉目，右手托塔，塔中書一寬字，上題云：'《心猿鎖贊》云：煩惱海中現百千手眼，無明火裏不惜眉毛，却從耳門出入。聞我名者，如飲甘露。普眼不見普賢，抵因一身裏，出門難看嚴，擊竹聲中捉敗。此老乃呵呵歸去，幾乎為爾一生瞞'，其末又書云：已亥冬十月朔一日，殘道者合掌贊並書於幽棲山中。旋瑛以已亥十月朔日卒於官，繼鎮者為鄭繼寬。"（清雍正《海陽縣志》，《廣東歷代方志集成》潮州府部一一，嶺南美術出版社 2009 年影印本，第 415—416 頁）

壽安寺舊有鐘一口，形狀、大小、欵識，與鎮海樓鐘相同。相傳寺燬時，鐘移入城，載舟過平湖，忽風雨暴至，鐘竟失所在，舟人相顧失色。或曰堕入水中，今漁者尚能指其處云。（《潮中雜記》）

【箋證】

《潮中雜記》未載，待考。

西湖湖水，一以捍衛城垣，一以灌溉田畝。乾隆二十五年，夏秋之交，農民憂旱。湖爲豪佃養魚取利，無一滴水救苗，民苦之，而莫可如何。時郡守容齋周碩勳躬履西湖，揮汗赤日中，謂衆曰："秋禾立槁，危在旦夕，無論官濠，卽余所私，亦當竭澤以救蒼生，敢有撓者，置之法。"由是車戽五晝夜，十數里槁苗勃興，七鄉感大守之德，爲之歌曰："大守愛群黎，恩波雨露施。漫將湖水比，湖水有乾時。"（《西湖記》）

【箋證】

清林大川《西湖記》"補遺"："西湖湖水，一以捍衛城垣，一以灌溉田畝。乾隆二十五年，夏秋之交，農民憂旱。湖為豪佃養魚取利，無一滴水救苗，民苦之，而莫可如何。時郡守容齋周碩勳躬履西湖，揮汗赤日中，謂衆曰：'秋禾立稿，危在旦夕，無論官濠，卽余所私，亦當竭澤以救蒼生，敢有撓者，置之法。'由是車戽五晝夜，十數里旱苗勃然而興，七鄉感大守之德，而歌其功：'大守愛群黎，恩波雨露施。漫將湖水比，湖水有乾時。'"（《西湖記》下，釣月山房清咸豐七年刻本，第6—7頁）

昔有漁者，善泅水，摸魚西湖龍王潭下，忽見石扉半啓，側身而進，見一老翁仰臥石床，酣眠正熟，面前置小石一枚，色若黄梔，大如鴨卵。因竊以出，賣於市，無有識者。郡守聞之，驚曰："此地膽也，爲龍所寶。翁卽龍也。寤而失石，潮其爲沼矣！"卽飭送歸舊處，漁人出，立斃杖下，後遂無問津者。（《西湖記》）

【箋證】

清林大川《西湖記》卷二"龍王潭"條："龍王潭，在蟾蜍石下，其深無比，水真淨綠，魚若空行，西湖勝境也。相傳昔有漁者，善泅水，摸魚潭底，忽見石扉半啟，側身而進，見一老翁，仰臥石床，酣眠正熟，面前置小石一枚，色若黄梔，大如鴨卵。因竊以出，賣於市，無有識者而售者。郡守聞知，失驚曰：'此地膽也，為龍所寶。翁卽龍也，睡醒失石，潮為其沼矣！'卽飭送歸舊處，漁人出，立斃杖下，後遂無問津者。"（《西湖記》下，釣月山房清咸豐七年刻本，第6頁）

乾隆癸丑季冬十二月，西湖山出虎，從西關入市，市衆圍虎，而不敢攖。適有壯士酒醉，過市見之，徒手直前，抱住虎腰，虎不能脫，爲衆所斃。（《西湖記》）

【箋證】

清林大川《西湖記》卷二："乾隆癸丑季冬十二月，西湖山出虎，從西關入市，市衆圍虎，而不敢攖。適有壯士酒醉，過市見之，

徒手直前，抱住虎腰，虎不能脱，為眾所斃。"（《西湖記》上，釣月山房清咸豐七年刻本，第7頁）

鄭日昺孝廉之祖考卜墓西湖山，得凹頭龜形地。既發土，得土卵如甕，工人破之，見中孕一活龜，地師驚云："悞矣！"速掩土，因安葬其上。或叩之，曰："此地本屬寅葬卯發，今誤破土卵，須六十年後方出科甲，發者必高壽。"後日昺年七十餘，以副貢生再試，應例得賜舉人。地師語悉驗。（《韓江聞見錄》）

【箋證】

清鄭昌時《韓江聞見錄》卷二"蟲卉八奇"條："土龜石蛇。予邑鄭孝廉日昺翁，予連宗也，為茂才，時嘗為予言厥祖考卜墓之西湖山，地師云：'此凹頭龜形也。'既發土，得土卵如甕，工人破之，見中孕一活龜，地師云：'悞矣！'速掩土，因安葬其上，且曰：'此地本屬寅葬卯發，今悞破土卵，須六十年後方出科甲，發者必高壽。'時予聞此語，戲之曰：'君未老翁，不思早撥巍科，而欲效荼陽歆老仙作恩賜翰林耶？'後庚午年廣其例，凡鄉試七十以上能三場完竣無疵者，皆賜副貢生；貢生再試，能三場完竣無疵者，皆賜舉人。翁已年高，得再試與焉。然性謹愨自守，不奢望，自謂年老艱於北上，僅以孝廉終。"（《韓江聞見錄》，上海古籍出版社1995年版，第34頁）

嘉慶丙子二月廿五日辰刻，有龍垂尾西關外，當西湖山之右。當疾風起時，見龍蜿蜒去地二十丈許，首尾了了，但不分足角，圍約丈許長，不滿十餘丈，風雲騰沸，湖水起立，損七娘宮前後民居數十間，幸不傷人。（《韓江聞見錄》）

【箋證】

清鄭昌時《韓江聞見錄》卷八"龍虎之異"條："嘉慶丙子二月廿五日辰刻，有龍垂尾西關外，當西湖山之右。風雲騰沸，湖水起立，損七娘宮前後民居數十間，幸不傷人。予時在城中見疾風起，俄見龍蜿蜒西隅，去地不過二十餘丈，首末了了，但不分足角。圍約

丈許長，不滿十餘丈，然龍能大能小能長能短，本難為準也。"（《韓江聞見錄》，上海古籍出版社1995年版，第237頁）

葫蘆顶爲遊人觴詠地。歲次己丑重九日，惠潮觀察桂山氏楊振麟攜客登高其上，醉後賦詩得"樓臺到此疑無地，風雨今朝又滿城"一聊，一時同游皆爲擱筆，遂成絕唱。（《西湖記》）

【校勘】

[1] 己丑 《饒志》作"已丑"，徑改。

【箋證】

清林大川《西湖記》卷一"葫蘆顶"條："葫蘆顶，為遊人觴詠地。歲次己丑重九日，惠潮觀察桂山氏楊振麟攜客登高其上，醉後賦詩，得'樓臺到此疑無地，風雨今朝又滿城'一聊。一時同游皆為擱筆，遂成絕唱。"（《西湖記》上，釣月山房清咸豐七年刻本，第16頁）

道光間，郡丞某一日集諸名士會飲湖山乘風閣，時適石榴盛開，吐白含紅，燦爛滿座，遂以《石榴》命題賦詩。諸名士方執筆苦吟，忽一人敝衣而至，見丞搆思狀，睥睨微笑。丞駭，漫舉詩中事試如響，問："能詩乎?"曰："能。"乃授以筆札，一揮而就，中有"狂風吹破琉璃匣，露出珍珠瑪瑙兒"之句。丞大驚，以爲仙，其人竟狂笑，不謝而去。丞使人伺之，乃嘉應宋芷灣太史也。（《吟香室詩話》）

竹月山房菊花甲一郡，非細種不入圃，非奇種不上盆。黃菊有金絡索、繡芙蓉，白菊有萬卷書、劈破玉，紅菊有嬌容變、錦雲標，紫菊有瑪瑙盤、雙飛燕，其餘細種，更有佛見笑、醉後醒、玉蝴蝶、換新粧。花時詠菊酬唱無虛日，菊花詩積成卷軸，姚竹園詩："郭外誰家菊正黃，尋來竹月小山房。滿園秋色露華冷，一徑西風籬落香。酒熟當供十日飲，花殘又是一年忙。老夫亦有陶潛趣，幾度思歸舊草堂。"諸城李璋煜推爲壓卷。（《西湖記》）

【箋證】

林大川《西湖記》卷二"山房賞菊"條："竹月山房菊花能甲一郡，非細種不入圍，非奇種不上盆。黃菊有金絡索、繡芙蓉，白菊有萬卷書、劈破玉，紅菊有嬌容變、錦雲標，紫菊有瑪瑙盤、雙飛燕，其餘細種，更有佛見笑、醉後醒、玉蝴蝶、換新粧。花時詠菊酬唱無虛日，菊花詩積成卷軸，姚竹園詩：'郭外誰家菊正黃，尋來竹月小山房。滿園秋色露華冷，一徑西風籬落香。酒熟當供十日飲，花殘又是一年忙。老夫亦有陶潛趣，幾度思歸舊草堂。'諸城李璋煜推為壓卷。"（《西湖記》下，釣月山房清咸豐七年刻本，第25—26頁）

祇園居士嘗以梅花、白菜貽巡道李璋煜，李賦詩五律兩章以答之："差喜獻花客，人同賀秀才。詩傅封篆後，香遠壓肩來。霜到秋松脆，春浮臘酒開。此間今樂土，鳴鏑舊城隈。""襟帶湖山勝，周遭竹木幽。地偏先得月，人淡總宜秋。菜味枯禪定，花叢晚蝶留。不應塵市裏，幾已狎沙鷗。"（《西湖記》）

【箋證】

《西湖記》卷二"山房賞菊"條林大川按："蔡應文嘗以梅花、白菜見貽李公，公賦五律兩章以答之：'差喜獻花客，人同賀秀才。詩傅封篆後，香遠壓肩來。霜到秋松脆，春浮臘酒開。此間今樂土，鳴鏑舊城隈。''襟帶湖山勝，周遭竹木幽。地偏先得月，人淡總宜秋。菜味枯禪定，花叢晚蝶留。不應塵市裏，幾已狎沙鷗。'"（《西湖記》下，釣月山房清咸豐七年刻本，第25頁）

卷二"蒙泉书塾"條："蒙泉書塾，在西湖山（即竹月山房），清道光丁未巡道李焯煜（正月十七日，李氏過竹月山房，背試孝經小學，前三日塘水忽清，因以名之。）命其塾曰'蒙泉書塾'。"（同上）

潮州西湖舊有十景，後人復廣之爲二十四景：曰待月載詩，曰乘風吹笛，曰觀稼牧牛，曰紫竹鐘聲，曰延光放鶴，曰止水禪語，曰壽安廢寺，曰甘露冽泉，曰道士足蹟，曰仙子綦枰，曰處女泉清，曰活人洞古，曰大石栖鳳，曰放生觀魚，曰鳳泉洗耳，曰雁塔題名，曰立石摩天，曰卓玉拔地，曰魚石踏青，曰象潭沈碧，曰釣臺秋月，曰仙洞春雲，曰蓮池曉風，曰梅莊新雪。又，湖山南巖別有十景，所謂"星橋絕壁"即其一也。（《嶺海叢鈔》）

【箋證】

林大川《西湖記》卷二"法藏庵"條："法藏庵，距起雲庵里許，境無塵雜，靜若太古，庵壁題有西湖十景，余特重擬之為西湖二十四景：曰乘風吹笛、待月敲詩，曰蓮池曉風、梅莊新雪，曰止水禪語、紫竹鐘聲，曰甘露冽泉、壽安廢寺，曰道士足蹟、仙子綦枰，曰處女泉清、活人洞古，曰鳳泉洗耳、雁塔題名，曰放生觀魚、大石栖鳳，曰卓玉拔地、立石摩天，曰魚石踏青、象潭沉碧，曰釣臺秋月、仙洞春雲，曰觀稼牧牛、延光放鶴。"（《西湖記》下，釣月山房清咸豐七年刻本，第 19 頁）

今按：《嶺海叢鈔》，未見，待考。

潮郡西湖山有一聯頗見匠心，風雅可誦，句云："湖名合杭潁而三，水木清華，恨不令大蘇學士到此；山勢分村郭之半，樓臺金碧，還須倩小李將軍畫來。"蓋古延令蔣厚傅所撰也。（《敝帚齋聯話》）

【箋證】

《敝帚齋聯話》，未見，待考。

今按：蔣厚傅，清人，江蘇泰興人，乾隆五十八年（1793）任廣東惠潮嘉道，此聯當在期間所作，餘不詳。一九八九年於虹橋東側建"西湖石坊"，坊上即有此聯。

西湖物產以麟屬為佳，如草魚（即《爾雅》之鯇）、烏魚、鳥耳鰻（又曰"白鱔"），皆為邑產之冠，因其土質較他處肥潤，故水產味多勝也。（《消夏閒談》）

唐時桃山有白象，自行抵州，渡河從西門入。刺史表聞於朝，詔取至京。今郡西濠一名象湖，以此。宋彭乘《墨客揮犀》云："漳洲地連潮陽，素多象，數十為群，不為害，惟獨象遇之，逐人踩踐，骨肉糜碎乃止。"又，盤陀嶺在梁山西，多猛象為患。宋頭陀吳祖華建菴，嶺下民居既稀，象跡遂絕，因名無象菴。按：《潮志》物產無象，僅見白象一條，此豈其遺種耶？（《潮中雜記》）

鍔按：《嶺表錄異》云："廣之潮、循州多野象，牙小而紅。"據此，則潮州古時實當產象也。

【箋證】

清順治《潮州府志》卷十《軼事部》"白象"條："唐時桃山有白象，自行抵州，渡河從西門入。刺史表聞於朝，詔取至京。今郡西濠一名象湖，以此。宋彭乘《墨客揮犀》云：'漳洲地連潮陽，素多象，數十為群，不為害，惟獨象遇之，逐人踩踐，骨肉糜碎乃止。'又，盤陀嶺在梁山西，多猛象為患。宋頭陀吳祖華建菴，嶺下民居既稀，象跡遂絕，因名無象菴。按：潮《志》物產無象，僅見'白象'一條，此豈其遺種耶。"（清順治《潮州府志》，饒宗頤編集《潮州志匯編》第三部，龍門書店1965年影印本，第441頁）

唐劉恂《嶺表錄異》："廣之屬郡潮、循州多野象，牙小而紅，最堪作笏。潮。循人或捕得象，爭食其鼻，云肥脆，尤堪作炙。或云：象肉有十二種，合十二屬。膽不附肝，轉在諸肉中。假如正月建寅，膽在虎肉上。"（唐劉恂《嶺表錄異》，廣東人民出版社1983年版，第10頁）

宋洪邁《夷堅志》"丁志"卷十："乾道七年，緒雲陳由義自閩入廣省其父，提舶司過潮陽，見土人言：'比歲惠州太守挈家從福州赴官，道出於此。此地多野象，數百為群。方秋成之際，鄉民畏其踩食禾稻，張設陷穽於田間，使不可犯。象不得食，甚忿怒，遂舉羣合圍惠守於中，閱半日不解。惠之迓卒一、二百人，相視無所施力。太守家人窘懼，至有驚死者。保伍悟象意，亟率眾負稻穀積於四旁。象望見，猶不顧，俟所積滿欲，始解圍往食之，其禍乃脫。'蓋象以計取食，故攻其所必救。矗然異類，有智如此，然為潮之害，端不在鱷

魚下也。"（宋洪邁《夷堅志》，中華書局 1981 年版，第 624 頁）

宋彭乘《墨客揮犀》卷三"潮陽象"條："漳州漳浦縣，地連潮陽，素多象。望望十數為群，然不為害。惟獨象遇之，逐人踩踐，骨肉糜碎乃去。蓋獨象乃眾象中最獷悍者，不為群象所容，故遇之則踩而害人。"（宋彭乘《墨客揮犀》，中華書局 1997 年版，第 306 頁）

今按：《潮中雜記》未見此條。又，《饒志》改"渡濠"作"渡河"。

蔡　跋

　　右《西湖山志》共十卷，吾潮饒純鈎先生之所輯也。先生博學，工詩文，年未四十，著述已盈尺，家藏典籍積至十餘萬卷。心覺自交先生，始識治學途徑，時時假其藏書讀之。近者，吾邑湖山重闢，煥然一新，先生閔古跡之就湮，傷故獻之無考，慨然有補亡繼絕之意，乃為冥蒐討，援古證今，以成斯《志》。憶往與先生尋幽郊野，躑躅湖濱，所謂湖山拳石勺水，蕭然一荒丘耳！曾幾何時，而春日載陽，林木繢茂，煙波四繞，遊艇浮空，水竹三分，亭臺映翠，牧童牛背，常雜士女之遊，好鳥枝頭，時諧笙簫之韻，而先生之《志》亦適於時焉殺青。心覺既獲覲初稿，展誦一編，覺琳瑯滿目，琰琰成章。昔人所謂博而能覈，詳而不蕪者，斯《志》有焉。他日潮之人士，與遠方之來游者，得是書以考文徵獻，固哀然一邑之史，又匪徒為湖山侈談風景已也。會同人有慫恿付印以廣流傳者，得先生許可，心覺復以同社之雅，獲預校讎。版既竣遂，畧書數語於卷末。民國十三年甲子夏月，社弟蔡心覺跋於爽齋。

參考文獻

（按作品音序排列）

C

《〈潮州西湖山志・石刻〉補遺》，陳維賢，《韓山師專學報》（社會科學版）1989 年第 1 期。

《〈潮州西湖山志・石刻〉校正》，陳維賢，《韓山師專學報》（社會科學版）1990 年第 1 期。

《潮州佃、饒兩家的百年文緣》，佃銳東，《佃介眉研究》創刊號，2014 年 12 月。

《潮嘉風月記》，（清）俞蛟輯，昭代叢書，清康熙刻本。

《潮汕金石文征》（宋元卷），黃挺、馬明達編，廣東人民出版社 1999 年版。

《潮中雜記》，（明）郭子章著，潮州善本選集，香港潮州商會影印本 1993 年版。

《潮州三陽志輯稿》，陳香白輯校，中山大學出版社 1989 年版。

《潮州詩萃》，溫廷敬輯，吳二持、蔡啟賢校點，汕頭大學出版社 2001 年版。

《潮州市文物志》，謝逸主編，潮州市博物館 1985 年版。

《潮州西湖山志》，饒鍔著，民國十三年（1924）鉛印線裝本。

《潮州藝文志》，饒鍔、饒宗頤著，上海古籍出版社 1994 年版。

《潮州志》，饒宗頤纂，饒宗頤編集《潮州志匯編》第四部，香港龍門書店影印本，1965 年。

《朝野類要》，（宋）趙升，商務印書館 1939 年版。

D

《大清一統志》，《續修四庫全書》史部地理類第十冊，上海古籍出版
　　社 2008 年版。

《大宋僧史略》，《續修四庫全書》子部宗教類第一二八六冊，上海古
　　籍出版社 1996 年版。

《大唐西域記校注》，（唐）玄奘著，季羨林等校注，中華書局 1985
　　年版。

《佃介眉詩文集》，佃銳東編，中國文聯出版社 2007 年版。

《讀史方輿紀要》，（清）顧祖禹撰，中華書局 2005 年版。

G

《古瀛詩苑》，（清）陳珏輯，道光丁未年凤城铁巷世声堂藏板補
　　刊本。

《廣東碑刻集》，譚棣華等編，廣東高等教育出版社 2001 年版。

《廣東考古輯要》，（清）周廣著，《石刻史料新编》第二辑，台北新
　　文豐出版公司 1979 年版。

《廣東摩崖石刻》，曹騰騑、黃道欽主編，廣東人民出版社 1998
　　年版。

《廣東圖說》，（清）毛鴻賓編，台灣成文出版社影印本 1966 年版。

《泩生隨筆》，（清）金武祥著，林其寶編，中共中央黨校出版社 1998
　　年版。

H

《韓江聞見錄》，（清）鄭昌時著，上海古籍出版社 1995 年版。

《後漢書》，（宋）范曄撰，中華書局 1965 年版。

《寰宇訪碑錄》，（清）孫星衍等撰，《歷代碑誌叢書》，江蘇古籍出版
　　社 1998 年版。

J

《舊唐書》，（後晉）劉昫等撰，中華書局 1975 年版。

L

《蓮山家言·研痕堂集》，（清）陳珏，道光巳亥年補刊鳳城鐵巷世馨
　　堂藏板。

《嶺南雜事詩鈔箋證》，（清）陳坤著，孫鑄箋證，廣東人民出版社
　　2014 年版。

《呂祖全書》，清刻本。

M

《明史》，（清）張廷玉等撰，中華書局 1977 年版。

明崇禎《揭陽縣志》，（明）馮元飈、郭之奇纂修，《廣東歷代方志集
　　成》潮州府部十六，嶺南美術出版社影印本，2009 年。

明隆慶《潮陽縣志》，（明）黃一龍、林大春纂修，《廣東歷代方志集
　　成》潮州府部十三，嶺南美術出版社影印本，2009 年。

明嘉靖《潮州府志》，（明）郭春震纂，饒宗頤編集《潮州志匯編》
　　第二部，香港龍門書店影印本，1965 年。

《墨客揮犀》，（宋）彭乘著，中華書局 2002 年版。

N

《南漢金石志補徵》，（清）吳蘭修，廣東人民出版社 2010 年版。

《南史》，（唐）李廷壽，中華書局 2000 年版。

Q

《潛研堂金石文字目錄》》，（清）錢大昕撰，《嘉定錢大昕全集》第
　　六冊，江蘇古籍出版社 2006 年版。

《欽定古今圖書集成》，（清）陳夢雷主纂，中華書局 1934 年版。

《清人詩文集總目提要》，柯愈春著，北京古籍出版社 2001 年版。

清道光《廣東通志》，（清）阮元纂修，《續修四庫全書》史部地理
　　（第六六九冊），上海古籍出版社 2003 年版。

清光緒《潮陽縣志》，（清）周恒重、張其翱纂修，《廣東歷代方志集
　　成》潮州府部十五，嶺南美術出版社影印本，2009 年。

清光緒《揭陽縣志》，（清）王崧、李星輝纂修，《廣東歷代方志集

成》潮州府部十七，嶺南美術出版社影印本，2009 年。

清光緒《海陽縣志》，（清）吳道鎔纂修，台灣成文出版社影印本，
1967 年。

清嘉慶《潮陽縣志》，（清）唐文藻纂修，《廣東歷代方志集成》潮州
府部十四，嶺南美術出版社影印本，2009 年。

清嘉慶《澄海縣志》，（清）李書吉、蔡繼坤等纂修，台灣成文出版
社影印本，1967 年。

清康熙《潮陽縣志》，（清）臧憲祖、蕭倫錫纂修，《廣東歷代方志集
成》潮州府部十三，嶺南美術出版社影印本，2009 年。

清康熙《海陽縣志》，（清）金一鳳等纂修，《廣東歷代方志集成》潮
州府部一一，嶺南美術出版社 2009 年版。

清乾隆《揭陽縣志》，（清）劉業勤、凌魚纂修，《廣東歷代方志集
成》潮州府部十七，嶺南美術出版社影印本，2009 年。

清乾隆《潮州府志》，（清）周碩勳等纂修，《廣東歷代方志集成》潮
州府部四，嶺南美術出版社影印本，2009 年。

清順治《潮州府志》，（清）吳穎纂修，饒宗頤編集《潮州志匯編》
第三部，香港龍門書店影印本，1965 年。

清同治《大埔縣志》，（清）張鴻恩等纂修，《廣東歷代方志集成》潮
州府部二三，嶺南美術出版社影印本，2009 年。

清雍正《海陽縣志》，（清）張士璉纂修，《廣東歷代方志集成》潮州
府部一一，嶺南美術出版社影印本，2009 年。

清雍正《揭陽縣志》，（清）陳樹芝纂修，《廣東歷代方志集成》潮州
府部十六，嶺南美術出版社影印本，2009 年。

R

《饒鍔文集》，陳賢武、黃繼澍編，香港天馬出版社 2010 年版。

S

《勝朝粵東遺民錄》，（清）陳伯陶，上海古籍出版社出版 2011 年版。

《詩娛室詩集》，（清）黃安濤撰，《清代诗文集彙編》第五二一冊，
上海古籍出版社 2011 年版。

《拾遺記》，（晉）王嘉撰，齊治平校注，中華書局 1981 年版。

《宋史》，（元）脫脫等著，中華書局 2000 年版。

《述異記》，（清）東軒主人撰，《四庫全書存目叢書》子部第 250 冊，
　　齊魯書社 1995 年影印本。

《隨園詩話》，（清）袁枚，人民文學出版社 1962 年版。

T

《退遂齋詩》，（清）倪鴻撰，《清代詩文集彙編》第七〇九冊，上海
　　古籍出版社 2011 年版。

Y

《輿地紀勝》，（宋）王象之撰，《中國古代地理總志叢刊》，中華書局
　　1992 年版。

W

《文獻通考》，（宋）馬端臨撰，中華書局 2011 年版。

X

《西湖記》，（清）林大川撰，釣月山房清咸豐七年線裝木刻本。

《小蓬亭诗草》，（清）陳學典撰，《清代诗文集汇编》第二七一冊，
　　上海古籍出版社 2010 年版。

《續碑傳集》，繆荃孫纂，《近代中國史料叢刊》第九十九輯，台灣文
　　海出版社 1966 年版。

Y

《夷堅志》，（宋）洪邁撰，中華書局 1981 年版。

《越絕書》，（東漢）袁康撰，吳慶峰點校，《二十五別史》，齊魯書社
　　2000 年版。

《粵大记》，（明）郭棐撰，廣東人民出版社 2014 年版。

《粵東金石略補註》，（清）翁方綱著，歐廣勇、伍慶錄補註，廣東人
　　民出版社 2012 年版。

《粵遊小志》，（清）王錫祺輯，《小方壺齋輿地叢鈔》（第九輯），上海著易堂，清光緒十七年。

Z

《真誥校注》，（晉）陶弘景撰，吉川忠夫等校注，中國社會科學出版社 2006 年版。

《中國人名大辭典》，臧勵龢等撰，商務印書館 1927 年版。

《醉經樓集》，（明）唐伯元著，朱鴻林點校，中華書局 2013 年版。

《昭代名人尺牘小傳》，（清）吳修編，《清代傳記叢刊》，台北明文書局印行 1985 年版。